中国历史文化名人传

问 天 者

张衡传

王清淮 著

作家出版社

中国历史文化名人传

组委会名单

主任：李　冰
委员：何建明　葛笑政

编委会名单

主任：何建明
委员：郑欣淼　李炳银　何西来　张　陵　张水舟　黄宾堂

文史组专家成员（按姓氏笔划为序）

王春瑜　王家新　王曾瑜　孙　郁　刘彦君　李　浩　何西来
郑欣淼　陶文鹏　党圣元　袁行霈　郭启宏　黄留珠　董乃斌

文学组专家成员（按姓氏笔划为序）

王必胜　白　烨　田珍颖　刘　茵　张　陵　张水舟　李炳银
贺绍俊　黄宾堂　程步涛

出版说明

　　中华民族五千年文明史中，涌现了一大批杰出的文化巨匠，他们如璀璨的群星，闪耀着思想和智慧的光芒。系统和本正地记录他们的人生轨迹与文化成就，无疑是一件十分有必要的事。为此，中国作家协会于 2012 年初作出决定，用五年左右时间，集中文学界和文化界的精兵强将，创作出版《中国历史文化名人传》大型丛书。这是一项重大的国家文化出版工程，它对形象化地诠释和反映中华民族文化的基本精神，继承发扬传统文化的精髓，对公民的历史文化普及和建设社会主义文化强国都具有重要而深远的意义。

　　这项原创的纪实体文学工程，预计出版 120 部左右。编委会与各方专家反复会商，遴选出在中国文化发展史上产生过重大影响的 120 余位历史文化名人。在作者选择上，我们采取专家推荐、主动约请及社会选拔的方式，选择有文史功底、有创作实绩并有较大社会影响，能胜任繁重的实地采访、文献查阅及长篇创作任务，擅长传记文学创作的作家。创作的总体要求是，必须在尊重史实基础上进行文学艺术创作，力求生动传神，追求本质的真实，塑造出饱满的人物形象，具有引人入胜的故事性和可读性；反对戏说、颠覆和凭空捏造，严禁抄袭；作家对传主要有客观的价值判断和对人物精神概括与提升的独到心得，要有新颖的艺术表现形式；新传水平应当高于已有同一人物的传记作品。

为了保证丛书的高品质，我们聘请了学有专长、卓有成就的史学和文学专家，对书稿的文史真伪、价值取向、人物刻画和文学表现等方面总体把关，并建立了严格的论证机制，从传主的选择、作者的认定、写作大纲论证、书稿专项审定直至编辑、出版等，层层论证把关，力图使丛书经得起时间的检验，从而达到传承中华文明和弘扬杰出文化人物精神之目的。丛书的封面设计，以中国历史长河为概念，取层层历史文化积淀与源远流长的宏大意象，采用各个历史时期最具代表性的文化符号与雅致温润的色条进行表达，意蕴深厚，庄重大气。内文的版式设计也尽可能做到精致、别具美感。

中华民族文化博大精深，这百位文化名人就是杰出代表。他们的灿烂人生就是中华文明历史的缩影；他们的思想智慧、精神气脉深深融入我们民族的血液中，成为代代相袭的中华魂魄。在实现"中国梦"的历史进程中，必定成为我们再出发的精神动力。

感谢关心、支持我们工作的中央有关部门和各级领导及专家们，更要感谢作者们呕心沥血的创作。由于该丛书工程浩大，人数众多，时间绵延较长，疏漏在所难免，期待各界有识之士提出宝贵的建设性意见，我们会努力做得更好。

《中国历史文化名人传》丛书编委会

2013 年 11 月

张　衡

目录

开篇

公元二〇一四年，南阳。

盛夏时节，"天老爷"最不吝惜的就是热，热情洋溢地把烈火洒向地面，布满太空，南阳笼罩在"天老爷"神威之下，一座大火炉。"老神家"并不特别想晒一晒南阳，再过一百八十天，"老神家"就会让南阳凉爽下来，自己跑到南半球去折磨袋鼠和树袋熊，南阳就变成了春天、秋天或冬天。

"天老爷"，是南阳人对天的尊称，天，至高无上，谁敢不尊敬。但南阳人也有一个不把天叫"老爷"的，他把天就叫"天"。但这位敢于跟天讲平等的南阳人，目前还不急于出场，此时此刻，另外一个人正走在通往南阳石桥镇的沥青路面上。沥青被太阳晒得融化成半流体，把路面涂抹得乱七八糟，行人像跳方格一样在马路上东挪西挪地凌波微步，晒化的沥青会烫伤人的脚底板，连汽车轮子都被烫得吱吱叫。沥青路沥青路，听这名字就烫得慌，叫"柏油路"，但这路面跟柏油没有一个铜钱的交易，凭啥叫柏油路，干脆叫"油渣路"，油渣油渣，近似人渣，不好听。就这一个名词，大家意见都不统一，可见天子理天下有多难。

这个人不骑马，不开车，长发盘在头顶，一块简单的方巾打一个结，用一根竹筷子固定，穿细布长衫，打着一把老式油纸伞，可以遮挡阳光和热浪。这么热的天穿长衫，长衫早就被汗水浸透，看得出他很虔诚。他着汉装，去拜访一位尊贵的汉代长者，他带着一颗朝圣的心拜访这位尊贵的汉代大人物——圣人。圣人长已矣，圣心长留天地间，故而朝圣。

他走到一处建筑前，停住脚步。一停下来，汗出愈多，如雨如注。稍稍休息，静下心来，瞻仰殿与堂。这原来是一座仿汉建筑，魏阙巍然，而访客稀少，正切合朝圣的气氛。他象征性地整理一下衣服，汗珠拂去，仪表庄严，走进这座向往已久的殿堂。

转过正厅，经过长长的甬道，就是宝顶，宝顶上草木峥嵘，更有松柏森森，宝顶下长眠着他仰慕的圣人。他对宝顶三鞠躬，周行三匝，从随身携带的粗布包中取出一页信笺，是他长期构思多次修改不断润色的祭文，这个虽然落寞但安静的场合，应该特别适合宣读对这位圣人的祭文。但他略一思索，把祭文装回布包，脸上显出一丝怅然，转身去阅读廊下的碑林。

他有些惊讶，不，他很惊讶：有一个人正在阅读碑文。有一个人阅读碑文，这个人完全就是他自己：长发盘头，长衫，一把油纸伞，一个粗布包。他仿佛看见了镜子里的自己。他径直上前招呼："请问，您是？"另一个长衫猛抬头，显然也吓了一跳：他面前是另一个自己。

"敝姓范，敢问阁下？"

他暗自思忖：装束古风，言语也古意，难得。来而不往，非礼之义。"敝姓李，李君实。请教阁下台甫？"

"范锐先。李先生，尊讳君实，敢是科学院院士李君实？"

"惭愧惭愧，有污慧听。范先生名满天下，学者争相识荆，学子渴望门墙，士庶远濡芳泽，久仰久仰。"

"李先生文章大家，引领一代风骚，甫近不惑，即著作等身，天下趋慕。今日第一次见面，在圣人殿堂，恕我直言，李先生似乎还缺一部……"

"范先生暂停，在下不敢僭越，还缺一部书的，应该是范先生。"

"哪里哪里，是李先生。"

"不然。范先生兼通天文学、天体物理学，最懂天圣之心，最知天圣之志，窃以为范先生学问，实为天圣嫡传，著作天圣之书，申述天圣之志，范先生当仁不让……"

范锐先愣住了，斑白的鬓角似乎也在颤抖，他一改刚才礼节性的语调，仿佛重逢的老友，紧紧抓住李君实的双手："你说，他是天圣？"

"医圣、兵圣、天圣，南阳三圣，他是之一，天圣！"

"这个念头，藏在我心里几十年了，谢谢，李先生，谢谢！"

博物馆馆长是一个年轻人，看见两个上了年纪的学者热烈交谈，他兴奋又疑惑，迟疑一会儿，走过来对两个老先生说："小馆今天迎来贵客，蓬荜生辉。不过后学有一点好奇，两位老先生从哪里来呢？先生们的装束，教我肃然起敬，汉殿汉服，我仿佛跟随两位先生回到了两千年前的大汉帝国。可能我少见多怪，我们馆昨天来了一位老先生，跟您二位年纪相仿，也是一般装束，长衫，油纸雨伞。"

范、李两位同时问馆长："他在哪？"

"老先生就住在我们馆，说今天是个重要的日子。经过老先生的提醒，我才想起来，今天是我们馆主的诞辰。实在不好意思，不瞒老先生们，小馆一向访客寥寥，后学不免心有他属，馆主的生辰冥寿，我们很少记住，失职失职。我领你们去吧。"

博物馆不大，不一会儿就来到一处偏殿，似乎是员工的宿舍，也充作临时招待客人的客房。客房整洁，陈设简单，一床、一桌、一椅。长衫老者坐在椅子上，侧面窗外，窗外蝉鸣一片，盛夏的炎热在老者的身上似乎不起作用。一身清爽，心静自然凉的世外高人。

高人耳聪目明，看见两个长衫经过窗前，他知道与他有关，站起来迎接。打过招呼，大家知道他叫汤若木，职业小说家。汤若木人虽老派，小说却一律以"新"冠名，《新尚书》《新山海经》《新春秋繁露》《新论衡》《新雕龙》。

话题直接切入馆主。馆主的诞辰，三个人不约而同着汉装为馆主祭祀，冥冥之中，似有天意。馆长为了弥补自己的疏忽，主张举办一个简朴但隆重的仪式，推三位老先生共同主祭，本馆全体人员和前来参观的群众参与。虽然事先没有准备，但有国内三个顶级大学者主持盛事，可谓盛况空前。三人都赞成馆长的建议，推举李君实拟制祭文。李君实沉吟道："我倒写了一篇的。"从文件夹中抽出那张信笺："但我觉得，不够。怎样不够，我不知道，就是觉得不够。"

汤若木接过祭文，一眼扫过，说："李兄说得不错，果然不够。'二京豪奢，研珠画栋，南阳名衢，彩绣弥空。星蛟沉渊，飞腾起凤，祥云出岫，化地做龙。'文辞典雅，很美。但是，形容天圣，力度还觉不足，对，是力度……"

"天圣！"范锐先、李君实异口同声，"天圣？"

"天圣。有问题吗？"

"跟李兄和我想到一起了，看起来，我们必须要合作了！"范锐先非常兴奋，跟在碑林时第一次听到李君实说"天圣"一样，斑白的鬓角又在发抖，"这样，我们一起来写一部'天圣传'，三年后书成，以书祭祀天圣。今天的仪式从缓，二位意下如何？"

李君实说："范兄天文学家，汤兄文学家，我忝列哲学家，正与天圣的天文学家、文学家、哲学家三个'家'吻合，这岂非天意？"

汤若木说："我不够家，一个散淡闲人，但两位随时招呼随时到，唯二君马首是瞻。"

馆长更兴奋："贵客临门，灯花报喜。三位大学者合作著书，真是珠联璧合。小馆今天为这件大事举行一个小小的宴会，预祝写作成功！"

汤、范、李同时说："酒，留着庆功时喝，我们马上回去准备。"他们与馆长匆匆告别，来到大门外，回望魏阙，阙上一行大字：

张衡博物馆。

第一章 家风

一

南阳古称宛，属于楚地，战国时天下超大城市，与齐国临淄、魏国大梁、赵国邯郸齐名，为四大都会之一，四大都会三个在东方，只有宛深入内陆，在西部边陲崛起一个超大城市。城市聚拢人口，举袂成云，挥汗成雨，这些造云造雨的人都要吃要喝，结果城市规模越来越大，吸纳周边城镇为卫星城，方城、杜旗、唐河、新野、邓州、镇平、内乡、南召，都是宛的卫星城。

光武帝起兵南阳，最后平定天下，但他没有定都南阳，而移师洛阳。光武帝觉得南阳虽然很大，但毕竟偏僻，定都洛阳，可以控制广阔的东方，进而北图幽燕，西进祁连，广大中国疆域，恢复远祖高皇帝的强大帝国。事实证明光武帝的决策英明，他的帝国比起武皇帝一点也不逊色，在很多方面甚至大大超过高皇帝，比如对匈奴的战争，高皇帝和孝武皇帝的帝国把匈奴压迫在阴山以北，但匈奴仍时来入寇，终于西汉帝国，匈奴始终为中原帝国的劲敌，中原帝国时刻不敢松懈。光武帝和他的继任者派出强大的正规野战军，先后由窦固、窦宪统领，采取深入持续追击、寻找敌人主力决战的策略，彻底击溃了匈奴，迫使匈奴西迁到中亚和东欧，完结了这个部族自西周以来侵扰中国的漫长的历史。他因此光荣地获得"光武帝"的尊号。

南阳虽然没有成为汉帝国的首都，但人文积淀深厚，是西汉帝国的人才资源库。光武帝时期一批重要的文臣武将多出于南阳，虽然与光武帝本人起自南阳有关，但主要还在南阳的人才不可替代。明帝为开国功臣建云台阁，图画二十八将军，其中十人来自南阳，前三名邓禹、吴汉、贾复都是南阳人。

跟随光武帝四方征战的还有南阳张堪，张堪虽然没有列位云台，但他的功绩同样显赫：平定巴蜀，张堪功在首位。

张堪因为军功，留任巴蜀，任太守之职。巴蜀远在西南，与中原交通极其不便，东出三峡，北上秦岭，均为"天路"：上天的路。大诗人李太白写诗感叹蜀道"难于上青天"，李白已然唐朝盛世，天下道路四通八达，尚且发此慨叹，汉帝国时期蜀道之难不知道要难于唐多少倍。张堪平蜀治蜀，这就等于在为大汉帝国竖立西南一柱。

蜀地物产丰饶，向称"天府"，而田赋钱粮运转不易，多为本地消化，收百姓多少钱粮，就养多少公务员。更重要的还是接下来这句：养多少公务员，就收百姓多少钱粮。节省民力，减轻民众养官的负担。蜀地四塞，外地打工的进不来，进来打工挣的钱还不够来回路费的。入蜀的都是位尊多金的达官贵人，大船一路摇摇晃晃被纤夫沿川江拖上来，有身份，讲究派头，要钱要米也体面地要，不会急赤白脸地到农户家里抢夺。本地人从出生就在一起，脾气秉性知根知底，家里藏着几根柴互相都瞒不过，要想干点意外的事，也有点难。如果这人天生就犯浑，总叫人意外，比如曾经偷邻居一个南瓜，那么邻居丢了丝瓜，也立刻就去找他，不会有别人，一点也不意外。久而久之，这人总被揪住，从家里往外搬南瓜丝瓜，也觉得挺没劲，想吃南瓜，也学着自己去种。衣食足而知礼仪，其实衣食不足也能知礼仪，也能趋善避恶，这是稳定人群的自然教化力量使然。偷摸等作奸犯科的人少了，公务员也就不用多，钱粮支出简约。蜀人自己总结说，蜀人在蜀是虫，出蜀则为龙。蜀和巴，原来的意思都是虫，巴是蛇的意思，可蛇到底也还是一个虫虫。出蜀为龙，是他已经成了龙，这才出蜀的，家里不藏几万金，他敢出蜀吗？李太白若不是富商老爸老哥做坚强的经济后盾，他也出不了巴蜀，写出"难于上青天"的诗句，去脍炙天下人口。总之，蜀地好地方，光武帝任命张堪为蜀郡太守，大概有与张堪乡梓的情分——蜀地富饶，连带着老乡张堪也能"先富起来"，即使不先富，跟着大家共同富裕，也挺好。

这一天，如果从南阳往南远望再远望，如果视力足够好，就能发现从荆州方向"开"过来一支队伍，这支队伍只有两个"单位"：一个人和他的一头驴。两个计量单位怎么能够称为"队伍"而且还"开过来"？因为，队伍虽然不大，但名头响亮：蜀郡太守张堪的队伍。原来张堪任期满，卸任回家，他家就在这石桥镇。

太守是汉帝国的高级官员，郡太守官秩二千石，各郡有郡丞一人，负责民政事务，虽然官位仅次于太守，官秩却突然下降为六百石。设置在边境地区的边郡还要设置长史一人，负责军政事务，也是六百石。长史之下有司马一人，负责具体军事指挥。内地不设郡都尉，以太守领兵。边郡置都尉或属国都尉领军并辖县，地位略与内地较小的郡相仿。这是帝国为郡县官衙的"标配"，其他职位人选，朝廷就不再管，太守自己张罗。太守的衙门虽说简易，人也不会很少，汉帝国讲究面子，官场威仪还要完整，比如县衙门三八放告四九收文，排衙的场面绝不可冷清，威武雄壮，令人望而生畏，来告状的远远望见，气焰就矮下去，不告，回去了。民不告，官也不去追究，大事化小，小事化无，天下太平。为官一任，就是盼着百姓不来告状，无所事事，可谓清官。至于那些盼着人们来打官司的，把打官司的看作衣食父母，也有，但从来不入流，梼杌太守给来告状的下跪，那当然是戏谑，也说明靠吃贿赂发财的，古来就稀奇。

为了面子威严，一应官场排场一样不可少，还有书佐、帮办、账房，一系列管理人员。这些人是固定的文官，吃国家俸禄，张堪离任，他们不离任，需等待侍奉下一任太守；有的由长官招聘，聘期一任，长官离任，聘期结束，他们再去寻找新主人，也可能就留在蜀郡，等着新太守的续聘。一种国家的人，一种自由人，都不是张堪的人，太守卸任，大家纷纷作鸟兽散。所以张堪离任，彻底成了孤家寡人。在汉代的成都九眼桥"人才市场"，人们会看到这样的情景：足下原来当过什么官？小民曾经任蜀郡太守的书记。到我家守大门，去不去？好，成交！

孤独的老驴陪伴孤家寡人张堪，不但不再孤独，一路上倒兴高采烈，不时地打着响鼻。张堪以为它患了鼻炎，其实它没有，它只想给张堪一个动静，路上不寂寞，如果两种语言能够交流，它很想跟张堪聊点什么，实际上它已经在聊了，打响鼻就是它的语言，可张堪听不懂。看见老头子没反应，它就不再努力，自顾自地东张西望。它之所以这么兴奋，是闲的。

的确是闲的。这匹老驴是荆州户口，在码头迎来送往，帮人驮东西上船下船翻山越岭，苦差事做了多少年，这次出差最轻省。老头打从荆州出发就一直自己走，绝不劳烦老驴驮着他，所以它的背上只有一卷行李，十几斤，几升米的重量，一日三餐好吃好喝招待着，路上老头歇息，还放任老驴在草地上自己加餐，所以越走心里越舒坦，越走道路越亮堂，它还不知道，张堪已经决定把它留下来了。张堪留下它，倒不是看它一路上摇头晃脑打喷嚏闹动静，老驴的多情努力，张堪一点没感觉，他算的经济账：从荆州到南阳，如果雇一头驴，还要带一个驴夫，人吃驴喂算上工钱，哪如直接买一头驴？所以这头驴实际上已经是张家的了，它完全可以放心地一辈子为张堪做驴做马。

张堪卸任的"仪仗"为何如此简约？张堪为政简约，疏于钱粮之事。离任时，自己招聘的人需要安置，多年的交友总要吃一回告别酒，这都要张堪个人掏腰包，一应事情做完，他的银两已所剩无几，买一张船票到荆州上岸，再买一头驴长途跋涉，剩下的一点散碎银子就藏在袖子里，将就支应到南阳。俗话说无官一身轻，无官的张堪彻底"一身轻"：除了行李，一文不名，行李由老驴驮着，所以他真是一身轻。七七八八拢共十几斤的小行李卷，为什么还要隆重地买一头驴遥远地送来，肩扛手提，无牵无挂，彻底地孑然一身，岂不更潇洒？那可不行，他是太守，要遵从皇上的规矩：太守不可以从事体力劳动，肩挑手提背驮，多丢皇上的面子。一个卸任太守，自己扛着铺盖卷回家，千夫所指，要上史书的。再说，张堪已经五十多岁，一千里地，十多斤，等于做功"一千万公斤千米"，浩大的工程哩。

石桥镇张家早就得到消息，老爷最近卸任回乡，早早地洒扫庭除，派人每天在路口向南阳城方向张望，老爷驾临，及时通报，预备一家老少齐出远迎。石桥镇的大路上行人稀少，等候的小厮眼望渺无人迹的大路，阵阵困意袭来，忽然听见某动物的蹄子欢快地敲打石板路的声音，咯嗒咯嗒，渐渐来在眼前，小厮定睛一看，大叫一声，回头就跑："老爷回来了！老爷回来了！"张堪笑笑："哎呀，大惊小怪。"

张堪做官，穷着回乡，这不稀奇，南阳人习以为常，南阳民风一向淳朴，高车大马衣锦还乡，有模仿项羽的嫌疑，那才是很俗气的事情，会遭受旁人的斜眼儿。在前汉帝国朝廷中任廷尉的张释之，也是石桥镇人，张堪与他同族，张释之卸任回乡，同样静悄悄地轻装简从，以至朝廷来询问：张廷尉还没回到家吗？不惊动四邻。民风淳朴，官风也淳朴。其实官风民风一回事，要淳大家都淳，要朴大家都朴，没有哪一个在先哪一个在后，哪个因，哪个果。而且这种优良作风还有深远的示范效应，时间延至三国，地点远在东吴，陆绩卸任郁林太守，因为没有家财装船，船漂在水面上根本开不走，一阵风就会把船掀翻，船老大自有办法，指挥船工往船舱里搬运大石块，做"压舱物"，大船才把陆绩送回家。船一靠岸，人们纷纷上船，抢夺陆绩的……石头——都叫它"廉石"。再后来，小说家采取了这个故事主题，贾政做官，不但不能为家族财富增容，反而不断地从家里支取银两"贴补官用"，没几年把贾府掏出巨大的亏空。张堪不会从家里拿钱贴补衙门的开销，蜀郡太远，转运困难，想贴补官用也不能够，但用薪俸贴补家用也不会很多，从今天的行囊就可以推知。十几斤行李卷，藏不了多少银两，这个问题，老驴最清楚，它轻捷健壮的脚步和欢快的长鸣，可以证明这一路把它闲得够呛。

因为来得突然，张家来不及列队欢迎，一家大小失了礼仪，一窝蜂似的奔向大门口，把张老爷团团围住。这个场面给东晋大诗人陶渊明以深刻的印象，他羡慕而心向往之："乃瞻衡宇，载欣载奔。僮仆欢迎，稚子候门。"陶渊明看见自己的小儿子，心花怒放，张堪看见儿子也兴高采烈，久宦在外，疏于照顾家人，看儿子天资，或耕或读，都是一份事业，这次卸任回家，时间充裕，家传事业接续才是要务。

儿子也长大了，十几岁的少年，知书达理，恭恭敬敬地见过父亲大人。张堪把儿子抱到门口的上马石上，仔细端详，几年不见，长得这般高，快要抱不动了。"儿子，这是什么？""上马石。""将来你要在这块石头上上马，为皇上征战，为皇上守土尽职。"

张堪果然是清官，还没进家门，就用宏大的忠孝节义理论教导儿子，汉帝国强盛无敌，四夷宾服，这些官员群体也贡献不小。

"父亲，儿子不想出去做官，儿子就想守在家里，侍候父亲母亲，将来养活一家老小，这块上马石，儿子怕是用不到的。"

张堪听儿子这番话，心里涌起愧意，不怪刚回家儿子就有怨言，这几年为皇上尽力，对家里的照应实在欠缺，夫人和儿子在家一定吃苦不少，以至儿子把为宦做官视为畏途。儿子也渐渐长大，他的路可以自己选择，而且对儿子的选择不但同意，还要尊重。但这上马石……

多年以后，儿子的儿子也出生了，那是张堪在渔阳太守任上亡殁以后又很久了，孙子张衡实现了张堪的意愿，登上家门口这块上马石，一路向北，拨动自己人生的这根指针。指针不是万石高官，也不是万军统帅，他的指针遥遥指向无边的天际。

二

张堪赋闲在家，暂时没有新职。汉代实行官俸制，无官则无俸，赋闲在家的张堪，朝廷并不派发钱粮，所以汉官难当，所以汉官不指望做官吃饭。张堪随光武帝起兵，身份已然南阳大户，拥有若干丁壮，赴任巴蜀，张家的家财不增益，却也不见得有多大的损失，现在张家仍然是南阳大户，张堪在家安然当老太爷，也算弥补长期抛家舍业对家人的感情亏欠。

安稳的家庭生活不到一年，张堪接受了新的任命，北上渔阳任太守。渔阳远在大汉帝国的东北隅，那里不但水旱频仍，蛮夷还时常入寇，与蜀郡的治理完全不同。蜀郡治理简易，太守几乎垂拱，放告日也很少有人递状子喊冤枉，太守太守，守住摊子就是好太守，守摊子不折腾，这谁不会？所以任谁在蜀郡都可以是好太守，只要他不存心折腾民众，甚或鱼肉乡民。张堪在蜀郡是好太守，所以他平安地"细雨骑驴出剑门"。好太守应该继续担任太守，或者升迁到中央任职，但好太守也不能总留任，皇帝对大臣一百个不放心，包括推心置腹年少时就得光武帝赏识的张堪。在一个地方担任要职时间长了，难免形成自己的亲信势力，好恶由己，人之常情，因此办事不能秉公。何况还有很多待缺的官员虎视眈眈太守职位，于是卸任太守加入候补大军，期待下一任。这一任到下一任，不知道要等多少年，而且也不知道新任在什么地方，自己不能选择，只能哪里有缺到哪里补任，张堪从大西南来到大东北，就任渔阳太守。

张堪治渔阳，首要除外患，然后理政安民。匈奴虽然彪悍，但从来欺软怕硬。前汉时期卫青霍去病出塞击匈奴，要彻底解决匈奴祸患，匈奴王廷探得消息，仓皇出逃，流窜在大漠以北，躲避卫霍联军，联军几次出征都无功而返。虽然无功，毕竟震慑了匈奴，迫使匈奴改变对大汉的政策，从此好好地跟汉人开边贸易，互通有无，不敢再兴兵入寇。传说匈奴人勇敢到不怕死的地步，迎着箭雨往前冲。迎着箭雨往前冲的，匈奴是，汉人也是。那么究竟谁更勇敢或更卑怯？前汉武皇帝时期，匈奴准备入寇云中郡，部队操练射箭，当时郅都守卫云中郡，匈奴图画郅都的像做箭靶，箭矢如雨，大雨过后看箭靶，郅都的头像完好无损，彪悍勇猛的匈奴士兵的箭，全部落在箭靶以外：他们的手发抖，根本瞄不准。汉人立射、跪射，最厉害的也就会步射，匈奴人骑射，号称百发百中，但在郅都面前，各种射法全部无效，"郅都"站在不远处，虎视眈眈，看得匈奴人胆寒。

张堪到任，匈奴万人大规模入寇。匈奴地广人稀，召集万人，已经属集团军规模。匈奴军队没有辎重跟随，军队给养全部自筹。所谓"自筹"，就是随时抢夺，遇到汉人抢汉人，遇到匈奴抢匈奴。这样的军队灵活机动性大，而且有强大的后备队，数倍于战士的战马，一个战士出征，肯定有好几匹马随军，一匹马战死或疲惫，立刻换上一匹，继续冲锋，汉兵没有这样优越的条件。汉地不产马，所有马匹来自边境贸易，野心勃勃的匈奴严格禁止良马出口，所以汉兵的马二流三流甚至不入流，而且还没有后备马匹。

张堪率领的地方军，差不多是乡勇民团一类的组织，比乌合之众强点也有限。蜀郡任上，张堪的任务是"牧民"，现在的渔阳，除了牧民，还要退敌，保卫渔阳不受匈奴的侵扰，张堪完成反差极大的身份转变，而且转变得极为潇洒漂亮。汉帝国的边郡太守权力大，责任更大，中央帝国的军队"野战军"，驻守几个要塞，屏藩京都，地方的防卫都由太守负责，太守军政合一，可以调动郡内的全部人财物。没有中央帝国支持的地方军，装备和训练都很差，前来抢夺的匈奴军队都是训练有素的正规军和常备军，装备精良，战斗力旺盛，因为匈奴的男人们全都是战士，一直生活在马背上，汉人的大部分时间耗费在田地上，形势紧急才被招募入伍当兵，两者相遇，胜负不言自明。但帝国有人员的优势，匈奴远道侵略，损失一人就少一人，不能再补充，帝国的民团就地征用，立刻就是兵，这些兵虽然缺乏训练，装备简陋，但他们保卫的是家乡土地妻子儿女父老乡亲，故战斗格外勇敢，汉匈的力量对比就发生了逆转。

张堪就以这样的民团地方军击溃了入侵的匈奴主力，匈奴被迫撤退，不敢再次入寇，只好在茫茫的草原游荡。

在中国北方，历代政权对蛮人的侵扰，从地方到中央都采取妥协忍让退让的政策，因为皇帝和国王都知道，北方草原上的蛮族对中国没有领土要求，他们对中原人辛辛苦苦精耕细作的农田不感兴趣，假如有哪个皇帝突发奇想，跟匈奴单于说，我们两家不打仗了吧，我们划出一大片地给你们种，行不行？匈奴单于肯定按剑狂怒："你侮辱我们大匈奴的人格！我们伟大的匈奴武士，焉能面朝黄土背朝天，侍弄那些愚蠢的小苗苗！"匈奴人讨厌小苗苗，但是狂爱小苗苗长大结出的稻和麦；讨厌蚕宝宝，但狂爱蚕宝宝长大结成的茧和蚕茧抽丝织成的绫罗绸缎。他们每年越过长城来捣乱，目的是抢夺财物，抢来的东西，马匹驮不动了，备用马这时有了第二种用场——驮财货。中原人打他们不打他们，他们都要撤退。中原方面认为，反正他们早晚都要撤退，何必还要劳民伤财打一仗，他们要抢，就抢吧，中原人家大业大，又善于聚财，没多久又富得流油。发动抗敌战争，花费比匈奴人抢走的多得多，还得死人呢。所以跟他们打不如让他们抢。这就像狮子和羊群，羊群好好地吃草，狮子好好地睡觉，忽然狮子要吃羊，羊群就一阵骚动，狮子逮住一只，羊群暂时平安了，大家又都好好地吃草和睡觉。在中国北方一直上演这样的中国式"丛林法则"。

当蛮族发现占有领土比抢掠更有利时，他们也会改变政策，夺取中原的土地，培植自己的农耕政权。自从北朝拓跋家族占据中国北方大部分领土，模仿中国朝廷建立北魏王朝，这样的同化战争就逐步升级了，以后的情形是，中原政权想忍让任由蛮族抢掠入寇，蛮族也不干了，他们尝到了统治农耕民族的甜头："哎呀，那真是太幸福了！"他们要赶走盘踞在中原的汉人贵族，留着那些善于种地做工善于做生意善于理财的中原人。从前他们直接吃中原人的肉，现在他们改喝中原人的血。

丛林法则也不总有效，中原人也不总是蛮族狮子口里的角马和绵羊，当中原人足够强盛时，所谓"狼"就会变成驯良的狗，"狮子"也会变成温顺的猫。张堪就是让匈奴从狮子变成猫的一个地方官。一支地方民团可以打败彪悍不可一世的匈奴正规军，在几十年后汉帝国正规军大规模出击匈奴之前，张堪就为帝国做了一次成功的实战演习。

边防既已安定，张堪开始关注渔阳的农业。这里的主产是粟与麦，但中国六谷，稻粱菽麦黍稷，占首位的却是稻。稻产量高，而且吃着柔软香甜，最得人们喜欢。渔阳有很好的种植水稻的条件。这里无霜期也还足够，夏季天气炎热，"积温"也足够。栽种水稻，首要条件是水，而渔阳的河流除了卢沟，大多流速平缓，水量充沛，地理环境与南阳十分相似，张堪为渔阳这么好的种稻条件兴奋，更为渔阳人居然不会种水稻而惋惜。张堪选中温榆河水流平缓叫狐奴的地方，引导乡民，改旱田为水田，开辟水稻田八千顷，引种南方的水稻，几年后水稻产区物阜民丰，当地人用童谣赞颂张堪的功德："桑无附枝，麦穗两歧，张君为政，乐不可支。"

张堪在渔阳开辟水田，栽种水稻，这是当时水稻栽种的最北界线，水稻对气候和水土条件要求严苛，一直是南方的主打农作物，张堪的实验意义重大，他把水稻的分布向北推进到长城一线，在传统的旱作地区培养了水作，中原文化随着张堪，扩展到与蛮夷交界的北方。张堪的作为也许就是一种信号，张家的科学精神，早就形成传统，它启迪了张衡的作为，提供了张衡的科学素养。

三公之一的司徒，年老将致仕，皇帝召来主管官吏考评的官员计吏商议继任者，计吏推荐张堪，推荐的理由有两个。

第一，入巴蜀剿灭公孙述，张堪居首功。当时司马吴汉统领伐蜀大军，因为军粮不足，已经准备退兵，张堪力劝吴汉坚守阵地，等待时机，他说："有利的情形和主动权的掌握，往往就在'再坚持一下'的努力之中。敌人坚持，我们也坚持，这就要比定力和耐力。我们军粮不足，也还足够支持三天的用度，这三天局势就有可能翻转。"围城第二天，公孙述果然按捺不住，出城迎战汉军，被斩首城下，巴蜀全境随之平定。张堪以太守职接管成都及巴蜀地区。成都一向富饶，但是张堪对蜀郡的财物秋毫无犯，成都府库的财物账目清楚，存放妥当，接受清点，显出栋梁之材。张堪在成都二年，离任时只带着一个小小的行李卷。

第二，在渔阳太守任上，张堪击溃了来犯的匈奴万人大军，匈奴从此不敢南下侵扰，他还引导农夫开辟稻田，渔阳郡的人民提前达到小康水平。这样的好官，实在应该提拔到中央。

光武帝这才想起，已经很久没有张堪的消息，张堪有资格有能力当司徒。本朝中央不设丞相，司徒相当于前朝的丞相，小伙子能行！计吏说，我看到张堪了，他不像个小伙子，实实在在一个老太爷。光武帝猛醒道："可不是！张堪随着我征伐四方，天下平定又相继任地方长吏，已经多少年，岂能不老？"立刻指示有司拟旨，召张堪到京任职，至于任何职，却不告诉他。光武帝当然知道该让张堪任何职，这次考评官吏，本来就指向分明。他要卖个关子，更老的皇帝想给比较老的张堪一个老大的惊喜。

圣旨发下去，很快从渔阳郡送来一份正式公文，皇帝有些迷惑，这也忒快了！看来国家机关办事效率挺高的，念！文件念完，皇帝的脸逐渐拉长，由兴奋转为沮丧，接过文书，反复看了几遍，叹息道："天不假其年，荣华富贵指日可待，世事难料啊。"原来这是一份从渔阳送来的请示文书，请示渔阳太守的人选，太守张堪已因病去世。渔阳的请示文书与调任张堪到京城的圣旨，在路上错肩而过。

光武帝的叹息有一点小小的疏忽。第一，太守是国家高级官吏，官秩二千石，已经很荣华富贵了。第二，张堪现在也不年轻，他自己也不再年轻。不过，老年人总感觉不到自己的老，认为自己离衰老还有很远很远，人生的路才刚刚开始，哪里是刚刚开始呢，分明还没开始呢，"不知老之将至"，真是有经历的人悟出的至理名言。皇上总觉得自己和张堪都很年轻，可以再好好地活不知多少年，比如"再活五百年哪"之类。每天无数遍到处被人喊"万岁"，总要有点效果吧，那可不能白喊。可现在张堪老去，再也不会回来，皇帝指示给张家一份慰问金，以寄托哀思。

张堪殁于任上，张家俸禄终结，张堪的儿子虽然努力维持，张家的富户地位仍然不能保住，家计渐次零落。责怪张家公子不会治家也不客观，家道兴衰，或由天定，"我见几家贫了富，几家富了又还贫"，有时候，冥冥上苍，宛然在上在旁指手画脚，张家如果列位豪门，张衡的人生道路可能就是另外一条，对他是好是坏两说，可对中国，对科学，肯定是坏消息。张堪身家显赫，但没有攀援到三公最高位，二千石的太守官职，也没有延续二世三世，以致身后寂寥。张堪几次任职，位高权重，而钱财富贵如浮云，卸任回家，一布囊而已，清廉自守，淡泊名利，原来这清廉，才是南阳张家的财富。这种作风形成传统，写进"经书"："人遗子，金满籯。我教子，惟一经。"

张堪如何以"一经"教子，张老爷之后，张公子的事迹史家没有记载，但张老爷的嫡孙，横"空"出世——"衡"空出世。嫡孙张衡，接续了张堪的清廉品行，把大汉的天空开拓到极远极远。张衡之后，中国人的天空观念发生大改观，天不再是穹庐，天和地，汪洋中的一只小船，而汪洋，无论"在"航行，还是"想"航行，都没有边际。

张衡回忆起传说中的祖父，对祖父直接的印象就是门口这块四四方方的上马石。儿童有强烈的选择性记忆本能，他们的选择与事情的重要程度无关，他们有自己丰富而隐秘的内心世界，这个世界与成年人大约没有交集，成年人从来没有进入过儿童的世界。从前，楚国上蔡地方的李斯，因为性格孤僻，没有小伙伴，就和老鼠做伴，他们之间总讨论很严肃的哲学社会学问题，他承认，老鼠告诉他很多道理，这些道理与成人世界格格不入。格格不入，因为成人很难理解它，而李斯遵循"鼠论"，帮助秦王完成了统一天下的大业，个人的事业也达到同时代人，包括上蔡地方那些不愿意和李斯做小伙伴的人们难以企及的高峰。

儿童张衡经常在上马石上沉思。上马石并不高大，凡大户人家，家家都有这样的设备，但张衡站在上马石上远望，看到蓝天最深邃的地方。那是目力所不能及的，他用幼小的心感知天，心接续着眼睛的观察路线，在那一时刻，天际线消失了，整个世界包括他自己，与天际线一起消失，消失在混茫的宇宙中。他感觉到自己的消失，消失在宇宙极深处。

成年以后的张衡远行求学，回望祖父的上马石，发现它其实很小很矮。这一时刻，张衡忽然发现，自己长大了。

第二章

游学

三

太学开讲，这是大日子，大日子的概念，一来来听讲的人多，二来讲学人规格高，究竟哪位高人主讲，张衡不知道，因为他还不够知道这么重大事情的资格。在汉帝国，什么都讲资格，格高一级压死人。

这么重大的事情的细节，要太学生才够资格知道，张衡却不是太学生。张衡当不上太学生，关键在钱，他家没钱。进太学要过两道关，一道推荐关，二道考试关，这两道关张衡很顺利通过了，还有一道不是关的"关"：钱关，就是学费。张堪虽为两任太守，属帝国的高级官员，官秩二千石。二千石，二十四万斤，一个二十户小村庄一年的农田收获量，张堪一家一年吃用，相当于一个村庄的总消费，汉代实行什一税，二千石的赋税要取自十个这样的村庄，二百户人家供养一个张堪，张堪相当于一个"百户侯"。汉代的年轻人，读书上进的努力方向就是百户侯。至于千户侯、万户侯，不敢想，不能想，想也想不来。因为想不来，才有"粪土万户侯"的高调。一个太守，基本工资相当于普通农民收入的二十倍，太守家花费多大啊，二十倍哪够他家消费？所以汉帝国的官员都算不上富裕。张堪虽然当过两任太守，自从他卒于任，朝廷的俸禄停发，张家很快就陷入贫困。张家穷下来，很可能因为没有多少固定资产，主要是没有多少土地，或者原来有许多土地，后来陆续卖掉了。

张堪没有留下百亩田土万贯家财，却给儿孙留下更重要的财富——他留下了书。这些书就是张衡自信满满前来太学的动力。但在高昂的学费面前，张衡与书只能面面相觑，张堪说，"我教子，惟一经"，他如果真的说过这话，那一定是为没有留下孙子的学费自我解嘲，至于那些衣着光鲜高车驷马拥进太学的正规"太学生"，都各有来头，或者现在本府老爷就是二千石的高官，或者祖上传下来广袤的肥田沃土，家里的地租收也收不完。

看着太学大门向着钱热烈开放，张衡体会到钱的重要，体会归体会，没钱照旧没钱，现在他还顾不上考虑有钱没钱的事，他急切想知道今天的开学典礼，讲学的是哪位经学大师。每年开学典礼上，照例有大师级名宿大儒开讲五经中的一经，一经当然讲不完，只讲一经的一章。一章也讲不完，只讲一经中的一条、一款、一目，那也讲不完？那就讲一个字好啦，大师总不能大到一个字也讲不完吧。其实国师讲些什么，大家不在乎，大家只在乎国师讲经这件事。若干年以后，伶人也享受大师的尊荣，登台讲学……演唱，他唱的什么，唱得好不好，大家不在乎，大家只要他上台、演唱。就连丑得惊心动魄的左思登台唱什么《子夜歌》，台下的女郎都狂热得失了理智，众口一词地喊："太冲太冲我爱你，时时刻刻不分离，要分离除非天作了地，要分离除非东作了西！"时时刻刻不分离，左思的太太怎么处置？丑汉左思走红，因为那一时段天下大势是崇拜丑星。

知道谁来讲学倒也不难，张衡向维持秩序的护丁打个问讯，寒暄几句，直接问今年大典礼讲学的何许大人物，护丁很高兴地告诉张衡，讲学的大儒姓贾，叫贾逵，天下第一大学问家。护丁不但告诉张衡，讲学的是贾逵，还说主持仪式的是当今太子。但护丁又补充说，太子这次不来，太子还小，由大鸿胪代替。说起来真是世道浇薄，人心不古，再经过几个世道轮回，今天这么高规格的大人出席，保卫级别一定超高，不但警察密密匝匝把大鸿胪和贾逵围得水泄不通，遍地的便衣还要明察秋毫贼眉鼠眼盯着每一个人，关键是这么重要的情报绝对不会轻易泄露，绝对不会！而在张衡所处的东汉时代，护丁毫不避讳地把绝密消息告诉陌生人，真教后世人嫉妒气直穿破脚底板。

贾逵，天下第一的名宿大儒，经学大师，张衡早就想到是他，但不敢想就是他，竟然真的就是他！无论如何，要听这一堂课。张衡乐得像一只松鼠在林间乱窜。他想向太学主管大祭酒申请临时旁听。古往今来，单位的主管从来都深藏不见人，太学大祭酒的官架子尤其端得匀称，见他一面约略等于会见白无常，死的机会大于活的机会。除了大祭酒还能向谁请求？等转了一圈万一还是求不下来，贾老先生可能早就讲完学问回家了。

出席大会的嘉宾多为京都的头面人物，人人腰间佩印信，举起印，向护丁骄傲地展示一下，鱼贯进太学。说骄傲，那是旁观者张衡的意见，其实那些尊贵的客人就是那么一随手漫不经心一摆弄，张衡眼中这动作极夸张了。眼看着讲学开始的辰时将到，钟声也已经敲过两遍，张衡依然无计可施，急得大汗淋漓，在太学门外毫无目标地东张西望。大门护丁的任务是保护太学安全，警惕不良人等，他看到这个青年东跑西颠东问西问，似乎到底不得要领，羡慕地看着来人手里的印，看样子想进太学。护丁看这个满身书卷气的文弱青年绝对没有不安全的潜在因素，就想帮帮他："那位王孙，你有什么事吗？""王孙"愣住了：是叫我吗？抬眼看果然，护丁的眼睛也正在注视他。他想，京都规矩太大，在太学门口不安静乱说乱动也不行的，必须稳稳当当跟华表似的矗在那。张衡立刻敛手静心，向护丁施礼，模仿贵族的做派："边鄙小民张衡，仰慕京师太学风采，想进去参观，不巧今天大师讲学，不得成行，举止失态，万请将军勿罪。"这番话虚假成分不小：第一，他来太学就是想看大师，并非什么巧遇；第二，他把护丁的官职一下子提高十几级，直接晋升为将军。不过帝国治下，这样的客套话习以为常，都不在意，何况称护丁为将军，大家都高兴，护丁还把他叫"王孙"呢。至于他是特意还是巧遇，更无关紧要。护丁说："王孙可有证件，证明身份的？"

张衡以聪明过人的计算机式的大脑迅速盘算。这个护丁要给他开后门进太学，开后门一定要有代价，代价与后门的重要程度和开门人的身份匹配，太学的名气大，进太学当然很难，但他这次只是参观，不是入学，这后门属于临时性质，难度可以下调。至于这位护丁的身价，应该也不很高，这种门吏属于"斗食"，年俸大约几十石谷，根据行情，一石谷就可以打开这个后门，一石谷卖钱一缗，一缗换算一吊，真凑巧，他现在袖子里就有一吊钱！张衡决定，出一吊钱，买一道门缝。张衡初入社会，第一次跟官府办交涉，居然从行贿开始。

张衡仍然谦恭："有，我有路引，家乡南阳府签发。"路引上有张衡的籍贯、年龄、面貌特征，还有对路引持有者的品行评价，说这个人是良民大大的，等等。护丁仔细看了路引，颔首道："良家子弟，你进去吧，注意不可在里面滞留，每天清场，发现滞留的无关人员，要重责的。"张衡深鞠一躬，走进太学。这是张衡第一次来到这座庄严的殿堂，满眼风光，目不暇接。他顾不上欣赏太学的雄伟，第三遍钟声响起，大殿上的讲学正点进行。张衡在后排一个不起眼的角落站着，视线倒也开阔。

四

贾逵正装坐在大殿中央，旁边一个很气派的官员，就应该是大鸿胪了，侧身而立，手里一把戒尺，戒尺木质，长约二尺，紫黄色，很有质感。年轻人双手捧着这把戒尺，鞠躬施礼，献给贾逵。贾逵接过戒尺，轻轻放在书案上，尽管轻放，戒尺在书案上还是发出"铮"一声，音声铿然，霎时，全场鸦雀无声，静候贾逵开口。大鸿胪代表皇上，把戒尺交给大师，现在的戒尺就有了天子的威严，必须像尊敬天子一样尊敬大师和他手里的戒尺。

"《春秋左氏传》《春秋公羊传》《春秋榖梁传》，敢问诸君，孰为贤者？"

沉默，仿佛持续千年，连交头接耳也没有，贾逵扫视全场，场上愈加安静。三者谁优秀，不好说，谁不优秀，却是常识：《公羊》《穀梁》，太学都有博士专门学科，还为它们建立专门的研究所，《左传》却没有，天子来太学给学生们讲学，每次都讲"公羊"或"穀梁"，从来没有讲过"左氏"。这么简单的问题，大师还要在这个隆重的场合隆重地提出，背后一定藏有玄机，于是，沉默。

"左氏最贤。"

大堂的安静终于被打破了，太学生们低声交谈的声音汇聚为嗡嗡的声音，充满了大教室。来宾们也大都表情惊诧。贾逵却不在意，仍旧面无表情目不斜视，等大家稍稍平静下来，贾逵接着说："公羊也很不错了，穀梁也算精彩，可是，我请诸君听一段原文。经曰：'宋人执郑祭仲，曰：不立突，将死。祭仲许之，遂出昭公而立厉公。'《左传》说，祭仲不经过正式会盟，私自就与敌国签订和约，而且允许他国干涉本国的事务，甚至决定本国国君的废立，这不合法也不合理，《公羊》却说：'祭仲不从其言，则君必死，国必亡；从其言，则君可以生易死，国可以存易亡。'听从敌国摆布，换得'以生易死，以存易亡'，这么讲话，人间正道摆在哪里？《左传》的意见才是正当的，生死关头，必须坚持正义。还有，伍奢被楚王逮捕，听从楚王的指令，召唤伍尚伍员自首，伍尚听从父亲的指令，从容赴死，伍员逃走，几年后借吴兵灭楚。左氏批评伍员轻君父，重臣子，乱国害民，实属大逆不道，《公羊》却认可伍员的做法，忽略伍员的悖逆恶行。所以我说，《左传》申明大义，全神贯注于君父，《公羊》自诩达权适变，实则庸俗的实用主义。权变，就很容易放弃原则，原则，才是安身立命建国兴天下的精神支柱。《左传》重视君臣之正义，父子之纪纲，万世不易的原则。所以，左氏最贤。"

太学生们大多数不喜欢《公羊》和《穀梁》，他们觉得《公羊》《穀梁》装神弄鬼，把历史分拆得七零八落，"祭仲者何？郑相也。何以不名？贤也。何贤乎祭仲？以为知权也"。且不说祭仲的所谓知权就是无原则，这自问自答的行文句法，也实在令人生厌。《左传》维护春秋时期历史的整体感，读着亲切，《公羊》明显乱七八糟。不过大家不敢讲，以为自己的想法太肤浅，不能登大雅之堂，原来大师的想法跟我们一样。从现场的反应看，嘉宾们也都是这样的意见。太学生们十分兴奋，堂下气氛一下子活跃起来，拘谨凝重一扫而空。

"说《公羊》吧。《公羊》想说一句什么，必先问自己一句，自己设问自己作答，这不是解说经书的好办法，听这段传文：'祭仲者何？郑相也。何以不名？贤也。何贤乎祭仲？以为知权也。其为知权奈何？宋人执之，谓之曰，为我出忽而立突……'这一连串的问句，看得人眼花缭乱，先儒真好性情，能容忍它这么久！"教室里突然爆发出热烈的击掌声，还有更热烈的欢笑声。

张衡也跟着众人开怀大笑，笑得有点肆无忌惮，没想到贾逵大师这么风趣。在三辅两年，求师访学，老先生们全都不苟言笑，说完圣贤，接着还说圣贤，每次说话，一定引用圣贤的语录做开场，说一句简单的话，天气转凉了，你说"天气转凉了"，不行，你必须这样说："履霜坚冰至，天气转凉了。"对方也不可马虎，说"是啊，要穿棉袄了"就不行，他要这样说："七月流火，九月授衣，要穿棉袄了。"这样的对话要维持始终，不可半途而废，"礼之用，和为贵，先王之道，斯为美。棉袄倒可以穿，不过锦袍最保暖"。对方表示同意，但考虑到自己的家境，锦袍还是算了，"君子食无求饱，居无求安，棉袄挺好的了，今年冬天不会太冷"。每次发言都要寻找圣贤语录，这也太难为人了，于是"语录"大行其道，汉帝国的臣民人手一册竹简书，上头密密麻麻写着圣贤语录，人们随时记诵，预备谈话时用，可就算熟读经书，对话与前边的"序言"也不总贴切，比如他说，棉袄不如锦袍美，跟先王之道联系不上，他只取一个"美"字而已；说的是穿，序言却是吃和住，不合辙，但吃穿住本来一体，勉强也可以通过，"君子食无求饱，居无求安"。这两年张衡也被格式化成不苟言笑的老成少年，寻章摘句"小"雕虫，现在他忽然觉得释放了，在众人的欢笑声中恢复成一个欢乐青年。忽然，他听得戒尺拍桌子的声音，响亮而清脆，同时他发现最后的笑声是他自己的，一道目光从讲席上直射过来，那是贾逵在看他。贾逵看他，没有责备的意思，之所以看他，因为最后的笑声来自讲堂最后边的一个角落。

但就在贾逵看见张衡、张衡也看见贾逵的一刹那，世界静止了。两代学者的相遇。这一刻，太学以及宏伟的殿堂凌空而去，太学殿堂里的青年张衡与南阳石桥镇张家上马石上的少年张衡聚合为一。孩童时期的张衡，门口的上马石显得巨大，那是他遥望天空的天文台，现在的青年张衡与幼小的张衡衔接，他们的头上有浩瀚无际的穹庐，他看到蓝天最深邃的地方，目力所不能及。他用心感知天，心接续着眼睛的观察路线，天际线消失了，整个世界包括他自己，与天际线一起消失，消失在混茫的宇宙中。他感觉自己的消失，消失在宇宙极深处，一刹那，那个"极深处"就在目前，"看"到了宇宙的模样：永远没有边际。没有边际的宇宙，所谓"观察的路线"当然也就不存在，他发散式的而不是线性的观察，幼年张衡与宇宙进行了直接的对话。从那以后，这样的对话一直没有停止，随着张衡渐渐长大，对话也渐渐深入，张衡看见的天也更深更远，尽管天仍然无尽头，但张衡似乎发现天的奥秘，也许这只是一丝，但一丝何尝不是全部？

贾逵与这个青年有宿缘。大汉是圣人的时代，孔圣人不可再生，孔圣人的外姓嫡传却层出不穷，张堪以圣童闻名，贾逵以神童问世。贾逵一个上午滔滔不绝，引经据典，五经篇章烂熟在心，不假思索，取用自由，经文如此，"春秋三传"也倒背如流，但他眼前的书案上却看也不看，太学博士们全都气冲斗牛，讲学说经，案上摆放的讲稿根本就不看。那为什么还要苦心孤诣地准备讲稿？那是担心在讲学时出现停顿，会在学生面前失了尊严，贾逵没有这样的担心，他的讲稿就在心里头，一次课讲的内容，跟下一次讲的内容，一字不差，所以开讲和结束的时间也分秒不差。一些教授也学贾逵，上课不带讲义，可他们不带讲义的结果，就是在课堂天文地理怪力乱神自由谈，这样当教授也太容易。后世人们说起贾逵的这宗公案，都说贾逵夜里把讲稿背下来，白天向学生炫耀，以钓誉沽名。后代人能力衰退，还喜欢沽名，就以今例古。贾逵天下古今所有的学问，都储存在硕大无朋的脑袋里，他的脑袋特别大，人称"贾长头"，而且他的大脑袋结构很特殊，装进的材料都编了码，像图书馆的索引卡片，要用什么材料立即调取，酷似两千年后才出现的电子计算机，他的大脑，就是"电脑"。他如果讲学，面前摆着讲稿，那讲稿会打乱他搜索卡片材料的步骤，所以他不要讲稿，也没有什么讲稿，他的大脑袋就是讲稿。贾逵五岁时，被姐姐抱着，在别的地方都不行，哭，在学堂外的篱笆墙边才安静，听着学堂里面清脆的读书声，小小贾长头痴呆呆一动不动。几年以后的某一天，贾逵忽然对姐姐说："我给你背一段书吧。"姐姐说好吧你背书。背诵开始，一个时辰，两个时辰，从早晨背诵到中午，从中午背诵到……姐姐害怕了，这样背下去会出人命的！果断制止他再背诵下去，叫他去歇着。姐姐左思右想不明白，家里贫寒，从没有给贾逵请过教书先生，这小孩子怎么记住这些书？忍不住问贾逵，贾逵很奇怪姐姐的问，小时候姐姐抱着我听学堂，大一点我自己听学堂，每天听，还能记不住？

贾逵小时候听五经，长大了讲五经，有汉一代经学大师，现在面对一个有点笑得唐突显得冒失的青年，贾逵却是个巡天的使者，贾逵的目光与张衡相遇，贾逵似曾相识，天使半人半神，贾逵隐约看见张衡身上闪现神灵的光芒。如果贾逵是画家，他画的张衡头顶一定会盘旋一个象征圣灵的光圈。贾逵隐约觉得，这个青年，他的儿童时期也一定不平凡，他应该很早就获得天启，他是"天童"。

获得天启的天童与从前的神童、现在的大师交流思想，不需要语言，一道目光传输巨大的宇宙信息，张衡从贾逵的信息中得到鼓励，他要做上天的代言人，告诉世人关于他所知道的天的一切；贾逵从张衡的信息得到欣慰，他也曾经漫步茫茫苍天，所行越远，所知越少，因为知道得太多，才知道自己知道的实在太少太少。他约略知道这个青年的天分不能衡量，他能够继承自己，又能超越自己，他能够所行甚远而所知甚多。贾逵如果知道这个青年名张衡，他会更惊讶，张衡，连名字都是上天所赐——"玉衡指孟冬，众星何历历"，玉衡，天象之一。

贾逵来太学讲学，只有这一次，张衡见到贾逵，也只有这一次，虽然他以后有很多机会可以见到大师贾逵，向他请教，但张衡没有再去拜访大师，不需要了。永元六年（94）太学开学典礼上的思想交汇，两代天文学家完成了有关天的海量信息的瞬间交接，张衡继承贾逵，继续对天的探索。人间交往的最高境界是君子之交淡如水，贾逵张衡都是天界中人，天人的交往，是相忘于太空。

贾逵放下戒尺，环视会场，讲堂重又恢复安静。贾逵说："这套设问，虽然有人说秉承孔子微言大义的精神，但我看也不尽然。孔子的真实意思，反倒被《公羊》遗漏了，公羊高却把自己的意思冒称孔子。比如这句话：'祭仲者何，郑相也。'这没问题，可以承前省略的，我们前边已经知道祭仲是郑国的丞相。'何以不名，贤也。'这就涉嫌以己意度圣人意。祭仲是贤人，为贤者避讳，不称名，但仲是什么意思，'老二'的意思，尊敬祭仲，把他的名字丢掉，就叫他祭老二，这是尊敬吗？我们尊敬孔圣人，能叫圣人孔老二吗？"

会场成了修罗场。鸦雀无声？鸦雀还可能转头张望，抖羽毛，现在鸦雀都直愣愣地看着讲台，看着贾逵——如果有鸦雀的话。贾逵的讲话惊世骇俗，瓦解圣人，简直亵渎圣人，居然直呼圣人"孔老二"！大家都知道《公羊传》的文字的确有问题，青年们读《公羊传》也能读出问题。读出问题，想出问题，都不要紧，但你不能说出这些问题。皇帝的新衣不需进口，中国也不缺，皇帝穿上本不存在的"新衣"，你要说出来，你就是傻瓜，而且是双重的傻瓜：第一重傻，你看不见新衣；第二重傻，说出你看不见新衣。《公羊传》傻，看见《公羊传》傻，还说出《公羊传》为什么傻，贾逵简直就是三重大傻瓜。贾逵为看出《公羊传》的傻而傻，太学生看不出《公羊传》傻，不也挺傻的吗？于是，一群大傻瓜被更大的傻瓜贾逵惊吓住，所以陷入死寂。

贾逵毕竟是贾逵，他再傻，也没人敢说，人们很快从贾逵的密集轰炸中清醒过来，醍醐灌顶，豁然开朗。知道自己傻傻地被大傻经书欺骗着，有些崩溃，但主要还在彻悟，太学生们生得有些早，轰炸、醍醐、彻悟，不知何物，但他们知道大约是豁然开朗的意思：眼前一片混沌，忽然天幕大开，混沌消散，豁然开朗。不久，贾逵把这次演讲的主要内容写成一部规模庞大的奏折，主张太学为《左传》设立博士。奏折获得皇帝的认可并大为赞赏，从此，太学博士有了《左传》。《左传》是个突破口，以后，古文系统陆续占领帝国的文化圈，今文的《公羊》《穀梁》

渐次退出历史。

贾逵的讲经，从辰时讲到未时，连续三个时辰，不吃不喝，也不休息，仍然声如洪钟，坐如铜钟。自从落座，贾逵的身躯就像定在了座位上，除了开口说话，眼光偶尔扫过会场之外，身躯居然没有一丝摇动，甚至没有欠伸的动作。贾逵带着好几捆竹简，用锦囊包裹，锦囊并没有打开，那些书就没有露面，既然他记得每一部经书的每一个章节，整个讲学过程也就不需要核对经文，带着书，纯粹是对太学以及太学生们的尊重。太学生、典礼的嘉宾也不吃不喝不休息，静静地聆听大师的教诲，毕竟只有这一次机会，而且明年大国师未必健在，即或健在，也未必肯再来，大家生怕漏掉一个字，恨不得把每个音符都狠狠地凿进脑子里，永远不要忘掉它们。两个速记官轮班记录贾逵的讲话，旁边两个侍应生，磨墨磨得汗流浃背，嵩山松烟研磨在端溪砚上，发出温润饱满的声音，仿佛天乐，与贾逵疾徐有度的语音相得益彰。抄写在绢帛上的速记稿笔走龙蛇，经过整理，要存入帝国档案馆，太学生们无缘得见。很可惜太学生也没有机会展开笔墨记录大师的演讲，他们的座席没有文房四宝，听到大师的金玉良言，很希望记下来，可现在不是孔子的杏坛，不可以"书诸绅"，大师正襟危坐，学生们怎好东挪西凑。

大鸿胪在主持席上首先熬不住，试图示意贾逵时间不早，贾逵却看也不看，大鸿胪只好痛苦地等待。

太阳西斜，贾逵的演讲终于结束，一声戒尺，唤回满堂听众，进入下一个程序：退席。张衡随着大众再次经过太学大门，门口的护丁仍然一丝不苟地维持秩序，显然他比早晨看守大门检查印信时轻松得多。

张衡最后一个出门，鞠躬，感谢，便悄悄说："将军，借一步说话。"护丁跟张衡来到一个转角，四下无人，张衡从袖子里捧出一串铜钱，是一贯："将军辛苦，礼物微薄，恳请将军赏赐左右。"护丁立刻红了脸："唉！年轻人，天下事不都由钱决定，人与人之间，有比钱更重要的关系，以后你会清楚的。我守大门多年，人看得多了，钱看得淡了。我有薪俸，每月钱米足够用度，你远道求学，比我更需要钱。我很快就退休了，家有薄田，衣食可保无虞，我与王孙，以后见面的机会不会很多，王孙多多保重吧！"

张衡呆立街角。今天，太学护丁又给他上了一课，而且不亚于贾逵的"天启"。护丁用行为告诉他，人与人之间，不都是钱和粮的利益关系，两个人发生交集，也许因为道义，也许源自理想，也许根据天启。

五

第二天，张衡开始奔忙于太学。贾逵的讲学，与他在南阳求学时先生的讲学不同，南阳的先生属小学，讲授五经的句读和训诂，"郑伯克段于鄢，郑武公封号伯爵，故称郑伯，段，共叔段也，克，战胜也，鄢，郑国属地也，郑伯战胜京城大叔段，夺取鄢地也"。三辅的先生应该是中学，学问属中等，串联讲述，故事原本，"关关雎鸠，在河之洲，窈窕淑女，君子好逑。关关，鸟鸣也，比而兴也，先言他物以引起所咏之词也，一位淑女，君子好好地来求她"。读完经书，解说经书。原来《关雎》一篇，咏后妃之德。文王的后妃想为文王选取很多的女子，而后妃自己一点也不嫉妒。为什么呢？因为，文王的后妃们生的孩子越多，周天子的护卫就越多，儿子，当然就是周天子的护卫，郁郁葱葱。周天子一家的兴衰，关乎天下得失安危。张衡很为南阳石桥镇的几个大家族感慨，那几家全都不太平，鸡争鹅斗，大老婆小老婆小小老婆，如果都像周王的后妃，这些大家庭的事故就减少百分之九十，甚至完全绝迹。回南阳一定要把这些家族的男男女女召集来开个大会，用圣人的教导开化他们，一家人怎么就不能够和平共处呢？

他离南阳北行，目标定在太学，先到三辅地区求学，因为三辅地区名声显赫，文明悠久，他的目标仍然在太学，太学才是大学，天下最大的学问，融会贯通，发挥正义。昨天听贾逵讲学，更坚定了张衡进太学读书的意念。要进太学，当一个太学生。这是此时张衡的心思，但他很快就冷静下来。当太学生，能当的话，不早就当了？资历审核只是条件之一，资格审核和资产审核才最要命。资格审核，要看这青年的父祖是否现任二千石，曾任的一律不作数；资产审核，如果直系亲属没有现任二千石，那么他的家里能否出得起高额的学费，高额，大约二千石一年的俸禄，就是二千石的米或钱。他的父辈不是高官，资格不够，不能入学，他家又不能出资买指标，资产不够，仍然不能入学，进门都不能够，所以才有昨天那不成功的行贿事件。

他租住的地方离太学不远，街头信步，不知不觉就走到太学大门口。今天太学很清静，太学生出出进进，一副视天下为己任的模样，护丁已经不是昨天的那个，张衡心里郁闷，昨天的那位护丁大概已经退休，可就在退休的前一天，还被张衡用一吊钱伤害了一回，心里越发惭愧。现在这个护丁年轻些，检查进出腰牌很认真。有几个太学生被护丁拦住，不准出门，大概腰牌上学监没有注明准假。

太学门口那位年轻的护丁，一丝不苟地检查出入腰牌，又有几个太学生被护丁拦在门里，不许出门，被拦住的太学生分辩着什么，护丁严肃认真，不为所动。张衡想，这些太学生啊，身在太学想出来，我想进去却不能够，身份场合不能互换。可是，为什么不能互换呢？我倒真想换一换呢。我要能进去，一辈子不出来，我也愿意。

忽然门口一阵喧哗，一个声音直钻进张衡的耳朵，这个声音与他的思绪完全吻合："小爷出去，就再也不进来啦！"这当然是气话了，他不会不进来，太学没这规矩，还有这青年的父亲也不让，那可真会打断他的腿，叫他终生残疾的。这一定是护丁威胁说要出去就不准再进来，他就赌气发愿再不进来。自称小爷，看来这人来头不小，必定出身豪门大户。

护丁不生气，但也不开门："你的腰牌没有学监的批示，我不能放你出去。""小爷"涨红了脸，就要自己开门，护丁早防备这一手，双手紧抓住门闩，咔嗒一声，门闩扣死，抽走钥匙，自己一溜烟地跑走了，留下"小爷"孤零零地充当临时护丁。

小爷的确是小爷，不但衣着光鲜，腰间的佩玉块头大，水色足，上好的和田白玉，能够佩戴这种玉的人或高官，或富商，或者高官加富商。这还在其次，主要是他的做派自然带着一种富贵气，张衡心里盘旋着一个词：富贵逼人。小爷出不去，但也不想就这样回宿舍，护卫总要到岗位上的吧，只要他回到岗位就有办法。他不着急，他静静地等，忽然看见门外站着一个与他年纪仿佛的小伙子，小伙子衣着简朴，但看样子聪明过人，闲着也是闲着，可以谈一谈。他喜欢聪明人，因为他就很聪明。

"喂喂，那小伙子，你过来一下！"话刚说出口，他懊悔得跺脚，"呸呸，聪明！"他这是在骂自己呢，枉自挂着个聪明的头衔，刚才与护卫吵闹，脑子里持续着与护卫说话吵架的语言系统，一时竟然没转换过来，这小伙子显然是个读书人嘛，必须以读书人的礼节打招呼。"这位仁兄，敢问尊姓？"张衡被"喂喂"的时候，也没有多么不愉快，想这个小伙子年纪相仿，也许这位阔公子自来熟，不搞客套，正准备回应年轻人的话，他却忽然改成了敬语，而且语气也变得文明雅致，温良恭俭让的标准青年。

"敝姓张，南阳张衡。请问尊称？""马，扶风马融。仁兄的表字，在下斗胆猜一猜，可是平子？"

"马兄猜得对，小字平子。马兄不介意的话，我也猜一猜？""你猜你猜，这挺有趣的嘛，你猜猜看。"一下子又恢复了纨绔少年的本色，什么都不在乎。

"敢问马兄行几？"

"行四。"

"季长。"

张衡和马融，隔着太学大门的木栅栏，双手击在一起，清脆的击掌声，宣示着两个人的友谊建立。多年以后，他们谈起这段公案，询问对方为什么猜表字猜得那么准，张衡说，《尔雅》：融，长也。单独一个长不成表字，就要与排行弟兄论，行四，就应该是"季长"。马融也说自己猜得张衡表字的机关：北斗七星，中间一星为玉衡，恰在平衡点，衡就是"平"，至于"子"字，却真是猜的，猜时很忐忑，当时他想猜"子平"的，出口却成了"平子"。能蒙对，也纯属巧合。

马融就问张衡来这里做什么，为什么不进来。张衡把自己的苦恼简单地说了一遍，马融轻描淡写地说："这本来就不是个事。你以为这太学多么难进吗？家父仕宦于朝廷，官秩二千石，我当然可以享有朝廷派发的名额，可是太学的学生大半不是官宦人家，他们上学有特殊途径。"张衡说："花钱买的吧？"马融摇摇头："买名额的，也有，但不多，太学要有真才实学，买来名额，学问跟不上，也得淘汰，太学淘汰很严厉，我在太学刚满一年，淘汰的学生同年级已经三分之一。"张衡想到自己设计的考试：考试不及格就劝退吗？马融不理解什么叫考试，还有及格不及格，什么叫"格"。"考试不知道，太学淘汰学生，主要通过辩论赛。"张衡不关心什么辩论赛，他急切地问上太学的特殊渠道。

马融接着说："太学有一种编外学生，旁听生，叫'游学生'，象征性交一点学费，比照孔夫子招收学生的'束脩'。编外学生不在太学吃住，也不领补助费，一切食用自己解决，但可以听先生讲课，也有课业，也参加讨论。要命的是讨论，一次讨论发言不合格，就得离开。没有谁赶你走，但你不得不走，不敢不走。发言开荒腔，不走，羞也羞死了。现在太学生有七千多人，开学时却有一万的，正式公费学生和编外学生一样多，现在剩下来的也一样多。张兄可以留意一下游学生。"

张衡听得很兴奋："不用考虑啦，我愿意当个游学生！怎么申请，还得告诉我。可是，马兄，刚才你是……"马融红了脸："整天在太学读书背书写字，太气闷了，想到城里走走，吃点好东西，太学的伙食，简直就是喂猪啊，就这，还是公费生呢，游学生连猪食都没有，得自己做饭，或者从家里带饭。我看你还是自己做饭好些，家里带饭，那也来不及啊。"马融说话很快，一点不拘束，跟陌生人很快就能消除距离。张衡说打算在太学附近租一所房子，马融说："在太学附近租民房，那有点贵。你知道吗，洛阳现在又一个新名词，叫'学区房'，在太学周边的房子，身价倍增，一间茅棚，租金五十两银子，五十两，在郡国都可以买一座别墅了！我猜想张兄的家境嘛，也不很豪富吧，就得委屈你到学区外租房子了。这也是小事，现在最要紧的是办申请，获得批准，发给你一块腰牌，以后就可以正大光明地出入太学。"

办游学证，要有保人，马融说："家父可以作保。"马融的父亲是将作大匠，年薪二千石，而且马融家族有辉煌的历史，他的从祖伏波将军马援，开拓南疆，威赫名声天下无人不知。张衡知道马融的这层家族背景，对他的印象又加深了一层：良好的家庭，家教必定良好，有良好家教的人，也必定是个善良的好人。

太学祭酒联席会议研究张衡的申请，对他的家庭出身做仔细的研究，还有张衡提交的一篇"周礼注"，这是他在南阳时读经的心得，说是"注"不很准确，仿照大师们的注照葫芦画瓢，粗成模样而已。但有将作大匠的保证，张衡很顺利地成为京都洛阳太学的一位"游学生"，也获得一块腰牌，因为他在校外走读，每天可以进出太学。这使马融很羡慕，几次想跟张衡混出太学，都没成功，护丁极难对付，无论使用什么手段，威胁利诱苦情告白，都没用。马融就恨恨地说，当初真糊涂，当初要跟你一样走读，那该多好！张衡相信马融说的是真心话，没有当着矬人说矮话的促狭。马融很聪明，但他从不嘲讽他人。

太学的伙食确如马融所说，那真比猪食还差，食料是精良的，炊具是精制的，厨艺是精湛的，餐桌是精美的，就餐环境当然也是精致的，可是，端上桌的饭菜却总是那么神经兮兮的，目不能视，口不能张，喉不能咽，胃似乎也不愿消化，所以太学生的胃普遍不大好。家里出很大一笔钱，却让学生到太学遭罪。

太学的最高领袖是大祭酒，大祭酒对自己厨房的伙食心知肚明，但他有自己的一套说辞："学生们来太学做什么？来读圣贤之书，学习修身齐家治国平天下的根本。圣人吃的什么？孔夫子厄于陈蔡，'七日不火食，藜羹不糁'。七天不能生火做饭，光喝野菜汤！圣人如此，贤人更惨，颜回一年四季一箪食一瓢饮，竹筐装着凉窝头，守着水缸舀一瓢凉水。圣贤们从来都食无求饱居无求安。我们的伙食不好啊，我告诉你们，我们故意做得这么难吃，我们故意用高价买烂白菜，我们的养殖场你们可能没看过，每天都有肥猪出栏，我们用这些猪跟人家一对一地换萝卜。一斤猪一斤萝卜。"

祭酒讲话总有人接茬的："好好的一个颜回，窝头凉水给吃死了。"祭酒有教师职业病，耳朵永远极敏锐："怎么能说吃死了呢？颜回身体本来就不好，多病，如果不是精简饮食，任由他胡吃海塞，也许没有三十一岁这么长寿呢！"那个学生缩了脖子，假设的东西怎么论证，而这番假设的始作俑者是太学生自己，就没法批驳大祭酒的奇谈怪论，于是不敢再发言。

祭酒这么说话，是太学尚食处跟他汇报时这么说的，祭酒一般都不懂俗务，他并不知道猪肉和萝卜的价格比是多少，怎么汇报他都信，这叫"君子可欺之以方"。尚食处总在集市快要散了的时候去，几辆大车浩浩荡荡，被挑挑拣拣一天眼看卖不了就要扔掉的烂冬瓜瘪豆角，收购，仨瓜俩枣。仨瓜俩枣也是瓜和枣，赶车采买的连这点钱也舍不得，就等着，等到天黑，卖菜的实在没有主顾，只好扔，尚食处的大车就能免费收捡它们，一个铜板不花，回去报个花账，虚支一笔银子。厨师知道这些菜的来历，他们不说，不说肯定有回报的，所以每到月末，各家都来一辆大车，送换洗衣服。谁家换洗衣服用大车送？帝国的事情，大家都心知肚明，心照不宣，于是换洗衣服的大车骨碌碌滚出太学，车上装载着雄厚的米面油。

太学生也知道这个猫腻，但全部保持沉默。几十年上百年的沉默，这也真是奇迹。保持沉默，与祭酒那次教导式的演讲一点关系没有，祭酒的演讲大家只当笑话听，太学生们绝对不想跟颜回一样三十一岁就死，他们不理会尚食处的猫腻，是因为这事情实在形而下。所以这事不但没人举报到朝廷，连背后议论都没有，当然也不是帝国政府为了实行高压政策，不准太学生们妄议太学乱说乱动，谁不小心发言惹恼了皇上就给他说上刑，而是因为……因为这事太庸俗了，试想，国家最有品位的群体，太学生，为了一口饭，跟领导闹别扭，这叫什么事！不但眼下丢人，子孙后代都要跟着不敢见人：谁谁家的那小谁，他的曾祖父那老谁，为了争吃饭，上大街游行示威去了，好意思的吗？民以食为天，那是普通的"民"，太学生高尚优美，吃饭……而且，食堂的饭菜也不是传说的那么难吃，不然你问问尚食处，哪次做饭剩下了？

还真有人去问。尚食处的回答十分简练干脆："敝处崇尚节俭，提倡环保，恒思物力维艰，若食堂有剩余饭菜，食堂管理人员须负责吃掉。多年来我处坚持这一制度，请看，我处食案清清爽爽，并无半点残渣。"询问者彻底佩服：真的哎，如果真的很难吃，剩下的饭菜呢，食堂的人能吃下多少？可见没剩下多少。其实，不剩下饭菜，有困难吗？只要少做，自然不剩，而肯来食堂吃饭的越来越少，食堂剩的饭菜也就越来越少，最后，食堂一点饭菜也不剩的时候，尚食处连市场收捡破烂菜的程序也省了，但每月定期家里来人送取"换洗衣服"的程序没省，每家大车照例雄厚地在大街上骨碌碌。

于是，太学生全都自己做饭，马融也由此学会了厨艺，成年后的马融怀念太学自己做饭的岁月，写成回忆录，教导自己的学生。回忆录不提自己做饭的苦，专称颂自己做饭的酷，一把米一捆柴，不一会儿热腾腾的一锅饭出来了，多么神奇的事情。当年孔夫子也自己做饭的，后来学生多了，有学生们轮流值班做饭，老夫子才闲下来，但也时常到厨房视察，这一看就看出了毛病，颜回从锅里抓起米饭，往嘴里塞，还没出锅的饭多热啊，烫得颜回咧嘴又抖手，一副狼狈样。颜回家里穷，现在跟大家一起吃饭，也忘不了占便宜，利用做饭的机会吃先手，一会儿锅里的米饭平均分，他一点不比别人少。老夫子满心不高兴，但老夫子有涵养，不直接说，旁敲侧击地叫他知道吃独食占先手不对，教书育人嘛，孔夫子深感责任重大。"口粮，一人一份，我多吃一口，别人就少吃一口，一口饭问题不大，扩展到江山治理，为王封侯，宰割天下，就不行了啊。我们大家，有没有这样的情况呢？"颜回忽然明白这几天先生为什么对他冷着脸，原来怀疑他偷吃大家的米饭。颜回从来坦诚，他站出来说："老师，上次我做饭，厨房长久没打扫，房顶的灰尘结成块，落在饭锅里了，灰尘一落下就沾住拿不下来，我想别把米饭糟蹋掉了，就连灰尘和米饭一起舀起来吃掉了，先生看见我吃的是米饭，没看见米饭里的灰尘，我没多吃多占啊。"孔夫子知道错怪了颜回，但老先生心怀坦荡，绝不文过饰非，错了就是错了："颜回，我错怪你了，对不起，老师向你道歉。"马融对孔夫子这次厨房争论很不屑："我们家不会为了一口饭的事专门开会讨论，我们家的饭随便扔，做饭时就把要扔的带出来，我家有钱，做一锅留着吃，再做一锅，扔。"

不过马融自己做饭自己吃，还挺新鲜。因为有兴趣，厨艺就大涨，不但马融，太学生的厨艺全都不等闲，反正这么说吧，太学生读书怎样且不管，至于厨艺，当时如果有广告的话，走在洛阳的大街上就会有巨幅广告劈面而来："天下厨艺哪家强，太学第一在洛阳！"

厨艺还在其次，最有成就的是来自铜川的太学生从家里带来一种奇特的石头。这种又黑又亮的石头有棱有角，比一般的石头轻，能燃烧，燃烧的火力很猛，一小块石头就能烧一锅饭。它叫燃石，地下挖出来的，大家纷纷借来用。这位太学生索性不再读书，从铜川长途贩运燃石，卖给别的太学生，由此这位前太学生居然成了富翁，此是后话。史后的话，帝国末期，太学生们终于忍不住，他们已经被饿了好几代，几代人在太学大院里烟熏火燎地做饭吃饭，一日三餐，哪还有读书的时间，有的学生把老妈也接来，专职给他们做饭，好叫他们安心读书，顺理成章的，年纪大的学生，妻子儿女也接来同住，一家人倒也其乐融融，可这还是太学吗？帝国的末年，太学扩招，三万多太学生终于走出太学，散布在洛阳城的边边角角，发表演讲，形成学潮，主题是"我们要吃饭，我们要读书"。吃饭问题终于提出来，而且堂而皇之。读书人不读书，为了争饭争得轰轰烈烈，毕竟不算很光彩的事。再到后来，人们就把争取吃饭这件说来有点丢人的事按下不表，单说太学生们反宦官，党锢之祸也仅仅从政治着眼，纯粹地形而上起来。这些事情发生在帝国的末年，但如果这样说：发生了学潮，才导致帝国解体，好像两者也可以存在因果关系，管理太学的一伙人，祭酒学监尚食处还有那些厨师伙夫打扫厨房的，为了升斗之利，葬送了大汉帝国。说起来，吃饭问题还真是头等大事。

六

走读生张衡对食堂的事不关心，反正他不在食堂吃饭，他来学堂，跟大家一起读经书，做策论，还有演讲。太学生演讲，为将来从政做准备。帝国的官员虽然不召开大型群众集会，各级政府的闭门会议还是经常开的，而闭门会议重要程度远远高于无遮会议，无遮会议按照程序公开进行，按部就班地表演，表演下来无大差错，就大功告成。闭门会议却只有议题，没有程序，有时连议题也没有，问题临时发生临时解决，不容思考和拖延。更多的时候，一部分人暗地里谋划很久，在闭门会议上突然发难，令对方措手不及，只好乖乖就范，但也不尽然，如果训练有素，专门针对这样的突然袭击长期演练，形成应对的模板，什么情况发生，就抽出相应的模板阻击，被袭击的一方就可能稳坐钓鱼船，战事反转，进攻者狼狈收场，后发制人者坐享战利品。

太学经常组织类似的辩论会，教授拟出几个选题，分别为正方反方，比如吃豆花加不加盐的问题，由指定双方各据一点，展开辩论。辩论的是与非一点不重要，而且也不可能有是非，重要是论辩的过程，要在论辩条件相等的条件下把对方批驳得哑口无言。太学生的辩论会与贾逵讲学不同，这种辩论会无遮，全面开放，全城士女，无论老幼，都可以来太学大讲堂旁听，于是每年开辩论会这天，太学前人山人海，只得限量放入。太学总监跟祭酒商量："我们的论辩会如此受欢迎，卖入场门票怎样？"祭酒说："呵呵。"有学问的人都含蓄，这样不置可否略带嘲讽的笑，就是否决。祭酒和总监也太谨慎，再后来，不但辩论会卖门票，他们这所太学教学场所，也明码实价卖门票邀请人来参观呢。

张衡的游学生资格一点不影响他在这种辩论会上受到热烈欢迎，这一年辩论会的题目是"一切有"，反方当然主张"一切无"。这个题目张衡很熟悉，一切关于哲学的题目张衡都熟悉。张衡说，有我不熟悉的题目吗？实际上张衡没有如此狂妄，也不至于如此傲慢，这话是他的同学替他说的，即使他没说过这话，这话也是实情，来自南阳的青年人辩论会上令人望而生畏，所以各种辩论会大家都不愿意跟他遭遇。不过这次张衡一方是反方，主辩手张衡，证明"一切无"，而正方"一切有"的主辩，恰恰就是马融。

马融从感知角度论证有，人过留名，雁过留声，风过水面留痕，月过长空留影。名，传播后世，所以我们现在仰慕尧舜禹，声、痕、影，瞬息即逝，有人说这就是无，无是根本没有发生的事物，但它们确实发生了，而且被我们觉察到了，它们当然就是有，世间万物，都可以归结为一个有字，除了有，还是有。无，天地有状态之前的状态，一旦天地剖分，有就是唯一统摄。说无是唯一状态，那是指天地剖分之前，之后，既然世界已经有了，当下的世界，所谓的无，只是消失，而消失也只是我们主观感觉的消失，客观上它们仍然存在，仍然是有。人死亡了，灵魂还在，物耗散了，转化为他物，声音消失，曾经振聋发聩，光影消散，滋润万顷良田，我们到现在，找不出任何一个人和一宗物品消失。总之，"无"是"有"的存在形式，或有的曾经存在形式，所以，一切有。

张衡不说天下有还是无，他举起一捆竹简，向听众席发问："这册书，有还是无？"观众还挺配合："有——""可是，它在成为书之前，是一捆竹子，在成为竹子之前，它是无，无中生有竹。生长竹子的土壤，以及脚下大地，宇宙六合，在天地剖分之前，是一片混沌，在混沌之前，一定是无。老子把无命名为道，道不是物质存在，也不是思想存在，它以'无'的形式存在。自从有了天地，有了土地，才有了竹子以及由竹子而成的书，而这些书，以及承载这些书的天地宇宙，在若干年之后也将消失，现在我们的世界到那时又是一片混沌。竹子、书、我们，以及诸君所能列举的一切，都是短暂的存在，最后全部归于大化。大化是什么？是物质世界最基本的状态，是抽象存在，实际不存在。为了说明它的不存在，人们才给它命名为'大化'。大化没有形态，没有状态，本质是无。我要告诉诸君，竹子、书、我们以及其转换形式'大化'，在渺茫的宇宙进程中都只是一瞬，一瞬之后，一切归于死寂，回到原初的状态。宇宙最初无形无色无声，幽清寂寞。这是一个长得无法计量的时期，称为'溟涬'，无法计量，以我们目前的智力水平，无法给这个时间段做出哪怕比较合理的描述。之后，就有了我们现在这个时刻。说时刻，显然不合适，它不是时，不是刻，不是倏，不是忽，它几乎就不存在，它仅仅是宇宙的一个短暂得无法称说的梦，梦之后，归于死寂，重新延续它的永远，它的无尽头，永远之中穿插这一个梦，是不是貌似有而实际无呢？"

马融从没听过张衡如此胡说八道，这也太没谱了，"溟涬永远没有尽头，请问，现在跟我辩论的是哪位神仙？不会是从溟涬来的吧？"辩论会主持急忙制止马融的话，按照规则，一方在发言的时候，在规定的时间内不准打断，尤其对方不能插话。马融觉得张衡太过分，按捺不住了。张衡却不着急："既然马先生提出这个问题，我就借用您的论题。'无'是恒定的，是道根，道根产生道干，仍然混沌不分，看不出任何形状，也无法计量它的运动速度。这种气叫作太素。这以后有一个很长的阶段，称为庞鸿。庞鸿之后，开始产生物质。这时，元气剖判，刚柔始分，清浊异位，天成于外，地定于内。天地配合，产生万物。这一阶段叫作太玄，也就是当下。太玄这个阶段，跟庞鸿以前的阶段比较，只是一个瞬间，而且，我提请大家注意。老子说，太玄之后，还要'反'，就是回归，恢复到溟涬状态，而且又是一个'永远'，'有物混成，先天地生，寂兮寥兮，独立而不改，周行而不殆，可以为天地母。吾不知其名，强字之曰道，强为之名曰大。大曰逝，逝曰远，远曰反'。天地、道，以及道的假名，都是暂时的，而逝、远、反却是永恒的，这三项，就是我们理解的'无'。再度比较一下，太玄的有，和溟涬、道根、道干、太素、庞鸿，在时间上不具有可比性。太玄完全可以忽略，就是'有'完全可以忽略。我这次说的，实际是重复我刚才说的，故意延长了溟涬之后'有'的时段，这个时段又划分为几个时段。我的意思是，显得如此漫长的'有'，与'无'的时段比起来，也还是无，仍然是宇宙之梦，我们和宇宙，都不会认定梦境为'有'。"

张衡继续反驳马融："对方的沉默说明，现在我们所处的太玄时期岌岌可危，我们很快就会灰飞烟灭，我们本来就是无，从无到无，这才是'无'的本质存在。当然，我所说的存在也仅仅是借用语词，因为'无'无法称说。"马融说："我才不沉默，我的话多着呢。只是主持不允许我说！"主持再次警告马融不准说话。这个规矩挺有意思，发言方可以点名道姓说对方，对方一开口就犯规，三次犯规就罚下，所以马融急赤白脸。张衡现在表现了君子风度，他说："我的话暂停，请主持允许马融先生答辩。"

马融的话并不多，他只问张衡一句："溟涬、太素、庞鸿啊，等等，都是你自造的词，你的词嘛，就按你的解释。你说现在我们的阶段是太玄，那么我要问你，你的太玄，到底是'有'，还是'无'？"

张衡当然不会被这个问题难倒，他说："实际我在第一轮发言就已经回答了你的提问，我的回答是梦里花落知多少，都是虚妄。庄子做梦，梦见自己是一只蝴蝶，梦里的蝴蝶做梦，梦见自己变成了庄周，这里说的'梦'，到底是谁的梦。做梦的本体是庄周呢，还是蝴蝶，恐怕庄老先生最后也没有搞清楚的。但我要说，庄老先生没明白，我们大家同样没明白。为什么没明白？实际上我们同样生存在虚妄中，我们眼前的一切，原本就是'无'的梦幻，千年走马，沧海桑田，疆场征战，血流漂杵，在'无'，一场梦幻而已，一旦梦破，全部回归于无，生存在这个节点上的人，你我他，所谓人的主观感知，就能感受到自身的存在，如果他没有这样的主观感知能力，他就感受不到自己身体的存在。总而言之一句话，我思则我在，同样道理，我不思，则我不存在。其实，不管我思，还是我不思，我们都不存在，我们的存在只能验证'无'的存在，"无"的恒久存在。"

窃窃私语交头接耳演变为大吵大嚷，愤怒终于爆发，除了几位担任评审的博士还保持着矜持的微笑，全场的听众几乎都义愤填膺，声讨张衡的肆意妄为。马融镇静坐在论辩席，与评委们一样保持着微笑，他的微笑含义更明确：张衡的答辩彻底失败了，马融才是不战而屈人之兵。观众主要是太学生，旁听席上也有朝廷和洛阳官府的官员。太学生对张衡的演讲并不十分懂，但意思清楚，张衡很阴险地把所有人都证明成为虚妄，大家都是"无"这个无耻的东西臆想出来的，甚至连东西都不是，因为本来就没有"人"这种东西，是"无"这个鬼东西不甘寂寞，假托做梦，想出了人以及与人相关的种种事情，后来"无"回归正常，不再思考，于是大家就都和"无"一起归于虚无，没有了。现在虽然"无"还没有清醒，那是它还做着梦呢，可它随时可以清醒过来，它一旦清醒，我们大家都要灰飞烟灭。其实大家对自己消不消失并不特别在意，大家当然知道这只是说说而已，要消失也得百年以后，他们知道张衡故作惊人之语，他们气愤于张衡对人的态度，他以十分轻蔑的语气谈论人的根本问题，这伤害了人的尊严。同样都是太学生，你为什么目空一切。其实他们没有必要那么生气，张衡说"无"，把自己也包括在内的，根据张衡的说法，"无"一旦回复常态，张衡也不能幸免，他并没有把自己放置在更高的位置上，没有把自己论说成神灵，很谦和的呢。看张衡在辩论上自鸣得意，大家更气愤，甚至有几个太学生从听众席上不约而同冲下来，那态势，要扭住张衡，与他进行"武斗"，场面即将失控。

　　主持人祭酒十分意外，至于吗，为了几句不着边际的话，就要动手吗？去年贾逵来讲今古文的区别，明显抑今扬古，鼓吹今文最厉害的几位大学者，脸都涨成猪肝色，可他们也没有冲上台子殴打贾逵，或跟贾逵辩论。为了学问意见的不同动手，不管是非曲直，只要发生，斯文即已扫地，我就是历史的罪人，必须制止这种武斗行为。但来不及了，几个愤怒的青年人已经冲到张衡的座席前。张衡虽然没动，但已经有点惊慌，因为辩论被打伤打死，他还没有这样的心理准备，可他当前不能被打死，"有和无"的辩论结论还没出，胜负不明，人死了就是无头案，那可太糟了。事发突然，辩论会设计方案很周密，还设计了几种应急方案，包括意外情况时的紧急处置，比如辩论过于激烈，论辩的一方被气死，可组织者绝对想不到因为辩论而会发生武斗，所以就没有安排武装保卫人员。这么纯文化的聚会，谁会把它与武斗联系起来？主持人现在才发现，文化的事情，也要有武力做后盾做保卫，但现在想这些也来不及了，主持人飞速离开自己的席位，一阵旋风，已经站在张衡的辩论席前，把愤怒青年与张衡果断隔开。

　　"住手！"

　　一声巨吼，太学屋檐上的瓦片都簌簌地掉下来。后来人们疯传，祭酒原来是武功高手，一声狮吼震屋瓦，能隔空断人颈项。祭酒笑而不答，等于默认，所以汉代以后武侠小说盛行，那些武功高手貌不惊人，儒雅文弱，一副痨病鬼的样子，看似几乎手无缚鸡之力，却突然大爆发，万夫不能阻挡。那可能都是比照汉代这位祭酒做模特的。实际情况是，屋瓦真的掉下来了，就掉落在祭酒的面前，碎得惊心动魄，但使屋瓦掉落的原因，跟祭酒的武功并无瓜葛。一只猴子坐在屋檐听辩论，好像听懂了，居然入神，正在摩挲一个瓦片作哲学沉思，忽然从很远的地方冲出几个人奔向发言者，看样子这位发言者威胁要抢那几个人的花生，这几个人就很愤怒，眼见得混战不可避免，从另一个方向一个很老的家伙发出一声吼，这一吼实在太意外，猴子也吓一跳，一哆嗦，它抓的瓦片就掉下屋檐。

几个太学生跟猴子一样，也被祭酒吓得够呛，灰溜溜，静悄悄，爬回听众席。这事还说明汉帝国之下民风比较淳朴，人们还比较厚道，对文化和文化人比较尊重，学者发一句话，大家都得听。看即将发生的动乱被迅速平定，主持人祭酒说："阿弥陀佛！"但立刻就缩了口，还东张西望地看看是不是有人听见，夷狄的佛教丑陋，中华上国，要抵制来自西方天竺的"邪恶文化"，中央祭酒必要以身作则，带头拒绝浮屠，不能让浮屠邪说进入中华上国的太学以及地方学堂。好在人们还处在刚才的紧张状态中，没听见他叨咕的一句什么话，还有，"阿弥陀佛"这个浮屠教的佛号，多数人还不知道，即使听见了，也不知道它跟西方文化有什么关系，人们只看见郊外白马寺一伙头顶光秃秃的家伙，见人就敬礼，上街就讨饭，虽然挺有礼貌，可看他们脑袋那么秃，不免有些恶心。

张衡没料到自己的论辩引起轩然大波，心里想，说天说地的事，一下子跟自己串联，这串联也太快了，还要发动武斗。我说大家都是无，纯粹是学术意义上的，形而上，人们一定要从脚下说起，脚一旦离开地面，就心慌慌，六神无主，跟这些人谈论形而上，那真比登天还难。庞大的听众群只是出于对太学的尊重，才没有起身离去，实际上他们已经很不耐烦，想早点离开这场无趣而冗长的辩论会。想到这儿，张衡兴味索然，不想再讨论这个问题，便征求马融的意见。

马融对有和无的研究不如张衡深入，但他知道张衡说得对，人存在世上，按照时间比照，只是一瞬间，完全可以忽略不计。这个结论虽然冷酷，令人极其失望乃至绝望，但他的论述很可能为真，如果按照数字比例划分，世界终将归于死寂的可能性，至少六成，而且根据现有的研究推导，这个比例还在持续上升，七成，八成，九成……但这个不是结论的结论怎么向公众、向主持和评委交代，他们能不能接受，马融心里没有底，他支持张衡的提议，这次辩论到此结束。

主持人和评委意见一致，结束这场辩论。首席评委专家做总结，对这次辩论会自我表扬一阵子，然后说："张衡一方和马融一方，各自做了充分的准备，做出了精彩的发言，使广大听众包括我们评委获益匪浅，我们需要很长时间探讨研究这次辩论会提出的定理和假设，而且看起来这种研究，将持续如张衡先生所说很长一段时间，是不是像庞鸿一样漫长，也说不定，所以，我们这次辩论会，暂时不做结论。这个结论指论辩双方的胜负，就是说，这次辩论暂时不分胜负。"祭酒也致答词，感谢各界友朋光临太学，使太学蓬荜生辉之类。

第三章

朋友

七

太学临街是一座五开间的牌楼，牌楼竖立在三尺见方的大石柱上，圆木立柱深入石柱的凹槽，石柱又深深埋入地下，紧密连接的五组九层斗拱描金画栋，高大巍峨，仿佛飞天而去。巨无霸式的牌楼上前后题额处，各有两个籀文大字：揽月、瞻云。整座牌楼，极富丽与极简约结合为一体，居然十分和谐。牌楼对应正门，重檐歇山的门楼，正脊高入云端，两层共九条屋脊向四个方向展开，每条脊的末端各有九个猛兽蹲伏，静静地观察着门楼下来来往往的人群。门楼覆盖厚重的灰瓦，显得庄严肃穆。门楼五开门，正中的大门紧闭，只为天子开放，每年正月天子要到太学讲学，那时五座大门一起打开，这是太学最为尊贵的时刻，洛阳倾城出观。为了预防踩踏事件，洛阳禁卫军临时充当"警察"，在太学大门左近组成一道道的人墙。禁卫军士兵高大威猛，明显比观众高出一大截，所以来看皇帝的洛阳人到底啥也看不见，只看见皇帝车子来了又走了。辟雍正对门楼，是太学最重要的建筑，天子讲学的地方，但也进行占卜、演阵等重要仪式。辟雍外圆内方，象征君子品德，方和圆用水面中和过渡：一座正方的讲坛，周围广阔的水域，水面呈正圆形。讲坛重檐攒尖顶，主席坐在中央，四面是听众席，模拟孔子杏坛讲学的形式，但现在辟雍周边都是柳树，不栽杏树。

辟雍之后就是大讲堂，这座大讲堂实际上是太学最重要的建筑：一方面，这座讲堂规模巨大；另一方面，天子讲学其实不在辟雍，而在大讲堂，太学的重要活动都在大讲堂举行。大讲堂灰瓦重檐庑殿楼房，五进九开间，正中面南为主席台，主席台高出讲堂地面三尺，观众席以主席台为中心呈半圆顺序展开，主席台背后墙壁上是巨幅山水画，图画五岳盛景。观众席布设千余织锦座席，雍容华贵。

转过大讲堂，就是帝国规模最大的藏书楼。藏书楼中贮藏惠帝废除挟书律以来以国家出面收藏的全部图书，这些书有的是副本，原书私人所有，太学雇人专门抄写之后原书奉还。但大多数是正本，其中更多的是只有一本的天下孤本。藏书经过王莽之乱和流寇之乱，留存至今，所以这些书弥足珍贵。王莽之乱其实不是乱，王莽对图书极为尊重，这些书的主要威胁是那些趁天下动荡结伙抢掠的盗贼，盗贼对图书不感兴趣，但他们特别喜欢放火，图书最适合他们放火取乐。这些图书劫后还能余生，也似乎有了灵性，成了文物。天子出巨资专门维护它们，有严密周到的防火防盗措施，还有专门技术防虫蛀鼠咬，等等。这门技术是中华绝密，夷狄们附庸风雅，也搞"藏书楼"，从上国花大力气购置图书，但不久就被虫鼠咬得七零八落。

藏书楼的重要性不言而喻，这里蕴藏着汉帝国的文化生命，太学上上下下都不敢掉以轻心。太学生们都自己带书来就读，但他们的书辗转抄写而来，与正本多有差异，鲁鱼亥豕，在所难免，这就需要与太学的正本核对。从太学借书阅览，不但审批困难，而且手续繁琐，太学生们每天写申请，然后这些请示批复批转，辗转各个办公室，不知多久才能借来图书一卷，而且此人借来此人抄，此人借来彼人借光也抄，那就违反了规矩，处罚很严重：取消双方的借书资格。这个规矩怎么定下来的，为什么有这么变态的规定，大家都说不出所以然。很可能是恐怕辗转传抄，正本会遗失。大凡图书馆藏书楼都有类似的神化自己的规定。比如，有的图书馆借出书，读者只能出眼睛，不能动手，不能动嘴。不能动嘴的意思是，读者要戴上口罩，捂住鼻子嘴，旁边站着高级"侍从"，然后才能看他那宝贝书。鼻子和嘴管呼吸，呼吸的气流裹挟着泡沫水珠，会污染书籍的。戴着口罩的读者看完这一页，用眼光示意"侍从"：可以翻页啦！侍从用那训练有素的戴着白手套的手隆重地翻起一页。汉帝国太学的藏书楼，差不多就是这么珍藏自己的宝贝书的，换一种说法才更客观，后来那些隆而重之重得有些装模作样的规矩，其实都来自汉帝国太学的藏书楼。

出东西角门，各有一个跨院，东跨院是教学区，这里有各个博士苑，博士们给本学科学生授课的地方。博士清一色都是老先生，专主一经，太学生们读完这部经书，就可以挂号到另一博士苑攻读另外一经。五经读完，需要四五年时间，就可以称为"饱学之士"。太学生已经不少，还有更多的编外"游学生"，所以博士苑的门口熙熙攘攘，有点乱，但乱有乱的规矩，在编的太学生进屋听讲，游学生只能在门外旁听，好在帝国的博士个个好嗓子大嗓门，在屋外都能听得清楚。不过，每到冬天，在屋外旁听的游学生就很难熬，大雪纷飞的时候，场面就更肃穆：博士苑里谈今说古，语音浑厚，力透墙壁，门外席地而坐一片游学生，身上早就一片白，雪花还纷纷扬扬落下来。青年学生杨时，拜见程颐，"颐偶瞑坐，时与游酢侍立不去，颐既觉，则门外雪深一尺矣"。两个青年，守着老师，看门外碎琼乱玉，游学生们在雪地里一坐就是一整天，一冬天，一座座的雪人。博士们讲课全都是贾逵的作风，一讲就几个时辰。游学生们手里握着一段木炭，在白木板上记下博士的金玉良言，身边的白木板已经写满一大摞。这些临时笔记经过整理，要重新写在书册上，书册用磨制过的竹片连缀而成，写完一个段落，卷成一个圆筒藏起来，成一卷书。

西跨院是生活区，大片的学生宿舍，宿舍一律单间单人，里面的设施一应俱全，一铺炕，炕上一个方几。炕与灶台相连，为了安全，灶台被隔成独立的狭小房间，有储物台，储存米面盐醋等食料和碗碟盆筷等食具，灶台方形，开圆孔，安放圆釜，釜有双耳，饭菜煮好，可以直接端上餐桌，端出又放进。釜与灶台就有空隙，烧柴时不免冒烟，所以每次都得用泥巴糊起来，太学生们往往两手沾满泥巴在灶前忙来忙去。所谓餐桌，就是炕上的方几，既做餐桌，又做书案。宿舍外边一排公用的灶台，它们只在夏天启用，冬季天冷，学生们在屋里的灶台做饭，借用灶火取暖。从前为了烧柴，宿舍里堆放了劈柴，劈柴有规格，长一尺二寸，太学门外有专门的劈柴市场。太学生们素质教育也不一致，有的学生把劈柴码放得整整齐齐，有的就胡乱堆放，灶间显得乱糟糟。自从铜川的太学生放弃学业搞长途贩运燃石以来，太学生的灶间一律堆燃石，一车燃石可以用一年，劈柴退出太学，太学门外的劈柴市场也自行消失。这是太学早期的情形，后来太学规模不断扩大，一个单间住进四五个人，还有大量的太学生不能安置，只好让他们走读。再后来，太学生扩招到三万人，太学的几百间宿舍杯水车薪，太学生们干脆都不住校内，自行租住民房，围绕太学一带，房价越发飞涨，还一房难求。

张衡来太学时，太学虽然扩招，但还没有失控，校园已经显得很局促，预约藏书楼很困难，每天进入藏书楼核对自带书的学生都要排号等待。门外整天徘徊着一些知道进不去却要在门口等的太学生，他们在看热闹，排号等待成了太学的景观。藏书楼的学监进门检查，出门检查，严禁各种夹带，藏书楼的正本书刻着特殊标记，常规不应该被搞混，但标记也可以被仿造，有的人在钻空子掉包方面特别有天才，这样的天才不去打匈奴那真是浪费。学监小心翼翼，预防出现正本书被替换的大事故。

游学生张衡也没预约到进藏书楼的号，他的预约时间在十天以后，旁边的一个太学生说："你很幸运哦，我约的是永元十八年呢。"永元十八年，十五年以后了，那需要在太学等到孙子出生，才能第一次走进藏书楼。这人在开恶俗的玩笑，在太学开这么恶俗的玩笑，其实一点也不好笑，说完自己也觉得不好笑，讪讪地闭了嘴，张衡继续说："十天，十天我都可以写完一篇大赋了——看你的眼神，你好像不信？我现在就去写，写不出来，我跟你姓崔！"崔同学还是笑："大赋不忙着写，我不是笑你，我知道你构思大赋已经好几年。我笑我自己。也不是笑，我是乐的，抑不住地兴奋。"说着，从袖子里掏出一卷书和一个木牌，塞给张衡，木牌上写着："藏书楼壹拾伍号。""你有进门牌为啥还……"张衡忽然明白了，拉起崔同学来到僻静没人的地方，牌子塞到他手里说："要命啊，怎么干这种事！"崔同学仍旧笑嘻嘻的，把牌子又塞到张衡手上说："你再看看。"张衡翻来覆去仔细看了大半天，还是一面藏书楼的入门牌，香樟木的，长五寸宽三寸，阴刻字，涂金，四边万字图案，四角云纹，也是阴刻，涂丹砂。木牌的背面没有图案，阴刻涂金"太学"二字。木牌制作精致，每道工序都十分精致，一丝不苟，与太学的声望地位相合。左看右看，到底一面入门牌。崔同学拿过木牌，放平，让张衡看木牌的底面，一行隶书小字："涿郡崔瑗制"。张衡这才缓过神来，原来这是崔瑗的仿制品，不是他偷出来的。太学生在太学偷东西，不但要开除，还要坐牢的。崔瑗又递过那卷书，《仪礼》第一卷，张衡知道这肯定也是他仿制的，仿制得蛛丝马迹全抹平，不但字体端庄，竹片和牛皮绳的做旧程度也像极了太学的那部《仪礼》。

八

崔瑗是涿郡安平（今河北省安平县）人，跟张衡一样，也是个"游学生"，没成为正式在编的太学生的原因是他出身平民。说到出身平民，崔瑗又和张衡一样了，崔家的祖上做官到二千石的有好几位。崔瑗的父亲崔骃，出身太学生，学业宏富，与班固、傅毅齐名。明帝巡幸泰山，崔骃上《四巡颂》赞美汉帝国的功德，明帝赞赏崔骃的文章，向窦宪说："你熟悉器重班固，也不能把崔骃忽略了，这篇文章拿去，好好看一看。"窦宪于是根据皇帝的指示与崔骃做朋友。"奉旨交友"，也是汉帝国的一件趣事。明帝临幸窦宪府，听说正好崔骃也在，立刻叫崔骃来见，窦宪急忙阻止："天子不见白衣之士。"明帝老大不高兴，这老窦小家子气，怕崔骃在皇帝面前抢了风头，但再看窦宪的笑，忽然明白这老家伙在为崔骃讨官职，但皇帝做事，不能太草率，任命书等回去再颁发。很可惜，不久明帝驾崩，崔骃的"任命书"从此石沉大海。窦宪决定擢举崔骃，请他为幕府的副官，副官是虚职，便任命他长岑令。长岑远在辽东，崔骃不愿赴任，所以到最后，崔骃仍旧一介布衣。他是布衣，他的儿子就不能太学在编，于是就和张衡一样成了游学生。就算崔骃接受了长岑令，县令薪俸六百石，与两千石差得远，他的儿子仍然没资格上太学。

但崔瑗不是一般的游学生，他父亲虽然没官职，但名誉满中华，他以自己的名望，早早地就把崔瑗送到洛阳，跟随贾逵读书，做贾逵的"研究生"。崔瑗学术精进，太学的学问早就不在话下，他有资格当博士，教授那些跟他同龄的在编不在编的太学生。不过汉帝国讲究资格，崔瑗的学问再精进，没有太学毕业资格，不可以开席讲经。所以崔瑗有大量的业余时间，就搞点小玩意儿，书法篆刻、模拟仿古等，尤以书法为特长，草书作品，冠绝当世。仿制太学入门证，只是他的业余游戏之作。他会仿制任何庄严肃穆的东西，包括仿制圣旨，不过那是死罪，他不敢。仿制品造价不菲，这一面牌子，选材，磨制，雕刻，图画，耗材不贵，也花了他不少银子，崔家虽不豪富，但也有足够的银子供他挥霍。崔瑗的租住屋，成了他的工作室，锛凿斧锯，刀剪镊勺，还有各种机床、车钻刨铣磨等。这些机器有密集的齿轮，还有眼花缭乱的牛皮传送带，崔瑗有时雇人手摇提供动力，但许多时候崔瑗自己动手，他与所有艺术家一样，只相信自己，不让别人染指。

张衡喜欢崔瑗的这些工具，尤其他的机器，这些机器十分奇妙，摇动铁曲柄，整个机器都会嗒嗒嗒地转起来，咬合的齿轮发出清脆的咔咔声。崔瑗在工作台摆弄一会儿，毛坯子就像模像样成为各种物件，张衡在太史令任上自己制作天文仪器，就得益于崔瑗的启发。匠人制玉，脚下踩着一个砂轮带动麻线磨切玉石。崔瑗的机器却是密密麻麻大大小小的齿轮，摇动手柄，所有的齿轮都会转动，没有一个闲着的。崔瑗的机器不断改良，他仿照玉匠，通过曲轴把手，把力的圆周运动改变为往复运动，往复运动由脚踏板完成，而脚踏板只用人的双脚就可以，腾出手来切割打磨元件，一个人完成两个人的工作。改良后的"崔瑗机器"实现了他独立做一切事情的初衷，他坐在高台上，踏上踏板，手持元件，整个机器像一个人的机体，机智灵活，通过齿轮和牛皮带，把动力传送到机器的每个机体。张衡站在机器面前，他想，世间事莫不如此，看似无关联，实则千丝万缕，大儒贾逵与南市卖菜的某甲，肯定也有关联，而且这种关联不会超过三层。世间事如此，世界之外也必定如是，太阳、月亮、金、木、水、火、土，它们之间能够有规律地活动，而且万古不易，就说明它们是关联的，互相牵制，人们看不见它们的关联，是人们看不见它们发生关联的那些牛皮带。七星是这样，比七星稍小的星星呢，等而下之，更小的星星呢，微星以及看不见的星星呢。

张衡在崔瑗的机器房里做哲学冥思，崔瑗在灶下做实体蒸馍。冥思难有结果，蒸馍却很快出笼，几案改成餐桌，但张衡手里的馍成为道具，当作金木水火土，还叫崔瑗借他两只手，搭成七星运行的立体模型。两个人才有四只手，摆不成七星运行图，学区房里住的都是太学生，七八个人一凑就齐，这下不但七星解决，连二等星也有了寄托，人手一个馍，在崔瑗的屋子里绕来绕去。张衡指挥这支馍队伍，调整他们的速度，因为七星有七个速度，七条运行轨道，张衡要协调他们也不容易，而太学生们虽然可以获得免费午餐——手里的馍，被张衡指挥做这些莫名其妙的圆周运动，一个动作要坚持一顿午饭的时间，比如太阳月亮运行的速度差不多，扮演太阳和月亮的太学生要走得快些，扮演岁星的就得死挺挺地耗着，整个排演过程几乎一动不动。大家不禁感慨，天上的事真难啊，地上的事反倒简单，至少脚踏实地，不至于悬在空中难受。

脚踏实地，悬在空中。太学生的这个比喻引发张衡另一维度的思考：人们真的脚踏实地吗？会不会也跟月亮太阳一样悬在空中？如果悬在空中，大地一定是个球体，球体没有平面的，不过这也不是问题，把球面微分，每一个小的面都是平面，人们眼前所见都是微分平面，不能解决的问题只有一个：巨大的球体悬在空中，什么力量托举着它，那托举的力量一定比它更大更无穷，穷尽人们的思想，谁能发现还有比大地更有质量的物体？但转换一下思路，如果把大地"变小"，小得跟月亮太阳一样了，太阳月亮为什么能飘在空中，有东西托举着它们，如果大地的相对比例相对于太阳月亮一样，大地也就能被托举。人的缺陷就是始终不能正确理解大和小的关系，其实它们是相对关系，不是绝对关系，视角稍微改变转换，大小就不是问题。比如，大地和日月孰为大小。而且，它们之间就可能有无形的牛皮带连接着，就像崔瑗的机器。接着的问题就是，崔瑗的机器整体联动，一个齿轮带动另一个齿轮，一动百动，没有不参与的，不参与的齿轮只有一种可能：它坏了。目前世界好好的，它没坏，那就说明所有的"齿轮"都在转动，大地也在转动。转动的速度与月亮太阳相似，如果它左右转还好，如果上下转，人就会转到地下，这样人群就会无可挽救地掉下太空，这不可想象，当然也绝对不可能发生的，因为到目前为止还没有人从大地上掉下去过，那么大地左右转，崔瑗的机器如果平面摆放就对了，其中一个齿轮是大地，以不为人觉察的速度转动，一天一天，周而复始。可是问题又来了：如果是那样，大地上的人们就会早晨面向太阳，晚上又面向太阳，早晚都对了，可是转了一圈，中午时分人们同样无可挽救地背着太阳了，可人们中午依然面向太阳，可见这个说法也不对。

张衡在崔瑗的屋子里演练天体的运动，这不是张衡的独创，是崔瑗的主意，崔瑗在灶下蒸馍，与张衡一样心里盘算着天地寰宇问题，总想找出合适而且合理的说法。崔瑗跟随贾逵读书三年，有其师必有其徒，当年贾逵五部经书半年读完，包括前贤的讲义。崔瑗有贾逵的指导，读完经书的时间又缩短了三个月。贾逵指导读书，先朗读经文，接着解释句读，旁及典故，最后串讲全经，贾逵串讲五经一过，一经讲十五天。贾逵讲话，习惯带赘语"兮"，楚辞的残余，"朝饮木兰之坠露兮，夕餐秋菊之落英"。兮，楚国人怎么读"兮"音，现在已经不晓得，贾逵和帝国的所有学者，都发音"啊"。崔瑗读贾逵的释义："啊！君子居官为政啊，切不可贪图享乐啊！要先懂得农业生产的艰难啊，然后才置身于安逸之中啊！"贾逵说："不要那么多啊，这一段只有两个啊，其余那四个都不应该有。""嘒彼小星，三五在东，实命不同——三三两两的小星星，在东方忽明忽灭，妃清早自己抱着被子离开周王的寝室，如果是王后，就能安稳地睡在床上，不必大清早爬起来。"师徒俩把五经讲读一遍，时间还有富余，就讲读《论语》和《孟子》。贾逵说："书读完了，明天你回安平吧。"崔瑗说："这就完了？家父要我读三年书，总不成六个月就读完了。先生领我再读一遍吧。""再读一遍，时间更短。再说，你读书过目成诵，有必要再读一遍吗？"但崔瑗坚持在贾逵家一住三年，这三年听贾逵讲天文地理，说星宿。天上的星星那么多，贾逵紧慢说不完，这也说明哲学比经学艰难得多。更反映了一个真理，一种经学，最终总要厚重为哲学，经学大师一定是哲学大师，而哲学大师必定通晓天文，比如老子。

张衡现在思考的问题，也是贾逵一直在思考的，张衡的实验，也是贾逵多次模拟过的，崔瑗曾经帮助贾逵做实验，现在又帮助张衡做实验。贾逵在讲学会场与张衡的短暂对视，现在通过崔瑗接续了，神秘的力量传输，使贾逵通过崔瑗代替他指导张衡。

一场实验弄得鸡飞狗跳，叫苦连天，来帮助实验的太学生带着馍离开崔瑗的出租屋，路上就把这些道具金星、土星等分别吃掉了，因而兴高采烈。汉帝国的高官子弟没有后来人们想象的那么豪富，一场实验用一个四两面的馒头做劳务，也挺贵的呢，所以太学生们都乐于帮助张衡和崔瑗做科学实验，演示太空间星体的运行。大家乐于帮助张衡做实验，崔瑗的馒头也出力不小。崔瑗不但会仿古作旧，作书绘画，还有许多奇奇怪怪的发明，比如这"馒头"。那时候人们吃面食，只有烙饼一种，崔瑗很偶然地发现和好的面会发酵，发酵后面适合蒸而不适合烙，崔瑗根据蒸的需要发明了笼屉。从前的面食扁扁的硬硬的，崔瑗蒸出的面食圆圆的，还软软的，不用说吃，看看都赏心悦目。崔瑗把这种新食品叫"馒头"，听着都那么松软可口。太学生纷纷仿效崔瑗蒸馒头，还置办了笼屉，面是发酵成了，蒸出的馒头却死硬，还酸得倒牙，崔瑗一脸坏笑：他的发酵面还要加碱面中和的。

现在屋里只有两个人四只手，张衡想，四只手可以演示日食。张衡左手馒头做太阳，右手馒头做月亮，崔瑗把一个馒头放在几案上不动，几案就是大地，大地上的馒头就是崔瑗——不管谁是吧，反正它就是眼睛，看日食的。张衡右手馒头运行到左手和崔瑗馒头之间，崔瑗的头与馒头重合，说："停！"现在三个馒头以及崔瑗在一条线上。"日食。"张衡左手的馒头继续行进，穿过几案——"停！"现在馒头是太阳，就在几案之下，另一个馒头"月亮"还悬在空中。"我的地狱！这就是我走不出的地狱。子玉你看，太阳钻入这个案子，就是夜晚了吧，大地挡住了所有的光，月亮不可能再亮，是不是？""你的设想，月亮的光来自太阳照射，太阳入地，月亮就不会亮。""那么，地上的人们就看不见月亮，每天夜里都是月食。""月亮有盈有亏，有朔有望。""从朔到望，十四又四分之三天，太阳照到月亮的面积逐渐增大，可是这十几天，太阳每天升降，升和降的地点几乎没有变化，假设黄道变化很细微，映照到月亮上就扩大到千百倍，从望到朔，黄道也相应地回归变化吧，其实正相反，黄道继续按照原来的细微正向变动，没有返回来。我发现，太阳和月亮，它们各走各的！子玉，它们之间的关系很神秘，我们好像一时认不清楚。""我总觉得，太阳不在我们脚下，太阳在我们左后方，又转到右后方，总在我们身后打转，照着那个月亮，但不在我们脚下，可是平子，事实是，每天太阳都在我们右后方落下去，冬夏差距很大，但再大，也是我们的右后方。"张衡忽然停下来，眼睛直直地看着崔瑗："子玉！脚下，不在脚下！不在我们的脚下！"他让崔瑗拿起他刚才拿过的两个馒头，自己抓起几案上的一个馒头举起来，叫崔瑗："来来，从我胳膊下边穿过去——就这样，穿过去，慢慢地，慢慢地——停！"张衡的馒头在崔瑗的两个馒头之间，三者成一条直线，不过现在中间的馒头已经代表大地，它不再是几案那样的庞然大物，它与另外两个馒头"月亮"和"太阳"一般大小，而且都悬在空中。张衡的手稍稍偏一下，问崔瑗："三个馒头，现在不成直线了吧？"崔瑗手里的馒头也偏一下："这样，也不是一条直线。不在一条线，太阳就能照到月亮。你挡一下，就是月食。""挡住一个边，就是月偏食，挡住整个月亮，就是月全食。"

张衡忽然停下演示，半天一言不发，崔瑗知道他在想很重大的问题，默默地等。"子玉，月亮围绕大地，大地围绕太阳，它们是九连环，不是同心锁！"说完这几句话，张衡头上大汗淋漓，眼睛也发直，他不能肯定这个发现的确切程度，但他觉得这样解说日月地的相互关系，更容易说得通。比如，日食月食，用九连环说就比同心锁说更方便，更圆通。崔瑷把手里的馒头换了一下位置，张衡的馒头在崔瑷的两个馒头中间穿过，完成了地月之间的单循环，这个单循环与地日之间的单循环相连接，成为连环套，所谓"九连环"，其实也就两个环连接。

"去找季长，庆祝一下！"崔瑷说："还是先吃饭吧，馒头。"两个人相视一笑：馒头已经被折腾得面目全非，灰头土脸了。

马融听到张衡和崔瑷的日食月食发现，特别听张衡说日月地三者"九连环"，也十分兴奋，但马融说："提醒一下，你们开始就说到的。你们把大地缩小到月亮太阳一般大，三者合同，我可以接受，但这样一来大地也是个球体，跟太阳月亮一样悬空着，按照平子的'看不见的皮带'理论，也说得过去。可是，球体的第二个特点是球面，平子说球体必须旋转，我倒不这样认为，月亮就不旋转。我们每时每刻每天看到的月亮都是一个模样，嫦娥永远望着地面，玉兔永远捣它的药，玉兔从没有转过身的。太阳咱们看不见它是否旋转，有眼力好的星象学家看到天狼星的轮廓，也不旋转。我还说球面，咱大汉朝的子民都住在最上面这一块，这当然，我们是天朝上国，这里，还有这里，可是这里，这里，谁住？匈奴人？百越人？倭国人？但从来没听说他们的大地是倾斜的，据说，他们的大地也是平平的，一望无际大草原。"马融拿起一个柚子在空中晃来晃去，在柚子顶上放一些粟粒，稍一倾斜，粟就从柚子上滑落下来。

张衡说："太空中的上下也许跟我们理解的不同，月亮上的嫦娥，她住的宫殿我们看不见，桂树挡着的。嫦娥和玉兔，你那是想象，看不见。桂树却清楚可见，就面对我们，宫殿肯定在桂树林里的吧，桂树垂直于月亮表面，向着我们的方向生长，我们只能看见树冠，看不见树干和树根。月亮在我们的上方，有时候就在我们的头顶上，嫦娥肯定住在月亮上的吧，她就住在我们的对面，我们向上立着，永远向上立着的，她就向下吊着，她就不怕从月亮上掉下去。你们想想，是什么道理？"崔瑷鼓掌叫道："我明白了，嫦娥看我们，也像我们看她一样，需要昂首向天。""天空中，就没有所谓上下左右！""季长，你也感动一下嘛。不要总那么冷静，像个博士！"

马融微笑不理，他觉得这个想法太离奇，如果把崔瑗运到月亮上去，崔瑗向地上的张衡和马融打招呼，那必须得把他的双脚牢牢地捆在大树根上，同时他要两手抱着树干向地下喊话，不然非掉下来不可，要是掉在地上，还好，说不定命大还能救活，可是月亮那么小，跟大地还有很大的倾斜角度，不在大地的正上方，那崔瑗就不是掉下来，而是掉下去，崔子玉就在浩瀚无边的太空中翻滚下坠，根据平时观察，向下坠落的物体，下降的速度会越来越快，而且永远没有尽头，在太空无限增速中衰老、死亡。其实也用不了那么久，无极限的增速度会很快把他撕裂，散碎在太空中，血肉横飞，想想这情景都浑身发抖。可是，月亮上的树难道真的向下生长吗？如果不是，月亮上的树也向上生长，那么，月亮上的"上"，与地球上的"上"，就不是一个"上"。再推广一下，大地和月亮如果都是球体，那么地球和月亮自身的"上"也是相对，任何一个点，竖立一根竹竿，近地点是下，远地点就是上。

张衡拿过柚子，捏起一点土放到柚子上，然后转动柚子，转到有土的一面朝下，土没有掉下来，仍然依附在柚子上。"芸芸众生，无异微尘，在微尘看来，所在都是大地，方寸就是六合。"他又往柚子上滴上一滴水，"这就是汪洋大海。"柚子上隆起的部分就是山脉，凹下就是低地、河流。继续转动柚子，大海与众生浑然不觉，"大海"凸出的部分向左向右起伏波动，"这就是潮汐了。"

崔瑗、马融、张衡三颗头围绕着一个柚子，张衡模拟太空，听来无异信口开河，崔、马却像听评书，这是他们的娱乐方式。太学没有放假的日子，一年几个假期，都是节日，清明，端午，中秋，重阳，要回家拜问长辈，这也仅限于京都一带，外地太学生路途遥远，想回家也回不去，在太学的集体节日只有一个上巳节，是年轻人的，因为节日太难得，老年人也不放弃，所以上巳节人山人海，年轻人反而不愿意去凑热闹。在上巳这个热闹的节日，三个年轻人在崔瑗的宿舍说天文，不理会郊外烂漫的山花。

崔瑗喜欢听张衡信口开河，他也喜欢张衡组织的天文演示，现在他又想起一个很有趣的问题："物品距离我们近，看着就大，远就小，对吧？太阳和月亮看起来一般大，实际呢，它们哪个大哪个小？""太阳会发生日全食，看上去两者一样大，其实是月亮挡住了太阳，月亮离我们近。""近，有多近？""离我们越近，走得越快，一个圆周月二十九又四分之一天，一个圆周日三十又四分之一天，可见两者距离不很远。两者大小也许有几倍的差距。""如果，我说如果——它们的行进路线不在一个平面，但有接近的时候，如果太阳和月亮走得太近，互相碰上了，会怎样？""你想会怎样？"马融说："还会怎样？太阳就是一个大火球，月亮会被它烧化了的。"崔瑗说也对，太阳太热了，离我们这么远还烤得很，月亮离得太近的话，会被太阳烧成灰，在太空中蒸发掉。张衡说："不会。烧肯定要烧，但在烧化之前的一段时间内，我跟你们的看法不同，月亮不是在半空中被烤化燃烧，而是被撕裂成碎片扑向天阳，在碎片状态中被太阳烧化。这样说吧，月亮不是整体被太阳烧化，它扑向死亡，先被撕碎，然后被吞噬，在即将落入太阳的血盆大口之前化作青烟。月亮上的一丝一毫也不会落到太阳上，太阳不受一点影响，这是月亮的结局。太阳是君，月亮是臣，臣死了，君照旧，君死了，臣要殉葬。"马融下意识抬头巡视，见四下无人，对张衡说："小心啦。"张衡说："忌讳太多。"马融不同意："当今皇上圣明，草木欣欣向荣，我等沾濡皇恩，凡事必须恭敬，每饭不忘君。"说到皇上，马融恭敬肃立，双手抱拳，高过前额。张衡和崔瑗任由马融舞弄那一套仪式，自顾说太阳月亮。马融在太学，每天好几遍举行仪式颂圣，吃饭前还要祷告，他早就习惯了，说到皇上就肃立，肃立之后就抱拳过顶，过顶之后是一套应景说辞，一般到什么场合说什么话，比如今天这场合，就要说"万寿无疆"，或"万岁万岁万万岁"，不过今天这个场合，马融一个人说"万岁"也不合适，就算了。最完善的程序是马融说"皇上"，张崔跟着一起说"万岁万岁万万岁"。

其实马融对皇上不像他表演的那样恭敬，他不信皇上，只信经书。经书历代圣贤作和述，皇上却没几年就长眠陵墓，你说谁更可靠？他习惯于那些仪式套路，一半习惯，一半游戏，所以张崔不理他，颂圣完了，问张衡："你说到哪了？"崔瑗说："说到碎片了。""碎片，我知道了，平子接着说。""假设一下，在太空中相撞的不是太阳和月亮，是两个星星——星星那么多，撞上完全可能。两个星星相撞，会怎样？"张衡说，太空的事跟人世相类，先儒董子说天是人的曾祖父，那么星星很小，是很小的臣，太阳是永远的君，太阳……"马融又要下地肃立，张衡和崔瑗一起按住他说："够啦！"张衡接着说："太阳这么大的星体，没有比它更大的，小星星，撞就撞吧！撞碎了，掉下来的碎片捡起来放到口袋里，一年好运气。"马融不服气："刚才你不是这样说的，你说有的星星比月亮比太阳还大，你还说大地也许就是一个星星，一个小星星。"张衡笑笑："假设两个巨大的星星相遇，它们不是擦肩而过，而是疾速地靠近，而且越来越快，加速度，碰撞的那一刻，两个星球发生严重的挤压，各自被对方挤成半球，紧接着发生剧烈的爆炸，一个事物瞬间发生性质上的剧烈变化，我把它叫爆炸。爆炸，我们如果能看见的话，不是爆炸，而是撕裂，因为爆炸会发出巨响，太空中没有空气，没有声音，所有的剧烈现象都静悄悄。两个星球发出粉碎性的撕裂，并且发生剧烈燃烧，然后两个星星会在瞬间变成一个更大的星星，新星星要重新为自己设计轨道，太空的秩序也需要重新调整。所有的星辰都要重新部署，这就是太空的改朝换代。"马融说："与人间的社稷更迭多么相似！"

帝国的太学建在城南，靠近城墙。城墙高三丈，用黏土夯实，墙面光滑如漆，雨落城上，并不浸润，刀砍斧剁，硬如磐石。秦二世曾忽发奇想，要把长城刷上油漆。秦帝国的技术还不强，现在汉帝国的城墙，不刷油漆，墙面就像大理石一样光滑晶莹，耀人眼目。帝国都城的城墙是军事重地，禁止百姓攀登，违者格杀勿论，但太学生不在此列，太学生可以凭证攀登并游览城墙，城墙绵延四十余里，登城远望，全城尽收眼底，近处是规模宏大的太学，远处是巍峨的皇宫，皇宫周边，散布着王侯将相的宅院，"长衢罗夹巷，王侯多第宅。两宫遥相望，双阙百余尺"。这些宅院的周边都有较大的广场，显出权贵者的尊严和傲慢。

向晚时候登城，全城人家做饭烧菜的时候，各家的炊烟聚拢成团连片，最后绵延成一层厚厚的云雾，笼罩在都城的上空，久久不散。在太学休闲的时候，登城是张衡、崔瑗、马融最多的活动。炊烟散尽，家家晚餐，洛阳城飘逸着饭香菜香，夜色朦胧，河边杨柳隐去，天上的星星逐渐增多，终于密密麻麻，挤满苍穹。三个好朋友依靠垛口墙，眺望太空深处，太空深处深不见底，偶尔一颗流星划过，空中一道白光，洛阳城仿佛也亮了几分。

马融说："又有一个人死去了。"崔瑗笑笑："季长又回到童年了吧，老奶奶的故事。"张衡说："这颗流星就这么悄悄地死亡了，除了我们三个，没有多少人注意到它，更不会谈论它，至于怀念，在它消失之前我们都没见过它。想想，我们脚下，托举着我们，滋育着我们世世代代的大地，也是一个星星，也许比刚才的那颗还小，它也会消亡，死亡时一道亮光划过太空，之后又归于沉寂，或许，在太空的某处，还会有三个太学生站在城墙上感伤它的离去，更可能连这样的运气也没有。在星球上的人们轰轰烈烈，太空中它却悄无声息。"马融坚持说："又一个人死去了，不知道是男是女。这么说简单明了。"

许久，马融正色道："一个人死去，与一个星球死去，这是大小之辩，庄子齐万物，等生死，我们也可以就这个事情辩一辩。平子说天包着地，假设天是一个蛋，还是生产时间已经很久很久的陈年老蛋，蛋的内容物只剩一半。这样说，我们倒比较安全了，可是，日月两星，你俩一直在说日食月食，两星肯定不在一个轨道上，而且有不小的距离，平子主张日月群星以北极星做轴运动，都跟日月一样钻到地下的，然后再钻出来。那么天和地有缝隙吗？能够钻进钻出，是有缝隙，这个缝隙应该有多宽？只有从日到月之间的宽度肯定不够的，你们刚才讨论星星的大小，说到微星，平子说微星不微，只是离地面遥远，显得微，而且还有比微星还远的星，那么天地之间的空隙应该无限，这样一比较，地还剩多大？肯定不是平子说的，地是天的一半这样的比例，平子这个天包地模型就彻底被颠覆了，不是吗？平子坚持浑天说，浑天说解决不了这个问题，天地之间的缝隙问题，或者无厚，如果日月星辰是一个薄片，嵌入天地之间，或者天地之间间隔无限，大地的穹庐只是理念上的，不存在实体的穹庐，日月星辰自由散布在虚空，它们无边际。我再进一步，从你们俩刚才的推导起步。把平子的浑天模型打碎，让日月星辰各自散开，大地还保留在原地不动，天已经无限大了，地就显得无限小了。这无限小的大地其实是无限多的星体中的一个！我们三个人，现在，就站在一个球球上讨论许多别的球球的问题！"

张衡和崔瑗惊呆了，好半天沉默不语，马融说得非常通透，也是崔瑗和张衡这一段时间总在讨论的问题，他们想建立一个宇宙模型，这个模型被一直不怎么参与讨论的马融，轻而易举地就建构起来了。按照推理，应该有这个结果，可是——"可是，这几天我们说天地日食月食，你很少说话，今天一下子说这么多，而且，这正是我们想证明的啊。"崔瑗百思不得其解。"我说这些，都是你们俩教给我的呀，这一段时间，你们翻来覆去地讲啊讲啊，傻子也听懂了，你们拿着馒头比画，还找人做演示道具，你们的馒头启发的我，原来我们自以为坚硬无比的大地，也是一个松软的大馒头！"三个人望着天空，夜深了，星星又增加了许多，但整个星空又向西北方向移动了很大一段距离。只有北极星一如既往，坚定地悬在北天。

张衡、崔瑗、马融三个好朋友在洛阳城墙上讨论天空，在太学宿舍研究天体，在出租屋里演习星际运行。这些都是年轻人的奇思妙想，或者胡思乱想。

但张衡拒绝上帝的存在，他坚持"一切自然"，当自然不能解释所有问题的时候，张衡宁可服膺老子的不可知论，也不肯让上帝出来为他"站台"，尽管放出上帝，一切问题都迎刃而解，上帝是最简单最讨巧的问题终结者，是懒人的勾当。可是推出了上帝，很难保证推出的不是魔鬼。或者推出上帝的同时，魔鬼也顺势而出，就像搭配销售。

说发现也不准确，那不是发现，那是发明，所有关于上帝的议论，都可以归结到发明，因为宇宙的运动如何发生，日月星辰这么巨大，怎么动起来，的确超出人们的想象能力。这时候，出来一个上帝，上帝既然全能，它轻轻推动，宇宙和谐运转，永不停息。当然，上帝也可以使它停下来，那就是宇宙的毁灭，上帝让宇宙毁灭一定因为人们做了太多坏事，为了保护大地不被毁灭，人们必须老老实实别干坏事。从社会政治伦理考虑，张衡觉得这样的设计也挺好的，对人民连哄带骗，虽然不那么光明正大，甚至有点卑劣，但用心还是为善，效果也一定很好，世上像张衡这样通透彻悟的人能有几个呢，让人们在谎言中生活，也是挺好的选择，只要这番谎言永远不拆穿，它就是宇宙绝对真理。

多年以后，张衡把他和崔瑗马融在太学和洛阳城墙上讨论的内容写成一部"天书"《灵宪》。在《灵宪》书中，张衡极为慎重，它的种种推论都很温和，不至于造成更大的认识论冲击，张衡、崔瑗和马融对天地的讨论完全开放，但三个天文天才对宇宙的描述又时常令人发指，如果当时外行旁听，比如他们对大地的定位，岂止离经叛道，他们完全抛弃了经和道。太学辩论会和城墙论辩，奠定了张衡天文学。但是城墙论辩，三人的意见趋于一致：大地不大，星星不小，大地只是一颗星球，也许还不是很大的星球，更也许是一颗比较小的星球，更更也许是一颗极小极小的小星球。这颗星球随其他星球一起运行，这样宇宙才能和谐不会出事故。这样的说法如此惊世骇俗，张衡没有勇气写进书里。尽管如此，《灵宪》一书的议论仍然振聋发聩，在西方现代天文学引进中国之前，《灵宪》一家独大。

不是后来的天文学家不努力、不天才，而是张衡的思考与探索，几乎穷尽了古典天文学的所有可能。在这方面，张衡相当于哲学界的老子，他们的学说一出现就是终极。也算其他学说的幸运，《灵宪》这本书实在太小众，普通读者不去读，读了也读不懂，几位天文专家的意见也没有多少人愿意听，所以尽管张衡已经惊世骇俗，世俗终于没被他吓坏。看不见的魔鬼，那就没有所谓魔鬼。

太学卒业后，张衡回南阳任职，马融游走关中，在仕与隐之间徘徊。崔瑗家遭变故，仕途蹭蹬，三个好朋友从此相忘于江湖。他们后来先后到过京都，但再次相聚，已时移世易。

九

马融从太学卒业，回到扶风，从挚恂继续读经，才学一时无两，学业突飞猛进，但家道以学业同样猛进的速度衰落，马融的名气终究抵不过世道的变迁。大将军邓骘物色贤才，亲自给马融发出一通邀请函，称马融为"天下贤才"，召举他做自己府中的中书舍人。马融觉得中书舍人的职位与自己的才学不侔，自我解嘲说："什么贤才？咸菜！"坚辞不就，邓骘也不勉强。大将军宽宏大量，不计较别人的轻慢，再者说，有学问的学者哪个不轻慢，学问越大，为人越倨傲。后来关西一带遭受西戎的侵扰，马融家彻底凋落，居然有了饥寒之虞，便放下身段，屈"尊"上问，给大将军的幕府写信："你们去年发给我的邀请函，还作数吗？"邓骘大喜，忙不迭地再度发函，热情洋溢地召请马融，仍然以"贤才"的待遇接纳马融，这回马融不再自称"咸菜"，带着大将军的邀请函光荣地来到洛阳，邓骘任命他做中书舍人，第二年转为校书郎中。这是一个很有前途的职业。

邓骘兄妹执政，政通人和，读书人喜欢激动，还善于夸张，看见国家形势比较好，就说形势大好，形势喜人，马融也跟着热情迸发。但读书人还有个毛病，就是喜欢找毛病，看国家这么好，马融开始找毛病，这太容易了，汉帝国的治理虽然很好，但毕竟还没到大同社会吧，还是人亲其亲子亲其子吧，还不是各尽所能按需分配吧，劳动还不是人的第一需要，不至于不劳动就惭愧得要自杀吧，就写成一部大赋《广成颂》，大赋讽喻执政说，我们国家前程辉煌，但乐不能忘忧，治不可忘乱，大汉帝国文化事业缺失太久，大家不读古代典籍，周公孔子的学说被忽视，就连狩猎这样的军事演习也被废止。这太不应该了！声色俱厉之后，马融说，应该大力弘扬传统文化，让知识分子活跃起来，鼓励"昌言而宏议"，大家都给朝廷提意见，帮助执政的首长改正错误，结束语："为建设强大的汉帝国而努力奋斗！"

大赋密封着交到朝廷，意思是只给皇帝看，不让别人看，保密级别最高级。邓太后觉得这马融鬼鬼祟祟地密封文件，一定有问题，密封不密封，文件反正在邓太后手里，展开一看，原来是这样！那篇大赋差不多啥也没说，啥也没说怎么还要密封？可见不地道。一篇大赋，东拉西扯咬文嚼字，有什么可秘密的，还要密封，这就其心可诛。马融虽然饱读诗书，究竟不知官场规矩，他以为密封奏章更重要，皇上首先处理秘密奏章，他不知道所有事情都要经过邓氏兄妹。其实马融知道这些，但他记得秘密奏章重要，就忘了奏章的处理离不开邓氏兄妹，他的恩人。太后想，这点事，还对我隐藏！邓骘想，马融这小子看样子有点不地道。邓氏兄妹宽厚，不追究马融作妖作怪的罪过，但上升的路堵死了。

安帝建光元年（121），邓骘等遭受宫廷事变，朝廷重组，马融做过两任太守，家资渐称豪富，也算读书致富的好例子。东观校书十年，马融门下弟子三千，俨然孔子再世。孔子的学费简约，不作规定，家里富裕些的就多交些，如子贡，没钱的象征性地"束脩"而已，如颜渊。马融的学费高昂，一视同仁不二价，于是马先生供养丰厚。弟子们转相授受，高年级教授低年级，马融自己坐高堂垂拱，很少过问弟子们学业上的事情。进入马融家成为挂名学生，算"登堂"，成了他身边学生，当面聆听马先生谆谆教导的，叫"入室"。能入室者，寥寥无几。三千弟子绝大多数从没见过马先生本人，学生们在堂上苦读经书，隔着帐子，听到里面丝竹悦耳，歌曲动人。十年不迁，也算成全了马季长，假使当年受邓氏恩惠，官职爵位一路高歌，几年以后的结局也许会飞流直下三千尺，这真是祸兮福之所倚。

崔瑗在京都与张衡、马融分别，经历堪称传奇。崔瑗的哥哥被仇家杀害，官府不理，崔家虽然豪富，仇家却是权豪势要，是以官司胶着不下。崔瑗决定自行解决，他解决的方式就是以牙还牙，私刑肯定犯法，崔瑗学郭解，亡命天涯，做一个侠客，一把利剑走天下。行侠仗义，需要资本，替人家报仇雪恨，受惠者献出金银，你拿了，就不完美，所以事了拂身去，深藏功与名，才是侠客的作风。何况那些受欺负的，大都是穷人，穷人没啥可以回报侠客的。再说，虽然世上不平事到处有，

"哪里不平哪里有我"，总能遇上不平事，崔瑗哪有那么好的运气，哪里有不平哪里有崔瑗？指望行侠仗义吃饭，侠客们包括崔瑗，非饿死不可。

崔瑗人虽然没饿死，但家道陵替，由豪富迅速堕为贫寒。新皇帝即位，大赦天下，崔瑗得以回家与哥哥一起经营小日子。已经蹉跎岁月小十年，直到四十岁才在涿郡府衙当一个办事员，名副其实的老听差人。听差人总有办差了事的时候，办差了事就要被逮捕下狱，下狱的崔瑗求学的心思不减，活着一天，学问就要精进，一事不知，士以为耻，朝闻道，夕死可矣。崔瑗案子的主审官曾在太学主攻《穀梁传》，贾逵专讲"公羊"，对《左氏传》情有独钟，《公羊传》崔瑗很熟悉，《穀梁传》却有些陌生，崔瑗干脆忘记了自己的案情，每次提审，正事做完，崔瑗便请法官留步："上次请教的问题，我想明白了，现在还想再问一个。"大堂临时成了教室，审与被审趴在几案上研究学术，有好几次，主审官还把《穀梁传》正文和注疏拿到衙门，案子审问完了，两个人推心置腹继续谈学问。法官看他单纯可爱，崔瑗的学问也倾倒了法官，小小安平县，大大学问家。崔瑗出狱回家，名声早就传播在外，天下都知道有这么一个跟自己的主审法官探讨学术的奇葩办事员，度辽将军邓遵，即皇太后的弟弟，以将军府的名义征召他为书记，上升到国家中层干部。崔瑗的霉运还没到头，书记官的位置还没焐热乎，建光事变，邓遵被杀，将军府解散，崔瑗再度失业。

车骑将军阎显再召崔瑗进幕府，崔瑗终于进入主流而且是上流社会，实至名归，半生困顿，终于得以安生。没几年，阎显也在宫廷政变中被杀，导致崔瑗第三次失业。大将军梁商主政，又征召崔瑗，崔瑗说："先是邓将军，再是阎将军，再再是梁将军，幕府幕府，召到幕府等着再被开除吗？"不进幕府。其实崔瑗也是太敏感，政变是朝廷的事，与幕府官僚不相干，他完全可以放心做官，管他阎将军梁将军。梁商也宽容，不进幕府就不进，这么响亮的大名士也不能太委屈，就任命他为汲县令。朝廷开会讨论官员的待遇，讨论到崔瑗，不禁唏嘘："大学者，大文豪，长期屈居下位。"拜为济北相。

朝廷巡视大员到济北视察，认为崔瑗有贪腐嫌疑，崔瑗再次被逮捕下狱。以前的种种倒霉事接二连三，崔瑗处之泰然，当官，总要有升有降，也可能丢了官职，都没啥可愤怒伤感的，被逮捕下狱也属正常，可这次，逮捕的理由太侮辱人了，居然说贪腐！贪腐二字，竟然跟崔瑗连着写，谁不知道崔瑗粪土王侯金玉！夕阳武士大闹监狱。他闹监狱，不是"放我出去"的愤怒喊叫，夕阳武士的闹一点动静没有，他绝食。绝食？巡视大员们面面相觑：不吃饭，那是想饿死，他自己饿死，又不是我们不给他吃！朝廷的巡视员一般都冷血，不冷血，也干不来这一行。济北国也有"大明白"，"大明白"劝巡视员："虽然崔瑗在济北国监狱，可人是大人们拘来的，死了，要记在大人们的账下，口供证据一样不见，要担责任的。"巡视大员说："我担什么责任，我为皇上办事。""大明白"发现中央朝廷这什么"大员"，原来是个糊涂蛋，对付糊涂蛋自有糊涂办法："崔瑗请人吃饭，这钱谁出的，还不一定，如果不是公款呢？"糊涂蛋偶尔也有明白的时候，在"大明白"的诱导下，大员终于明白，崔瑗贪腐的证据一条也没有，原来他请人吃饭的钱，与官府没有瓜葛。

崔瑗好客，无论宾客、门生故吏，来访时一律上好招待，酒菜一定上品时新，叫宾客天天惊喜，久久不忘，找个机会还要来。大员们觉得这么豪华铺张的大吃大喝，肯定是搜刮的民脂民膏。他们不知道，崔瑗自己家里人饮食，极为粗疏，吃饱了就行，从来不讲究口味，就是这样，他的工资收入仍然不敷分配，渐渐地彻底寒素清白起来。崔家虽为清河望族，在涿郡安平县也算头排大户，可几次亡命，几次官司，崔家已经衰落，不能接济一直在挥霍无度的崔瑗，崔瑗大手大脚惯了，一旦叫他节衣缩食细水长流地过日子，比登天还难。不能怠慢宾客，只好怠慢自己。崔家待客丰厚，在济北国声名远播，没有条件到崔家大吃大喝的人就不免心里醋酸，烧香惹鬼叫，从来就是交游广泛的副产品，乙鬼说，为什么给甲鬼烧香没有我的？丙鬼，也没有我的，我们今晚就做弹弓打他家窗户"玻璃"。关于崔瑗饮食起居奢侈的传言喧腾于市。奢侈一定腐化，腐化需要钱粮支持，钱粮一定来自官府，证据链看似齐全，原来都是推定，那些"一定"，没有一个是"确定"或"肯定"，什么证据链，连证据点都算不上。巡视员虽然权力很大，可以肆无忌惮逮捕判刑，可在证据面前，也只好偃旗息鼓，灰溜溜离开济北国。

出狱后的崔瑗才明白这次被捕入狱的原因，气得崔瑗对着空气诅咒发愿："我决定了，以后不管谁来我家，一律不管饭！"他的愤怒只限于对空气，江山易改，本性难移，出了家门，仍然绅士，礼貌周到，他的"不管饭"宣言，也只维持了半天，当天下午崔府宾客云集，为了他平安出狱。这么深情的来访岂可怠慢？崔瑗谦虚谨慎彬彬有礼地主持仪式，举行豪华晚宴招待如云的来宾。由于崔瑗乐善好吃，崔家一直为经济困扰，二千石的工资供支付这些宴客的开销左支右绌。坐吃山空，崔瑗晚年，已经债台高筑，与马融差别如霄壤。

马融长期在京城为官，虽然是文官，阶位也不高，但儒学巨擘的声望满天下，招揽门生，仅"束脩"一项就使他跻身洛阳大富豪，谁说读书不能致富，那是你的书没读好。崔瑗长期流浪，仕宦于外郡外县，二千石的官秩也足以令人艳羡。张衡先在南阳做一个郡守的帮办主簿，后来入京任太史令，长期在六百石徘徊，晚年出任河间相，官秩也达到二千石。崔瑗偶尔来京，三位"二千石"也有短暂的交流。世事荏苒，各自领有皇上俸禄，也各自守着一个摊子，为皇家尽忠竭力，但马融和崔瑗帮助张衡设计宇宙模式的情景，在城墙上对天文的讨论和论辩，却宛如目前。天文学，一定是天才之学，张衡的机遇独特，他不但自己是天才，天生应该研究天文，他还有两个精通天文的朋友，三个学界英雄同时出现在一个时间段，更集中在太学这个狭小的区间。冥冥之中，似乎自有天意。也许，天意，让马融崔瑗在这一时段帮助张衡参透天的奥秘，天这么做的原因，也许它觉得人们长期对天上事懵懵懂懂，它自己保有那么多的秘密，却没有一个人略知一二，是很无聊甚至很痛苦的事，就想方设法透露出一点点，向那些悟性极好的天才。张衡被天选中，天考虑得周到，还给他配备了一个强大的研究团队。

马融开启了古文经学的时代，继承贾逵，使古文经学发扬光大，其后才有马融的学生郑玄遍注群经，从经学的角度说，马融是文圣。崔瑗的学问多而杂，但他对技艺秉持至诚的，就是他的书法，自从秦帝国创制隶书文体，隶书一直是正字，籀文渐次退出，崔瑗写隶书，依照自己的性格，写得自由狂放，不再横平竖直，貌似草草，实则自有规矩，这就创制另一种新的字体——草书。崔瑗是草书的第一人，堪称草圣，张芝、张旭，都是后辈。张衡则参透天地，引领人间，是天圣。

洛阳太学，在东汉永元年间（89—104），孕育出文圣、草圣、天圣，三位人间至圣。

张衡成为天圣，有家学渊源，国学渊源，还有第三个推动力。这第三个，是张衡与一个姑娘的约定，那个姑娘，一直在遥远的时间等着他。

第四章

约定

十

张衡离开都城洛阳，乘一辆马车前往西京长安，三辅地区的右扶风。这一条通衢大道，来来往往的车辆呼啸而过，扬起一阵灰土，马蹄嘚嘚嘚，迅速远去听不见了，大路暂时恢复了平静。

说是来来往往，其实呼啸而过的车辆并不多，偶尔有一匹快马奔驰而来又奔驰而去，真有白驹过隙的玄幻感觉，因为太快了，仿佛根本没有发生过。那肯定是驿站的马，马上的驿卒带着发布圣旨的任务，有时候手里还举着三角红旗，那是传递最紧急文书的，他的马冲过来，就相当于城市消防车，踏死路人无罪，相反，路人不管死没死，都有罪，不但有罪，还要承担驿卒连同马匹的精神损失，马匹受这一吓，好几天不吃草不喝水，健康很不乐观呢。

帝国有几项办法可能纯粹就是为了折辱人，比如被处死的罪犯，处死就处死吧，反正官家说这人犯了罪，至于犯没犯罪，官府不知道，乡老不知道，甚至罪犯也不知道，几次过堂，大老爷威仪棣棣，嫌疑人想，我可能真犯了罪吧，招认，嫌疑人便被确认为罪犯。本来老天应该知道他是不是罪犯，而老天从来不表态，这"罪犯"就被押赴刑场，执行斩首。家人去收尸，灰溜溜，官家不说话，冷冰冰。过几天一个公差打门："交钱！"喊叫得四邻八方都惊动了，"刽子手屠刀磨损费，两个蚁鼻！"蚂蚁的鼻子能有多大？两个铜板装进口袋，不用放大镜都挖不出来，上百里赶过来人吃马喂耗资巨大讨要这两个蚁鼻钱，为的是羞辱死刑犯家人，人都死了，羞辱家人，显得朝廷很不厚道。家属气愤："你把我也砍了吧！"公差冷冰冰："砍了你，也要交两个蚁鼻钱！"但帝国不讲理的事太多，久而久之，习以为常。有机灵的家属，收尸时就带着俩蚁鼻钱，可是官府不肯收，说没法入账，刽子手绝对不要这钱，说晦气，一码是一码，还得等官府派人来打门："两个蚁鼻！"折辱人，官家还自认为得意，好像帝国从来就视百姓为寇仇。

送圣旨的马趾高气扬横行霸道，但驿站还有一项功能，民间的，那就和气得多：邮政。帝国的邮政主要管寄信，银子啊棉被啊水晶点心之类，都归镖局，不嫌麻烦而且有很多余的时间和体力，孟姜女似的自己送。信要攒够一辆车，摇摇晃晃慢条斯理地一站一站发放同时收取，所以帝国的书信往来要凭运气，一封家书，一年两年十年八年才气喘吁吁来报到，也是常事。说一车家书，其实也不多，百十封信就可以启程啦，所以大城市之间每天都有一例行的"邮车"往来，百十封信就装满一车，因为帝国的书信太隆重，极少绢纸书写，多数是竹片木板，各城镇都有"案牍市"，卖写信用的竹木材料。写成的家书，还要装到一个收口的布口袋里，在收口的麻绳上糊上封泥，封泥上还要盖上封印。帝国治下有印的人少，所以封泥加盖的都是驿站的印章。这样真正的一"封"信，从千山万水之外遥远的地方寄到家里来，震撼的程度可想而知，儿子久久不回家，老妈妈就每天抱着儿子寄来的布袋子哭啊哭。

但要说快马过后大路恢复了平静，似乎还不能够，因为东西两京的大路从来不会平静，车马不多，徒步走路的却不少，行商赶脚的，逃荒要饭的，发配充军的，拖家带口，哭哭啼啼，有些路段靠近村庄，村里人从家里的菜田里摘些瓜果，拿到路旁出卖，一家两口子，支起一个灶，就在灰土飞扬的大道边摊起煎饼，煎饼以小米面做原料，夹了生菜和鸡蛋，香气诱人。有人不会摊煎饼，提了一罐水卖，一个大钱一大碗。卖水？这么不要脸，自古以来哪有卖水这一说？年纪大些的怒斥卖水人，卖水的也不还口，只是揭开瓦罐，让怒气大伯看，然后高声叫卖："消暑解渴大枣红糖水啦！"

五年前，张衡从三辅趱洛阳，前途未知，现在重新走这条路，前途依然未知，但他已经完全改变了身份，他已经佩有天子颁发的蓝田白玉印，而且乘着官府派发的车子。这刻印要送给心上的姑娘，她正在家里等着他，已经等了五年。

七年前，十七岁的张衡只身闯关中，以双脚丈量过这条秦时驰道。二百年前的驰道经过多次翻修，但翻修抹不去古人脚步的痕迹，汉高帝的五十万大军踏过，路面都下陷半尺，窦固窦宪两代人先后率军西征北上伐匈奴，一路上都是劳军的百姓，他们连年被匈奴的游击队欺凌，终于盼到皇帝对匈奴出手的一天。董仲舒从千里外的胶西到长安向武皇帝上《贤良对策》和《天人感应策》，也背负书简，徒步走在这条大路上，一副天下舍我其谁的派头。高帝时候的曹参，来长安却是高车驷马。曹参早先跟随沛公征战暴秦，数次驰驱于此，这回又踏上这条驰道，却因为已故萧何丞相的举荐，由方国丞相一跃为大汉帝国的大总管。这条大道，承载着大汉帝国的历史重托，目送过多少贤才奔向东西二京，完成他们的人生大业。

出洛阳西行不久，就进入崤山，峰峦如聚，波涛如怒，大路穿行其间，高低起伏，随山就势，张衡发觉马拉车子太吃力，每逢上坡，张衡就下车步行，富有灵性的马感激地望望张衡，打个响鼻，那意思可能是说谢谢。但马的语言人类也读不懂，也许这个响鼻相当于人的一篇大赋也说不定。当年祖父张堪从荆州回家，也有同样的境遇，可惜祖孙二人到底不能懂驴马的心思。张衡听到车轮碾轧在路面的沙子上，有节奏地发出沙沙声。

十一

　　那年，张衡的父亲母亲为张衡打点好行装，送他出外求学。求学的首选是长安。三辅人才集中，先到那里见世面，投奔知名学者先生门下，学问做得扎实，为的出人头地。张衡弟兄二人，哥哥张衍，比张衡大四岁，粗通文墨，对读书游学兴致淡然，二十一岁的张衍已经娶妻生子。张衡最像祖父，祖孙俩都有神童的称誉，张衡不但对文字敏感，绘画的天分更突出，南阳大户造墓，墓石上雕琢各种图画，人和动物的神话故事，少年张衡比照墓石看似漫不经心的几笔，惟妙惟肖。十七岁上，张衡已经是远近闻名的画家，人物写生是他的擅长，壁画更是他的强项，南阳一带书院和寺庙落成，张衡经常作为首席画师被聘请。越千年，南阳的贵族大墓陆续被挖开，壁画和石刻出土，里面很多都是张衡的手笔。

　　张衡的父亲疏于功名，在石桥镇夏村耕田为生，他的不朽功绩是培养了张衡这位天才。父亲和哥哥勤劳耕作，一家人省吃俭用，积攒了一点钱，父亲把这笔钱交到张衡手上，有点惭愧，因为比较这点钱，上太学是天价，可是要成就功名，就必须到北方去，去东京和西京："你先拿着这些，往后我过一段时间，半年吧，给你再寄钱，去年买的那块荒地，今年一开春，我和你哥挖个鱼塘，鲤鱼第二年就长成，市面上能卖个好价钱，日子好过了，能寄给你的钱更多些。"张衡接过父亲的钱说："不用寄钱给我，读书花钱，读书也能挣钱，我能养活自己的。"父亲不信："读书挣钱？古人说的？"张衡笑道："读书当然不能挣钱，我用读书闲余的时间给人画画，不就读书挣钱了吗？"父亲正色道："不要胡思乱想，钱的事你别管，别为俭学耽误时间，哪一幅画不得画个七八天？再说，你在南阳画的画也不少了，也没有多少银子进项。"张衡说："此一时，彼一时，我在长安三辅的名气也许比在南阳还大，画家都根据名气收费的。"父亲叹一口气，赶紧去盘算他的鱼塘了。

　　张衡把父亲递给他的银子分出一半，悄悄埋进篱笆墙底下，哥哥带着嫂子给张衡准备的干粮，帮张衡背起包裹，把张衡送出石桥镇，奔上向北方的大路。兄弟告别，张衡告诉哥哥，篱笆墙下给家里留了银子，张衙说："干什么你？穷家富路，这么远的路程！我回去取！"张衡笑道："好几里地，你追上来，我大概已经到洛阳了吧？"张衙无奈摇摇头，兄弟洒泪而别。

　　张衡过洛阳，并不停留，他把洛阳作为求学的最后一站，太学是主攻目标。他一路向西，直达西京。

　　西京的文化氛围自非南阳可比，张衡在西京拜师求学，兼收并蓄，比在南阳读书日有增益。张衡预料得对，他在西京的名气比在南阳大很多。他刚来西京时，没有人知道他，两年后离开西京往东京，来送行的除了风采名士，还有富商大贾，后者来送行，因为张衡给他们画出了超绝古今的神奇壁画。张衡给家里写信，嘱咐不要寄钱过来，作为不要寄钱的依据，张衡还委托镖局，给家里寄了一些作画的润格银子。

　　在送别张衡的宴会上，一个丝绸商人叫出张衡："张先生，借一步说话。"这位商人姓黄，原籍江南徽州，世居铜陵。江南丝绸业发达，关中富裕人家尤其钟爱丝绸，黄家便举家迁来关中，成为坐商，经营中间批发，也有零售店开在长安。由于人本分，货真价实，生意风生水起。商人从自己的轿子里取出一个紫檀匣子，匣子装着一只玉石手镯。

　　"张先生，这是小女托我送给你的，她还留下一只。年轻人的心思，我们上了年纪的，能成全就成全，能不干预，最好不干预，何况，张先生的人品才气，我们小户人家也是十分仰慕的。张先生懂得我的意思吧？"商人说得很诚恳，张衡急忙表示感谢，双手接过紫檀匣子。

　　这位商人，名叫黄乾如，安家右扶风所属离长安百里的一个小镇，斑竹园。黄乾如常年住在长安，经营绸缎的批发，也有店铺销售，生意做得好，就想造福桑梓，在家乡修建一座女娲神庙。神庙建成，听说长安城来了一位大画家，名动西京，就请他为神庙做壁画。张衡画神像，尤其是神庙的神话人物，轻车熟路，在墙壁干燥之前就画成，神像活灵活现，神采飞扬，黄乾如非常高兴，黄乾如高兴，还因为女娲神像跟他的女儿简直一模一样，小女儿小时候的愿望是在闹社火的那天，自己扮作神仙，被众人抬着游行，说那很风光，想不到现在被画在神庙，千古留形。

张衡作画开始，小镇人呼啦啦似乎全来了，实际上除了那些有要紧活计离不开的，真就全来了，大家很少见过画，更没见过画师亲手作画，画是什么东西？哪个小镇上都会有一些"明白人"，各地的明白人都有共同的诨号：大明白。镇子小，水浅，鱼也不会很大，所谓大明白的"明白"往往胡说八道的成分居多。斑竹园小镇上的"大明白"就启蒙大家说，壁画嘛，就是把人画到墙壁上，比如说你吧，画家看中你了，就把你画到墙壁上，以后每天人们都能看到你。可不是吗，光溜溜一面墙，凭空出现一个人，那人哪来的，还不是把人直接画上去的。"那我呢？""你呀，你在墙壁上啊！"那人转身就跑，恐怕跑得慢了，被画家画到墙壁上下不来。没跑的人心里也胆怯，畏畏葸葸，互相依靠借着别人的胆子往前凑。画家并不看他们，只管往墙上涂啊抹啊，看不出画的是什么东西，画家一转身，瞄了谁一眼，这人立刻缩了头，藏在别人身后。画家忙了三天，墙上已显出绿树葱茏，花团锦簇，并不见人，大家放宽心，每天来这里看，粉白的墙壁每天一个模样，看得大家兴致盎然，成了一处景观。

这一天，人们早早地就在庙门外守候，张衡来了，不过，不是一个人，还跟着一位年轻姑娘，认识，黄家小姐，刚刚十八岁。画家双手托着一架，不知什么工具，木制的一个方方的平面，用锦和棉软软地铺开包裹着，伸出四个支架，方木的一面还有同宽的方框向上延伸，方框里密密地排列着木条。画家把那个物品放在神庙的台子上，大家看明白了，四个支架就是四条腿，那个方框就是靠背，这原来是一个坐具，高约尺半，比人的小腿略高些。这件坐具虽然有些怪异，但很漂亮，做工也极为精致，明黄色的油漆明亮。与黄家姑娘的衣服颜色看起来非常谐调。

果然，张衡请她坐在那个木制绣台上，小姐落落大方，端坐绣台，大家发一声喊："哎呀！"高台落座与席地而坐，差别这么大！姑娘高坐，体态匀称，姿态优雅，动作舒展，就别提这姑娘原本有多美丽了，就算很一般的村姑吧，这么高坐上去，也是美女天仙啊！忽然想到自己家里铺在地上的席子，盘坐上去吧，堆在一块儿，窝憋着，气也喘不匀的，正式地跪坐着吧，膝盖还疼。回家就改造，做成几个活动的高台子，坐着聊天吃饭，起身盛菜添饭也方便。这样想自己的心事，就忘了这姑娘来做什么，回过神来，发现墙壁上已经显示一个人形轮廓，轮廓越来越精细，渐渐地眉眼都清楚了，这不就是眼前的这位黄小姐吗？！原来，画家真要把人画到墙上的啊！大家又发声喊："哎呀！"不过这次没有人想跑，因为大家看到那姑娘还好好地坐在台子上，依然那么落落大方。这就是传说中的作画？原来作画不那么可怕，被画的人与画成的人面对面，互相都认识，心照不宣，只不过一个会眨眼，一个不会；一个过一会儿就可以走，一个永远留在墙壁上，一年四季，春夏秋冬。

张衡全神贯注于墙壁，仔细观察姑娘的表情神态，看一眼，画一笔，每添加一笔，都传达出更准确的形象信息，人群就发一声喊："哎呀！"意思是"太像了！"那支画笔明明就是神笔，把姑娘精神面貌分毫不差地复制在墙壁上，最神奇的是，画家一直在加笔，从没有减笔，本来看上去很像很好很好非常好了，画家再加上一笔，仍然引起异口同声的"哎呀"，因为加得更好了，更好了就是更像了。从来没有加上一笔，群众表示惋惜"哎哟"的。画家加上那一笔只在些微之间，收获的却是一片惊奇。

张衡在画人像过程中，始终不开口，他不说话，作为"本真"的姑娘也不说话。全镇人包括那些忙得脚打后脑勺子的，放下后脑勺，也来参观张衡作画，未完工的神庙里里外外水泄不通，"哎呀"声此起彼伏，现场几乎被掀翻，如此热闹的场面，张衡和姑娘似乎感觉不到，张衡的心思完全倾注在画上，墙上的画和本真的"画"。虽然两个人没有言语的交流，但是眼神一刻也没有停下来，张衡的眼神在绘画和本真之间徘徊穿梭，寻找差异，填补着空白。在众人看来图画与本真已经很像了，神态都惟妙惟肖，可在画家眼中，两者仍然存在巨大的差别，形成漫漫的空白，画家的作用就是填补这些空白，这就能理解画家永远在加而不会减，这就是大师作画，根本用不到减法。

姑娘的眼神专注于张衡，也只有张衡，眼睛里没有其他，她一直看着张衡，看了整整一个上午。在平常的场合，一个小伙子盯住一位姑娘看，那是很失礼的，不要说看姑娘了，就是盯住任何一个人看，也会把人看得手足无措，或者他逃离，或者自己逃离。年轻姑娘目不转睛地看一个同样年轻的小伙，更不可思议。但现在，这个姑娘就这样目不转睛地看张衡，看了一个上午，而且不断与张衡"对话"交流。

姑娘叫黄玉珊，黄乾如的小女儿，黄乾如的大儿子和媳妇跟着父亲在西京做生意，家里只有夫人和小姐玉珊。玉珊出身商人家庭，跟着哥哥一起，在学堂读过两年书，学会识文断字，但稍大一些，就不方便进学堂了。但玉珊聪明伶俐，知礼仪，识大体，深得父亲的喜爱，又加上家境优越，十三四岁开始，上门提亲的就不断，门当户对的，攀高枝的，莫名其妙的，数不过来。黄乾如择婿很宽，玉珊择夫却严，四五年没有中意的，黄乾如就着急，但也不敢怎么责备她，玉珊知道父亲的心思，宽慰他说："把荤油坛子拿来，我摇一摇吧。"黄乾如不理她："哼，没心没肺！"玉珊心里想的不是随随便便嫁个人，凭玉珊的美貌，凭黄家的身家，不愁不能嫁个好人家，但玉珊一心想和一个知书达理的青年在一起，不管他是穷是富。父亲母亲也都劝她别那么固执，你看咱们这个镇子的好青年还少吗，读书固然好，不读书也没啥不好。"你看我，看你妈妈，大字不认识几个，我的绸缎庄开得好好的，妈妈的衣服鞋袜做得好好的，一家人饱饱暖暖。过日子嘛，一辈子平平安安就是福，轰轰烈烈，别人看着热闹，自己身心累得紧，做给别人看的。有啥用！"玉珊不同意："过日子，那你和妈妈一辈子打打闹闹，有爱情吗？"黄乾如眼珠子瞪得老大："丫头你说的啥？爱情？这一准是张骞那个老家伙从西域贩进来的名词儿，大汉朝祖祖辈辈没听过！爱，还情，酸酸的牙疼，就你说的，那爱爱爱情，我和你妈妈，没有爱情，能生你哥哥吗？生了你哥哥，没了爱情，还能生你吗？""生我，那是你们觉得我哥哥一个男丁太孤单，就要再生，准备打虎亲兄弟的，结果生个女娃，我。"黄乾如几乎大怒，这孩子生养一回，一点不知感恩啊，可只是"几乎大怒"，他捧着女儿疼爱还来不及，哪能怒。"唉！儿大不由爷。"夫人也能凑趣："女大不由娘。""姑爷哪里有？""东都和洛阳。"老两口子还真不是小姑娘说的打打闹闹一辈子，夫妻俩一唱一和作起了诗，还是最时尚的五言诗，闲情逸致挺浓厚，不见怎么愁苦的样子，本来嘛，我黄乾如富甲一方，找个姑爷，分分钟的事！不过夫人毕竟见识差一些，不知道东都就是洛阳，但也许她知道，"和洛阳"是为了凑成五个字。

果然，从"东都和洛阳"来了一位读书人，不但是读书人，还是年轻人，不但是年轻人，还是画家，不但是画家，而且，而且，门房告诉老爷："而且帅得无边界毫无道理啦！"门房虽然是中年男人，说话却像个八婆。年轻人，哪有不帅的？年轻一岁遮百丑，"老爷我年轻时，也是帅遍天下无敌手呢，现而今怎么样，走在街上没人瞅。老了嘛！"门房嘀咕："三十年前见到你，就这样子。"老爷也不生气："那是太熟悉了，看不见我的精彩。"门房压抑不住地兴奋，不说帅了，改说作画，他果然就是一个八婆："这个年轻人，听说还是个画家，给人在墙上作画，背着挺大的一个木箱子，装着笔、颜料啥的。"黄乾如立刻精神起来："画家？他住哪儿？请到咱们家来！"门房巴不得这一句，急忙往外跑，生怕主人改变主意，但还不忘补上一句："人家来这风景写生的，一两天就走，还不一定愿意来咱家呢！"话没说完，人已经跑到大门外，到客栈请张衡去了。

黄乾如出资修建女娲娘娘庙，庙的主体基本完成，墙壁上的画还没着落，画家太难请，倒不是钱的事，要价多少不在乎，关键是哪里有。他放下西京的生意，回家雇请画家，还没来得及跟家里人说呢，被女儿的亲事堵得够呛，这画家来得可太巧了。

张衡从西京继续西行，到右扶风地面，看这里风景秀丽，想在这里住几天，画几幅写生，也有广告众人的意思，他一路边画画边求学，以画养学，倒也不见困顿。听说黄老爷请他作壁画，当然答应，跟门房来到黄家。

黄家的宅院规矩方正，一共三进，不算深宅吧，也是个大院，院墙高而厚，东北角上还竖立一个岗楼，其实岗楼里没有哨兵，这是帝国北方民居的一般样式，没有哨兵也得摆个岗楼装装样子，就像稻田里插几个草人吓唬鸟雀。更大的庄园叫坞堡，四角都有岗楼的，岗楼里时刻有哨兵，一有动静，全体武装家丁立刻拥上四个岗楼，张弓搭箭，对抗来犯的强盗。黄家充当摆设的岗楼永远静悄悄，就是一个"稻草人"，因为他家根本就没有家丁。客厅在第一进，第一进还有儿子和媳妇的居室，第二进是黄乾如夫妇的卧室和账房，第三进是女儿的绣房，因为黄乾如和儿子儿媳妇都在西京，家里只有夫人和女儿，指挥几个下人做点日常活计，无非挑水做饭洗衣服之类，好在天下太平，打家劫舍的强盗都改邪归正，种瓜种豆去了。黄老爷一家主仆其乐融融，洗衣服的老妈子每天在台阶上唱小曲，人通俗，曲子却很高雅："彼采葛兮，一日不见，如三秋兮！"也不知道那个采药的是她什么人，一天看不着，就像三年似的漫长。烧饭的厨子每天一罐红豆一罐绿豆混到一起，一粒一粒地分开，分到一半时去做午饭，全部分完做晚饭，夫人问你就不能做点有意思的事吗，厨子说，也可以啊，可是那多费心，又费力，还是挑豆子简单。门房总有时间往外跑，就养成了八婆的作风，向厨子洗衣妇宣讲奇闻逸事。小姐就待在她的房间做女红，轻易不到前院，一来到前院就像一尊女神降临，厨娘不挑豆子了，洗衣妇不唱"彼采葛"了，厨房打下手的小厮也恭敬站在一旁，门房闭了大敞的嘴，低下头看自己的脚丫子。好在叫大家这样拘束的日子不多，小姐每五天洗浴一次，洗浴后到前厅向母亲请安，母女俩说一些家常话，夫人很想让女儿多留一会儿的，夫人也寂寞，又听不惯门房的市井流言八卦消息，很想跟女儿说点体己话，但女儿来见母亲，出于礼仪的考虑，她跟母亲也没有很多话好说，母女间已经形成了"代沟"，一想到这，夫人就很伤心，觉得没长大的女儿要好一些。

张衡登堂，宾主见过，黄乾如不觉爽然自失：门房说得不错，这个年轻人真有点，那个什么，帅得无边际。年轻时自认为很帅的人不好意思承认别人也是可以帅的，现在见到一个帅小伙，心里喜欢，忽然又闪过一个念头，但立刻就压下去了，因为那根本不可能。收回乱七八糟的想法，寒暄过后，主客说起正事，黄老爷问："张先生，阁下高才，我不敢多问，但不知大作可否容我这外行瞻仰瞻仰？"张衡知道要考查他的绘画水平了，从容地打开画箱，抽出几幅帛画，都是张衡最近的习作，展开在客厅的书案上，书案上一派满目琳琅，鸟语花香，黄老爷大惊："蓬荜生辉，蓬荜生辉啊！"老爷伸出一只手："成交！"与张衡由拍手转为相握。

黄夫人和女儿聊天，这几天绣的什么花卉啊，等等，女儿正准备回她的绣房，夫人听到客厅仿佛有客人，但也没说几句话，忽然老头子叫起来，"蓬荜生辉，蓬荜生辉啊"，这句客套话不都是客人刚到就说的吗，"屈尊寒舍，蓬荜生辉"，讲话讲到中间来这一句，什么意思？又听老头子说"成交"，做生意也没这么简单的，就跟女儿说："走，咱去看看你爸爸又鼓捣什么幺蛾子。"女儿却也大方，相跟着来到客厅。

夫人说："什么事啊，说得热闹。哎哟，来客人啦？"却看见金碧辉煌的一幅巨大的帛画，正在让"蓬荜"熠熠生着辉，黄乾如忙向张衡介绍："这是拙荆，一向快人快语，张先生见谅。"张衡作揖："拜见黄夫人。在下南阳张衡，搅扰贵府。"夫人忙还礼："欢迎欢迎，千万别客气，我们小户人家，没那么多的礼数，来来来，大家随便点啦！"厨子、洗衣妇、门房、杂役巴不得这一句，呼啦一下子围上来，纷纷瞪大了眼珠子，看着帛画，眼珠子几乎从眶子里飞出来。黄乾如对张衡笑笑，算自我解嘲，张衡报以宽容的微笑。这场面很有生活气息，画家本来就不习惯拘谨的生活场面。

但现在张衡的心思却在夫人的身后，夫人身后一位十几岁的姑娘，她不看张衡，也不看画，只望着母亲的后背，始终一言不发。张衡灵感闪现："这就是本真！"听门房说黄员外要请他作画，画一位女神，女娲娘娘。一路在构思，在寻找一尊本真，女娲的本真。他图画过几座女娲娘娘庙，虽然业主赞不绝口，但张衡自己觉得不像，至于怎么不像，他也说不出来，现在面对这位姑娘，他知道了，像与不像，只在神韵，他画过的女娲，雇请的职业本真全都冷艳高傲，但张衡觉得真实的女娲应该很有亲和力，人类的母亲，更多的是女性慈爱，亲切，柔和，宽容，生活气息，感染着周围的人和物，眼前这位，一眼看上去，她就是女娲。

夫人对众人说:"看完了,你们都出去吧。"大家垂头丧气往外走,想不透这位画家怎么把山山水水画得那么真实,要不是放在案子上,会以为屋子里突然长出一片大森林!一路议论着出了屋子。客厅恢复了安静,张衡和黄乾如重又坐下,夫人站着,女儿稍远些站在母亲的身后。

"有些冒昧。请问令爱芳名?年庚几何?"黄乾如一愣:哪是有点冒昧,实在太冒昧了——"令爱年庚几何",提亲吗?那也该请个媒人来问啊。黄乾如忍住不快,简单回答:"小女玉珊,属虎,今年十七岁。"玉珊听到客人提及自己,不由得羞红脸,扯起母亲的衣袖就要离开,母亲示意她等一等。张衡觉察到主人的不快,赶忙说:"是这样,作画需要本真,我想请令爱做神庙女娲像的本真,请示贵府意下。作画有本真,就是比照真人图画形象,这样作的画真切,才有灵性。"黄老爷心下释然,但也有些失望,刚才那个念头又冒上来盘旋不去,张衡说请玉珊做图画的本真,这没问题,女儿总不爱出门,乡里乡亲的走动也少,做图画的本真,青春面貌长留天地间,挺好的创意。"是这样啊。那得问问玉珊——玉珊,你看呢?"

"那得多少时间呢?"那得多少时间呢,多年以后,张衡都清清楚楚地记得这句话,岂止多年,这七个字,铭刻在张衡的心里一辈子。"那得多少时间呢?"每个字都反复琢磨,聆听。"那得多少时间呢?"每个音节的疾徐抑扬都萦绕在耳。张衡是被这七个字七个音节打动了,还是被玉珊姑娘的美丽俘获了,他自己好像也不知道,但可以肯定,在这个时刻,他对女娲的崇敬已经完全转移到玉珊姑娘身上,玉珊就是女娲。玉珊说这句话时低下头,谁都没看,像自问,但张衡知道这是问他,他答道:"一天。如果顺利,半天就可以完成。"

姑娘的脸上掠过一丝失望:才一天啊。张衡没发现姑娘情绪的变化,他正看着黄乾如,希望黄老爷答应姑娘给他做一天或半天的图画本真。老爷看着玉珊,玉珊说:"我愿意。"

十二

玉珊坐在绣台上，与张衡无声地对话，她的"言语"，张衡全都能听懂，张衡想说什么，她也全都知道，仅仅一个上午，两颗年轻的心已经全无间隔，似乎在心与心之间已经建成广阔的驰道，激越的信息，温柔的信息，内涵深厚的信息，在驰道上奔腾跳跃，带着各自独有的信息码闯入对方的终端，而对方的"解码器"就是眼睛。张衡的眼睛告诉她，她的眼睛告诉她的心：这就是爱情，张骞从西域发现的新名词，原来就在这里，一直就在她的心里隐藏着，所谓"爱情"是那样奇妙，没发现它的时候，一点痕迹都不见，一旦出现，就如江河横溢，连绵不绝，一发不可收。她遥想与张衡的将来，一个作画，一个做图画本真，那时候，还要做一把"椅子"，坐得更舒展，张衡画画时会更快乐，图画也就更精彩。"我们家"——在我和他的家。

"竣工！"张衡画完最后一笔，把画笔象征性地扔在调色板上，人群又是一阵此起彼伏的"哎呀"之声。这些闲汉和不闲的汉肯定没看够画家作画，但闲汉们这时心里居然十分纯净。坐着的美丽绝伦的姑娘，他们谁也没看见，他们的眼睛只盯着张衡的画笔，随着他的笔游走于高山大川，研磨于人物的音容笑貌。这是小镇有史以来最轰动的事情，以后多少年看过张衡作画的人们劫后余生，作画的场面仍然历历在目，向年轻人讲起这个大事件仍然栩栩如生："那场面，比秦始皇西巡还壮观！"秦始皇只有东巡没有西巡，但秦始皇帝的老家就是关中，东巡西巡也差不多，总之，"比秦始皇西巡还壮观"的事，你们没赶上。几辈子的老人都洋洋得意，看张衡作画，就相当于参观了始皇帝西巡。

黄玉珊听到张衡说"竣工"，知道这一场爱情的心的盛宴就要结束了，张衡要回到客栈，不日就要东行洛阳，刚刚相见，就是不知了期的分别，而且，你心我心两心知，父母双亲之心我怎知？我不是卓文君，勇闯客栈见相如，而且我的父母对我那般宠爱，我也不能学卓文君背离父母。思前想后，悲凉居多，眼泪涌上来，簌簌地落下衣襟，众人看黄家小姐梨花一枝春带雨，越发楚楚可怜，真是挺可怜的，一个小女孩子，被拘禁在方寸小台子上，一个姿势整整两个时辰，大人都受不了啊，应该哭。张衡看玉珊流泪，因为不能立刻安慰她，而心碎如裂。他知道玉珊为什么泪落如雨，他马上就能让玉珊破涕为笑，他有信念，有信心，也有能力给黄玉珊所希望的一切，但不是现在，他现在要奔东京——让玉珊破涕为笑的，是张衡的一个承诺。

张衡有点羞涩地离开神庙，被那么多人围观，他不习惯，刚才作画时聚精会神，看不见众人的眼光，也听不见众人的议论，他的心思在两个"女神"——一个女神使他崇敬，一个女神使他亲爱。他走出神庙，要送小姐回到黄家，众人自觉为他让开一条道路，张衡一路向为他让路的看客作揖，"谢谢，劳驾"，身后默默地跟着黄玉珊。

离开众人，张衡在前，玉珊在后，张衡想着刚才玉珊的眼泪，现在终于可以安慰玉珊的伤心了："玉珊姑娘，等我五年，我在太学学成回来，就娶你，太学的金印就是我的聘礼。""五年，十年我都等你，一辈子等你，等你回来。""老爷夫人，怎么禀告？请个媒人吧。""我自己说。迎亲时再请媒人也不晚。""我明天就走了，进学的日子到了。""你去洛阳，我让父亲送你一个玉镯，玉镯就是我，别摔碎了啊，也别丢了。我的心随着玉镯在你身边。""我给你留点什么呢？""给我一支画笔吧，你万一回不来，或不回来，我后半生也好有个伴儿。""别伤心，我肯定回来，回来给你做一套家具，我的木工活儿也挺不错的呢，露一手给你看看！""我要一把椅子！不，两把椅子，你一把，我一把。坐着聊天，想想坐在椅子上聊天，真幸福啊！""椅子？你真的同意叫它们椅子！原来我没猜错！"

"嗯，你说的什么，我全知道！"

"你说的什么，我也全知道。"

相隔三尺，彼此听见心跳。

"玉珊！"

"嗯。"

"等我回来，我要为你擦去刚才那几滴眼泪。"

黄家的大门口，刹那间就到了。

门房迎上来，先向张衡道辛苦，然后恭恭敬敬地引领小姐进院，门房在前，玉珊在后，张衡目送玉珊迈进大门，回头一望，与张衡的目光再次相对，岂止千言万语，此前许多年、此后无数年的千言万语，都凝结在这一回眸中。

南阳石桥镇张家的名气大，扶风黄乾如知道张衡是石桥镇张家的，就乐得合不拢嘴。当初女儿很婉转地告诉他，这位艺术家对她很好，黄乾如很警觉："艺术家，就会勾引小女孩儿，我当初就不该答应让你去做什么'本真'，还叫什么本真，他咋不叫'模特儿'呢！我被他帅气的外表给欺骗了，人长得是有那么一点帅，可再帅也是个画家，一个画家，写写画画，不是正经营生，吃饭都是问题，跟咱们家不般配！"但听女儿说这画家是南阳石桥镇的，一代名臣张堪的孙儿，黄乾如立刻笑逐颜开："他亲口跟你说的？他怎么会这样，大户人家的公子这么不稳重，总得托个媒人吧！"言语虽然责备，语气却欢快起来。女儿说："他想托媒人来的，我说不用，我们家自己说好了，再托媒人不迟。"

黄乾如受女儿的托付，把紫檀匣子送给张衡，一家人踏踏实实，等待张衡从太学学成，迎娶玉珊。

十三

慵懒的下午，马车轮子在沙地上的沙沙声，马蹄有节奏的嗒嗒声，催生睡意，道路旁果然有许多纳凉和午睡的人，几头赶脚的驴被主人放开，百无聊赖地啃着地皮，地皮上自由散漫地长些野草，被炎炎如火的太阳榨干了水分，半死不活地挺着。但张衡朝气蓬勃，没有一点睡意，他的动力来自五年前那次深情如大海般的回眸，漫漫五年，虽然有几次书信寄来，也有几次书信寄去，但书信达意有限，而且张衡和黄玉珊的书信连达意也没有，更不用说传情。来信说，你画的壁画，大家都说好，我经常去看。回信说，太学的金印，我看过了，其实是玉的，和田玉。听说和田远在西域。就这样寥寥几封信，张衡珍藏如珍宝，玉珊珍宝般珍藏，每个字，每个笔画，玉珊都熟悉得犹如自己的手脚四肢，都是那么熨帖自在，张衡的信写在竹简上，因为是书信的关系，要极力减少重量，所以竹片削得很薄，也短，信只有书的一半长，约一拃，信也不像书那样用牛皮筋穿起来，竹片就那么一堆，整体装在布袋里，但防备串乱，每一片都编上号，读信，先按号码排好了，再读。有粗心人写完了信忘记编号，就那么一堆装进布囊寄出，结果家里读得糊涂涂不知所云。玉珊抱着张衡的几封信，白天黑夜，不舍得分开，正看反看，摩挲得如玉石般光洁。"客从远方来，遗我一书札。上言长相思，下言久离别。置书怀袖中，三岁字不灭。"玉珊把这些信的竹片混在一起，任意组合成一封信或几封信，自己读这些全新的信，组合信有时很可笑，有时也很荒唐，玉珊读着读着自己就会笑起来。一支画笔，他留下的，几封信，他寄来的，有旧物，又有新物，她觉得离张衡近了许多。

"昼夜兼程"。张衡想到这个词，现在就是昼夜兼程了吧。父亲从南阳来信，告诉他家乡的事情。家里的鱼塘第二年就有了赢利，虽然不如预期财源丰厚，但一般人家过生活绰绰有余，尽管张衡坚决不要家里寄钱接济他读书，但父亲每年都有银两送达东都。父亲听张衡信中介绍，对黄家女儿非常满意，虽然略嫌高攀，但张家也曾是官宦人家，迎娶黄家小姐，也算门当户对。所以张家准备一份聘礼，提前送到东都，还指示张衡，一旦太学卒业，就到右扶风迎娶黄家小姐，成家立业同时进行。张衡安排聘礼由镖局随后送到，自己先行赶往右扶风，心焦急只觉得路途太远，他的心早已飞到黄家的高墙之内，回想东北角那个做摆设的岗楼，也觉得亲切无比。

车子的行进越发快了，那匹马走在平原，心情也格外好，经常趾高气扬地回头看张衡，一天百里，每走一步，就近右扶风一步，与玉珊的距离就缩小一步。走过潼关，眼前八百里秦川，天府之国关中地带。潼关西望，山岚已经退去，退到远远的天际，隐隐约约，秦川绵延，与浩浩祁连山相连。

平原气息氤氲，民风祥和，时近傍晚，天气不再炎热，时时飘来一丝凉风，吹得人浑身清爽。平原村落密集，散漫开放的家家户户，却以独有的秩序挨在一起，村外一块块麦田，铺展开去，直到与另一村落的相接，所有的民居都红砖白墙灰瓦，掩映在树林和麦田里，美丽而大气，张衡深知绘画构图的色彩秘密，他惊叹这种构图的天然融合，真是天人合一的至真至美，还有善。在这般宁静的气氛下，人们不会不善。

不远处的村落，一户户人家屋顶的烟囱腾起一团烟雾，渐渐地转为柔软，颜色也由青灰变为淡蓝，村落里几乎所有的烟囱同时升起烟雾。烟雾很快成了看上去润滑有弹性的青丝带，青丝带袅袅上升，与榆树柳树平齐时，轻缓柔和地改变走向，与地面平行，全村的炊烟连成一体，蔓延到村外，越过河流，越过原野，与旁的村落的炊烟汇合，慢慢地，整个大平原笼罩在淡青色的炊烟下，炊烟与大平原一样一望无际。炊烟中有草木燃烧散发的清幽，还伴送着家家户户米面饭菜的淡香。一片祥和，万物自生，河边村路，日之夕矣，羊牛下括，老牛呼唤小牛，老羊呼唤小羊，声音苍老而有磁性，每头老牛老羊都是天然的歌唱家，浑厚宽广的男女中音；小牛小羊声音清脆而单纯，声线单一，与听者的音律发生共鸣，浑厚的中音使人安宁，清脆的童音使人快乐。来来往往的行人早早地安排住宿休息，备糇粮，积攒第二天赶路的力气。张衡驻足驰道，驰道安静得仿佛回到洪荒时期，牛羊一阵热闹，回到各自家里共叙"天伦"，炊烟的行进还没有停止，寂静中似乎能听见撕裂空气的回响。却有几只萤火虫飘过，张衡才知道天已经黑下来。

夜里，傍晚的清凉无影无踪，重复着中午时候的燠热，张衡从炎热中醒来，汗水不断地流，他发觉自己仿佛浑身都是泉，汗水擦完一遍立刻又涌出来，客栈的人们也都和张衡一样，从木板床上爬起来，到院子"纳凉"，院子里宽敞些，不像屋里闷热。张衡仰望天空，漫天的星斗闪烁，一颗流星划过，瞬间消失在太空深处，这颗流星使张衡想起在太学与崔瑗马融讨论太空的事，讨论得越多，对太空的疑问就越多。张衡望天，所知渺渺，脚下大地，也同样神秘莫测，今天怎么了，正该最清凉的时间段，怎么忽然就如此反常，天神地神今天为什么如此乖张？

一阵唰唰的划破空气的声音，果然声音近了，今晚没有月光，空中什么也看不见，但张衡准确地听到鸟的翅膀扇动的声音，果然，空中传来一声鸟鸣，是乌鸦，紧跟着许多乌鸦的叫声，成了聒噪，半夜里乌鸦大叫，叫人心烦意乱，毛骨悚然。乌鸦从西边飞过来的，太学大讲堂曾经请来一位将军讲军事防御，将军说，夜里鸟雀惊飞，十有八九是敌人偷袭。但张衡立刻就否定了这项推测。乌鸦从西边飞过来，西边的敌寇距离大汉很远很远，远在葱岭以西，没有偷袭大汉朝的条件，能偷袭大汉的只有北边的匈奴，可是匈奴已经被帝国的军队赶到大漠以北，帝国上下全都知道匈奴早已解体，不具备进攻中华的能力，连偷袭的能力也丧失了，所以才有白天看到的男女老幼熙熙而乐。不一会儿，村落也不安生了，白天那深沉的老牛和欢乐的小牛，忽然叫声凄厉，好像面临刑场，此起彼伏。听不见羊的叫声，羊天生胆小，可能被恐惧震慑住，不敢发声了。

难熬的夏天的大半个夜晚。

第二天，张衡继续赶路，但他发现，牛羊全都垂头丧气，被主人放出来的大牛小牛、公牛母牛，目光呆滞，六神无主；那些羊，更紧紧靠成一圈，一动不动，不吃草，也不喝水，只看着自己的脚丫子发呆。自己的这匹马，也一样垂头丧气，任凭张衡怎样吆喝，没精打采漫不经心地拉着车子，一副悲观厌世的模样。张衡检索自己的知识库，展开联想，持续推导，找不到这个问题的答案。这可能是一件悬案吧，人间悬案正多，有的事情玄得厉害，到头来自行消失，无影无踪，有的事情起于浮萍之末，却演变为拔树飓风，但愿这也是一场虚惊。

还有三天的路程，趱行。

两个日夜，张衡到达长安，长安九街十八坊，人烟辐辏，绣彀雕鞍，张衡无意流连，匆匆穿过繁华得无以名状的长安，第三天早上，他把长安远远地抛在身后。扶风镇斑竹园遥遥在望。

似乎是海啸，低沉、持续、坚定、坚定得不容置疑，又像一座大山从高空倾颓下来，大地恐惧地颤抖。声音来自大地的深处，像世界面临末日的绝望挣扎。

　　张衡从没有听到过这样的声音，它不是自然界的声音，既然不是自然界，那它就是来自地狱深处魔鬼的怒吼。张衡被魔鬼镇住了，他还来不及下车，就已经被颠出来，实际是甩出来，似乎一种力量把他推出拉出或扔出，因为太快，他觉得五脏都错了位，整个人瘫在地上，意识瞬间完全丧失，大路上，田地里，屋檐下，人们都被这突然的怒吼震慑住了，失去了反应能力。时间瞬息停止，张衡和他周围的人们都觉得这时间太漫长太漫长，回到时间序列，原来他们，他们经过的只一刹那，巨大的声响之后，紧接着大地剧烈地颤抖，大地像颠簸的筛子，人们就像筛子里的麦粒，在颤抖的时间段，时间再次停止，人们觉得大地的颠簸持续很长很长的时间，像麦粒一样被颠来簸去，离开时间看大地的颠簸，也只有上下起伏前后摇摆各一次，人们的意识把起伏的摇摆无限夸大，长达一个世纪，实际上时间真的长达一个世纪，因为时间具有弹性，在巨变中会无限延伸，可能延伸到一个世纪。大地上的人们完全失去智慧力，包括反应力判断力，只剩下本能的恐惧。其他的一切，子女老婆，全都灰飞烟灭——原来人的最后一种意识形态是恐惧！

　　回过神儿的张衡知道：地震了。他和关中的帝国臣民遭遇了人类最大的强敌，其实人们说自己遭遇强敌，却自不量力，因为人类与地震，根本不在一个数量级，人类没有资格对抗地震，一点点资格也没有。

　　地震与天塌，人类的头号敌人，天塌从没有发生，可能一旦发生，就是人类的彻底绝灭，地震却时常出现，只不过有的地震强烈，有的地震微弱。张衡在三辅读书，在太学求学，阅读了全部史记材料，史书上频繁出现地动、山崩、川竭，但只是寥寥数语，但张衡明白，地动的危险和危害，绝对不会是书上的那几个字，每次有记载的地震，都是千千万万生命的消失，还有千千万万房舍楼台的倾覆。因为地震一定是广大的范围，多少郡县，波及人数众多，生离死别在每个空间重复。史书没有说为什么地震，只间接地告诉为政者，天与地的活动与人的行为有关系，地震，就说明人主的政治有缺失，老天在警告人主。老天不高兴，人主就做几件让老天高兴的事情。张衡不反对人主这样做，他的政治设计也将把地震预警作为一个项目，张衡心里清楚，地震就是地震，人主就是人主，两者风马牛不相及。至于地震怎么发生，有什么规律，张衡现在的思绪还不能清理明白。

倒地的张衡还没有站起来，就在这一瞬间，他眼前的景象再次把他击倒，这次击倒是心理上的，张衡第一次产生幻灭的感觉，是世界整体的崩溃带给他的幻灭感。远近的村落密集或疏朗的房舍，同一时间倒塌，坚固点的房舍倒得晚一些，但也难以摆脱最后的命运。几乎一刹那，整齐的或错落有致的房舍被抹平，灰土卷起烟尘，冲天而起，笼罩着已经不是村落的村落，慢慢地，烟尘沉淀下来，再看村落，只剩一堆瓦砾，还有几架屋梁残酷地斜立在碎砖瓦中。村落中被压住将死的人在做无谓的挣扎，但谁也救不了他，那些活着的人三魂九魄大半飞散，一时收不回来。没有被压住幸免于难的人突然变得呆傻，愣愣地说不出话，人无声，鸡犬无声，甚至风都停下来了，大地寂静如死，仿佛回到了"时间"以前。张衡脚下大路坑坑洼洼，完全变形，远处有巨大的隆起，脚下的道路却断裂为两个部分，一端高耸，一端深深凹陷，之间的裂沟深不见底，犹如鸿沟。

死寂。漫长的死寂过后，村落爆发出撕心裂肺的哭声，伤者惨痛的呻吟，死者临死的哀号，夹杂着救人者的呼喊吆喝。听着这极其嘈杂的声音，张衡的心也活过来了：人们还活着，至少活着的人们还都活着，他们正在抢救那些濒死的人，把他们从死亡手里夺回来。

张衡在混乱中站起来，看看车子，已经零碎，挽具已经凌乱不堪。张衡解开马身上残破的挽具，跨上马背，向西飞奔。现在他的意识完全恢复了：千万条思绪凝聚为一个点：扶风镇斑竹园，他必须最快最快赶到斑竹园。黄玉珊正在那里等着他，他不敢往下想，不敢想象玉珊可能会遇到不幸，他只是急急奔向扶风，估算距离这里还有十多里路。道路已经破碎，不断地有断裂，不断地出现深渊般的深坑，深渊中咕嘟嘟地往外冒着泥浆模样的东西，有的泥浆发出硫磺一样的气味，令人窒息，路旁的大树东倒西歪，有的横在路面上，像一座山堆在人们面前。已经损毁的车马挡住大路，张衡的马灵巧地避开这些障碍物，一路狂奔，心情显得比张衡还急迫。

扶风镇斑竹园，现在已经面目全非，鳞次栉比的房舍不见了，大大小小的院墙不见了，宽宽窄窄的街道不见了，张衡的眼前，只有瓦砾，瓦砾，瓦砾，以及在瓦砾中的零碎物件，撕裂的几和桌，散乱的笔和砚，破碎的缸碗盆，凌乱的衣与衫，张衡不忍心看这些场面，那上面隐约可见血痕，每一处稍微隆起的瓦砾堆就是一个家，每家的情形都这样，幸存者漫无目的地游荡着，在经过短暂的抢救之后，幸存者真就是幸存者，他的家人全部遇难。小镇上散布着幸存者，他们没有劫后余生的释然，这些人仍然没有从打击中恢复过来，茫然地围着自己从前的房子，一遍又一遍，默不作声。有的呆呆地坐在倾颓的房子前，不哭不动，手里攥着不知是什么东西，这场旷世大灾难，瞬间降临于每个村落，每个家庭，每一个人。

张衡先后两次到过黄家，路径虽然完全破坏，绕开高高的瓦砾堆，顺着不成模样的道路一直奔向黄家。张衡在洛阳千百次想象与黄小姐重逢的幸福情景，他在梦里也有很多次与玉珊相见，每次见面，玉珊都笑逐颜开，给他一双新鞋。黄小姐知书达理，女红也做得好，主业是刺绣，副业就是给张衡做鞋，不知道做了多少双，在自己的柜子里放着，从来不让人看见。因为还没正式下聘，小姐还不是张家的人，她的女红活计需要隐蔽地做，当然这只是程序，黄家上下都知道老爷已经把小姐的信物送到张衡的手里，小姐手里也有张衡的一支画笔，两个人成亲是迟早的事，之所以五年还没成亲，是因为张衡还在太学求学。

黄家的房子比邻居的高大，现在的残堆也更高，厨娘和杂役等人都在屋里遇难，地动发生时，夫人正要往小姐的后房商量明天出门走亲戚，被一阵地动山摇震倒，脚踝折断，接着被飞起的瓦片打伤前额，幸亏门房及时包扎止血，夫人躺在树下，叫门房快去救小姐。

门房急急忙忙往后房跑，不一会儿回来了："太太，太太，小姐没事，小姐活着呢！"夫人挣扎着想站起来，可怎么能够？重又躺倒，眼看着后房小姐的方向，焦急地巴望着："小姐没事，那就快来啊，让我看看。"门房这才说："小姐没事，是小姐告诉的，'我没事，快去救太太'。可小姐被房梁压着，起不来，她说没事，我就来了。"夫人急得又要站起来："快去抬木头，叫人去抬起房梁，把小姐救出来，请人，求人，快去快去啊！"

门房如梦方醒，他被地动震蒙了，夫人的话提醒了他，是啊，小姐没事，怎么不自己挣扎出来，那么大的房梁压在小姐纤小的身子上，多一刻钟就多十分危险。他冲上大街——也看不见大街了，一阵喊："快来救人啊，一个人五两银子，十两！十两！二十两！每人二十两！"街上的人寥寥可数，都守着自己的"房子"发呆，门房说什么？好像说救人，二十两，二十两银子挺多的，可是人没了，家没了，什么都没了，要那银子有什么用处？门房的大喊大叫没有一点回响，小姐等不得啊，门房向在废墟前徘徊的四五个乡邻逐个跪下磕头，请求他们去救小姐，受难人看见有个人明明在眼前，忽然就不见了，话音还在，低头看却是门房，如此重礼，担当不起，慌忙问这是为什么，门房再说一遍，这才明白是这么回事，什么银子，啥叫银子？不要银子，救人！自己家人死了，有人活着，那就得去救，沉沦下去的人们重新振作起来，跟随门房来到小姐的后房，黄玉珊被压在房梁下，房梁从柱子上脱落，砸在小姐的后背，小姐面朝地面被压在房梁下，她的口边有一大块血迹，看来肺部已经受伤。门房领着众人拼力抬房梁，房梁十分沉重，抬不起来。

张衡赶到了。

被房梁压住的玉珊叫了一声："平子。"

张衡说："玉珊，我回来了。"

黄玉珊眼泪扑簌簌地落向地面，她静静地看着张衡，还是五年前的那双眼睛，还是那么清澈，那么透明，那么心有灵犀，透过眼睛完全地传达出来。

张衡看见众人十分吃力地抬房梁，所谓"众人"也就是这一带硕果仅存的四五个，老弱病残居多，房梁对他们来说是太巨大了，现在张衡的到来，就是一支强大的生力军，而且张衡救人心切，众人一鼓作气，在一致的呼号声中，房梁被移开，黄玉珊小姐被解放了。

乡邻们松了一口气，救出一个年轻的姑娘，佛祖说，功德无量。这姑娘一朵鲜花正开得鲜艳，姑娘得救，他们又想起自己的家人，他们就没有这样的幸运，亲人们连告别的机会都没有，想到这里，人们心里的哀伤复活，回到自己的废墟的家，继续寻找从前生活的点点滴滴。门房看姑娘解放，伤也许很重，要快去报告夫人，就往前院跑去。

张衡跪坐在玉珊的旁边，为玉珊拭去唇边的残血，然后盘膝坐下来，把玉珊的头搂在怀里，这是他们第一次身与心的接触，张衡心里充满神圣的感觉，这是他的姑娘，而且是他终生亲爱的人，没想到第二次相见，竟然在这种情形之下，但也正是这样的场合，张衡才敢于忘情地把玉珊抱在怀里。

"我不行了。"玉珊的声音很低，气若游丝，"可是，我终于盼到你了，谢谢。"

张衡很绝望地发现，这是真的。刚才他擦拭玉珊唇上血迹的时候，发现她流出的血带着细小的泡沫。是肺受伤，玉珊被巨大的房梁砸伤了肺，这是致命伤。"不会的，你会没事的，你获救了，还有，我在这里。"玉珊的眼睛亮了一下，希望的灵光闪烁，尽管她知道这希望是那么渺茫。张衡说："保留体力，不要说话，我能懂。"

玉珊点点头，看着张衡的眼睛。

"我想让你背着我，看看你画的壁画。""你受伤了，不能搬动，等你恢复了体力，我背你去。"玉珊还能笑笑："我也就是这么说说了，我只想和你多说一会儿话，你要搬我起来，那可就一句话也说不成了。可是，我可真想啊，想最后看看那个地方，我坐着，你画我，往墙上画，女娲神，坐着的……"玉珊的意识有些模糊，隐约似乎看见张衡作画的情景。"玉珊……""你走了，花儿谢了。我等着你来给我擦去眼泪，你说过的。"张衡仔仔细细地擦拭着玉珊的脸颊，眼泪一颗一颗地滴下来，张衡一遍又一遍地擦去，眼泪不断地从她眼眶里涌出，张衡看看自己的手，刚才一阵忙乱，抬房梁，双手沾满了泥土，他怕伤害了她娇嫩的眼睛，就用嘴唇小心翼翼地为她吸去泪水，玉珊的身体很凉，她的眼泪却很热，似乎燃烧他的嘴唇，他要把她的眼泪长久地留住，永久地藏在身体最深处。"我的金印，给你的聘礼，我带来了——金印不是金的，是玉的，我说过的，没错吧，金印跟你一样纯净。""我看看。真是玉的啊，我喜欢，让它陪着我吧，舍得吗？""我的功名全都是你的，金印也是。"张衡把金印放到玉珊的手里，玉珊紧紧攥着，这是金印，张衡的聘礼，姑娘的脸上浮上一片红晕，她现在已经是出嫁的姑娘，张家的媳妇，张衡的妻。"嗯。平子？""你说。""来生，你别再叫我这么长久地等，五年，太长了。""我一定不会叫你等，来生，我们在女娲庙作完那幅画，我要牵着你的手回家，回我们俩的家，再也不走了。"

玉珊的体温渐渐地降低，体力也一点一点地消失，身体软软的，眼睛也慢慢地闭上了，张衡叫着玉珊，玉珊努力挣扎着睁开，嘴唇动了动，想要说话，张衡说："玉珊，你有力气了吗？说吧，我听着呢。"玉珊想给张衡留下最后微笑，但已经没有那么多力气，她看着张衡的眼睛，要把它留在记忆里，带着对它的记忆上路。

"平子。"

"我在，玉珊。"

"求你一件事。"

"你说。"

"给我，写一首诗，长点的。到坟上，读给我听。"

"我写。"张衡紧紧抱住玉珊，眼泪滑落脸颊，滴在玉珊的脸上、嘴唇上，玉珊的嘴唇动了动，唇边是张衡的泪，她的脸上浮现了幸福和满足。"读给我，我能听见。"

玉珊的体温更低了，嘴里依然喃喃："放开我吧，我凉。"但她临终的动作却是抬起胳膊，她想抱住张衡，她不想离开他。但扬起的胳膊忽然半路无力地落下来，另一只胳膊也松开了。但那只手攥得紧紧的，就像婴儿初生时的样子——手里是张衡的聘礼，那颗金印。

张衡不声不响，抱着玉珊，看着玉珊，不放，街坊邻居知道玉珊姑娘也遇难，几个人啜泣一回，哀叹一回，也都散去，门房拿银子给他们，谁都不理会。门房挨近张衡，悄悄说："张先生，太太要见见姑娘，您看？"

张衡站起来，抱着玉珊，踩着碎砖瓦来见黄夫人，让夫人最后见女儿一面。玉珊浑身软软的，张衡让她的头紧靠着自己的前胸，玉珊好像睡熟的样子。张衡似乎感到玉珊的心跳与他的心同步。门房临时为夫人搭建了一个简易棚，四根立柱用大一点的石块靠住，顶上展开一领席子，遮住太阳，虽然已接近申牌时候，天还是很热，夫人躺在棚子下面，焦急地等着后面的消息，她听门房说女儿受伤，凶多吉少，自己却一动不能动，心如刀绞。看见张衡抱着玉珊过来，急切抬起上身："我的玉珊！"夫人抚摸着女儿冰凉的身体，摸着她的脸，她的眼睛，她的鼻子、耳朵，还有那每天梳妆整齐的头发，这都是她的骨血，她一天天看着长起来的，现在忽然一下子都没有了，以后再也见不到可爱的女儿了，天地老爷，为什么叫她来，叫她来却又把她收走，这不是坑爹坑娘吗？"玉珊啊，你可害死我这可怜的娘了啊！"眼泪如麻，如洒，如开闸的水坝。

大门已经倒塌，门房把一扇门移过来，与张衡一起，把玉珊安置在门板上，门房居然从废墟里找出一块崭新的白布，罩在玉珊的头上，一块白布，玉珊已经与母亲阴阳相隔，与张衡隔着奈何桥相望。

突发事故，张衡拜见夫人的礼仪从简，夫人说："老爷正在从长安赶过来，今天委屈张先生露天过夜。人死非常，明天就下葬吧。"

黄乾如第二天回到斑竹园，长安也遭受地动，房倒屋塌，死亡枕藉，长安已然沦为殇城。地震时黄乾如父子外出不在绸缎庄，绸缎庄房屋倒塌，幸好布匹无损，但黄乾如记挂扶风家里的夫人玉珊，留下儿子看守已经残破的绸缎庄，一个人回扶风，一路凄惨之状，到家知道发生如此变故。人争不过天，天要收走女儿，也是无奈。本来是给自己预备的棺木，现在装殓女儿了，入殓这一刻，张衡最后看一眼玉珊，玉珊的脸很安详，他想，玉珊走的时候没有怨恨，没有怨恨的人会有来生的。张衡这时很愿意相信有神，相信有来生，在几十年后或几百年后，生死轮回，玉珊坐在女娲庙，给他做图画的本真，但是下一次轮回，不再有地震，玉珊等到张衡回来，百年好合。张衡与玉珊虽然有婚约在先，毕竟还没结亲，不便为玉珊穿衣，夫人主持，张衡出面，请一位街坊大嫂，为玉珊擦洗更衣，玉珊被送进一座简易"房子"，房子只是埋进地里的四根木柱，四面用木板拼接连缀，"房顶"也是几领草席铺就。这是门房和张衡用整个下午搭建成的，张衡没有为玉珊制成一把"椅子"，却为她造了一所"灵堂"。

大嫂过一会儿出来说，不知怎么，姑娘的右手握得紧，总也展不开。夫人看看张衡，也没主意。张衡说，她手里握着我的印，让她带着纪念上路吧。

张衡和玉珊毕竟是未来的夫妻，得以为玉珊整理衣服，看见玉珊的一只手果然紧紧地握着，她要把这颗金印带到另一个世界，再带回来生，作为与张衡约会的信物。

第五章

赏识

十四

张家虽然不豪富，但在南阳地界，却也名声响亮。名声来自祖父张堪，也来自张衡，祖孙二人同享"神童"称誉，这在大汉天下没有第二家。现在张家经营几亩田地，忙时雇几个人，过的小日子，但小日子却能过出大户人家的味道，这要亏父亲的承上启下，张衡父亲本来也是个公子哥，但这位公子质朴如大男孩儿，张堪清廉，所以贵而不富，没有多余的钱供张公子挥霍，但主要还在本性，张公子斗鸡走马赌博花酒一无所好，连做官也毫无兴趣。张公子读书联系实际，一联系就联系到了父亲，父亲做官从地方到中央，从中原到西南，再从西南到东北，每到一地，都颂声悠扬，公子自己思量，我天分不如父亲，做官一辈子，拼出全部力气，也未必能做到父亲的高度，就算达到父亲的高度，那不过再出一个"张堪"，将来的史书，"张堪传"下附一笔："某，张堪子，仕某官，有令名。"这还是干得好的，万一不小心，出了差错，不但自己这一生毁了，还连累了父亲清誉，所以，最好的办法是守田园，不做官。这想法接近老子的意思，事情不可为，不能为，则不为，不为则无不为。比如不去做官，舆论说张公子世外高人，不沾尘垢秕糠，这就保全了自己，也保全了家族光荣。

早先的张公子如今的张老爷满腹经纶，却躬耕南阳，他这一"躬耕"就一辈子，耕田的闲暇还挖几个鱼塘养鱼卖钱，鱼还没出塘或卖不出去的时候，他还可以把鱼塘当作濠上，与那些鱼儿怡然相乐，就这样平平安安地度过幸福的一生，也给儿子留下丰厚的家族声望。这要托福所处的时代，晚百十年，乱世英雄起四方，四方隐士无处藏，一定有什么"皇叔皇伯"几次三番来请他，让他演讲一番"石桥对"，然后被拖上"皇叔皇伯"的战车，轰隆隆一辈子，名气可能有点大，但日子却要过得苦。

太学实行学生品行学识综合排名，这种排名对未知名的学子们而言，社会影响不大，不过这种办法后来流传到社会，就厉害了。汝南许劭与从兄许靖利用这种方式，对成年人也大排其队，而且被排的都是著名人物。许氏兄弟的排名绝对公正，任谁都不可以开后门，为自己提高名次，威胁利诱都无效，大小许软硬不吃，所以可信度极高。在那时候，天下的名人都惴惴不安，不安有两个方面的原因，一个是我上没上排名榜，另一个是我排在什么位置。他们的排名没有顺序号，评语上见高下，曹操劫持许劭，强制他给个好评语，被劫持的许劭不为所动，昂然如赴刑场："君治世之能臣，乱世之奸雄！"这些名人很怕被排名靠后，纷纷地改操厉行，也算民间自发的思想政治教育。张衡在太学，品行学识才能，毫无悬念每次都排第一名，操行评语这样写："品无瑕，行端正，学识贯天文，人情达地物，可托付国之重器。"简直丞相的人选。

汉家制度，各郡各国每年要向中央推举一到两名品行优秀的青年为"孝廉"，进入中央机关做预备队，预备接替那些即将退休的老干部，张衡是南阳当然的人选，人们把南阳郡推举张衡做孝廉候选人的消息告诉他时，他客气地说："谢谢。"就完了。"人民群众"很惊讶：你怎么不高兴呢？张衡说：我现在是孝廉了吗？众人说，还不是，你是候选人。张衡说："那我有什么高兴的？"推举孝廉，一郡只有一两个名额，无数的青年聚到南阳，重重过关层层选拔，隆重而复杂，考试张衡不怕，但考试考得好，不一定孝廉做得牢，到头来还不一定选得上，不去也罢。

洛阳城整个就是个人才大市场，天下自认为贤才的青年奔赴洛阳等待"木秀于林"，洛阳官府衙门林立，衙门专门派出发掘人才的官员，每天像赶集一样奔走于各人才市场，部门首长太常太尉宗正卿等也经常来逛一逛，大洛阳"官机无限"，而太学这个"人才市场"天下最大，卒业的没卒业的太学生像狍子一样养在太学大院里，等待识货人。张衡自然难逃"猎头官"的慧眼，于是张衡经常收到各种各样的邀请函："太常求贤若渴，切盼与足下一晤。""太尉久仰大名，期盼加盟。""宗正卿与先生有乡谊焉，可否拨冗一叙？"有的委婉，有的直接，意思都一样：来我们这里发展吧，包你前途无量！张衡一律不回信。当时有这样的习惯，不回信，就是不接受，不接受还回信，意味着要谈条件了，进入下一轮，薪俸增加几石，有独立办公室，假期工薪照发，年终奖金多少，等等，洛阳人说："朝廷为人民的事情想得细致周到。"实际也没什么可称赞的，说可以带家属进京，"你有房子，你尽管带。"长安米贵，洛阳也不便宜，没有二千石工资，带家属，想都不要想。说起来汉帝国政府的官员也实在可怜，那为什么还要争先恐后地当官呢，因为不当官的话就更可怜。当官从幕僚和清客相公开始，薪俸虽然低，也总比没有强。

不做幕僚，这是张衡不接受邀约也不回信的原因。他要做一个正式"国家公务员"，不想在洛阳做一个"洛漂"，他人的心思何尝不是如此，但他们接受有接受的理由，实际上，这些清客相公早晚都能转为正式的朝廷公务员，张衡不想经过这个阶段，潜意识觉得当幕僚不怎么光彩。可要找一个现成铁饭碗也不容易，有工作先干着，有工资先挣着，纸饭碗泥饭碗先捧着，没有几千石几百石，几十石"斗食"也不错了。有的太学生家境不好，不但要糊口，还得养家，几十石绰绰有余。

大将军邓骘是个"才迷"，竟然还建立了自己的"人才库"，要为天子笼络完天下人才。听人才库的官员汇报，太学的张衡，所有的召请都不去。邓骘何等样人，所有的把戏都逃不过他的火眼金睛，他说："哼！"表达自己的强烈不满："这小子，也来这一手。自高身价！"

官员说:"不是啊大将军,张衡不是自高身价,他的身价就是高,不是"一般的高。"大将军有点不高兴:"嗯?"官员急忙解释:"我不是说大将军不是,我的意思,我们人才库缺张衡,至少天缺一角。""你这半天总说不是不是,急得不行,张衡是你家亲戚?再就是给你钱了。"官员作揖不迭:"不是啊大将军,天地良心。"邓骘爱开玩笑,把这家伙整得够呛,他很开心:"说说张衡,省得天缺一角。"官员说:"大将军知道,太学辩论,没分胜负的那次,一方就是张衡。"邓骘急得要骂人:"咦——说天文的那个,咦——你咋不早说唻!一定要请他来,不然真就天缺一角啦!"

　　大将军的邀请函写得客气:"平子先生足下,邓骘拜上。足下才名,充溢区宇,万众瞻仰,唯恐其后,职无任仰慕之至。如先生屈尊,参赞幕府,画策万马千军,建不世之功,指日可待也。敢劳玉趾,辱贵降临,予将有幸焉。邓骘再拜顿首。"大将军"拜"而且"再拜",还要"顿首",多大的面子。张衡对大将军府的差人说:"拜上大将军,张衡性格乖谬,学识肤浅,举止多有失仪,大将军或可宽恕,而张衡心不自安,不敢从命,来信璧还。"张衡退还大将军邀请信,大将军听了汇报反而很高兴:"张衡真那么说的?"送信的对大将军的不信任不高兴:"那张衡斩钉截铁,大将军的信,看都没看!"大将军想,这青年有性格!我记着,等我闲下来还要去找他。大将军怎么能有闲下来的时候?所以张衡就离仕途渐行渐远了。

　　旁观者很不以为然,说张衡你简直不可理喻,大将军来请都不去,难道还要皇帝御驾亲召吗?张衡还得开导不知道哪来的这么多的"人民群众":"大将军府人才济济,太学都不能比,在太学,承各位高风亮节,我忝为首席,在大将军府,我不过一个打水扫地小沙弥。小沙弥当上大和尚,几多岁月?""哦,原来张衡想当和尚!"和尚,是个新鲜词,没家没业没厨房,一年四季一件破衣裳,夏天露一个膀子冬天两个膀子全藏起来,住在白马寺每天沿街乞讨的那伙人,就是和尚了。沙弥没听过,反正是连讨饭的资格都不够的人。但张衡的意思清楚:张衡想出家当和尚,不当官了。好不容易读完了太学,却去当和尚,怪人。大家对张衡的奇怪习以为常，这太学生除了在辩论会上巧舌如簧，平时不怎么听见他说话，凡人不理的样子。大将军第二次听传信人说，张衡多多拜上大将军，但是——不来。大将军礼贤下士，而且脾气特好，人各有志，哪能勉强？希望他当个好和尚——邓骘也不知道和尚是什么职业。

可是，鲍德来了。

鲍德与张衡是忘年交，鲍德出身世家，父亲鲍昱官至太尉，政声清越。鲍德现在朝廷担任黄门侍郎，也属于清流。张衡不爱说话，但与鲍德就不同了，可以滔滔不绝。鲍德欣赏张衡思维缜密，办事周到，张衡钦佩鲍德坚守"四勿"，可为士林表率。

鲍德说："平子，跟我去南阳，回你的老家。我去南阳任太守，你来做我的主簿，算是帮我。"

张衡说："好！"

张衡不应孝廉选拔，不应公府的征召，大将军的来信也置之不理，鲍德一声招呼，就毫不犹豫地答应了，因为他是鲍德，他仰慕的当代圣人，不是大将军。圣人的邀约，他当然要响应。

张衡说："请太守大人稍缓几日，我到扶风镇，取得家口，然后一同南下南阳。"

鲍德大吃一惊："你家口在扶风？怎么没听你说过呢？赶快去别耽搁，夫妻早团圆！"鲍德派发一辆官车，催促他立刻动身前往扶风，取来家小，一同赴任。他不知道张衡还没成亲，他说的"家口"，其实是未婚妻。

几天以后，张衡一个人回到洛阳，并没有家小随行。鲍德已经车马齐备，还为张衡夫妇订了一辆油壁车，因为是年轻人，鲍德还特意为车子换上鲜艳的流苏。张衡以官礼见鲍德，然后，只是说："大人，劳您久等，我们出发吧。"

鲍德大吃一惊，这年轻人怎么回事，这么简慢，说好的取来家口，在哪呢？但鲍德修养深厚，君子不刺探他人隐私，张衡不说，自然有他不说的道理，比方说，妻子见他久久不归，遇见一个窥墙少年，鹊巢鸠占，或者干脆琵琶别抱，这些事都不想让他人知道。太守一声令下，几辆车连成一字长蛇阵，逶迤往南阳而来。

出洛阳没有几十里，即将进入山区，此前需要做一点休整，拉车的马匹要吃草料，人也得打尖吃饭。鲍德的车子在前做指挥车，张衡的车子殿后做护丁，天下太平，不用担心强盗打家劫舍，这样的装备布局，来自乱世时分，就这样一直叫下来。指挥车里的君子鲍德一直告诫自己："我是君子，我是君子，大家都这么说，我不可以存心探测人家隐私。"可心里总觉得有点不对劲：我等他这么多天，他回来一句话不说，"走吧"，这就走了？太不近情理了，张衡不是这样的人——坏啦，要出事！钻出指挥车，就往后车跑。

护卫车里的张衡还一路啥也没想，别人怎么说，他就怎么做，车夫说："老爷上车。"他进了车厢就呆人一个，看到车队即将进入山区，张衡忽然明白过来："哎呀，死罪！"从车上直跳下来，鲍德正好到车下，一把接住。张衡连连道歉："大人，饶恕张衡死罪，失礼如此。大人等待我这许多日子，我竟没有向大人说明迟到原因，也没有向大人禀告家里的变故，祈请大人原谅。"

鲍德往车后跑，他担心张衡会在车子里想不开寻短见，其实他也是太小心，哪有一个大男人在车里上吊自杀，那也太丢人了，这么不体面。现在他见张衡好好地活着，心里已经安宁下来。张衡详细向他说明这次扶风之行，原来一场悲剧。鲍德忽然明白过来，前几天洛阳城房屋摇动，人心慌乱，很快从西部来了报告，扶风郡发生强地震，房屋倒塌不计其数，人口死亡惨重，由于地震经常发生，这次远在关中，鲍德没怎么在心，也忘了张衡请假接家口的地方正是右扶风。

鲍德说："平子，你相信天吗？"

张衡茫然："老大人，学生不才，不敢妄议天地之事。古来天与地相对，有地必有天，但我不认为天有意志，因为地就没有意志。而我现在宁可希望天地有意志，天道有轮回，生来死往，往而又来。有轮回，有往来，此生遗憾留待来生弥补。可是，即使有轮回吧，玉珊姑娘能不能在轮回中等待？轮回，不会考虑个人意志，玉珊姑娘走得早，转生成人也会早，除非我现在就追随玉珊而去。"

　　鲍德说:"那也不行,同时未必同地,同地未必相识,相识未必相知,相知未必相爱。所以,你和你的姑娘再度相见的可能性几乎没有,为什么是几乎,不是绝对没有?因为天地间总有小概率事件,小概率意味着几乎没有,可它毕竟真的有发生。但我不认为天有意志,什么叫意志,意志就是区分善恶,天地不能区分善恶,扶风地震里死亡的那些人,有多少善人多少恶人?玉珊姑娘,从来不出门的大户人家的小姐,对世道人心毫无所知,就被地震残忍杀害,世人认为它凶残至极,其实它无意识。"

　　鲍德继续说:"天地没有意志,但天地有规律,地震不择善恶,不过人们可以选择逃离。平子学识渊博,可以探索天地规律,平子善心善意,可以引导民人脱离苦海。假如能参透天地奥秘,预知地震方位,告知民人,岂止君子三不朽?明明干预天地造化的圣人!"

　　鲍德继续说:"听你说,她跟你只有一面之交,然后你们就开始一场生死恋,你不觉得这太突然吗?平子的性情,沉静少言,突然大起大落,似乎不是你的性格。你说宁可相信天命,焉知这件事不是天命所系?玉珊姑娘的爱,应该就是天启,启示你关注天道,深入天地真妙理,爱的启示最刻骨最动情,一往而情深,至死不渝。你想说,既然天道指令,为什么不直接告诉你,反倒要千般万般折磨你,叫你彻底崩溃,然后教你挣扎着站起来研究它的玄妙道理?这说明什么,说明天地没有意志。没有意志为什么还有刚才我这一套说辞?天上的事情从来就没有定论,天有意,天无意,纠结一团难以剖判,全在人的自我抉择。"

　　鲍德还说:"知识造福民人,学问成就名人。"

　　鲍德总结说:"参天透地,通灵万有,舍平子还有何人?"

　　鲍德的话就像旱地下了一场及时雨,蔫蔫的张衡渐渐复活过来,学问学问,学了,问了,也成了,但学问做什么?天地之间有学问,学问就要用于天地之间。荀子说人可以战胜天,显然说大话,宇宙间不可以小博大,一只蚂蚁跟大象战斗,蚂蚁就算发明了原子弹,也奈何不了大象,何况它也发明不出原子弹。刻意较劲的人说,我有办法让蚂蚁战胜大象,让蚂蚁钻进大象的鼻子,大象就投降啦!好办法。可你怎么让蚂蚁钻进大象的鼻子？行，碰巧钻进去了，那大象鼻子不舒服，一个喷嚏就叫辛辛苦苦钻进来的蚂蚁粉身碎骨。荀子说："制天命而用之。"但荀子说这句话的前提是"人之命在天"，你的命都掌握在老天的手里，你还怎么"制"它。荀子的"制"，其实是理解掌握。知道老天在想什么，要干什么，然后"制"，天要干好事就等着享福，天要干坏事呢，就远远地避开。老天干好事干坏事的比例大致五五开，好事坏事分别在哪里干什么时候干干到什么程度，绝对没谱。但没谱也得找到谱子，燕子飞得低了，天就要下雨，这就是谱子，这就叫学问。

张衡回到护卫车，取出自己发明的"储墨笔"。这种笔的优点是不用砚台，一支笔就可以写字，在办公室，储墨笔显不出优势，但要到实务场合，就可以大显神通，可以不停地记写，官家人到民间调研，访贫问苦，一边听一边记，这场面多震撼，乡民们肯定会感动得哭了：我们小民的话，大老爷竟然记到书上了！帝国官员的笔记本子很宏伟，一捆一捆的，乡民看见自己的话居然享受如此待遇，让他成仙他也不干，心甘情愿跟随老爷，"差科死则已，誓不举家走"。

张衡的储墨笔发明的科技含量其实不高，在竹管里填满蚕丝，然后灌入稀释好的墨汁，一端封紧，另一端接上笔头，这样写字，墨水因重力作用源源不断向下渗透，透过笔舌勾画成字，写成的字不如正统的毛笔，点顿撇捺都一般粗细，但作为文字达意的工具，也足够。这种笔写成的字笔画轻而细，一支灌满墨水的储墨笔，可以写三千字，比起守着砚台写字，效率不可同日而语。储墨笔如此方便优越，使用的人却不多，不是张衡实行技术封锁，其实是大家不愿意用，觉得那样毫无顾忌地唰唰唰，失去了写字的神圣感，他们和张衡辩论，虽然他们知道辩论不过张衡，他们坚持说储墨笔破坏写字的庄严神圣，凡写字，都要沐浴更衣，禀告过神仙，才动笔。张衡说，孔子讲话，弟子把孔子的话"书诸绅"，每个人身边都有砚台？当然没有，没有砚台还能做笔记，虽然陆陆续续但也不断地"书诸绅"，那些学生一定用储墨笔。但大家终究不能确定孔子的学生们用不用储墨笔，既然不知道有，人们宁可信其无，所以，不用。

张衡取出笔，把鲍德说的话记在笔记本上。对长官说的话，下级从来毕恭毕敬的，得记下来，有笔记本预备着的，马上记，没有笔记本的，抓住什么就往什么上记。孔子对子张发布关于什么是仁的"训示"，不是在课堂上，而是从课堂往外走的廊上，孔子从教室往外走，兴致很高，说得很开心。但子张就不好办，没见过哪个学生下课了还捧着笔记本，那样干显得很虚伪。子张没带笔记本，还得记下孔子的话，惶急中抽出腰间佩带，展开就是一片好大的笔记本，好在佩带都很长，就在宽阔的佩带上记下孔子的教导："言忠信，行笃敬，虽蛮貊之邦，行矣。言不忠信，行不笃敬，虽州里，行乎哉？立则见其参于前也，在舆则见其倚于衡也，夫然后行。"至于笔，也一定是储墨笔。再往后就方便多了，改进版的张衡自来水钢笔，精华版的蔡伦笔记本，装在口袋里，望见首长来了，立刻恭恭敬敬哆哆嗦嗦地掏出来，首长说："同志们好！"记："同志们好。"首长说："听说你们这儿有特好吃好玩的节目，今天整点。"记："听说你们这儿有特好吃特好玩的节目，给整点。"首长不高兴："这些话你们不要记，不要啥话都记！"记："这些话你们别记，不要啥话都记。"这种拍马屁的"记笔记"，长官很受用，但有糟蹋张衡笔和蔡伦纸的嫌疑。

张衡当然可以像子张一样当面记下鲍德的话，储墨笔随时带在身边，张衡觉得那样做有点做作，他与鲍德忘年交，辈分虽为父子，更是志同道合的朋友，当面记下鲍德的话，倒显得生分，恐怕以后鲍德啥话也不肯跟他说了。现在回到护卫车，鲍德言犹在耳，张衡一字不落记在他从洛阳带来的笔记本上。这样格言警句式的记录，后来人持续积累总结，成为《名贤集》一类思想励志书：水深流去慢，贵人语话迟。雨里深山雪里烟，看时容易做时难。悬崖勒马收缰晚，船到江心补漏迟。常将有日思无日，莫待无时思有时，等等。张衡的"名贤集"不这么形而上高大上，那都是鲍德的日常语录，日常中时时爆发闪光的，"种谷别扯淡，扯淡不种谷"之类，叫人听了心里一凛。

记下鲍德的话，张衡更通透了学问的价值核心所在，初级学问，谋衣食，我在都城洛阳等待公务员职位，就算这一层次吧，一辈子衣食无忧。高级学问，助他人。我祖父任职蜀郡太守、渔阳太守，二千石的薪水，大部分资助乡亲和孤苦无告者，这就是助他人。祖父助他人不望回报，在任上逝世，张家没有薪俸收入，逐渐转为困顿，自己游学、读书，资金无着，受到祖父恩惠的也没人来资助。父亲告诉家里人："老人家拿出薪俸帮助人，有两个因素考虑，第一，我家生活还过得去，有帮助他人的条件；第二，他人的确有困难，需要我家的帮助；第三，就没有第三了。你们想，他们因为贫穷，吃不上饭，父亲才帮助他们，帮助他们之后，他们就能富裕起来吗？不说绝对吧，富裕起来的人也是凤毛麟角，就算富裕了，不想教人知道自己从前的落拓岁月，也在情理之中，所以，施恩不望报，才是君子。"世上有许多帮助他人、受助者重磅回报的故事，扶轮、结草、衔环，这样的故事听起来挺开心，用心却有点偏，等于鼓励救助他人的时候，存有这人将来加倍报恩的预想，受恩者一直不发达，甚至比从前还困顿，施恩者就失望，心里添了疙瘩，受恩者无力回报，尤其惭愧不敢见人。如果施恩者知道这人有了大钱，却对自己不理不睬，不免心生怨恨，从前的施恩可能就是结仇的由头。最高的学问，是利天下。张家以一己资财，帮助了许多人，但张家不是富豪，张堪的官秩最高时也只有二千石，就算拼出自己不吃不喝，能帮助几个人？而天下贫困人口正多。如果有一种学问，让天下人受益，使天下人摆脱困境，那才是最好的学问、最高的学问。鲍德的意思，张衡要做最高的学问、最好的学问，这种学问有利于他人，却不能确知这"他人"是谁，这才是最高的学问。

什么才是最好的最高的学问？实际鲍德已经告诉他了，鲍德希望，张衡能够做天与人交流的使者，张衡预先知道天的意思，告诉天下人，天下人预先防备。原来鲍德希望张衡做个神职人员，守候在天子身边，占卜天象，观察天候，窥视天的意志，还可能跟天谈判，必要时可以讨价还价，这样的张衡，就是周王时候的巫祝史官。

张衡明白鲍德的意思，有点惶惑，也有点不情愿，巫祝史官，皇帝的帮闲。想到这里，他再次来到鲍德的车前，说："老大人，您是要我观天象，做皇帝的近侍之臣。您知道，古来所谓观天象断吉凶，基本不可靠的。"

　　鲍德正准备出发，见张衡站在面前，几句话云里雾里，停住车子："天地之间的事情正多，你怎么管？皇帝身边，不是显贵就是佞幸，你怎么接近他？你只能做一件，研究地震，给你的未婚妻玉珊姑娘一个交代——假如天有意，那玉珊就是天使，如果天无意，天使毁灭，你要向天讨个公道。关于地震的子午卯酉，就是你想要的结论。"

　　玉珊是天使，那么鲍德就是天启。

　　贾逵启示张衡的天分，鲍德启示张衡的天职。

十五

　　车辆进入山区，一路向南，风光逐渐旖旎，山路弯弯，上坡下坎，马拉车太费力，人们就下来步行，晓行夜宿，正好欣赏一路景色，鲍德祖籍山东，出生在上党，任职在洛阳，一直在北方转，来到南方，每走一步都有惊奇，看见地里一片芋头苗，赞叹："嗬，这么肥沃的土地种荷花！"看见连绵不断的大叶桉树，又赞叹："树长这么高，还这么细，没天理啦！"看见一群洗澡的水牛，也赞叹："南方水多，牛也习惯了，北方的牛，地上洒一点水它都不肯迈过去。"看见一群花鸭，一瘸一拐地走，鲍德高兴得像个小孩子："你看你看，那些鸡长得真怪，走路都不稳当，还在走，还在走。"车夫走南闯北，见的世面比鲍德宽广多了，听见鲍德说这些外乡人的外行话，只是笑，觉得用不着跟他解释，鲍大人任职南阳，有的闲工夫时间供他自己纠正谬见。

　　到南阳府衙，鲍德安置就绪，召集大家开会，商议本届南阳府的行政大计。来南阳之前，鲍德已经做过充分调研，知道前任太守的功过得失，以及南阳郡当前的要务，来到南阳，听留任南阳的府曹汇报工作，他说的情况与自己调研的情况基本吻合，他打算各项事务安排妥当后，再到各县乡村基层实地走一走，手里掌握材料，以后做事说话有的放矢。鲍德在会上为全府衙僚属分派了任务，其实也用不着分派，帝国行政制度机构早已完善，各属曹人员分领各项任务，按部就班而已。会议结束，鲍德说："我们大家来自五湖四海，为了一个共同的造福南阳的目标，走到一起来了，我们作为南阳的最高统帅，要关心每个南阳人，关心每一个官和吏，总之，我们官民要互相关心，互相爱护，互相帮助。"张衡觉得这话说得好，记在会议记录本上，鲍德说话是上党方言，主簿张衡在记录时要转化为文章化的"书面语"："我与诸君，皆来四海，为民牧守，赞襄君王，官者须爱民，民者需敬官，官无分高低，民无分贫富，上下一致，勠力同心，其利断金！"主簿张衡，职责总理南阳府衙的文书，包括来往信件，在会议上和重要的会见场合做记录，这种职务，称为"秘书"或"书记官"，原来是最卑弱的，在汉帝国却近于神圣，地位仅次于部门首长，比县丞还重要些，因为识文断字的人太少，主簿能把人说的话变成文字，就是活神仙。活神仙沟通人神，熟知神仙界的秘密，还能把这秘密记录下来，更重要的，他们虽然记录下来，却不让别人知道，把他记录的那个本本藏得严严实实，出入都上锁，秘而且书，书然后再秘，书秘又秘书，更加神神秘秘，莫名其妙起来。

鲍德当了太守，忘年交的朋友张衡当他的"秘书"，真就"二人同心，其利断金"。鲍德为人宽厚，对待下属宽容，极少出以颜色。但作为太守的鲍德却总是很忙，第一忙，处理上诉官司。第二忙，到乡下劝农耕桑，到田间地头向百姓们做宣传鼓动。第三忙，往来事务和公文处理，所以看似稳如泰山风平浪静的南阳府衙，每天都忙成一锅粥。

府衙不接受案件，但府衙要审理上诉案件，而南阳这个地方民众上诉成瘾，鸡毛蒜皮的案件也上诉，"我要上诉！""我要上告！"县官不害怕上诉上告，一律批准，他不批准也不行，法律规定的。"你要上诉？""上诉！""你要上告！""上告！""上诉上告，你就是上房我也管不着！"县官这是发怒了？才不是，他很愉快地批准两造上诉。由于大家都上诉上告，无论怎么判，官司的两造，你不上诉他上诉，他不上告你上告，为了搞得好玩，两造一起上诉，所以县衙们干脆就不审案子，告状的来了，被告打一顿板子，原告也打一顿板子，然后宣判："具呈人韩二狗，因邻里不和，与被告金三胖发生肢体冲突，金三胖殴打韩二狗至重伤，经本院认真负责，严肃审理，判决如下：原告金三胖……"韩二狗说："老爷，我才是原告。"县官修改判决书："判决如下：原告韩二狗……"韩二狗说："还没审理，怎么就判决了？"老爷说："大胆刁民，竟敢管起老爷我的事情来了，打出去！"刁民虽然被打了出去，人家上告，县令也得往上转达状子。就这样，全南阳郡八个县的案子，都要归南阳府衙第二次实际是第一次审理，这就一点也不好玩。

鲍德大怒，把七个县令召来开会，当面严令各县，审理案件时必须用心，不要用脚丫子，脚丫子不会思考问题。下令，以后再发现原被告不分，案件不审就上交府衙的情况，县令就地免职，绝不宽贷。鲍德这样结束训话："父母官，父母官，你以为你是百姓的父母吗？错！这句话本意是说，百姓才是你们的父母，你们大家要做父母的孝子贤孙，百姓有难处，县令必须为他们做主解决问题，当官不为民做主，不如回家卖豆腐！"这一番精彩的话，张衡这样记："官者，民之子弟，民者，官之父母，故牧民者必先爱民，解除民瘼，为官不为民仗义执言，莫如辞官，肩挑贸易，养家糊口。鲍大人云：当官不为民做主，不如回家卖豆腐。"后两句，张衡认为虽然是土话白话，但是太精彩，完全可以传之后世，就原样写到府衙的记录本："当官不为民做主，不如回家卖豆腐。"

府衙处理上诉的事情稍有缓解，鲍德重点立即转入劝农耕桑。鲍德走访南阳郡的各县各乡，到田间地头亲自体验农耕的艰辛。每次到基层访问，鲍德都带着张衡等一干人，全府衙的人除了留下处理可能临时发生的事务，几乎全员出动，这些人亲自考察农耕水利除虫防旱等，还有农业专家，随时记下问题，也随时对农民们遇到的问题提供解决方案。一干人一大早出衙门，不骑马不坐轿，一律步行，一走就一天，中午在哪块地头，拿出家里带来的饭，大家伙着吃，一派和气景象，吃完了继续考察。鲍德亲民爱民不扰民，南阳百姓十分感动，南阳艺术家创作诗歌赞扬鲍太守："南阳太守好作风，自带干粮去办公。上午指挥除四害，下午分组访贫农。"诗歌还谱了曲，传唱得更广："噫——南阳太守是好作风，自带干粮去办呀哈格公……"张衡的记录没有这么煽情，他记道："公访民间疾苦，夜以继日。"

朝廷规定，各地政府官员要划出一定时间，到民间劝农耕桑，天下之根本在农业，农业丰收，国家才能免于饥饿，在农忙季节官府要关闭衙门，不再接受诉讼等案件的审理，要告状也得等到农忙之后。但实际各地官府习惯把这种安排当全员放假。鲍德真的执行朝廷的指令，反倒显得新奇，鲍德的走访调研成效当年就显现了，第二年成绩更突出，鲍德在太守任九年，南阳年年丰稔，民间传说，鲍太守不是太守，他是"神父"——神仙一样的父母官。这次南阳百姓请托艺术家，为太守再作一首歌，艺术家不负众望，新歌很快传唱南阳郡："说南阳，道南阳，南阳本是个大地方，南边不旱北边旱，东边不蝗西边蝗。自从来了鲍太守，旱涝雹蝗一扫光，呀！一扫光！"南阳郡几位"王孙"不服气："就这俗不可耐的词儿，还艺术家？"艺术家也不谦虚："就这几句歌词，几千年后都有人歌唱，不信，你们可以与这首歌比赛看，哪个活得更长。"张衡的记录本里，这样记："鲍君德化郡，民风淳，诉讼息，比岁丰稔，民乐歌之。"

鲍德忙完两件事，第三件事上传下达，迎来送往，就简易得多。自然有主管部门负责，不用太守事必躬亲，鲍德视情况接待或会谈，这些事鲍德在朝廷司空见惯，应付起来得心应手。他接下来要做的事情是办教育，所谓民风淳，那是人治的效果，鲍太守的人格魅力使然，继任太守能否如此，不好说，能从根本上改变民众的思想，不是什么事都要起诉、上诉，县令也不至于不审案子就直接上报到郡，所以根本在民。鲍德大兴土木，建设学校，广收学徒。这样的大事，张衡要特别记一笔的："业业学徒，童蒙求我，舍厥往著，去风即雅，济济京河，实为西鲁，昔我南都，惟帝旧乡，同于郡国，殊于表章，命亲如公，弁冕鸣璜，若惟允之，实耀其光，导以仁惠，教以义方，习射夔相，飨老虞庠。"写得古风古韵，古色古香，人们读不懂，但知道这是赞美鲍太守的，那就好。

张衡作为鲍德的秘书长，南阳的一应事务都参与，南阳人打官司最多的是地亩问题，田地边界纠纷，沟渠利用纠纷。田地边界，从井田制以来就有，有田地就有边界，有边界就有纠纷，这项纠纷鲍德解决不完，张衡解决不完，大司农也解决不完，那就算了，不能解决的问题那就不解决，可问题还在，这很伤鲍大人的心肝肺。鲍德想，什么时候天下大同，南阳郡建成一个大的单位，比如"合作耕田社"或者"乡民公社"，田地都归集体所有，就不会发生边界纠纷，那时候南阳府衙一天到晚都闲着，没有一件案子上诉到这里。想想都要乐开怀。因为官府解决不了这个问题，鲍德才异想天开，企图一劳永逸解决这个大问题。张衡表示反对，他说，田地的边界没有了，可人们种田的劲头也跟着没有了，大家的东西，它就不再是东西，包括人们世世代代当作命根子的土地。一旦公有，立刻遭践踏，一伙人侍弄一块田，这块田既然是大家的，那就谁的都不是，某甲就偷懒，他偷懒一成，某乙就偷懒两成，某丙偷懒三成，后来大家比着赛地偷懒，这块田也就荒芜了，田亩颗粒无收，会饿死人的。鲍德说："我也就发发牢骚罢了，怎么真的搞公有？"以张衡鲍德的智慧，他们要解决可以解决的问题：沟渠利用。

　　沟渠纠纷其实就是引河水浇灌，田地高，河面低，想让河水浇灌土地，就必须从很远很远的地方开渠，利用河水落差，水自流进田。同样，很远很远的下游也要到我这里开渠，其实大家都不吃亏，但谁组织谁主持，却无计可施，从前李冰在蜀郡建设都江堰，那是大局观全局观的成功之作，而且那时候岷江两岸基本是无人区，开挖了都江堰，才有了灌县。可现在天下具备这样条件的没有几处，村落密如蛛网，人人各自为战，要开挖那样的工程，移民补偿费都出不起。直接取河水灌溉，比如抱瓮，也可以，不破坏河的整体观，取一瓮水十瓮水千百瓮水，不影响河的流量。千百人一起抱瓮浇灌田地，田地滋润，河流也安全。可这抱瓮毕竟不是个好办法。张衡想到抱瓮老人鄙视的槔，"凿木为机，后重前轻，挈水若抽，数如泆汤，其名为槔"。槔很省力，可以免去抱瓮的繁难，可是槔仍然需要人力，能不能不用人看守，让水自己走上来。"大白天说梦话，它还会自己走上来？"鲍德猛烈批评张衡的异想天开，可是不到一刻钟，鲍德说："刚才你说什么，让河水自己走上来？"张衡知道鲍德的脾气，爱憎分明，鲍德听张衡说让河水自己走上来，如果别人说，大白天说梦话，张衡说就不一定，这位秘书长少言寡语，他说出这话，很可能已经想好主意了。张衡也知道鲍德的脾气，发作一顿以后一定还有不耻下问，等着向鲍德说明自己的设想："河水力量很大，借用一点点，就可以把河水送到岸上。借力发力。"鲍德大喜，喜得眉梢喜洋洋，但他说："书上说，项羽力气大，抓着自己的头发拎起来，脚不沾地到处跑，跟妖精似的，你信吗？河水力量再大，也是河水自己的，咱们啊，指望不上。"张衡想，太守不懂机械，跟他说这些白费劲，实物最有说服力，不如等制作出来再说，就向鲍德请假："给我一个月，我带着机器演示给大人看。"鲍德说："给你放假搞技术研究？好好好，就放你假，可到时候拿不出机器，扣你半年俸禄！"

张衡脑子里早就勾画出一个立体的"自动引水机"模型，模型逐渐清晰，设计思路是这样：第一环节，提升式引水渠。水渠呈凹形槽状，从河里到地面，这个机械的渠道要模拟水渠，应是一个槽，等于地面水渠的复制。第二环节，水位差。地面水渠利用水位差，使水从高向低流；水槽却相反，要使水从低向高流，这就需要一块活动的挡板，把水推上去或者拖上去，人工制造水位差，让河水局部自流。第三环节，动力。张衡设计两种水车，一种人脚踏动力，水车安装在岸上，挡水板连成一串，形成脊柱模样，称为龙骨，龙骨上端和下端各有一转轮，转轮上钩挂龙骨，龙骨由一连串的木板叶片组成，叶片与引水的凹槽密合，从水里持续被牵引出来的一个个叶片，就是一个个的储水器。上端转轮的轮轴延长，轮轴两侧各装一个转轮踏板，由两个人脚踏活动踏板转动轮子，带动龙骨上升，挡水板与凹槽之间的水体就被牵引上岸，顺着水渠流入农田。这样的水车能把水提升五六尺，可以满足一般农田的水源需求。水动力水车比较复杂，它需要在水里安装一个较大的叶片飞轮，水流推动叶片使大飞轮转动，大飞轮带动同轴小轮，小轮牵引龙骨上升，水体通过平流水槽，流入农田。

张衡的水车使劳动效率成倍增加，那些水动力水车完全解放劳动力，除了建造时投资稍多，几乎是一劳永逸的事情，所以南阳平原地区的农人们模仿建造张衡水车，沿着河岸，丹江、唐河、白河、淮河、湍河、刁河、灌河两岸，水车林立，静悄悄的一派繁忙景象，因为没有人，只有水车吱吱呀呀地转，河水变成渠水哗啦啦地流，所以静悄悄然而繁忙。南阳郡农民的田间作物有六谷，稻粱菽麦黍稷，其中稻产量高，品质好，在六谷中最优等，但种植稻子需要水，河里有水提不上来等于没水，张衡的水车解决了提水问题，南阳的水稻栽种面积迅速扩大，鲍德任南阳太守九年，南阳九年没有饥荒，张衡水车在这里居功至伟。不但这九年，以后南阳也没有大的灾荒，鲍德的恩泽久远，张衡的恩泽也同样久远。南阳郡的艺术家又坐不住了，在民间采风的艺术家把民谣改编成歌曲，伴以丝竹管弦："远望一座山，近望一座山，山上长流水，四时灌农田。神父到我家，我家稻粱鲜，水陆罗八珍，殷勤劝加餐。"

鲍德带着张衡和南阳府衙的官员巡视乡村田野，歌声盈耳，鲍德悄悄对张衡说："这个歌词，有问题。咱们到乡下调研，从来都自带干粮，啥时候吃过老百姓家的饭，还说我还吃了他的水陆八珍，朝廷来考察，听见人们这么唱歌，给我个处分，我多冤枉！"张衡安慰他说，这是唱歌，朝廷问起来，你就说没吃他那饭，不就完了？鲍德说："还不行，'殷勤劝加餐'，明明是说吃饱了，还劝我再吃一碗。"张衡就没话说。路上车水马龙，鲍德忘了劝加餐这档子事，盯着车看了大半天，突发奇想："平子，车有几个轮子？"张衡一时语塞：车子，当然是四个轮子，常识，还要兴师动众地询问，其中必有玄机，"四轮。""可不可以再少？""战车。战车要速度，灵活，转弯迅速，两个轮子。""还能再少吗？""再少，肃慎国有一种车，狗拉着，跑得飞快，没有轮子，但它不叫车，它在雪地上爬，叫爬犁。""中原没有那么多雪，爬犁派不上用场，要车，但轮子再少些的。""那就只有一个轮子啦！""对啦！主簿张衡，你做一个轮子的车子出来，放你一个月的假。可有一说，一个月做不出来，扣你半年俸禄！"张衡想，是你叫我做一个轮子的车，为啥要扣我工资？看鲍德脸上意味深长，原来这是太守的激将法，也不拆穿，打手击掌应承下来。

南阳人的交通工具主要是牛车，牛车两轮，图的平稳。战场上战车，两轮一马，驭手功夫纯熟的话，速度可以追风。车战冲击敌阵，需要快速和灵活，牛车运载货物，需要平稳和载货量，这四个因素两两组合，称为"车"。皇上的车叫"辇"，四轮六马，辇要平稳，所以四轮，一般的车辆要兼顾灵活和平稳，就只能两轮。追问：如果一个轮子，怎么样？这不是问题，因为这事根本不可能发生，一个轮子，首先它不平稳，其次——没有其次，不具有平稳性的东西，它就不能叫车，也不是能不能叫它车的问题，它连"东西"都不是。"大匠，给我造一架一个轮子的车，就叫'独轮车'吧。"大匠问："你是杂技演员吗？"杂技演员才会使用一个轮子的车在场上跑来跑去，正常人谁会玩那个玩意儿？"我不是，我要用它装货跑长途贩运。"大匠就不再理他，判定这人精神有问题。

张衡既然是技术改革的先锋人物，怎么能不注意到车辆这么重大的问题，他想继续鲍德的思路，在车辆的轮子上想办法，张衡想，车辆的优点是载重，构成要件是灵活和稳定，那么，在保持载重量大这一项优点的前提下，另外两个要件是否可以单独实现，或者要快捷，或者要稳定，但最好用一个轮子的灵活，实现四个轮子的稳定。如果把两个轮子或四个轮子的载重纳进一轮车，就更好。

南阳地面广阔，道路四通八达，交通极为方便，但这只是大路，下了大路走小路，车辆却无处着轮。汉制，车辆两个轮子的间距四尺，乡间自然小路的宽度都不会达到这个尺码，乡间小路的路面一般宽度不超过二尺，两个人相遇侧身而过的宽度，算上道路的延展边际，大约三到四尺，极限三四尺包括硬路肩软路肩的小路，四尺宽的车辆断然无法通过，只能望路兴叹，除非他想炫耀车技。所以，车辆装运货物到村，就卸在村外，由人拖肩扛转运进村。这还是小事，比较周折的是往农田运送肥料等物资，稻田的横埂只有半尺宽，两人相遇，另一个人只能远远在田埂尽头处等候，两个人在埂上无法错肩。哪家也不舍得留出四五尺宽的田横埂，这半尺宽的小径除了人的肩挑手提，别无他计。张衡想解决这个自古以来就困扰民众的大问题，为南阳人制作可以适用于任何窄小路径的单轮小车，这个小车的行进延长宽度与单个人走路的延伸跨度约略相等，人能到的地方，车子也能到，一句话，鲍德要张衡为农夫们制作一辆"全天候"的车子。

张衡儿童时候玩过一种游戏，废弃木桶的铁箍，和一个尖端分叉的木棍，工具就齐备了，让铁箍站立，稍加动力，轮子就滚动，用木叉做推动力，并调整它的行进方向，轮子不停地滚啊滚，人跟在后边不停地跑啊跑，张衡和他的小朋友们乐此不疲，他们都知道如何保证这个轮子翻山越岭而不倒，然后再滚回来。这就是传说的"玩轮子"。鲍德小时候肯定也玩过这样的轮子，老大人年岁大了，统统忘记了也说不定。一个轮子在任何地带行进都没问题，全天候，只要小孩能走的地方它就能走，小孩不能走的地方它也不能走，比如沟坎。现在的问题是让这个轮子能够负重前行。一个轮子的车，设计终极目标是驾驶者"随心之所之"。这种车只能人力操控，马牛驴指望不上的，动力只能来自人，属于人力车，由人的两只手操控车辆，随时调整，维持车子的平衡，不使轮子倾倒，那么这种车也不能很大，以人的力量为度，一般青壮年的身体承受力为二石二百四十斤左右，车有轮子承受车载重的一半，那么这辆车的载重量应该在四百斤到五百斤之间，最佳载重不应超过三百斤，也就是一个人同时运载两个人的重量。但人的两只手拉车，如何保证一个轮子不倒下去而且稳定，拉车人只能望着前边的路，不能看见后边的车，不能照管车行进过程的稳定。张衡遇到了一个很大的难题，人一心不能二用，顾前难以顾后，顾了动力就顾不上稳定，如果两个轮子就没这问题——太守给他出了一个大大的难题。退而求其次，他想，如果还用两个轮子，轮间距小点，车厢也小点，就没问题啦，张衡立刻又否定了这个设计思路：再小的轮间距，能小于田横埂吗？那是半尺，半尺车厢的马车牛车，玩具吧？再说，老大人明确指示要造一个轮子的车，你张衡拿出两个轮子的玩具小车应付差事……张衡终于不再自信，回到衙门，向太守撤销自己的假期，说一个轮子的车，等想好了平衡问题再研究设计，现在嘛，恕难从命。不要那一个月的假了。鲍德说："开弓哪有回头的箭，万一回头，头一个倒霉的就是你这个放箭的人。放你两个月的假，做不出来，扣你一年的俸禄！"鲍德咬定张衡不放松。

张衡回到自己的办公室，一个办事员已经代替张衡临时充当主簿。

这临时主簿满脸堆笑，拿着一篮子番石榴，告诉张衡："太守大人说，你设计车辆劳累，这番石榴是西域车师国进贡的，满是石榴子，一个子就是一个主意，你吃了就有主意了。大人当过黄门侍郎，皇上特别嘉许专程送来的呢。大人还说，城南有座山，叫隆中，主簿大人可以到山上走走，换换环境，也许就有了主意。"张衡和临时主簿一边吃石榴一边讨论单轮车，临时主簿说："单轮车双轮车三轮车四轮车，我想这些东西，猪往前拱，鸡往后刨，各有各的门道。"张衡想这也是个不懂机械的家伙，三轮车？单轮车都把我搞得焦头烂额。不过大人说上隆中转转，向大自然讨论主意，也好。

隆中草木葱茏，久在府衙，接触自然的机会不多，大自然近在眼前，看一眼就心旷神怡，很想作一首诗，抒一抒情："山岭连绵接祁连，跃上葱茏四百旋。"接祁连没错，所有的山拐弯抹角都可以接上祁连，四百旋太夸张，隆中最高处也不过几十丈，一旋也没得旋，不过景色的确优美，正当农忙季节，人们都在种地插秧，没事人难得有几个，南阳城的居民住在城里，在城外也有一块田，有田土人才有根基，过得踏实，活得自在。所以大家一律忙，鲍德给张衡放假，他自己带领府衙的大小官员，也正风尘仆仆地劝农耕桑呢，田地里不时响起歌唱鲍德的歌："南阳太守好作风，自带干粮去办呀哈格公——"

登上半山腰，张衡在一片向阳坡前停下脚步，他看到了一个蚁穴。这东西学名叫什么他不知道，他给它取名叫"蚁穴"。蚁穴不是蚂蚁窝，这东西实际是个专门陷害蚂蚁的陷阱，地上一个圆圆的漏斗状的穴，穴整个都是细沙，周边风平浪静，一派和平安乐好景象，这个细沙做成的穴更为景色增色不少，这些细沙穴几乎完美，端端正正的倒圆锥，大大小小，不规则地散布在山坡上。蚂蚁长着一双大大的复眼，眼睛虽然大，视力却不佳，深一脚浅一脚，一脚踩空，整个身子都侧过去，可怕的事情发生了，绝不止踩空那么简单。蚁穴的细沙是滑动的，带动这只蚂蚁，雪崩似的奔腾，咆哮着滑向幽深的底部，整个沙穴的细沙都滑下来，刚才还仰望天空可怜的蚂蚁，最后看一眼圆圆的湛蓝青天，细沙很快把它淹没了。悲惨还不止于此，被细沙淹没的蚂蚁的一只腿被什么东西紧紧咬住，因为被埋着，它挣扎不动，最终放弃了抵抗，任凭洞穴里的敌人宰割，在敌人宰割时，蚂蚁还是活着的，但它一动也不能动，它被沙子严严实实地埋着，呼天不应，天看不见它，叫地不灵，地是无边无际的细沙，细沙里伸出看不见的一张利口，尖利的牙齿刺穿蚂蚁的肚子，这巨大的肚子就是这阴谋家美味的宴席，这一顿鲜肉宴席可以供它享用好几天，这期间蚂蚁一直活着。

这个阴险的敌人，就是蚁狮——吃蚂蚁的"狮子"。

捉蚁狮，是张衡小时候最喜欢的娱乐，他同情蚂蚁的悲惨遭遇，痛恨蚁狮的残酷凶狠，挖它们的洞穴，抓住蚁狮，也不打它们，也不骂它们，把它们装到罐子里，带到农田里放掉，农田里蚁狮们做不成蚁穴，活活饿死它们。几天后张衡再去农田查看"流放"的蚁狮，吓得他几乎坐在地上：大大小小的细沙穴，不规则地排列在农田里！

现在的张衡不再仇恨蚁狮，他知道这是造物的一种设计，蚁狮就要吃蚂蚁，蚂蚁就可能被蚁狮吃，人对动物的善恶是非不该做评价，也不应加以干预。张衡在蚁穴旁边坐下来，亲切地说："老朋友，你们好啊。"

把蚁狮从蚁穴里请出来，张衡得心应手，他拿着一截小树枝，从蚁穴的一侧开始拨。拨快了不行，拨快了，一不小心蚁狮混在沙土里再也找不见；慢了也不行，拨慢了蚁狮就从暗道逃跑了，必须不徐不疾，在蚁狮反应过来之前逮住它。小树枝拨到蚁穴的底部，蚁狮露出了真面目，灰突突的六条腿的一条小动物。它不习惯阳光世界，在张衡的手掌里东躲西藏，把张衡的手心弄得痒痒的，张衡再次跟它打招呼："老朋友，你好——"啊字还没说出口，张衡停止了对蚁狮的调侃打趣，他豁然开朗，随后小心翼翼地把蚁狮放回它那半壁江山。江山虽然残破，但张衡知道，不一会儿，这座蚁狮的巨大洞府就会完好如初。

张衡看到蚁狮倒退着走路！

蚁狮的肚子很大，长着六条腿的身体却很小，蚁狮在行进时，头部在后，六条腿推着庞大的肚子后退，退行得很快，也很熟练，一点也不显笨拙。整个身体前重后轻，看上去非常滑稽而且不合理，张衡小时候就看它怪模怪样很滑稽，现在看着它还是很滑稽。但此刻张衡看蚁狮，却有了启发：蚁狮不就是在推着一辆车子嘛！

张衡回想刚才临时主簿的话："猪往前拱，鸡往后刨，各有各的门道。"原来如此。

张衡的设计思路一下子展开了，其实是打破了，打破原来车子一定是拉、动力一定在前的思维定式，改拉车为推，动力在后。现在张衡的车就名正言顺地叫"推车"，是用人的双手做动力，所以叫"手推车"。张衡联想起儿时的"玩轮子"，不也是在后边推着的吗？

人在车的后边推动车子行进，可以根据车子的行进状态，随时调整车的平衡，这是动态平衡，最关键的一个环节，人和车结合为一体，等于人的手臂大幅度延长，操控车辆时，身体的重心下降，半蹲姿势，车的平衡重心在距地面二尺到二尺半之间，由于这是个性化的车，完全可以根据使用者身高臂长量身定做。

解决了动力方向问题，下一个重要的设计程序是车轮。张衡有两套设计方案，一套方案是大车轮，安放在车的前端，模仿儿时的"玩轮子"游戏；一套方案是小车轮，安放在车的中间部位车厢下面。安放在车前端的方案很快就被张衡自己否定了，因为它不省力，如果车轮在车的前端，轮子可以高一些，但后边人手扶动力的两个支点就要承担车总量的一半，等于人和轮子抬着一辆车走路，人的受力太大，简单省力的用意就落空了。车必须满足这样的条件，所有重量都由车本身承担，手推车也不例外，人手的力量主管推进，不负重，只在车子行进中调整保持它的平衡，由于车子要维持动态平衡，所需的力量也不很大。一个轮子的车，轮子必须安放在车的中心线上，车子的全部重量都由轮子承担。车轮就不能大，车轮大，车厢就得升高，人的两条胳膊举起来推车，车厢重心高过人体重心，整个车子就处于极不稳定状态。为此，张衡设计很小的车轮，当前通行马牛牵引车的车轮直径三尺，手推车轮直径缩减为一尺。

张衡不需要木工，他本人有很专业的木工技术，只几天时间，单轮车诞生了，车厢长方形，长三尺五寸，有两条平行龙骨，车厢宽二尺五寸，整车距地面通高也是二尺五寸，轮直径一尺，由龙骨各自引出铁制的倒三角支撑，三角顶端安放轮轴。

张衡和府衙的官员们端详着这辆新型车，议论不止，没见过有这样的车：说它是车吧，绝对不像车；说它不是车吧，它还有轮子。临时主簿研究半天，发表见解："我知道，主簿大人做的这叫夔足，夔足一只脚，这车一个轮子，一只脚没法走路，一个轮子不影响走路，看来我们主簿大人是对的，古人解释夔足一只脚，是错了。我们问问大人，他一定给它想好了名字的，叫夔足车。"功曹说："我研究半天了，左看一头牛，右看一匹马，又像牛又像马，但是不知道这东西怎么走，要能走的话，我叫它木牛流马。"

张衡故意把车子放在府衙听大家议论，他偷偷在后边听，觉得很有意思，"夔足车"这名字起得好，形象，而且有古典依据，显得古色古香，可张衡不准备叫这个名字，它太文，不好普及，这种车子纯粹是农夫农妇贩夫走卒用的，他们哪里知道夔足不夔足，至于叫它木牛流马，倒挺贴切，但中华人给事物取名，习惯单字、双字，还有三字名，没有四字的，木牛流马，不如就叫木牛马。木牛马做什么，叫木牛或木马不是挺好？张衡心里不踏实，真的牛马一定是四条腿，这个"木牛流马"只有一条腿，还是轮子的。

张衡来到展示现场，大家纷纷祝贺他，要向太守大人为张衡请功。首轮通过，张衡也很高兴，他拍着巴掌让大家静下来："车子嘛，就算做出来了，但还不敢说成功。至于叫什么名字，等试验成功再说。功曹说叫木牛流马，我看就挺好。代主簿的意见好是好，但本人不采纳。""既然好，主簿大人为什么不采纳？""不采纳啊，是因为这名字太好了。夔，古代的神灵呢，咱们还是低调一点，低调。你们哪位试一试，看能不能让木牛流马活动起来。"

几个人先后试验，他们知道车子的两只长杆是两只手把握的，但有人往后推，也有人往前拉，无论往前往后，全都歪歪斜斜摇摇欲坠，不多远就倒下了，大家都摇头表示这个东西实在难以驾驭，它很可能就不是个好东西，书佐扶不住车把手，连人带车跌倒在地，手背也磕伤了，鲜血淋漓，愤愤地说："不是可能，它肯定不是个好东西。"说完抓起一把土，往自己的伤口上糊。

张衡也不说话，脱下长衫，抄起单轮车，轻快地在院子里转圈，一圈又一圈，转着转着，张衡腾出一只手，向空中挥舞，还打着响指，两只脚轻快得像舞蹈。张衡舞得高兴，随着舞蹈的节拍唱起歌来："王泽流兮浩洋洋；克服怨敌，怨敌克服兮，赫兮强！宇宙有穷止兮万寿无疆。幸我来也兮青其光！青其光兮永不相忘。异处异处兮堂哉皇！堂哉皇哉兮暧暧唷，嗟来归来，嗟来归来兮青其光！"

张衡的一番歌伴舞舞带歌，大家听得看得目瞪口呆，张衡木牛流马人车一体令人眼花缭乱，大家当然不知道张衡自己在家已经苦练了好几天，大凡那些出人头地的人都像张衡这样，人前风光人后受罪，受什么罪？当然是勤学苦练，学业优秀的太学生为了保住地位，对自己的成绩轻描淡写：我也没做什么，吃饭睡觉做游戏，周末去郊游，夏天酷暑公休时候还要出国到匈奴大宛游历一番，挺轻松的，玩呗。他鼓励诱导别人喝酒唱歌旅游，拉开差距保持差距，他自己大半夜起来悄悄背诵"曰若稽古""桃之夭夭"，用心十分险恶。张衡这番表演，有点卖弄的意思，知道大家可能对这辆车评头品足，先打他们一顿杀威棒。大家真被张衡给转悠迷糊了，不由自主地鼓起掌来。

张衡停下与车的"亲密舞蹈"，向大家摆摆手，说："失态了，让大家见笑。那么现在这个东西，是不是可以算个东西了？"大家齐声说："太是个东西啦！"跌伤手的书佐频频点头："真是个好东西！"

张衡的试验还没结束，刚才轻车表演，他想进行负重试验，这项试验他还没来得及预先准备，既然今天气氛很好，索性一鼓作气，一场搞完。他请书佐坐在车子上，书佐战战兢兢上车，不过刚才张衡推车表演的技术真过硬，一堆一块交给他，放心。

张衡推起车子，没走多远，车子整体向一侧倾斜，张衡拼尽全力，终于控制不住，连车带人，一呼隆摔倒在地上，书佐的右手先着地，鲜血又咕嘟嘟地冒出来。书佐再次抓起一把土糊住第二个伤口，恨恨地说："我的妈呀，它还真不是个东西呀，不是东西！"

听外边喧哗，好像载歌载舞，不到什么节令，不好好地办公，搞什么搞！鲍德让长随出去查看，长随看见张衡的表演，看得呆了，忘记回禀，也跟着大家拍起手来。鲍德左等右等没有消息，自己踱出府衙正堂，看见全府衙的人好像都在，散布在庭院四周，围城一圈。院子当中一座奇形怪状的家伙，还长着一个轮子，这就是张衡所谓的"独轮车"了吧。书佐正从地上爬起来，抓起一把土往伤口上糊，嘴里嘟嘟囔囔，"什么东西"之类的。鲍德围着这座所谓的"车"转了一圈，又把它扶起来仔细研究。张衡考虑到车在静止状态时的平衡问题，在两个动力杆上位于车厢的部位各安设一根垂直的木杆，与人腿的作用相当，这样当车子静止时，连同车轮，共有三个着力点，站着的"车"看上去像马，也像牛，只是这车三条腿，有点不伦不类，"牛不二，马不二，而牛马二。则牛不非牛，马不非马，而牛马非牛非马"。非牛非马，墨子说的可能就是这个物件。

太守来了，众人不再喧哗，肃然而立，全场默然无声。太守环视众人，最后目光落到张衡身上："这就是你制造的那什么，单轮车？"张衡恭敬回答："是，大人。这就是我制造的单轮车。"

鲍德哈哈哈地笑起来，笑得莫名其妙，大家看到车子，只是觉得新奇，没觉得它有多么可笑。鲍德笑的当然不是车，他笑车与墨子的关系，墨子好像知道张衡会做出这样的东西，就预先给他取好了名字，这可不就是"非牛非马"吗？！

鲍德把木牛流马说成非牛非马，表示他对这个车子基本否定，他对张衡作指示："车的轮子太小，轮子越小就越费力气，还不好掌握平衡，单轮车嘛，平衡最关键，静态平衡，你用这两个木制的假腿，就挺好，简单直接，解决问题。动态平衡，小轮子不行，小轮子太活泛，人手的力量控制不住，你刚才做了推空车表演吧？空车，小轮子当然没问题，负重，就不行，重心低，人的手臂控制不住，手臂与重心在一个水平面，最好重心还往下，才是最佳设计——继续研究，改成大轮子！"张衡脸上红红的，回："是，大人。改成大轮子。"鲍德又加一句："放假延长一个月，三个月，做不成大轮子单轮车，扣你一年俸禄！"鲍德作完了指示，就回他的办公室，转过墙角，憋不住就咧嘴笑："嘿嘿，年轻人！"

小车大轮子难倒了张衡，现在也没有"蚁狮"啊什么的可以供张衡启发用。试验失败，张衡再看自己的单轮车，既不像牛也不像马，它啥都不像，因为它啥都不是！最大的问题，是车与轮子不协调，车大轮小，巨人穿小鞋。张衡当初这么设计，是考虑单轮车整车高度与人推车身体重心下移时相匹配，动力杆高程是固定的，就只能缩小轮子的直径，以降低高程。结果就这个样子面世。

张衡看着自己的单轮车，再看双轮车，两者的差别除了轮子，更主要的是体量，双轮车体量巨大，单轮车就纤小多了，根据体量，单轮车与它的轮子也算般配，但在运行时，小轮子确实不好把握重心。车的操纵杆与车轴处于同一水平，操纵杆可以直接控制重心，这是最省力的车辆动力结构，古今所有的车都这样设计，车厢下陷，车厢底与车轴密接无间距，张衡的设计使操纵杆和轮轴出现较大夹角，夹角虚拟的弦边在轮轴处终止，从这个点向上引一条垂直线，与第二条边线即车厢底边形成一个直角三角形，三角形的勾边是动力杆也是操纵杆，车把，弦边虽然是虚拟的，但它实实在在是代表干扰动力分配的一条直线，动力杆上获得前后方向的驱动力，到达垂直线之后发生变向，经过直角传输改为上下方向，动力在这样的传输改变中被大量地消耗掉，动力杆对车辆的操控力量被化解，所以刚才书佐一坐上车，张衡对车辆就不能控制，只能任由它倒掉。可不这样安置车轮还能怎样，难道第一方案车轮安装在前端可行？但最初我就把它否决了的，因为那种设计，只省动力一半，再加上推动力的损耗，最后也不见得省下多少力气。张衡心里想着"大轮子，大轮子"，围着车叨念"大轮子，大轮子"，万般无效。

忽然，太守的长随来了，告诉张衡："太守说了，别总窝在家里搞闭门造车，到处走走看看，遛遛转转。太守还说，闭门造车可以，出门必须合辙，前提是闭门前要做基础调研。"长随说："就你这车，太守说太多太多的话，我也记不下来，总之，太守好像说让你上大街上随便买点东西吃。"

张衡想不起要买什么东西，谢过太守，送长随出门，来到大街上，漫无目的走啊走，附近倒有一家烧饼铺，可还不到开门的时候，冷清清的没有人气。忽然，一户人家的男人招呼两头驴，正在往驴背上放"驮架子"，给大清早的市街带来一点热烈。两头驴不听招呼，男人抓了这个跑了那个，张衡跑过去帮忙，总算把两副驮架子都安放在驴背上，男人道过感谢，张衡看到从院子里出来一个妇人，身后跟着两个小孩子，妇人把两个小孩分别安置在驮架子的两侧，自己踏上上马石，男人扶她跨上驴背。这男人牵着一前一后两头驴，驴背上驮着驮架子，驮架子上装载着老婆孩子，一家人摇摇晃晃地走了。这是老婆回娘家，男人送他们母子三人。

张衡不买吃的，急忙忙回到府衙，见过鲍德，坚定地报告："单轮车，我三天内做好。"

驮架子，相当于车厢，分别安设在驴身体的两侧；驴，当然就是带动力的车轴，一轴带两厢，两厢的重心大幅度下移，"轴"突出在车厢之上。张衡豁然开朗：老子说，"一"和"二"的位置并不固定，它们可以置换，从前的车全都是两轮夹一厢，我为什么就不能两厢夹一轮？我为什么就不能一轮带两厢？一和二所处的位置不同，结果完全就不同，效率倍增。鲍德人称神父，名副其实，他总能及时指导，张衡百思不得其解：太守怎么知道那个市民要出远门，又怎么知道这家人会使用驮架子？再说了，太守早就研究好了单轮车的设计方案，直接告诉我不好吗，绕这么大的一个弯子。张衡为这事特意问鲍德，鲍大人乐呵呵："平子还是研究天的，早知道天上没神仙，没神仙哪来的神父？我让你上隆中，就是上隆中，你说的那个啥，蚁狮，我听都没听过，怎么会用蚁狮启发你？驮架子，你我也都见过，谁家都有的工具，只要他家还能养活一头毛驴。驮架子跟你的车，原本风马牛不相及。你心里惦记着单轮车，所以凡事都往车上联想。而我，你就把一大堆蚁狮让我养着，我也想不出怎么制造一架单轮的木牛流马。"

张衡采用鲍德的大轮设计方案，把车厢分解为两部分，两部分似分实连，分置于车轮的两侧。改造后的单轮车，车轮直径二尺四寸，驮架形车厢，长三尺五寸，通宽二尺五寸，分左右两个部分，中间间隔五寸，轮子轮轴以上部分，形成两个分车厢，车厢下沉八寸，距地面悬高四寸，每个车厢坐一个小孩，如果是大人，坐在车后部平坦部分，分车厢里放置双腿。这样设计制造的车子，车子一般装载或坐小孩时，车的重心在车轮以下，坐一个大人时，重心稍稍高于车轴。张衡借鉴双轮车车轮上端的防泥挡板，对车轮上半部突出车厢部分用薄木板做防护包裹。后来在使用过程中，人们觉得下沉式双体车厢构造比较复杂，还格外费材料，就把车厢取平，合为一体，与车轴处于同一水平线或略高，车轮凸出车厢的部分仍然用薄木或铁皮做防护。这样虽然车的重心上移，但对熟练的推车工人影响不大，在奔跑过程中车的重心起的作用就降低了，而熟练推车人驾驶这样轻便的单轮车，都是奔跑着的。

独轮的轻便跑车，在南阳的田间地头、崎岖山路上穿梭，车上的东西五花八门，一辆车子解放了南阳人的肩膀，南阳艺术家又想编出一支歌赞美鲍太守，可推着车子和踩着水车不同，舞蹈似的推空车与推载重车也不同，推重车的时候没法唱歌，也就算了。独轮车跑出南阳，跑向各个郡国，一个小小的轮子，滚过中华大地的边边角角，散布着丰收的信息。

十六

秋收时节，鲍德照例带着南阳郡衙门的官员"劝农耕桑"，视察指导秋收。皇上最关心粮食的事，发圣旨，指示郡国一定要把收割、保管、吃用三件事抓得很紧很紧，帝国的粮食总短缺，皇帝每天都着急。皇帝着急，大臣也着忙，大臣忙，农夫更忙，忙得脚朝天。粮食及时收进仓，及时完功课交到国库。手中有粮，才能心里不慌。但鲍德在晒谷场上看到的景象却与圣旨格格不入：农夫农妇三一群五一伙，家长里短鸡毛蒜皮，没有一点秋收的紧张喜悦，看见太守来视察，大家站起来表示欢迎，鲍德训斥道："这么好的天气，不冷不热，你们不快点干活儿打稻谷晒稻谷入库交皇粮，倒闲下来了！"那些长舌农妇早跑得没影了，农夫七嘴八舌："正因为天气太好，我们才歇着，等天气变得坏一点，再干活儿。"郡曹大怒，喝道："胡说！"操起水火棍就要打，鲍德示意郡曹放下棍子别撒野。他想，这些农夫不会故意说反话气人，他们这样说一定有他们的道理，就和颜悦色地问："为什么？"农夫被郡曹呵斥，不敢说话，一个年纪大一点儿的回话道："稻谷打完了，壳稻混着呢，分不开，没风，扬场呢，扬不起来。"鲍德看一眼郡曹，郡曹看一眼老农，算表示歉意。

鲍德对张衡说："这个嘛，还是你的事。放你一个月……回去再说。"

张衡拿起木锨，撮起晾晒在打谷场上的稻谷，向上扬去，谷粒呈扇面在较远处落下，稻壳稻糠在较近处落下，稻壳和稻粒之间连了宗，分不清。因为没有一丝风，稻壳就吹不出去，壳与谷就分不开。为了能分开，这样就得加大扬场的力度，人为加大两者比重的差异，让稻粒飞出去更远，稻壳的比重低，获得动能少，初速度衰减更快，就落在较近的地方。这样一来，扬出一木锨稻谷的力量，就数倍于有风的时候，这些农夫累得要命，干脆就歇下来，等待刮风天气，有风的话，哪怕只有一点点风，也能把稻壳吹走。说等风来，其实也就这么一说，农夫们没有别的娱乐，就自己跟自己开玩笑。一连几天都没风，就不扬场了嘛，不分离壳稻，稻谷就要烂在堆里，他们还得汗流浃背地挥舞木锨，时光不等人，交皇粮可耽误不得的。农夫们愁眉苦脸："要有一点风，就好了，哪怕一点点。"自我宽慰，也算宽慰太守老大人。

回到府衙，鲍德召集大家开会，会议议题只有一个：帮助农民们解决壳稻分离问题。大家一致认为，解决这个问题，首先要解决风的问题，解决了风的问题，也就解决了壳稻分离问题；至于如何解决壳稻分离问题，那当然首先是风的问题。开会嘛，永远这样叽里咕噜说车轱辘话。车轱辘话当然解决不了问题，开会白耽误工夫，所以后来很多会议就成了摆设，所有问题皇帝一个人决定，这样效率就极高，啥事，皇帝一句话，帝国上下雷厉风行，咝嗟立办。皇帝高兴，但怨声载于途，因为皇帝的决策有问题。有人问皇帝，你别那么专制不好吗？皇帝说，我哪里想专制？大臣们合起伙来让我专制。皇帝的抱怨有道理，大家都不拿主意，最后还得皇帝自己拿。既然最后还得皇帝拿主意，之前开那些会有啥用，都省了吧。皇帝"独裁"就这样养成了。现在鲍德也做一回一言九鼎的独裁者："张衡，这件事你来负责。你制作个东西出来，让壳稻分离，不给你一个月的假，给你三天，就三天，交出成品。"

张衡领命而去。

这件事说起来很复杂，做起来却简单，核心问题是制造风。制造的风叫人工风，人工风，最常见就是消暑的扇子，扇子一扇，凉风自然来。扇子大，产生的风力也就大，大到一定程度，就能拿到打谷场帮助脱粒扬场啦，在打谷场上嘻嘻哈哈"没正经"的农妇们，原来是雇请来为稻谷扇风的，用巨大的蒲葵扇，在农夫的木锨扬起的同一时刻，蒲葵扇也望空扇去，两者相遇，风吹稻壳——可实际情况是，扇子扇风脱粒，效果太微弱，微弱到几乎没有。与想象的截然不同，她们用扇子产生的风，推送的距离很短很短，这样的风很微弱，凝固的空气沉重得可以上秤称，风力向四方扩散，迅速消解，根本不能到达飞扬的稻谷扇面，稻谷的谷粒扇面群受到的风力冲击几乎为零。现在张衡要实现在一架机器上完成两项设计：一是人工风的产生，二是人工风的输送通道。解决这两个问题，这架机器也就大功告成。

人工风的产生，那些手拿扇子的农妇给张衡启发，他采用扇子做动力，把扇面安放在轮轴上，摇动轮轴，带动扇面持续不断地产生风，利用这股人工风吹走稻壳，留下稻粒。人工风的输送通道，用圆形的罩子把扇面产生的人工风收集起来，让这个风通过通道向一个方向逸出，使风力集中不分散不损耗，在逸出过程中做功，做功的方式是让带壳稻谷以与风的逸出方向垂直的状态均匀通过通道，在风的作用下这一堆物质会发生位移，比重大的位移小，比重小的位移大，自然完成壳稻分离。

这个工具是利用风力，应该叫"风车"，区别于田野中那些利用风力推动磨盘的风车，这种分离机式的风车就叫"手摇风车"，工作原理与田野风车正相反。张衡后来还制作了手摇风车的改进型——脚踏风车。手摇风车比较吃力，一般人的臂力摇动一刻钟就需要调换休息，一架风车一天需要两个人轮流摇动风扇。张衡把风车的轮轴改为曲轴，曲轴下面连接踏板，一个人以踏板驱动风车，一架风车一个人就可以连续工作，而且劳动强度也大大降低，这样一来，改良风车的综合人力效率提高了四五倍。

按照鲍德的指示，张衡的风车第四天就投放到南阳打谷场试验运行。鲍德亲自主持这场技术革新试验。鲍德知道这次试验的效果一定出奇地好，还叫人预先买了几匹红绫子，悬挂在打谷场四周，场面安排设计得红红火火，喜气洋洋。四个人抬来风车，这座风车是木制的，车长五尺，一头呈侧倒的扁圆柱形，圆柱直径三尺，一头呈方形，长二尺，车通宽一尺五寸，通高四尺。四条腿。车子内部，圆形部分里面是密集的扇叶，扇面是矩形薄木板连接在轮轴上，轮轴与车体的接触部位阻力大，易磨损，张衡采用圆环套轴的设计，为减少阻力，环与轴之间涂抹了润滑油。扇面设计，张衡原来采用团扇和折扇的材料，用绸缎，但绸缎本身张力大，不能承担激烈的摇动，改用牛皮，牛皮又重，摇动困难，而且牛皮扇面和绸缎扇面都因风阻过大的问题，摇起来很吃力，最后采用超薄木板，轻便灵活，造价低得多。风车的下层板壁取消，开设一个与车体同宽的槽，下面安放一个同宽的木板方漏斗，漏斗分割为三个间隔，三个间隔逐渐收拢，形成二寸宽的孔道，对应孔道的是三个麻布口袋，风车过滤的稻粒直接流进口袋，根据饱满程度自然分成等级，收仓入库，实现打谷场流水线作业。

鲍德已经在府衙试验过了，效果出奇地好，那为什么还要如此隆重地到打谷场试验？他要搞个仪式。鲍德一向对仪式之类的东西过敏，一提起仪式就有撞墙的冲动，因为在洛阳，都城一天到晚都在搞仪式，大汉帝国对仪式类的东西情有独钟，到后来大家已经分不清哪些事是真事，哪些事只是个仪式。可是在都城，越是仪式的事情，搞得越是严肃隆重。鲍德离开都城到南阳任职，京官外放，官位提升若干级，皇恩浩荡，是待遇，但鲍德没想待遇这事，他想，终于脱离仪式世界了。出京时和帝亲自召见，勉励一番，他不知道皇帝的话是仪式的呢，还是真心的。和帝说："此番出京，鲍太守肩负重任，爱民亲民，体察民瘼，抑制豪强，保护良善，切莫辜负朕之厚望。太守应身在民间，心系朝廷，凡有时机，必宣扬上天恩德。"丞相说："上天恩德，通过当今皇上福泽沾濡民间。"和帝颔首，表示赞同。

现在这种试验的场合，也是个仪式，有仪式必有演讲，鲍德想不演讲也不能够了。演讲倒也不难，有范本，《尚书》的《无逸》《盘庚》，都是很精彩的演讲词，想到这两篇演讲词，鲍德心里舒服些，不再想撞墙，古来圣贤都演讲，我一个小小太守，演讲一场，有什么不应该？

演讲对听众要有个称谓，《无逸》的称谓是"呜呼"，《盘庚》的称呼是"格汝众"。呜呼，算不得称谓，那只是向会场发个信号："安静，我要讲话了！"格汝众，其实是一句骂人的话："好好听着你们这帮兔崽子！"这两样都不行，盘庚时候人们没思想，盘庚王代替人们思想过了，所以盘庚说啥都没事，现在不行，汉帝国的国民比猴崽子还精灵古怪，绝对骂不得。鲍德为演讲词的开头伤脑筋，悄悄问张衡："平子，你说，我怎么跟这些农夫打招呼，就是讲话的开头，用什么词合适？"张衡说："我老家的风俗，外乡人到这儿，都叫大家'乡亲'，我听过以前的太守演讲，他们都说乡亲。""乡亲，这称呼不大好，我跟他们非亲非故，我叫他们老乡好了，我就叫老乡好了——老乡们，注意啦！""越不亲，越要显得亲，所以叫乡亲。老乡，有点生硬。太守知道倭国吗？""倭瓜，我们家里叫南瓜。""不是倭瓜，倭国，东边大海里一个岛国。这个倭国，一家子，所有人把爸爸都叫爸爸包括妈妈，所有人把妈妈都叫妈妈包括爸爸。客人来了，也跟着这么叫，爸爸，妈妈，不管这客人是什么辈分，多大年纪。""爸爸的爸爸呢，怎么叫爸爸？""也叫爸爸。""那爸爸把爸爸的爸爸叫什么？""还叫爸爸。""也挺好，多亲切，那就这么的，称这些乡民为乡亲，亲切。"鲍德张衡一击掌："乡亲，好！"

张衡这是跟鲍德开一个小玩笑，其实，官府的人太守之类，怎么称呼民众，还真没有一个定规，绕不开的话，就叫"你们"，不叫"你们这些兔崽子"就很客气了。前几任太守，他们从来没有演讲过，张衡哪里听见他们说"乡亲"？

打谷场聚集了很多人，昨天衙门已经指派这个村落的乡老，动员大家到打谷场看新机器，为了看从来没见过的新机器，人来得真不少，密密麻麻挤满了打谷场。打谷场平展展，有几个废弃的脱粒用的碌碡，其中一个竖立起来，供小孩子玩耍用。鲍德在郡曹的帮助下，爬上碌碡，开始演讲。

"乡亲们！"

打谷场一下子炸了锅，"他说什么？乡——亲？""是乡亲，你们谁跟他是亲戚？麻小子，山东蛮子，你家在山东有亲戚，你跟他是亲戚吗？""不是。听说是看一架新机器，谁知道是太守开会，开会准没好事，早知道不来了。""逃吧，小心抓我们当兵。""走不成了，你看主簿拿着个生死簿，我们的名字都在上头写着呢。""哎呀我的名字写上去了？魂就钉在那个簿子上了，那可怎么办哪！"几个人竟然因此哭起来。

"乡亲们！"混乱了好一会儿，终于渐渐安静下来，小声啜泣尽管还有，但已经不是主流，可以正式演讲了。"在大海上航行，舵手最重要。"乡亲们一脸的迷惘：这是什么话？大海，航行，舵手，一定都是月亮上的东西。

"天下万物，离开太阳都会死亡。"这还用说吗？没有太阳地上只能长霉菌。

"刮风啦下雨啦，这叫天气有常。"太守没种过地。雨，必须有，风，不必要，有害无益。郡曹实在看不下去了，举起手里的大刀，刀光闪闪冷飕飕，"肃静！乱讲话，砍啦！"大家都缩了脖子，听演讲。

"在大海上航行舵手引领才有方向，万物在阳光下才能茁壮生长，风风雨雨滋润麦稻粱，大丰收大幸福全靠当今皇上！鲍德的演讲完了，乡亲们看机器试验！"

演讲完了，鲍德爬下碌碡，掸一掸官服，充分显示威仪。

太守的演讲这就完了？碌碡爬上爬下地费劲，就说这几句话？打谷场的人们面面相觑："不加租？""不抓兵？""不唱歌说万岁？"

对呀，还有"万岁"！鲍德忽然想起还有一项重要的颂圣程序没做，在郡曹的帮助下再次爬上碌碡："乡亲们，跟我喊口号哈——皇上万岁！"众合："皇上万岁！"下面就是程序式的"万岁""万岁""万万岁"。关乎到皇上，大家做得一本正经，严肃认真，鲍德想，唉，跑到南阳，到底没有脱离仪式的牢笼。

张衡的风车由四个壮汉抬进打谷场，安置停当，张衡说"可以了"，其中一个壮汉抓住摇柄一阵猛摇，强风发出呼呼的响声，冲出方形的通道出口，几个小孩子不知道这架车的奥妙，正趴在车子大张的口沿向里看，强风排山倒海冲出来，被吹得向后倒退，险些跌倒，嘴里灌满了风，说不出话。大人急忙抱起小孩子，一溜烟地跑掉了，众人再也不敢站在风口处。

另外一个壮汉抄起大畚箕，插进谷堆，畚箕里就装满了混合稻谷，他把这混合稻谷倒进方漏斗，打开漏斗下的一个挡板，混合稻谷流入车里，立刻，稻壳、米糠、杂草从风口一涌而出，车子响起令人愉快的沙沙声，颗粒饱满的稻粒顺着木板的斜坡流下来，这个斜坡分三个间隔，分别流向三个木槽，从三个木槽流出的稻谷等级自然确定：饱谷、中谷、秕谷。风车的风力对漏斗流下的稻谷做了自然选择。这项自然选择功能是风车的副产品。张衡设计风车之初，只想利用风的力量使壳稻分离，在设计制作的过程中，张衡想，人工风，风的强度是可以控制的，可大可小，完全在于摇柄人的心思和力量。既然风的强度可以控制，它的力量恒定，那么它吹动稻壳混合物，从风车上端匀速流下来到落地，会形成延展性的扇形，不计稻壳和米糠，成品稻谷呈整齐的扇状分布，从稻粒的饱满程度依次疏远。

试验圆满结束，张衡的风车制作成功，金黄的稻谷装满三箩筐，分属三个等级。风车不需要改进，就可以批量生产，供应南阳几千个村落，家家风车摇啊摇，家家门口的风呼呼吹，上古唐尧世界也不过如此吧。还可以推广其他郡国，大大提高劳动效率，天下农夫都沾光。取得如此巨大成就，鲍德心里喜洋洋，又为南阳人做了一件大好事，功劳当然首推张衡，回头叫："张衡，你来给大家讲讲这架风车的设计思路，来龙去脉，反正吧，你讲讲就是了。"他想让张衡出头露面，成为公众人物。羿发明弓箭，理所当然地成了王，轩辕发明车，成了帝，炎帝发明医疗，也成了皇，女娲发明人形玩偶，成了人文初祖，张衡发明风车，也是工巧界的圣人，圣人就要演讲。

但鲍德很快就打消了这个念头，他发现民众一点也不兴奋，觉得这事跟他们没啥关系。他想象的情景是这样的：试验刚结束，众人呼啦拥过来，摸摸这，碰碰那，试着接触机器的核心部位摇把，还试着摇几下，摇起来容易，停下来却难，叶片多惯性大啊，便有点不好意思地吐舌头，更多的人却围着鲍德问这问那，几乎都是一个问题：哪里能造这架机器？定做还是现货出售？眼前这架机器卖吗？多少钱？摸完摇完问完，大家还不走，个个脸上红彤彤，像打了鸡血一样亢奋。

但预期的情景没有出现，却有一盆冷水浇向鲍德的脖领子。人们木然呆然看着机器，看着鲍德张衡这些官府的人，也看着被风吹出好远飘落一地的稻壳谷糠，一个小孩子赤脚走过，谷糠上留下一串乖巧的脚丫儿印。好像这一切都跟他们没关系，糠上的小脚丫子的痕迹，反倒有趣些。鲍德兴致索然："试验结束了，散了吧！"大家早就想走了，只是大老爷不说让走，不敢走。听到太守这一声，犹如得了大赦令，呼啦一声走得干净。鲍德对陪同的官员们说："回衙。"

风车留在打谷场。鲍德没想到这么好的风车，效率高，还省力气，居然大家都不买账，什么百姓啊，冥顽不化嘛，真真的辜负我日夜奔忙劝农耕桑。意兴阑珊，一生气风车就扔在那里不管，一时间啥也不想干，反正不管你怎么干，南阳百姓也不领情。这也是鲍德一时糊涂罢了，南阳人怎么会是那个样子呢，他忘了吗，那几首歌唱的可都是鲍太守呢，南阳人对他们的神父，尊敬还来不及。

不久，各个打谷场相继出现跟张衡风车一模一样的机器，风车呼呼响，小孩哇哇叫，打谷场一派热火朝天。原来乡民们不善于表达感情，看见风车，他们高兴得都不知道怎么高兴了，竟木木地高兴不起来了。鲍德看到的其实是假象，暗潮正涌动着，看眼下这些数不清的风车，春潮带雨晚来急。鲍德无意间把车子留在打谷场，正好给人们提供了观摩的机会，能工巧匠到处有，看一眼就学会的匠人多的是。风车迅速在南阳普及。

南阳的艺术家在关键时候不缺席，又创作歌曲唱鲍德，这次艺术家走极雅路线，作《风车颂》，歌词基本听不懂，听不懂却也不耽误传唱："嗟尔稻乡，上苍斯襄，德泽洋洋，惠我穰穰，鲍君将将，造作皇皇，天顺庞庞，天利方方。"没一个字说风，没一个字说车，没一个词说风车，但大家都说这是赞美鲍德制作风车造福南阳的。鲍德到朝廷述职，皇帝特别找他咨询来自南阳的几支歌曲，"自带干粮"不必说了，朝廷鼓励官员"自带干粮去办公"，"南阳好地方"也好理解，谁不说俺家乡好嘛，就是"嗟尔稻乡"这支歌，无论如何不明白，说风车，风车在哪？鲍德望文生义："歌曲说，微臣，就是鲍德，领导制作了很多有用的东西，其中有顺应自然利用自然的风车，风车方口，所以天利方方。天尊严不能利，所以说天利不说利天，就像屈原不敢问天，只好'天问'。"皇帝说："嗯，有道理，很有内涵！"鲍德还补充说："其实这些东西，都不是我制作的，陛下您知道的，我不懂机械，只会读文章，做文章也不在行。这些机器都是我的主簿张衡发明制作的。"皇帝跟鲍德咬耳朵："这我知道。我记着呢。"又端正坐好，"鲍德，你的主簿在你的领导下做一些事情，这都是职务行为，分内的事，朝廷只对太守说话，太守要对朝廷负责。"鲍德的"对皇上问"传到南阳，南阳艺术家乐得不行："风车方口，就'天利方方'。鲍太守真善于演绎。"

十七

风车试验以后，鲍德没再向张衡发出制作新机器的指示，这倒不是群众的态度打击了太守的积极性，而且后来事实证明风车非常好用，南阳的农民弟兄热烈欢迎它，本来嘛，傻瓜才拒绝省力省心。而是因为，张衡把所有的旧机器都改造一遍，所有应该发明的新机器也都"发明"完成，鲍德说，再没有什么需要制造改造需要发明的了。鲍德说这话后，世人有一大车话等着批评，历史在前进，你凭什么说该发明的都发明了？鲍德如果在坟墓中还能和人家辩论，一定理直气壮：张衡和我别离诸君一千多年了，诸君的衣食住行，哪一样与平子的发明没有关系？

哪一样不是你们后来人修修补补，而是你们拍脑瓜子自己琢磨出来的？说到这，鲍德老大人忽然问自己，我怎么说拍脑瓜子，我们那时候都说挖空心思的。嗯，哼，黄泉下也被你们污染了，包括语言。鲍老大人质问得结实，细数数，还真没有，东汉帝国的发明家已经挖空了心思，人们从此平心静气地享受这些发明家提供的福利。一直到二十世纪八十年代"农业电气化"以前，中华大地上的农民都是用的张衡风车、张衡水车、新野犁、南召耧，到如今，二十一世纪，单轮手推车仍然活跃在农田山岭。

南阳郡府衙，专门为这一时期的技术发明建造了一处"博物馆"，各种技术，各种发明，各种创造，各种改进。鲍德和张衡参观博物馆，琳琅满目的发明，实物陈列，原物陈列，博物馆厚重结实。设计者还别出心裁，为每项机械工具写出工作原理和发明过程，发明过程中还不时地插进些花絮，比如"木牛流马"手推车的发明，画了一张蚁狮的图像，介绍蚁狮的掠食习性，倒退着走路的生活习惯。风车部分，画了一柄巨大的蒲葵扇，一个小小人握着，费力地扇风，说张衡发明风车原来以蒲葵扇做蓝本。水车一节，画的却是抱瓮老人，对比突出水车的工作效率。这些附属性的图片给博物馆增色不少，严肃刻板的博物馆，成了活泼风趣的科普馆。这件事还真有意思，建立这样一座关于发明的博物馆，这本身就是一项发明，从前不用说南阳了，帝国境内也找不到这样一座展示大规模发明的陈列馆。

这些技术创新和机械发明。有的属于革新，革新要有新思路，新思路其实原本就在那里放着，只需要人们发现它，一旦有人发现，旁人都遗憾地拍大腿："哎呀，我怎么没想到！"发明家就是要想别人应该想到但却没有想到的事情，琢磨这些技巧，然后一鸣惊人。张衡任主簿这几年，"主簿"没耽误，发明的事大珠小珠落玉盘，不知道他用什么时间做的发明，鲍德经常说的"放你一个月假！""放你三个月假！"也就随口那么一说，张衡不需要那些假期，只是偶尔在自己的办公室发发呆，等着新发明大驾光临。

张衡看着这些发明，自己也惊讶：我发明了这么多机械？我怎么不记得？再看，原来不都是他的成就，南阳郡发明家多，这一时期似乎大家智慧都爆发，新发明此起彼伏，自动播种的耧，就是南召县的一个发明家制造的，开沟和播种两道工序合为一道。还有别的郡国重要的发明创造，也陈列在这里，江南的丝绸着色工艺，有四十八种颜色，印染好的一匹匹丝绸，一字排列，赤橙黄绿青蓝紫，中间的过渡色，一片巨大的彩虹，照耀参观者的眼睛。胶东国发明的制盐工艺，全部过程自动化，从海水引进到成品盐装车，一气呵成，看得人眼花缭乱。

这座博物馆囊括了天下的发明，张衡时代，人们好像特别喜欢发明点什么东西，所以博物馆琳琅满目。不过，张衡的几项重大发明，却是博物馆的主体，也因为张衡的这些发明，才有可能建立这样一座博物馆，才有可能在南阳郡建立这样一座博物馆的。

张衡当然看得出自己的发明在博物馆中的分量，他今年三十岁，正当而立之年，张衡不但已经"立"，而且立得结实。三十岁取得这么大、这么多的成就，而且助推天下计，造福万民生，天下无双。岂止天下无双，古今难找第二个。轩辕能造车，后稷会种谷，鲁班造飞鸟，飞三天三夜，那是传说，张衡的这些发明，兼有众长，斩钉截铁地摆在南阳城，摆在博物馆供人仰慕。

看着博物馆的陈列，鲍德忽然对张衡说："平子，两个词，你解释一下。发明和发现，它们有什么区别。"

张衡想了一会儿，说："大人，我想是不是这样：发明，是创造至今还没有人使用的工具；发现，是揭示前人没有见过的事物，以及这些事物的内在规律。不知道可对？"

"如果发明者和发现者都可以成为'家'的话，儒家、道家、纵横家、阴阳家，张衡，你自己判断，你是一位发明家，还是发现家？"

张衡连忙摆手："大人过奖。区区张衡，与'家'相差千万里，不敢称家，不敢称家。"

鲍德很不以为然："大汉天下，张衡不称家，谁还敢称家，你让这些车载斗量的'家'情何以堪？足下当之无愧是大家，家中之家！但是，发明还是发现，你还没有说。"

"勉强……发明……？"

"对呀！平子这么多的发明，这么多的创造，当然是发明家，发明家！我一直在想一个问题，因为找不到结论，所以一直在想。"

事情应该与自己有关，张衡关切地问："那会是什么问题？"

"发明和发现，哪一个更有助生民？"

"应该是发明吧？发明制作一架水车，可以节省农夫之力，制造出高浓度肥料，可以让稻田增产。这些年，大人最关心这些事，土壤改良，农具改造，农田管理。"

这一刻，鲍德好像忽然得出了结论，他神态坚决："不，我觉得不是发明，更有利于生民的，是发现。你如果发现地震的规律，就不是稻田增收，每家多烙几张饼，农夫省力，上山多砍几捆柴。那是救人生命，而且救千千万万人的生命。发明，提高生活质量；发现，帮助民众获得生存机会和生存空间。一个关乎生活，一个关乎生存，生活生存，哪个更重要？"

鲍德接着说："这些发明，你不去发，也肯定有人去发，你不去明，肯定有他人去明，你看这里这么多的发明，可知南阳多少人才，天下多少天才，可是参透天地奥秘，通晓天地之间的事情，预知天意，预作防备，预告世人，发明家却裹足不前。我是说，地震。"

鲍德看着张衡："能预先知道地震发生，告诉这个地方的人们逃出危险的房屋，在开阔地等待地震发生，彻底避免灾难中的生离死别，能做这样的事情的发现家，有吗？"

"这才叫发现家！"

"平子，你，要做这样的发现家！我知道你有能力做这样的发现家。"

地震。张衡百感千思，在胸中激荡腾跃，与贾逵目光对视的意识交流，太学与马融辩论时对天空的展望，扶风镇亲历夺取黄玉珊生命的地震大灾难……

第六章

馈赠

十八

张衡跟随鲍德回到府衙，府衙内厅，鲍德设立一个简单的办公室，办公室除了鲍德的一个更衣柜，全是书柜，珍藏着鲍德平生所蓄卷册图书，这都是他的至宝，从不给人看的。

鲍德从柜子里拿出一卷竹简，竹简修整得非常光滑，拿在手里温润如玉，张衡知道这是南阳城里的上品，价值昂贵。鲍德展开竹简，工整的隶书，第一行，醒目的两个大篆：天论。下面三个小字：鲍德著。

张衡阅读这篇《天论》。

董子曰：道之大原出于天，天不变，道亦不变。余虽不敏，读书有间，或留意上天之事，间或瞻仰天穹，追问灵台，天可知乎，天不可知乎，天不可知，人何以遵天，天可知，人敬天法祖，何以动辄得咎。董子曰，人为天之子孙，天为人之父祖。今天之子子孙孙，虔诚奉天，战战兢兢，而父祖侵凌子孙，灾难广布，无日无之，子孝父不慈，天伦人理，何其乖谬之甚也，故，天意难明，以其多变，董子之论，余莫敢与从。

以下详细论说天意多变，人心惟危。鲍德说得最多的，是地震。他说，人之寿夭，依乎天理，可是大地塌陷动摇，瞬息之间，几万甚或十几万生灵同时殄灭，这些人的寿命在这同一时刻终结，而且死得凄惨。地震爆发，房倒屋塌，死者立即绝命，也还算好运气，更多更凄惨的是伤者，被重物压住身躯，伤口流血，亲眼看着自己生命渐渐枯竭。压在身上的房梁檩木，他一丝也动不得，任凭风吹日晒，蚊虫叮咬，无食无水，向着死亡缓缓靠近，拖延三天五天，七天八天，每一时刻都漫长如宇宙开辟。上天为何如此残忍，它的心思究竟是什么，这个问题应该搞清楚。《天论》就是参透天的本质，它有没有意志，如果有，人们怎样才能获知它的意志。

张衡阅读《天论》，鲍德从重要文件柜里取出三份文件，是朝廷的三道诏令。

"朝廷今年关于地震的诏令，诏令的内容，都是要加收租税，补救灾区。我这里已经收到三份，你看看吧。一年三次大地震，天下元气大伤。"鲍德把文件递给张衡，三份文件说的事情差不多，都是地震，一次河东，一次泰山，一次陇右。每次地震都波及十几个郡和国，地震摧毁了这些郡国的大部分建筑，张衡眼前又浮现出扶风斑竹园的震后废墟。一次地震，有多少家庭残破，多少生离死别，多少人间至爱被残酷剥夺。想着玉珊，想起玉珊临终前说的话。鲍德知道张衡陷入回忆之中，静静地等候，等候张衡心情平静下来。

许久，张衡说："大人，我明白。"

鲍德半天不说话，他不忍心回忆地震情景，经历一次，看世界的视角都会发生彻底的颠覆。

"地震，轻的房倒屋塌，重的生离死别，我到过地震现场，皇上召集文武官员，到震区看看，要各郡国援助地震灾区，可一年三次地震，按下葫芦起来瓢，各郡国自顾不暇。看着苍生在地震的废墟中哀号，我肝肠寸断。我想帮助他们，我能为他们做些什么，我只能把身上带的干粮和水送给他们。

"朝廷派出许多支救助队伍,但效率极低,对救援几乎不起作用。这些队伍的效率想高也高不起来:一路上到处都是灾民,街填巷塞,沟满壕平,救助队伍不知道该先救助哪一个。

"况且,那些救助杯水车薪,起不了什么作用,大灾大难,最后都是灾区人们自己熬过去。平子,这些年,你为南阳、为天下百姓制作的这些机械,功德无量,南阳人感谢你,天下各郡国都感谢你,我看千百年后咱们脚下这大地上的民众,只要还在种地,就一定会念你的好处。可是平子,你做的这些,其实都是副业。这些人间发明创造,只需要人间之才,有些事情,并非人间之才可以完成。需要天才,天才就要知道天的事情,来南阳的路上,我就跟你说过的,往后,你该转向你的主业,你的主业是什么,你知道吧?"

"大人早就告诉过我,预测地震。"

"地震的破坏力太大,等于把大地翻个底朝天。天,从来鸡飞狗跳的不老实,打雷下雨刮风,飘雪冰雹霜冻,日食月食,流星彗星,像个调皮的孩子,从没有安静的时候。大地平时那么安静,任凭人们在它身上东挖西挖,这里盖一座楼,那里开一条渠,地上长的东西千奇百怪,纷纷作态,大地仍然像一个老黄牛。可在某一时刻,大地突然爆发,就像千万头野兽同时发出的怒吼,不到实地考察,你看不到这怒吼的巨兽的力量,岂止不寒而栗,我理解那是大地把平时积累的怨气怒气一下子迸发出来,看震后现场,我发现大地是活的,它积攒了很多怒气怨气,找到借口就发泄出来,通过地震。天也是活的,可天每天都在发脾气,怒气不积攒,所以天才塌不下来,它如果像地一样可怕得平静,塌下来可能已经不止一回了。但是天不会塌下来,它塌下来的话那就什么都不剩,可见天不塌只是地陷,原来上天自有安排。这里的关系,谁能知道?你,你大概也许知道,现在可能不知道,将来,也许知道吧。"

"为什么?"

"了解天最多的人,当是老子,老子的同时代人,对他仰之弥高,钻之弥深,总之一句话,根本不了解他。老子如今几百年了,知天知地，焉知不会来一个张平子！"

张衡放下书，慌忙从席上爬起来，手足无措的样子："鲍大人，莫开玩笑，莫开玩笑，对后学奖掖也要有度，承接老子老先生，后学万万不敢僭越！"

鲍德哈哈哈笑起来："年轻人要沉得住气哟，我说你是老子，那就是老子了？哪有那么容易，那我还说我是皋陶傅说伊尹呢。坐下坐下。老子的嫡传——总不至于吓着你吧？"

张衡沉吟道："从前，我想知道天，自从玉珊姑娘……我就想参透地，知道地震的奥秘。对天，我知道得已经不少，几万里外的星星我都能看得见，还能叫出它们的名字，我能算出太阳月亮出没的时间，我能预测日食月食，我还可以推测宇宙的边界，可是，脚下这块大地，我一连几年挖掘大地，可是到现在，地下一寸，我都看不明白，在大地这儿，我就是一个盲者。"

"但不管怎么说，天和地的事也还是你来管，天降大任于斯人，焉知不是你？"

鲍德看上去漫不经心，但总在重要的时候出来一下，支持张衡，给他提供帮助，扭转他的设计思路，补充他的方案。有鲍德支持，张衡时间很充裕，物资不匮乏，发明创造最需要的两个条件，鲍德毫不犹豫地提供给张衡，如不是鲍德，张衡就不会有在南阳爆发式的科学技术大发明。

鲍德说："平子，今天叫你来，是告诉你一件事。大司农告老致仕，朝廷最近讨论大司农的人选，你猜猜怎么个结果？"

张衡说："这我可不知道，朝廷的事情，我级别不够。"

"我知道你不知道，你猜猜嘛，也许蒙对了呢。"

"朝廷的人，我也不认识几个。"

"为什么要朝廷的人呢？算了，你也别猜了。就是鄙人啦！朝廷最近就要来南阳考核我，说我治理南阳，业绩突出，农民收入增长三成。你知道为什么业绩突出吗？你的那些机械发明给南阳稻田增收不少，我能晋级朝廷任职，一大半功劳是你的。但我邀你到南阳，却耽搁了你研究天的事业，我离开南阳以后，你这几年潜下心来继续探索天和地吧，这是头等大事，比较而言，我等各级官员做的，都是小事。我在朝廷任大司农，万石的俸禄，可以资助你，至少让你没有衣食之虞。这些年你全部精力都用在机械的发明改造上，主业停顿，我去洛阳以后，你再把它恢复起来。我要回馈你多年对我的赞助之功。这卷书也是回馈的一部分，你留下，也许对你著作《灵宪》有帮助。"

张衡大吃一惊："大人怎么知道我要写一部'灵宪'的书？我真的想写一部关于天的书，但是研究得太肤浅，还没敢写，大人……"

鲍德大笑："你跟我说过多少次，你忘记了？"

张衡想不起来，跟鲍德说起过这件事吗？他记得没说过，除了马融崔瑗，没有别人知道他的计划。鲍德喜欢开玩笑，他的话半真半假。说到书，张衡也说："大人高迁，还赠我一卷书，我也有一篇文字献给大人，算临别礼物。"

鲍德说："平子写文章，那一定很精彩。说说，什么题目？"

张衡胸有成竹："二京赋。"

鲍德说："东京和西京。但是平子，我建议在写完二京之后，再写上咱南阳。这跟我在南阳任职没关系，南阳，是当今皇上的祖籍，光武皇帝的龙兴之地。而且宛在古代就是天下名都，跟齐国的临淄齐名。二京赋的体例想好了吗？"

张衡说："这篇大赋我已经想了十年，构思研磨，几次动笔，都因为觉得不成熟而作罢，现在我的整体构思成了。已经开了一个头，请大人听听：'有凭虚公子者，心侈体忲，雅好博古，学乎旧史氏，是以多识前代之载。言于安处先生曰：夫人在阳时则舒，在阴时则惨，此牵乎天者也。处沃土则逸，处瘠土则劳，此系乎地者也。惨则鲜于欢，劳则褊于惠，能违之者寡矣。小必有之，大亦宜然。故帝者因天地以致化，兆人承上教以成俗，化俗之本，有与推移，何以核诸？秦据雍而强，周即豫而弱，高祖都西而泰，光武处东而约，政之兴衰，恒由此作。先生独不见西京之事欤？请为吾子陈之。'"

鲍德鼓掌，随口就吟出一首诗，赞扬《二京赋》的开篇："音节清亮，韵律铿锵，风格高古，彩丽飞扬，俞崇有德，嘉彼重光。"

张衡逊谢道："大人过奖，张衡愧不敢当。这两篇赋实际一体，西京的奢侈和东京的俭约。司马相如和扬雄的大赋，都有铺张扬厉的问题，铺张太过，节俭就成了奢侈品。班固《两都赋》，略显草率，与大家的名望不相称。我写作二京，想象要驰聘，体物也抒情，宫殿、飞阁、楼榭、湖苑都在我的笔下延伸，写出东京的物产丰饶，宫阙巍峨，服饰奢丽，湖光山色，奇树异果，巧夺天工。民情风俗，商贾、游侠、骑士、大傩、方相、辩论之士以及角抵百戏杂技幻术，也在我的构思之中。总之，西京奢侈过度，东京俭约适当，是这两篇赋的主旨。"

鲍德说："从开篇看，你设定凭虚公子和安处先生两位人物，互为设问，我看这两个人物，恕我直言，从名号到布局，都在模拟司马相如，子虚、乌有、亡是公。"

张衡说："司马相如开创大赋，后人写大赋，必须向他致敬，后人不是不可以改用一种新的构造方法，但那样就不是大赋了，这方面还望大人体谅。但同时，如果一味地模拟司马相如，那也就没有大赋了。司马相如写子虚上林赋，上林，除了名字与武帝的上林苑相同，其他没有一件事相同或相似。我写二京，尤其是东京，亭台楼阁，达官贵人，市井百态，都事实俱在，都有它的原型，这就是我们画画时的那个本真。我这篇大赋，要给后世留下一份真实的资料，任何时代的人，都可以根据我的这篇赋，复制出一幅图画，图画留给后世很难，一旦损毁，再也不能复原，文字能传抄，可以用无限复制的方式保留下来，传之后世，这才是画幅长留天地间。我用文章留画稿，愿得后人带笑看。"

鲍德叹息道："唉，我与平子，东山和泰山的差距。可惜我行将腐朽，不然我一定拜平子为师。"

张衡起身再拜："大人，您永远是我的老师，我永远是您的子路。"

鲍德说："写作大赋，也是力气活儿呢，要不要我放你一个月的假？两个月，或是三个月？"

张衡说："构思成熟，写作一挥而就，不需要请假。三天，把大赋成品呈上大人。"

136

　　三天过后，张衡很费力地拖着一竹篓的竹简走进鲍德内衙，给鲍德看他的新作大赋。很费力，一是因为竹简实在多，二是因为张衡三天时间，不吃不喝，不离书案，已经形销骨立，不成模样，没力气了。鲍德忙请张衡坐下，帮他取出竹简，惊讶不止："写这么多！"张衡摆摆手说："没写完，只写了两篇，西京和东京，《南都赋》，还没写。"鲍德说："我只是建议，不一定马上就写。"说着话，鲍德按照竹简的编号，一捆一捆地排好，一共十卷："有一万多字吧？""没计算，大概有吧。"鲍德赞叹不已，展开第一卷。

　　有凭虚公子者，心侈体忲，雅好博古，学乎旧史氏，是以多识前代之载。言于安处先生曰：夫人在阳时则舒，在阴时则惨，此牵乎天者也。处沃土则逸，处瘠土则劳，此系乎地者也。惨则鲜于欢，劳则褊于惠，能违之者寡矣。小必有之，大亦宜然。故帝者因天地以致化，兆人承上教以成俗，化俗之本，有与推移，何以核诸？秦据雍而强，周即豫而弱，高祖都西而泰，光武处东而约，政之兴衰，恒由此作。先生独不见西京之事欤？请为吾子陈之。

"这第一章开篇，你跟我说过，一字不差。"

　　汉氏初都，在渭之涘，秦里其朔，寔为咸阳。左有崤函重险、桃林之塞，缀以二华，巨灵赑屃，高掌远跖，以流河曲，厥迹犹存。右有陇坻之隘，隔阂华戎，岐梁汧雍，陈宝鸣鸡在焉。于前终南太一，隆崛崔崒，隐辚郁律，连冈乎嶓冢，抱杜含鄠，欱沣吐镐，爰有蓝田珍玉，是之自出。于后则高陵平原，据渭踞泾，澶漫靡迤，作镇于近。其远则九嵕甘泉，涸阴冱寒，日北至而含冻，此焉清暑。尔乃广衍沃野，厥田上上，寔为地之奥区神皋。昔者，大帝说秦穆公而觐之，飨以钧天广乐。帝有醉焉，乃为金策，锡用此土，而翦诸鹑首。是时也，并为强国者有六，然而四海同宅西秦，岂不诡哉？

"这一章嘛，西京的地理历史，山川城邑，稽之地图，依乎史记，有本有实，有征有信。平子贤于长卿远矣！"

于是量径轮，考广袤，经城洫，营郭郛，取殊裁于八都，岂启度于往旧。乃览秦制，跨周法，狭百堵之侧陋，增九筵之迫胁。正紫宫于未央，表峣阙于闾阖。疏龙首以抗殿，状巍峨以岌嶪。亘雄虹之长梁，结棼橑以相接。蒂倒茄于藻井，披红葩之狎猎。饰华榱与璧珰，流景曜之鲜晖。雕楹玉磶，绣栭云楣。三阶重轩，镂槛文㮰。右平左城，青琐丹墀。刊层平堂，设切厓隒。墄嶒鳞眴，栈齴巉崄。襄岸夷涂，修路陵险。重门袭固，奸宄是防。仰福帝居，阳曜阴藏。洪钟万钧，猛虡趪趪。负筍业而余怒，乃奋翅而腾骧。

"这一章，汉初建设长安城。平子，我万思不得其解，我也算是个读书人，你写的这些字，我不认识咋那么多！你的老师是什么人，神仙？妖怪？平子——哦，睡着了。书佐，给他盖上一个布衫，别动他。"

朝堂承东，温调延北，西有玉台，联以昆德。嵯峨嵽嵲，罔识所则。若夫长年神仙，宣室玉堂，麒麟朱鸟，龙兴含章，譬众星之环极，叛赫戏以辉煌。正殿路寝，用朝群辟。大夏耽耽，九户开辟。嘉木树庭，芳草如积。高门有闶，列坐金狄，内有常侍谒者，奉命当御。兰台金马，递宿迭居。次有天禄石渠校文之处，重以虎威章沟严更之署。徼道外周，千庐内附，卫尉八屯，警夜巡昼。植铩悬瞂，用戒不虞。

前朝。张衡到过长安，瞻仰过皇宫遗址，他是个画家，根据遗址能把建章宫复原再现。光画家还不行，正巧他还是建筑工程家，由一根柱子，他能推知整体建筑的规模。"这张衡好像没有他不成家的，书佐，他算学不够家吧？""你都说他是建筑家，不会算学，他设计的房子盖着盖着就倒了。""对对，算学他也是个家。音乐舞蹈？""推车舞，舞伴唱那次，大人你也看见了吧？主簿的歌唱得多好不用说了，那舞蹈，简直是，你们读书人常说的一个词，叫什么，化……""出神入化。""对对，出神入化，人家主簿那把家常事变化成舞蹈的，你们讨论文化的事，我也听了一耳朵，文艺源于现实生活，但表现又要高于生活状态，主簿的舞蹈就是。啥叫生活，就是干活儿的事，种田，推车，养孩子。""我看你倒像个文艺批评家，这话说的，深刻得不像你了。"

后宫则昭阳飞翔，增成合欢，兰林披香，凤凰鸳鸯。群窈窕之华丽，嗟内顾之所观。故其馆室次舍，采饰纤缛。裛以藻绣，文以朱绿，翡翠火齐，络以美玉。流悬黎之夜光，缀随珠以为烛。金釭玉阶，彤庭辉辉。珊瑚琳碧，瓀珉璘彬。珍物罗生，焕若昆仑。虽厥裁之不广，侈靡逾乎至尊。于是钩陈之外，阁道穹隆，属长乐与明光，径北通乎桂宫。命般尔之巧匠，尽变态乎其中。后宫不移，乐不徙悬，门卫供帐，官以物辨。恣意所幸，下辇成燕。穷年忘归，犹弗能遍。瑰异日新，殚所未见。惟帝王之神丽，惧尊卑之不摞。虽斯宇之既坦，心犹凭而未搰。思比象于紫微，恨阿房之不可庐。

后寝。张衡的想象挺有趣，皇帝的车子一到后宫，那些女人就像燕子一样簇拥过来叽叽喳喳，极尽"变态"的技巧。女人们太多，皇帝认不齐全，就让她们分别穿不同的衣服戴不同的服饰，是不是还要编号啊？第四娘娘，第二百八十五娘娘。即使皇帝成天待在后宫，也没法一个一个都能见面聊天，一直到宫车晏驾，也还有大堆女人等候皇上的第一次召见。一个太监出门宣布：皇上今天不接见，以后也不接见了，永远。这个说法以后一定有人感兴趣，也许会有人做文章：有不得见者三十六年！哈哈哈。张衡这是夸奖皇帝呢，还是讥刺皇帝呢？"他是羡慕皇帝。""去去，不准对皇帝这样说话，皇帝女人多，那是皇家万世一系江山的需要，老婆多，孩子才能多，多生孩子预备着，只娶一个老婆，皇后，皇后万一不生呢，生了万一养不活呢，养活了万一是傻子呢。万一儿子傻孙子也傻呢。""那也用不着那么多老婆，几百几千的。"别乱讲话，看文章！

　　阙往昔之遗馆。获林光于秦余。处甘泉之爽垲，乃隆崇而弘敷。既新作于迎风，增露寒与储胥。托乔基于山冈，直墆霓以高居。通天訬以竦峙，径百常而茎擢。上瓣华以交纷，下刻峭其若削，翔鹍仰而不逮，况青鸟与黄雀。伏棂槛而颀听，闻雷霆之相激。柏梁既灾，越巫陈方。建章是经，用厌火祥。营宇之制，事兼未央。圜阙竦以造天，若双碣之相望。凤骞翥于甍标，咸溯风而欲翔。阊阖之内，别风嶕峣。何工巧之瑰玮，交绮豁以疏寮。干云雾而上达，状亭亭以苕苕。神明崛其特起，井干叠而百增。跱游极于浮柱，结重栾以相承。累层构而遂隮，望北辰而高兴。消雰埃于中宸，集重阳之清澄。瞰宛虹之长鬐，察云师之所凭。上飞闼而仰眺，正睹瑶光与玉绳。将乍往而未半，休悼栗而怂兢，非都卢之轻趫，孰能超而究升？驳娑骊荡，燕蓁桔桀。枌诣承光，瞑呪庨豁。增桴重棼，锷锷列列。反宇业业，飞檐辚辚。流景内照，引曜日月。天梁之宫，寔开高闱。旗不脱扃，结驷方蕲。轹辐轻鹜，容于一扉。长廊广庑。途阁云蔓。闲庭诡异，门千户万。重闺幽闼，转相逾延。望岣嶁以径延，眇不知其所返。既乃珍台蹇产以极壮，登道逦倚以正东。似闾风之遹坂，横西洫而绝金墉。城尉不弛拆，而内外潜通。前开唐中，弥望广潒。顾临太液，沧池漭沆。渐台立于中央；赫旷旷以弘敞。清渊洋洋，神山峨峨。列瀛洲与方丈，夹蓬莱而骈罗。上林岑以垒嶵，下崭岩以岩龉。长风激于别岛，起洪涛而扬波。浸石菌于重涯，濯灵芝以朱柯。海若游于玄渚，鲸鱼失流而蹉跎。于是采少君之端信，

庶栾大之贞固。立修茎之仙掌，承云表之清露。屑琼蕊以朝
飧，必性命之可度。美往昔之松乔，要羡门乎天路。想升龙于
鼎湖，岂时俗之足慕。若历世而长存，何遽营乎陵墓！徒观其
城郭之制，则旁开三门，参涂夷庭，方轨十二，街衢相经。廛
里端直，薨宇齐平。北阙甲第，当道直启。程巧致功，期不陁
陊。木衣绨锦，士被朱紫。武库禁兵，设在兰锜。匪石匪董，
畴能宅此？

建章宫。建章宫在长安城外的北方，城里人多建筑多，太热，皇帝
夏季要到建章宫办公，也避暑。建章宫比皇宫规模大很多，张衡写建章
宫也特别详细，城里的皇宫遗址保存不完整，被挪作他用的地界不少，
现在看不很清楚了，城外的建章宫遗址基本结构、规模保存得齐全，以
张衡的才气，一眼就能看出这座宫殿的面貌。宫殿这么华丽壮美，简直
不是人间物，皇帝恍惚之间也觉得自己似乎应该是神仙，定神一想自
己暂时还不是神仙，可自己必须是个神仙，于是李少君栾大之流川流不
息。"书佐，看主簿写得这么幸福，你是不是也想长生不老？""那是皇
上，他长生他幸福，不是我，阎王爷分配给我的岁数我都嫌多，我才
不想长生呢，累死我呀。不累死也得饿死。""哼，就你这心态，一辈
子不得发迹！"

尔乃廓开九市，通阛带阓。旗亭五重，俯察百隧。周制
大胥，今也惟尉。瑰货方至，鸟集鳞萃。鬻者兼赢，求者不
匮。尔乃商贾百族，裨贩夫妇，鬻良杂苦，蚩眩边鄙。何必昏
于作劳，邪赢优而足恃。彼肆人之男女，丽美奢乎许史。若夫
翁伯浊质，张里之家，击钟鼎食，连骑相过。东京公侯，壮何
能加？都邑游侠，张赵之伦，齐志无忌，拟迹田文。轻死重
气，结党连群，寔蕃有徒，其从如云。茂陵之原，阳陵之朱。
赿悍虓豁，如虎如貙。睚眦蛮芥，尸僵路隅。丞相欲以赎子
罪，阳石污而公孙诛。若其五县游丽辩论之士，街谈巷议，弹

射臧否，剖析毫厘，擘肌分理。所好生毛羽，所恶成创痏。郊甸之内，乡邑殷赈。五都货殖，既迁既引。商旅联槅，隐隐展展。冠带交错，方辕接轸。封畿千里，统以京尹。郡国宫馆，百四十五。右则盩厔，并卷鄠鄂。左暨河华，遂至虢土。

九市三十六坊。长安城就是个大市场，四夷以外的奇珍异宝都来这里出卖，卖货的双倍利息还不止，买的接踵而至，总之是个卖方市场。那些边鄙小民，在长安随便摆个货摊子，都有丰厚的收入，不用辛辛苦苦干农活儿。大商人高车大马，前呼后拥，那气魄王侯将相也得拜下风。张衡观察得挺仔细，做过调研，不然怎么知道小商人的大利润。"书佐你到过长安吗？""没到过，我知道长安可好。"张衡说长安遍地黄金。"不能，遍地黄金，吃什么？""你傻不傻，拿着黄金到外地买粮食啊。""更不能，从长安出来的人，任谁的手里都没有黄金。""你再看看这几句：都邑游侠，结党连群，寔蕃有徒，其从如云。趫悍虓豁，如虎如貙。睚眦虿芥，尸僵路隅。丞相欲以赎子罪，阳石污而公孙诛。一群所谓游侠，在大街上横冲直撞，一点小摩擦，人家看他一眼，瞅我干啥？就瞅你了，咋的？再瞅一个试试？再瞅再瞅再瞅，咋的！他就把人杀死扔在路上，丞相父子都被黑社会诬陷致死，长安城每天都有这样没来由的死亡事件，这明明就是黑社会。书佐，你还想去长安吗？""不想，打死也不去，在这里被太守打死，不但能得个全尸，太守还能给我家抚恤金呢。""胡说，我打死你干什么！""我是说，太守要让我去长安，我就宁可被打死，也不去。""没人叫你去，你去长安干什么，去了也一定白白地被黑社会给吃了。""所以嘛，打死我也不去。""想去你也去不成，长安可不是想去就去的。""去得成，我也不去。""书佐！""在，大人！""你去准备一下，明天往长安，送一份公文给京兆尹！""是，遵命，大人！""回来！你不是打死也不去吗？""万一没碰到黑社会呢，还能捎几块黄金回来。""命令取消，明天你不用来了，到账房领两个月的工资。"书佐扑通跪倒，边磕头边哭："大人不要开除我啊，我家有八十岁老娘……""停！是不是还有三岁的孩童啊？你把主簿吵醒了，你真就不用再来了。""不是开除？谢谢，谢谢大人恩典。""记着，跟长官辩论，必须让长官说最后一句，表示长官胜利，你不能总是不断地接下去，没完没了！""是，大人。""你出去吧，我自己看文章。"

> 上林禁苑，跨谷弥阜。东至鼎湖，邪界细柳。掩长杨而联五柞，绕黄山而款牛首。缭垣绵联，四百余里。植物斯生，动物斯止。众鸟翩翻，群兽骄骇。散似惊波，聚以京峙，伯益不能名，隶首不能纪。林麓之饶，于何不有？木则枞栝棕楠，梓棫楩枫。嘉卉灌丛，蔚若邓林。郁蓊菱茑，梢爽横槮。吐葩飐荣，布叶垂阴。草则葳莎菅蒯，薇蕨荔芴，王刍莔台，戎葵怀羊。苯蓴蓬茸，弥皋被冈。筱荡敷衍，编町成篁。山谷原隰，泱漭无疆。乃有昆明灵沼，黑水玄阯。周以金堤，树以柳杞。豫章珍馆，揭焉中峙。牵牛立其左，织女处其右，日月于是乎出入，象扶桑与檬汜。其中则有鼋鼍巨鳖，鱣鲤鳡鲖，鲔鲵鳣鲨，修额短项，大口折鼻，诡类殊种。鸟则鹅鹔鸹鹢，䴔鹅鸿鹤。上春候来，季秋就温。南翔衡阳，北栖雁门。奋隼归凫，沸卉轩翥。众形殊声，不可胜论。

嗯，这是说上林苑。可是平子怎么蹈袭长卿？司马相如说上林苑"终始灞浐，出入泾渭，日出东沼，入乎西陂。其南则隆冬生长，涌水跃波，其北则盛夏含冻裂地，涉冰揭河"。平子也说"牵牛立其左，织女处其右，日月于是乎出入，象扶桑与檬汜"。这不就是说天下就是一个大院子吗？哦，大赋作家们都认为，天下就是皇上的一个大院子！嗯，大赋作家的心胸很宽很宽。我斤斤计较于大小之辨，贻笑于大方之家了，哇嘿嘿。

> 于是孟冬作阴，寒风肃杀。雨雪飘飘，冰霜惨烈。百卉具零，刚虫搏挚。尔乃振天维，衍地络，荡川渎，簸林薄。鸟

毕骇，兽咸作，草伏木栖，寓居穴托。起彼集此，霍绎纷泊，在彼灵囿之中，前后无有垠锷，虞人掌焉，为之营域。焚莱平场，柞木剪棘。结置百里，远杜蹊塞。麀鹿麌麌，骈田逼仄。天子乃驾雕轸，六骏驳。戴翠帽，倚金较。璠弁玉缨遗光倏煸。建玄弋，树招摇。栖鸣鸢，曳云梢。弧旌枉矢，虹旃蜺旌。华盖承辰，天毕前驱。千乘雷动，万骑龙趋。属车之篷，载猃歠狢。匪唯玩好，乃有秘书。小说九百，本自虞初。从容之求，寔俟寔储。于是蚩尤秉钺，奋鬐被般。禁御不若，以知神奸，魑魅魍魉，莫能逢旃。陈虎旅于飞廉，正垒壁乎上兰。结部曲，整行伍。燎京薪，骇雷鼓。纵猎徒，赴长莽。迥卒清候，武士赫怒。缇衣韎韐，睢盱跋扈。光炎烛天庭，嚣声震海浦。河渭为之波荡，吴狱为之陁堵。百禽悷遽，骙瞿奔触。丧精亡魂，失归忘趋。投轮关辐，不邀自遇。飞罕浦箭，流镝攍摞。矢不虚舍，铤不苟跃。当足见蹍，值轮被轹。僵禽毙兽，烂若碛砾。但观置罗之所罥结，竿殳之所揎毕，叉簇之所挽捅，徒搏之所撞抾，白日未及移其晷，巳狝其十七八。若夫游鸮高翚，绝阬逾斥。巉兔联猭，陵峦超壑。比诸东郭，莫之能获。乃有迅羽轻足，寻景追括。鸟不暇举，兽不得发。青骹挚于韝下，韩卢噬于绁末。及其猛毅髡髬，隅目高匡，威慑兕虎，莫之敢伉。乃使中黄之士，育获之俦，朱鬐髟鬐，植发如竿。袒裼戟手，奎踽盘桓。鼻赤象，圈巨狿，揸狒狙，批窳狻，揩枳落，突棘藩。梗林为之靡拉，朴丛为之摧残。轻锐僄狡，趫捷之徒，赴洞穴，探封狐。陵重巘，猎昆骎。杪木末，攫猣猢。超殊榛，捎飞鼯。是时，后宫嫛人昭仪之伦，常亚子乘舆。慕贾氏之如皋，乐《北风》之同车。盘于游畋，其乐只且。

　　田猎。皇上的做派，写得好！真实亲切。皇上边打猎边看"小说"，皇上不看枚乘说的"要言妙道"，也不养孟夫子的"浩然之气"，他读那些光怪陆离不着边际的"小说"。这个创意好，一心二用，一文一武。

这创意可以卖个好价钱。这事不能让张衡知道，卖了钱装进我的小金库，过年过节给大家发个福利，就说是用我的工资。可是，这创意，除了张衡，我能卖给谁呢？

于是鸟兽殚，目观穷。迁延邪睨，集乎长杨之宫。息行夫，展车马。收禽举胔，数课众寡。置互摆牲，颁赐获卤。割鲜野飨；镐勤赏功。五军六师，千列百重。酒车酌醴，方驾授饔。升觞举燧，既醢鸣钟。膳夫驰骑，察贰廉空。炙炰伙，清酤歠。皇恩溥，洪德施。徒御悦，士忘罢。巾车命驾，回旆右移。相羊乎五柞之馆，旋憩乎昆明之池。登豫章，简矰红。蒲且发，弋高鸿。挂白鹄，联飞龙。磻不待纶，往必加双。

饮宴。五军六师，左手擎火把，右手举酒杯，钟鼓齐鸣口号干云，这场面真震撼。酒酣胸胆更开张，漫不经心张弓，轻描淡写搭箭，一箭冲天，落下一串大雁。不是一只，不是一对，是一串！如果只是一双大雁下来，那都算失误。皇帝好武功，皇帝好身手！

于是命舟牧，为水嬉。浮鹢首，翳云芝。垂翠葆，建羽旗。齐棁女，纵棹歌。发引和，校鸣葭。奏《淮南》，度《阳阿》。感河冯，怀湘娥。惊魍魉，惮蛟蛇。然后钓鲂鳢，緍鰋鲉。摵紫贝，搏耆龟。搤水豹鼻潜牛。泽虞是滥，何有春秋？摘漻澥，搜川渎。布九罭，设罜麗。攕昆鲕，殄水族。蘧藕拔，蜃蛤剥。逞欲畋鲛，效获麇麚。摎蓼浑浪，乾池涤薮。上无逸飞，下无遗走。攫胎拾卵，蚳蟓尽取。取乐今日，遑恤我后！既定且宁，焉知倾陁？

娱乐。皇帝到水里摸乌龟，捉海豹，骑水牛，挖出蛤蜊扒开就吃，拔出莲藕掰开就嚼，绿色天然无污染，太痛快了！皇帝说，我今天这么高兴，就让我彻底高兴一回吧。明天？明天爱咋的就咋的！嗯，皇上跟我性格很像，我喜欢！——不对，不能这样说，换个说法，我的性格很像皇上，也不行，我怎么能跟皇上相提并论，僭逆呀，谋反呀，呸呸。

　　大驾幸乎平乐，张甲乙而袭翠被。攒珍宝之玩好，纷瑰丽以佗傺。临迥望之广场，程角抵之妙戏。乌获扛鼎，都卢寻橦。冲狭鹜濯，胸突铦锋。跳丸剑之挥霍，走索上而相逢。华岳峨峨，冈峦参差。神木灵草，朱实离离。总会仙倡，戏豹舞罴。白虎鼓瑟，苍龙吹篪。女娥坐而长歌，声清畅而蜲蛇。洪涯立而指麾，被毛羽之襳褷。度曲未终，云起雪飞。初若飘飘，后遂霏霏。复陆重阁，转石成雷。礔砺激而增响，磅磕象乎天威。巨兽百寻，是为曼延。神山崔巍，歘从背见。熊虎升而拏攫，猨狖超而高援。怪兽陆梁，大雀踆踆。白象行孕，垂鼻辚囷。海鳞变而成龙，状蜿蜿以蟺蟺。舍利飏飏，化为仙车，骊驾四鹿，芝盖九葩。蟾蜍与龟，水人弄蛇。奇幻倏忽，易貌分形。吞刀吐火，云雾杳冥。画地成川，流渭通泾。东海黄公，赤刀粤祝。冀厌白虎，卒不能救。挟邪作蛊，于是不售。尔乃建戏车，树修旃。侲僮程材，上下翩翻。突倒投而跟絓，譬陨绝而复联。百马同辔，骋足并驰。橦末之伎，态不可弥。弯弓射乎西羌，又顾发乎鲜卑。

　　百戏。平乐广场上举行杂技演艺会，互相扔大鼎，尖枪刺咽喉，徒手接飞刀，对面走绳索。接下来是傩戏，"虎豹熊罴"纷纷登场。转换场地，却是幻术，吞刀吐火，画地成河，转瞬雨雪霏霏，雨雪后边闪现亭台楼阁，崇山峻岭，山上野兽奔跑跳跃，忽然化作仙车，仙云袅袅，没入天际。平子真见过这些表演？我在京都没见过，看得我心痒痒，好节目，皇帝每天都看这些，恐怕就不想上朝了吧。

　　于是众变尽，心醒醉。般乐极，怅怀萃。阴戒期门，微行要屈。降尊就卑，怀玺藏绂。便旋闾阎，周观郊遂。若神龙之变化，章后皇之为贵。然后历掖庭，适欢馆。捐衰色，从嫚婉。促中堂之狭坐，羽觞行而无筭。秘舞更奏，妙材骋伎。妖蛊艳夫夏姬，美声畅于虞氏。始徐进而羸形，似不任乎罗绮。嚼清商而却转，增婵娟以此豸。纷纵体而迅赴，若惊鹤之群罢。振朱屣于盘樽，奋长袖之飒缡。要绍修态，丽服飏菁。眳藐流眄，一顾倾城。展季桑门，谁能不营？列爵十四，竞媚取荣。盛衰无常，唯爱所丁。卫后兴于鬓发，飞燕宠于体轻。尔乃逞志究欲，穷身极娱。鉴戒《唐诗》，他人是媮。自君作故，何礼之拘？增昭仪于婕好，贤既公而又侯。许赵氏以无上，思致董于有虞。王闳争坐于侧，汉载安而不渝。

歌舞。这得好好研究研究，我老鲍没别的嗜好，听听歌看看舞，不算腐败吧？赵飞燕的舞蹈确是好，"蛊艳夫夏姬，美声畅于虞氏。始徐进而羸形，似不任乎罗绮"。傻子都能说"美"。但是皇帝看舞蹈，看着看着，就把舞蹈艺人收到后宫，还立为皇后，这就有点过。赵飞燕做的那叫啥事呀？成帝成帝，我看他一事无成。艺术家嘛，可远瞻不可近玩，皇帝和艺术家，离之双美，合之两伤——"又来添乱，我不是叫你出去吗，你又来干什么？"

书佐脸都急得红了："朝廷来人了，正在前厅等候老大人。"

鲍德放下竹简，往侧室更换官服，回头吩咐书佐："叫醒主簿，更衣拜见官家！"书佐叫醒张衡，张衡却不用更衣，张衡穿着官服来的府衙。不一会儿，鲍德结束停当，对张衡说："《西京赋》还没看完，最后一章了，我看是在说规诚劝谏的事，得闲咱们再讨论。现在去拜见朝廷巡视组。"

朝廷巡视组是来南阳对太守做任期考评的，召集府衙的官员们开会，鲍德介绍自己在任期内的德能勤绩。鲍德在南阳声名远播，那些新技术、新机器，已经普及到各个州郡，朝廷也心里有数，但鲍德在汇报会上讲得不多，还说："成绩不讲没不了，问题不讲不得了。"于是把问题讲了一大堆，核心问题是对民风的引导不力，现在朝廷倡导忠孝，山东郭巨先生为了奉养母亲，宁可把亲生儿子掩埋，这是忠孝的模范，我们南阳还没有这样的模范人物出现，作为太守，我觉得羞愧云云。巡视组的人不讲话，请鲍德暂时回避，然后发给每个人一个小竹片，竹片极其精致，上面有朱雀的图案花纹。巡视组说："大家手里的竹签，就是对太守的信任投票，台上有两个敞口匣子，信任鲍德鲍太守的，把竹签投到红色匣子里，不信任的，投到黑色匣子里。投签在暗室，只有巡视组的人监督投票，别人看不到的。"说完规则，投票开始。

所有的竹签，都投到红色匣子里。

巡视组的人再次请出鲍德，脸上这才显示了一点温和的颜色。时近中午，鲍德请巡视组留下吃午饭，巡视组的人居然笑起来："你到乡下调研都自己带午饭，'自带干粮去办公'，来一趟南阳，我们还不得蒙受一点感化啊。我们因公出差，朝廷有补助，我们到街上的小馆吃饭——你们别跟着啊，补助费不多，你们来了，饭就不够吃了。"

转过年，鲍德升任大司农，到洛阳任职。果然，新任太守有自己带来的主簿，张衡听从鲍德的劝告，沉淀几年，梳理学问，继续集中精力研究天。这几年忙于公务和技术发明，这项核心业务反倒停顿了，他想把自己从人间蒸发，到浩渺的太空，寻找它的奥秘。

第七章

潜龙

十九

新太守带来新主簿，张衡到府衙交接。检查这几年写的东西，南阳郡府衙的各类文书，有竹简形式的正式公文，也有比较简约的纸质行政文书。朝廷的诏告写在精致的竹简上，这些诏告有的专发南阳，多数为普发公文，发至天下各郡国，皇帝通过诏告这种形式稳固着天下政治，只苦了朝廷那些誊写人，一份诏告复制几十份上百份，还不能出错，这工作很难做。可是转过来想，有了这么繁复的文书往来，他们才能获得抄写文字的美差。南阳府衙自制的文书都是张衡的手笔，主簿有两个助手，负责传递领取，誊写转抄，文件的起草润色和制作都由主簿一个人完成，大汉帝国几次要简约官府公文，信誓旦旦，提倡少公文、无公文行政，谁知越提倡无公文，公文越繁复，大批举孝廉茂才的青年才俊，埋在官府公文里一辈子，最后灰头土脸退休。鲍德主张张衡中断仕途，潜心学术，用心就在于让他潜伏下来，潜伏在学海中，等待一飞冲天。张衡看见自己制作的这些文书卷轴，为自己还没被埋没而庆幸，更感激鲍德的安排栽培，才思没有因进入冗繁琐碎的仕途而中断，居然创作成功《二京赋》。

提起《二京赋》，张衡想起他的第一篇习作，当年他游学三辅，登骊山，观温泉，作《温泉赋》，现在读《温泉赋》，心情激动，胸膛里跳动的还是那颗青春的心。那是他与天地自然的第一次密切交流，他仿佛听见造物的声音，激越的感情瞬息化为华丽的辞章，他至今还觉得那篇赋非常华丽，为在十八岁时就能做这样的文章而自豪。

令张衡更惊喜的，是他在山积的旧文中检出一篇铭文，誊写卷已经被鲍德带回京都，张衡手里的是草稿，全稿没有一处勾画，他想起当时情景，几乎一气呵成，因为没有时间等待，前后留给他的时间，也就写这些字的时间，根本就没有构思的时间，而且还需要草书连笔写，从字面上就能看出时间的急迫和张衡的紧张。这里藏着一个小故事，只有鲍德和张衡知道，司仪不知就里。这件事让鲍德对张衡的认识又深化了一层。鲍德发现这年轻人不但懂天文，还擅长文学。

鲍德的父亲鲍昱，官至三公之一的太尉，人品好，做官也精彩，皇帝奖励他一件绶笥，颁发绶笥的诏书是这样写的："太尉鲍昱，德侔玄仁，文组日丽，灵台日新，教化垂训，敦睦有邻，嘉庸郡国，昭告大臣，垂光厥世，子孙克神。"这件装官衔徽带的绶笥，打从到鲍家，就没装过任何一件东西，不但不装徽带，还被鲍家奉为至宝，藏得密密实实，深居简出，每年新年这一天，敬拜祖宗的这一刻，请出供奉，典礼隆重热烈，之后立刻密封藏起来。这年鲍昱百年冥诞，大日子，鲍家的纪念仪式更加隆重，仪式的核心是供奉鲍昱绶笥，在请出绶笥的一刻，鲍德突然想起，向宾客介绍的这件家传至宝，只有圣旨，居然没有铭文！以前都是家庭规模的纪念仪式，家族成员集体瞻仰圣旨，礼拜绶笥，重温圣旨，就圆满结束，现在虽然也是家族集会，但百年纪念，因为圣旨的关系，南阳郡及各县的头面人物全都来到。官员和富豪元老都参加这个仪式，鲍家请客的名单被人研究得支离破碎，引申出很多故事，许多人因没被邀请而情绪低落，竟羞于见人。既然如此，礼仪上万万马虎不得，出现纰漏，落人口实，后果不可知，那些羞于见人的人，到那时候可就不羞于见官了。与会的，不一定都是来烧香的，说不定还有来拆庙的,举报到朝廷,简慢圣旨,多大的罪过。鲍德性情一向疏阔,不计小节,大家习以为常,今天他却不敢不周到,惶急之间头上热汗蒸腾,但他毕竟在官场历练多年,他指示司仪,铺张一些细枝末节,故意延长仪式过程,又悄悄告诉张衡,立刻制作一篇铭文,与圣旨呼应。张衡领命,回到后堂,笔砚现成,一挥而就,再次回到前厅,正好接上仪式流程。司仪已经词穷,看见张衡就像见到了大救星:"请主簿张衡平子先生代表嘉宾,宣读《绶笥铭》。"张衡宣读自己刚刚制作的铭文:

> 懿矣兹笥,爰藏宝珍。冠缨组屦,文章日信。皇用我赐,俾作帝臣。服其令服,鸾封艾绂。天祚明德,大赍福仁。垂光厥世,子孙克神。厥器维旧,中实维新。周公惟事,七涓有邻。

铭文典雅庄重,韵律悠扬,蔚然有上古风,可与《尚书》的典诰铭并驾齐驱。仪式之后,鲍德特地把张衡叫来,问他怎么写得这么快,预先写好预备应急的吗?张衡神秘地指指天空:"只有天知道。"鲍德大笑:"你这敏捷之才,天也让你三分!"

帝国境内善于舞文弄墨的,大都神仙一般的人物。董仲舒写一部书《春秋繁露》,武帝叫他"董老师"。董老师来了,武帝降阶:"董老师过来,天这么冷您还亲自送文件,打发一个办事员送来就行了。来,烤烤火。"帝国皇宫冬天很冷,宫里燃起一炉木炭,就在皇帝身边,他倒不冷了,大臣们冻得哆嗦,所以,夫人们都给上朝的大臣准备一个小手炉,藏在袖子里,皇帝叫董老师过来烤火,大臣们看着眼热,眼热也没用,因为董老师写了《春秋繁露》。二百多年后,皇宫换到洛阳,皇上换成和帝,王充来了,和帝降阶:"来来,王老师过来,天这么冷,您还亲自送文稿,打发一个勤务员送来就行了。来,烤烤火。"皇宫寒冷依旧,皇帝热情依旧,因为王充王老师也写了一部石破天惊的皇皇巨作《论衡》。

张衡写成大赋小赋,碑诔铭诰,得益于太学的学习历练。洛阳太学，立五经博士，太学生基础课要通读五经，讲授基础课五经的称为教授，教授的课可以任意选，讲《诗经》的若干教授开门授课，从《关雎》讲起，到《殷武》讲完。他是执着地讲完的，听课的学生却未必，今天一百，明天就可能一十，学生们都跑到别的教授那里去了。太学试行末位淘汰制，教室听课学生最少的几位教授，就不开俸禄。但博士不这样，博士不实行末位淘汰，太学的教授一旦升级为博士，就是终身制，不但不淘汰，还不退休，所有博士都安然高坐讲台，等候学生们参拜，九十岁了还教书的，也不少见。他们的课是高级研究课，顶重要的，他们的职位也是一个萝卜一个坑，走一个才能补一个。

所有太学生正式开课讲经之前，都有三个月的时间学习文字，一天一百字，会读会解会用，十天一千字，三个月九千字。九千字一个限，下限，每个太学生必须认得九千字，一代一代教授们传习下来，许叔重根据自己在太学的笔记，把这九千字仔细整理研究，确定字形，校正字音，考订字义，成为太学正式教材，叫"统编教材"，其实统编教材此前也有，叫《尔雅》，但《尔雅》只对五经负责，收字不广。九千字还不够的话，那就得进专业课了，读一年，得三万字。会读会写会用三万个字，可以写大赋，司马相如、扬雄、班固，都是"三万字郎"，后来有人写诗，说"子云识字终投阁"，认识三万字，却自杀，那真太可惜了。在太学，五经也有统编教材，它更权威，就是《白虎通义》。

张衡没有读文字学专业课，但他也是"三万字郎"，可以写大赋。司马相如大赋写天子和诸侯的园林，诸侯的园林哪里比得上天子园林的宏伟，楚齐两国的两位先生井底之蛙，炫耀本国国君的庄园，听了"中央特派员"介绍天子上林苑，嗒然自丧。班固大赋写都城，大汉有两座都城，东都主人据实据理折服了西都宾，维护东都洛阳的崇高地位。张衡写大赋，也写京都，赞扬东都的简约风尚。张衡赋基础构思在洛阳期间已经完成，十年之间，陆续写成一些片段，十年之后，《二京赋》横空出世。三年后，实现鲍德的嘱咐，写成《南都赋》。

不知经过几世几劫，也不知来自哪朝哪代的几位学者，在张衡博物馆里议论不休："一个人，能做到文、理、工兼通，还写成这么多的文章，无非两种可能，一、张衡先生有神助；二、张衡先生本来就是神！""张衡是市一级政府的主要官员，市政府的秘书长，你看我们的秘书长，忙得说话总半句。""篇幅还在其次，大赋中用的这些生僻字，你们认不认得，我不知道，反正多数我不认得。""或许，是别人代做的吧？博士论文都可以代做的。""代做，谁代他做的？他又不评职称，又不评作品等级，作品多少，成就等级高低又不和升迁挂钩，请人代做为的啥？而且张衡一个小小的主簿，给别人代做还说得过去。"一个老和尚进门问讯："阿弥陀佛，施主因何事争论不休？哦，张平子的作品。施主可知，就在施主议论这一时段，张衡先生已经认知七八十字，可以写成一篇《闲情赋》。再议论一会儿，张平子认识的字已经过百，大赋也快要写成。时间相对论，我想施主一定懂得的。"几个人面面相觑，竟不知如何作答。老和尚喃喃而去，众人茫茫然，忽然其中一位惊讶道："这里不是寺庙，哪来的出家人？再说，出家人还讲什么《闲情赋》？"飘然一段谜，留待后人猜。

二十

三年前，和帝元兴元年（105），待人一向和和气气的穆宗孝和皇帝驾崩。和帝年纪尚轻，崩时仅二十七岁，后宫虽然也生出几个皇子，但大多夭折，最后一个小皇子还不满百天，即位为帝。但幼帝不到一年也夭折，朝廷从诸侯中迎立皇帝，清河王子刘祜即位，就是当今皇上安帝，改元永初。和帝永元二年（90），征拜鲍德为大司农，鲍德带着张衡的《二京赋》进京，鸿篇巨制，京师文人甘心拜服，大赋自司马相如开创，历经班固，现在是第三个高峰，许多摩拳擦掌继承马扬班固写京都大赋的人，看到张衡《二京赋》，叹息搁笔，不敢与张衡争锋，"天下大赋大家"之争尘埃落定：马扬班张。

洛阳有两个重要的文化机构，一个是太学，另一个是东观，都在城东，建在城东，缘于皇城左文右武的传统。不但皇城，天下城池，莫不如此，东城崇文，西城必然宣武。东边文圣殿，西边必定武神庙。左边建一座圆的鸟巢，右边就得建一座方的水立方，文圆武方嘛。（京兆尹不高兴，谁说必须崇文宣武？明天我就改了，改成东城西城！大祭酒冷笑，改就改呗，反正天下人都知道你没文化！）

东观兼有图书档案馆和研究院两个职能，谒者仆射刘珍，南阳新野人，与张衡有乡谊。张衡在太学期间善于辩论，刘珍早有耳闻，只是未得一见。这一天，东观一位年轻的著作郎交给他一摞纸，密密麻麻写满了字。"我抄写来的，不知道有没有错字。"刘珍对纸上写字不习惯，捧在手里轻飘飘的没有质感，不想看，就让著作郎读给他听，著作郎坐下，舒展一下喉咙，读：

> 周姬之末，不能厌政，政用多僻。始于宫邻，卒于金虎。嬴氏搏翼，择肉西邑。是时也，七雄并争，竞相高以奢丽。楚筑章华于前，赵建丛台于后。秦政利觜长距，终得擅场，思专其侈，以莫己若。乃构阿房，起甘泉，结云阁，冠南山。征税尽，人力殚。然后收以太半之赋，威以参夷之刑。其遇民也，若薙氏之芟草，既蕴崇之，又行火焉！惵惵黔首，岂徒踊高天，蹐厚地而已哉？乃救死于其颈！驱以就役，唯力是视，百姓弗能忍，是用息肩于大汉，而欣戴高祖。

好像是一篇大赋。刘珍也不怎么在意，一边整理竹简一边听著作郎的朗读。

> 高祖膺箓受图，顺天行诛，杖朱旗而建大号。所推必亡，所存必固。扫项军于垓下，绁子婴于轵涂。因秦宫室，据其府库。作洛之制，我则未暇。是以西匠营宫，目玩阿房。规摹逾溢，不度不臧。损之又损，然尚过于周堂。观者狭而谓之陋，帝已讥其泰而弗康。

刘珍也坐下来，从著作郎手里拿过那些裁成方形的纸，自己阅读，先是默默地看，看着看着，嘴唇翕动，接着就叨念出声：

巨猾间舋，窃弄神器。历载三六，偷安天位。于时蒸民，罔敢或贰。其取威也重矣！我世祖忿之，乃龙飞白水，凤翔参墟。授钺四七，共工是除。欃枪旬始，群凶靡馀。区宇乂宁，思和求中。睿哲玄览，都兹洛宫。曰止曰时，昭明有融。既光厥武，仁洽道丰。登岱勒封，与黄比崇。

刘珍的心剧烈地跳，握着纸片的手也在发抖，他放开嗓音，高声朗读这篇大赋。刘珍的朗读进入了规定情境，语音随着大赋的内容时而舒缓，时而紧张，高低错落，徘徊容与。

今公子苟好剿民以媮乐，忘民怨之为仇也；好殚物以穷宠，忽下叛而生忧也。夫水所以载舟，亦所以覆舟。坚冰作于履霜，寻木起于蘖栽。昧旦丕显，后世犹怠。况初制于甚泰，服者焉能改裁？故相如壮上林之观，杨雄骋羽猎之辞。虽系以隤墙填堑，乱以收罝解罘，卒无补于风规，只以昭其愆尤。臣济奓以陵君，忘经国之长基。故函谷击柝于东，西朝颠覆而莫持。凡人心是所学，体安所习。鲍肆不知其臭，玩其所以先入。咸池不齐度于鼍咬，而众听或疑。能不惑者，其唯子野乎……

读完，刘珍呆立半晌，默无一言，他是累的，一万多言的大赋读完，半个时辰呢。但刘珍也不全是累的，他被文章优美的文字和华丽的景象击中了，美文有强烈的打击力量，他似乎被彻底击倒，震撼，钦佩，欣喜。

“肯定是张衡。张衡做的，南阳张衡。”

“大人，就是张衡，南阳张平子。我从太学抄来的，太学的文章教授用大纸抄写成的，一张张挂到墙上，大讲堂挤得满满的，大家都在抄，我抄了整整一天。教授更迭得快，我抄得有些凌乱。我想，如果文章好，东观应该保存一份，正本，竹简的。"著作郎说。

刘珍沉吟道："这篇文章是赋体，篇幅巨大，通称大赋。大赋不孤，必有姊妹篇。这篇是《东京赋》，肯定有一篇《西京赋》。明天你再去抄，抄回来东观正式誊写一部，作为朝廷的资料永久保存。"

著作郎惊奇道："真的还有一部《西京赋》哎，不过那篇《西京赋》昨天已经抄写过了，我没赶上。"

刘珍说："我们可以派人去太学专程抄写两篇大赋。"著作郎走后，刘珍决心就下定了：东观文章史记资料，需要顶尖人才著作和整理，张衡就这一篇《东京赋》，就可以任职东观。东观一向学者自治，张衡特别适合做一个自治式的学者。刘珍本人就是一位自治型学者，东观的一切事务包括人事权，都归他自行支配，他可以招收自己认为合适的学者来东观任职，按照职务，工资比六百石。六百石的薪俸，中等里的最上等了。

决心已定，刘珍访问大司农鲍德。

鲍德久在南阳任职，刘珍籍贯南阳，与鲍德也算乡谊，就在一个休沐日造访鲍德宅邸。凭私交，大臣之间不应互相访问，坐在轿子里的刘珍想起太傅张禹的告诫，心里一阵笑。在一次上朝之后，皇帝退朝，太傅留下百官在朝堂继续训话，太傅说："大家食皇家俸禄，都是皇上的人，心思都应该在当今皇上这里，为官出以公心，什么是公心，就是只有皇上没有其他。我说的都明白吗？"大家闪动着迷惘的大眼睛，差不多就要说："不——明——白——"张禹看大家不明白，索性直接说："大家都是皇上的人，不可以拉帮结伙，没事不要到别人家访问，有事呢，也不要到别人家访问，事情到朝堂上说。今天访问，明天访问，就可能结成朋党，朋党成了，朝廷也就散了。我说得可对？"朝臣们互相咬耳朵："什么意思？"仍然一脸的迷惘。一位故意找碴的大臣说："大臣之间是亲戚呢，比方是亲家，也不准走动吗？""也不是说不准访问，我是说别太勤了。尤其不要到市街饭馆里吃饭，呼朋引伴的，影响多不好。凡是经常在一起吃饭的，都有结党的嫌疑。好人不党，正经人谁结党啊，结党必然营私。比如我，就从来不和朝臣们私下聚会，也从来不与别的大臣在饭馆吃饭。"没几天，刘珍就看见太傅与司徒、司空在醉仙酒楼大宴宾客，宾客三教九流，无所不包。而且太傅请客司徒司空，三公来了两公，另一个三公司马怎么想，会不会认为太傅带领两公结党？

鲍德性情豪爽，喜欢结交朋友，在南阳，太守官衙的内宅经常宾客云集，跟崔瑗一样，鲍德的薪酬多数用在接待宾客上了。到东京，皇家规矩多，尤其忌讳大臣私相交结，大臣们关系密切，大臣与皇上的关系必然疏远，这是皇家最熟悉的定律，所以大臣们的交往就很稀疏了，如果有哪些大臣来往密切，都会被大家注意到。张禹的告诫其实多余，大臣们谁都不傻，知道皇上不喜欢什么，张禹说得太直接，一点不委婉。可以不直接那怎么说，不好措辞，最好心照不宣。谁都知道的事还郑重其事在朝堂的正式会议上提出来，所以大家才取笑他。现在东观祭酒来访，鲍德简直心花怒放，准备跟刘珍好好地喝一场酒。

刘珍与鲍德叙过寒温，就说起正事，他这次来是为张衡的《二京赋》。刘珍明知故问："京都太学生们争相传抄张衡《二京赋》，道邻主政南阳，张衡为道邻属吏，制作《二京赋》，大老远的送来京城，可真不容易。"鲍德说："区区不才，便携至此，太学祭酒往告求取，前已归还，正本尚在我处，不久将送还南阳张平子。"刘珍故作惊喜："有这等事？刘珍想借来拜读一番，如可能，敝观誊抄一份，存入东观，永久保存，道邻可否应允？""秋宝所需，鲍德敢不从命！"鲍德让人从书房取出《二京赋》，与刘珍品评，兼有指摘。

酒菜已经齐备，刘珍略作推辞，就与鲍德入席。席间刘珍不断地问张衡在南阳的情况，鲍德忽然明白了："秋宝此来非为《二京赋》，或别有所图？"刘珍笑道："道邻心密如发，刘珍此来，正为张衡一事请教尊驾。"鲍德哈哈大笑："什么心密如发，你我饮酒，你一直张衡啊平子啊，傻瓜也知道你的心思。别整那些文言了，说普通话吧，再不就说你家乡话，好听也好懂。"

刘珍把筷子往桌子上一拍，侍奉宴会的小厮一激灵，赶紧上来问要增添什么，刘珍摆摆手叫小厮退下，向鲍德一笑："哦，告罪告罪。你说的这可忒好咧，你说这皇上吧，也不知被哪个二百五瞎忽悠的，要大臣们都用那个文言说话聊天，作报告。作报告呢还凑合，说话聊天用文言，说之前呢，还得把那个普通话转换成文言，那可忒痛苦咧！"鲍德深有同感，他在南阳习惯说南阳话，到东京，发现大家都不肯好好说话，文言不太好的，说起话来耳根子都挣得通红，他自己倒不在乎，可是跟别人交流起来，尤其有的官员文言不很精到纯熟，就特别费劲，这可能也是皇上不让大家胡乱串联的手段之一吧。说话都不利索，串门聊天传播谣言极不方便。可是皇上想得不周严，既然已经串门聊天了，还会遵守只能说文言的规矩吗？

"可不是咋的？皇上说用太史公《史记》做范本，那太史公的文言也忒难咧，比《尚书》简单点吧也有限。""道邻说这话呢，可就有点不地道，忒夸张咧，《史记》比《尚书》，简单得不是一星半点儿。'曰若稽古唐尧'，司马迁就不这么说，他说'当帝尧之时'。""我夸张点，是叫你印象深刻。你说说，皇上的意思要真能实行了，天下人对话全都之乎者也，不说'你去哪儿'，说'汝何往'，不说'忒好咧'，说'甚善'，是不是也挺有趣儿？""那绝对不可能，之乎者也多难啊，读书不多还不敢说话了呢。秦始皇帝把天下人写的文字整齐划一了，我看咱家皇上志气也蛮大的，他好像要把天下人说的话也给统了，往后，大家只说一种话，普通话。南阳话、胶东话、上党话，还有更南方的吴越话、越南话，都听不到了，哪里都同一种话，那时候，人们就不说'崽儿的了''咋的''啷个搞起'，一律说'怎么回事'。"鲍德学着刘珍的语气："怎——么——回——事——抑扬顿挫，也挺好听的啊，比'崽儿的了'显得有品位，我看这个决策好。"刘珍说："道邻，我告诉你一个秘密，中国人说话的声音，与音乐相似，就说刚才说的那四个字，每个字的声调都不同，怎，声调上扬，么，声调轻回收，回，声调平缓，事，声调下抑，四个声调，上收平下，高低长短洪细，按照声调的规范发中华正音，非常好听，说的听的，都感觉很舒服，'怎么回事'，再品味一下试试？""'怎么回事'，真的，这样说话，真很好听哎，说的时候心里也特别愉悦。这是谁规定的呢？神奇。"两个人还说当今皇太后临朝称制，万事顺遂，继续推行正音，可能以后各级官吏的选拔，也要考虑把正音作为一个条件吧。

从语言扯到语音，再从语音扯到地理风土，然后又是历史文化，直到日落西山，刘珍才告退回家，临别，鲍德忽然想起刘珍的来意，赶忙让人把《二京赋》装入书匣子，派小厮送到刘珍家，刘珍也想起张衡的事，从信马由缰地聊天说地中，刘珍已经知道张衡在南阳的作为，他告诉鲍德："东观当下写作史书《汉纪》，《汉纪》之后，尚有重要事项，才能之士稀缺，仆有意请南阳张平子加盟，已草就文书，待有信使往南阳，即可发出一邀请信函。"鲍德大喜，到京任大司农后，他留意张衡在京都的营生，大司农衙门不适合张衡，张衡的学识指向天文地理，适合专职形而上。基础历练，南阳期间已经完成，他现在需要更能发挥特长的职业和位置，东观是之一。鲍德与刘珍拱手告别，两个人都忘了，这时他们又都恢复了文言对话，文质彬彬起来。皇帝的指令还是很有效果的。

二十一

皇太后和她的几个哥哥支撑着大汉帝国，帝国架子搭得足，其实千疮百孔，邓氏兄妹早已左支右绌。帝国的伤痛，一是地震，二是灾荒。地震连年爆发，有的年头一年两次三次，爆发一次，十几个郡国遭灭顶之灾，朝廷救死扶伤不暇。边境更不安宁，匈奴被窦宪率军打败西窜，倒是没了，可别的蛮族趁机做大，继续侵扰中原，烽火警报持续不断，朝廷无奈，只好任由他们抢了烧了，然后——走了。帝国一点办法没有。洛阳城里怨声一片，都说国家太软弱，连一个小小的西羌都制服不了，一伙又一伙的热血青年上书朝廷，要求朝廷让他们上战场，用马皮裹一次尸。他们说，大汉帝国军队的武器全都是"大杀器"，随便拿出一件，西羌人就得吓破胆；他们说，朝廷最近发布一个文告，要陇西天水金城三郡建立联动防御机制，进入这一地区的人员物资包括牛马，都要经过严格的检查甄别，西羌人个个浑身哆嗦，他们的首领马上向朝廷服软，准备投降了；他们说，陇西郡的十几个青年自发组成突击队，深入西羌人的腹地，西羌人看见大汉帝国的神兵天降，呼啦啦几百人跪在地上，叫"大汉爷爷饶命！"。

这些青年在洛阳城闹得太热烈，牛皮吹得震天响，军队最高统帅车骑将军邓骘，也被青年人的爱国热情鼓动得彻夜不眠，仔细想一想，强大不可一世的匈奴，我大汉帝国大军一出，它都灰飞烟灭，突然冒出一个什么西羌，任凭它祸乱中华？越想越憋气，越想越豪气干云，血脉贲张，突然之间也变成了热血老青年，上奏折请求出兵伐西羌。重兵轻车，直驱边关，打他个落花流水鳜鱼肥！

邓骘，成为大汉朝的车骑将军，也是个误会，他要当个郡守县令，一点问题也不会有，帝国治下，像他这样的郡守县令不难找。"一钱太守"刘宠，任职会稽郡，离任时山阴的几位老人代表来送行，知道太守清廉，每人送钱几百文，权当一种仪式。刘宠不愿意拂乡老的美意，从这些钱里拿出一个铜钱留下。"悬鱼太守"羊续是南阳郡守，到任不久，下属同僚发现羊续太清苦，有人就送他一条白河出产的鲤鱼，羊续不肯吃这条鱼，就把它挂在屋檐，风吹日晒成了鱼干，人们再也不敢送他任何东西，他也就在南阳清苦一个任期。这样的官员，不用说南阳，就是在洛阳，也清苦依旧，不但不收礼不吃请，自己的薪俸还要照顾乡邻和穷人，哪能不清苦。邓骘从郎中做起，直做到五官中郎将，车骑将军，仪同三司，都是滴水不沾，清廉自守，公私判然分明。全家人都是一只又一只不沾油的釜，不要说油了，一滴水都沾不住，永远那么清清亮亮。

可是后来，妹妹荣升皇太后，兄以妹贵，也晋升车骑将军，仪同三司，掌管全局，大汉天下，他当一半的家，这时的邓骘，眼界应该放得更开更远，成大事者不拘小节，邓骘却一直关注小节，爱惜羽毛，继续当他那个不沾釜。

车骑将军请战，圣旨当然准奏。邓骘指示在洛阳城和河南尹广贴告示，征兵打西羌。蔡侯刚刚发明了纸张，这下派上用场了，三步一张，五步一纸，征兵的告示贴遍城乡。可是，征集一个月，送到洛阳的新兵还不足五百，一个部曲都不够，只能组成三四个军屯。看着稀稀拉拉的几个兵，邓骘心情惨淡，怒问洛阳尹："充街填巷的那些爱国青年呢？哪儿去了？打西羌打西羌，真的打西羌征兵了，怎么一个都不见了！"洛阳令比邓骘还迷惑，一发征兵告示，整个洛阳城静悄悄连狗都不叫了，那些头上缠着白布条条，因为皇上怀柔绥靖西羌，愤怒得脸蛋子都变了形的年轻人，一下子全都不见踪影，他们咋消失得恁快！现在车骑将军质问，洛阳令嗫嚅着话也说不周全："他们……他们是西羌派来的奸细吧，搅乱中华，说爱国……爱皇上……其实害我国，害我皇上……是爱国……贼，对，一群爱国贼！"邓骘不理会洛阳令的胡说八道，西羌派来的爱国贼？害国贼都打扮成爱国范儿，这我信，从来如此，可西羌哪有那么多的"爱国贼"派出？再说，西羌要有那么多精悍的青年，还用费那个劲，早就直接把都城洛阳攻下来了。更何况，那些人黄皮肤黑头发矮鼻子，哪里有羌人的样子，分明纯种的中华人！

征兵失败，可安帝的讨伐令已经发出，皇帝说话怎么能不作数呢，仗还得打，邓骘此时恨……可是他不知道该恨怨哪个人，洛阳的爱国青年曾经那么多，现在又这么少，想抓个人解恨都办不到。匆忙从各地边防军中抽调兵员，加上朝廷的羽林军，驻守北方的野战部队，得到五万人，到洛阳南郊集训一个月，誓师出征。带着怨气出去打仗，结果可想而知。

车骑将军邓骘带着这临时拼凑的五万兵，名副其实的乌合之众，远征河西，进兵湟中谷地，与羌人两次战役，折兵一万多，伤残无算，全军失去作战能力，邓骘全面败退，回师洛阳。

将军出征，损兵折将，将军要受处分，轻则革职，重则斩首，车骑将军这番败军之罪不小，该如何处置？朝野上下静等圣旨，圣旨下来了：车骑将军邓骘晋升大将军。从此，朝中上下全是邓家，邓骘手里掌握半个朝廷，另一半在皇太后邓绥手里。打了败仗怎么还晋升？可能太后觉得车骑将军被"爱国"青年欺骗了，打败仗责任不在他。可是，一个最高统帅，被一群生瓜蛋子给骗了，这弱智也真够瞧的。再说，要求出兵打西羌的奏折，是你车骑将军奏呈皇上的。但帝国的奇怪事也自不少，不在乎再多一两件。

二十二

　　每天随着太后上朝退朝接受群臣朝拜的安帝，只是一个摆设。太后说，皇帝还小，让他再历练几年吧。每次朝堂仪式，太后的座位在台上，居中坐，安帝在太后的左侧一张坐席，也坐着，大臣在台下每人各有一席，也坐。朝仪朝仪，多数时候只是仪式，参见太后、皇帝之后，大臣们各自回署办公处理事务，但有时朝仪之后也有朝议，朝议往往没完没了，安帝坐在自己的席子上，谁都不理会他，小皇帝百无聊赖，在席子上就不老实，做鬼脸扮鬼怪吓唬大臣。大臣脸色异样，太后回头看见皇帝扮鬼脸，自己先就红了脸，也不好当面呵斥皇帝。安帝看见太后的脸色比较难看，也就意识到自己可能有些不对劲儿，重新端坐席上。可手脚总不老实，这里摸摸那里碰碰，最多的时候捏着一片竹简，一端摁住，一手掀起另一端，再放开，竹简在案上发出清脆的响声，大臣们纷纷往这边看，太后就示意他不要玩竹片，消停一会儿，竹片声又起。据说鱼的记忆七秒钟，猪的记忆三分钟，人在小孩子时候的记忆，跟猪差不多，三五分钟而已。五分钟以后，小皇帝又做鬼脸，大臣又失魂落魄，太后又扭头看皇帝。

　　退朝，太后上辇，安帝登车，风驰电掣从前殿奔后宫，到长秋宫，太后驻辇，安帝上前辞别太后，回自己的寝宫，太后脸色冷冰冰："跟我来！"安帝知道没好事，心里战兢兢，哆哆嗦嗦跟着太后进长秋宫，太后喝令："跪下！"小皇帝长跪阶下，内侍太监早有准备，从柜子里抽出一根藤条，握在手里摇啊摇。太后指令："打！"藤条纷纷落，化作千万条，其实藤条仍然一条，小皇帝身上的感觉却成千上万，蟒蛇一样在身上肆无忌惮地爬。小皇帝哪里受得住，鬼哭狼嚎，响彻大殿，太后喝道："不许哭！"小皇帝忍住哭，嘴唇咬得流血，哀求："太后太后，我不当皇帝了，我要回清河——"又一顿打，太后骂道："碎皮！皇帝，你想当就当，想不当就不当了？"

安帝一步步挨回永乐宫，屁股打得狠，嘴唇咬得紧，两下里都是鲜血淋漓，奶妈正纳闷儿，今天皇帝上朝回来得咋晚？几次向外张望，终于看见皇帝，一瘸一拐，皇冠也歪着，头发乱糟糟，看见奶妈就是亲娘啊，立刻哎哟哎哟喊叫起来，奶妈吓得大叫："哎呀妈呀，这是咋的啦？咋整成这个样子啦，说说这是咋回事哩？"皇帝被拖拖拉拉带进卧室，安置妥当，奶妈仍然迭声地问："咋回事哩！"皇帝稍稍安定，备细向奶妈说了被太后责打的经过，奶妈胖胖的脸蛋一嘟噜，肉坨子也飞起来："这就打人了？再不济我们也是皇上，皇上，说打就打的吗？太后怎么了，太后也不能不讲理啊是不是，不是自己生的就不心疼啊？她自己生不出孩子，看见别人家的孩子就不服气啊是不是啊，不行，我找太后讲理去，凭啥打我们家的孩子！"风风火火往外走，小皇帝还不很糊涂，叫宫女丫头快去把奶妈拉回来，几个人跟头把式地把奶妈拉进永乐宫，奶妈放着席子不坐，胖胖的大屁股一下子扔在地上咕咚一声震得山响，却扯开嗓子号起来："这日子没法过啦，儿子啊，咱们收拾收拾回清河吧！"

奶妈叫王圣，皇帝的心肝宝贝，准确说皇帝是她的心肝宝贝，从清河国跟着皇帝到洛阳，皇上从小跟着王圣，比亲妈还亲，叫王圣妈妈，却管亲妈清河王夫人叫太太，到洛阳了，礼仪部门指定太后是皇帝的法定母亲，别的母亲都不算，那也行，皇帝就把太后叫母亲。"母亲"打儿子，"夫人"看不见，"妈妈"王圣疼得浑身肌肉乱颤，只恨自己当时不在场，在场……在场就替儿子挨这场藤条。她毕竟惧怕太后，刚才要出去找太后评理，也就抽冷子一个猛劲儿，真叫她去，不拉着她，出门几步也得回来，她哪里敢。回清河？借给她一千个胆子，更不敢，不用说不敢跟太后说回清河，远远看见她老人家，全身的血也是凝固不流的。

皇帝登基太匆忙，时间久了，太后发现一个问题，皇帝说话做事，都以奶妈的话为标尺，"妈妈说对人总要提防点好""妈妈说人穷志短，马瘦毛长，猛虎不在当街卧，困龙也有上天时""妈妈说死了张屠户，不吃带毛猪""妈妈说人死屌朝上，做个硬汉子"。太后想，这孩子还挺孝顺，离开母亲也念念不忘，说话粗俗些，可以改，就鼓励也连带着批评："皇帝纯孝，念念不忘大人的养育之恩。可是皇帝很快就长大了，要多读圣贤书，言谈议论，多引用些圣贤的语录，更有品位。你这么想念妈妈，叫妈妈来住一段时间吧，你们母子才是真母子，我不能总霸着不放。"皇帝却说："太后说的是清河王夫人吧？不要她来。我妈妈就在这儿。不用夫人来，不用。"

清河王子刘祐即将承继大统，千里迢迢来东京，奶妈居然也要随同前来。王圣生得肥胖，说话声音却尖而细，那么胖嗓音却那么尖而细，听着诧异。走路风风火火，手脚不闲着，做事东一榔头西一棒子，跟她在一块儿，总觉得支棱八叉的不舒畅。太后和大将军千思万虑，连王子的外婆家也查了祖孙三代，可谁知偏偏放过了奶妈。孩子吃谁的奶，就跟谁亲，性格也跟着连相，小皇帝多动症，差不多可以认定来自奶妈的言传身教。太后为这事责问过清河王府：偌大清河国，连一个像样的奶妈也找不出来吗？国王刘庆无奈回禀："清河虽然偏僻，寻找一两个奶妈倒也不成问题，问题是王后早就算了一卦，奶妈必须属猪，为什么是猪呢？猪一窝十几个崽儿，奶水充足，而且猪少言寡语，性格憨厚，端庄稳重，可以做小王子的奶妈。"太后讽刺道："你看王圣，除了肥胖，哪一条跟你理想中的猪沾边？"刘庆红红的脸："好在已经吃完了她的奶。"大将军忍不住："吃完了奶，她还跟来干什么？"刘庆又是一个万般无奈："犬子性格懦弱，奶妈不跟着，他害怕，直到现在，十一岁了，睡觉还要奶妈搂着才能睡得着。"太后听到这里，心里凉了半截，不止半截，凉透了，这样的王子，还算王子吗？着实责怪大将军办事不周密，可要退回去，这话也说不出口，一切寄希望于"以后"，以后能走上正道的吧，但教育和拘管必须强化。而且，皇帝总要长大，长大的皇帝要大婚，大婚的皇帝总要脱离奶妈，那时候这些问题自然被化解。

听到小皇帝要奶妈不要亲妈的回话，太后这一惊非同小可。皇帝这么依恋奶妈，这孩子很可能永远长不大了，年岁增长，意识停滞，这可咋办？太后几次借故想把王圣调开，皇帝哭喊着不干，要走就一起走，皇帝不当啦！太后也没辙。跟几个弟兄商量，邓悝等人说："换一个呗！"太后摇头不同意："想过，可皇帝年轻，还没亲政，没有什么过错，无端废黜了，惹天下人议论。人家爱奶妈，也是天经地义，奶妈亲妈，都是妈，我们不好冒险擅行废立。"邓悝说："那怎么办？"太后也不知道究竟该怎么办，召来弟兄们商议，没有好的主意想出来，邓悝、邓遵、邓豹、邓康，包括邓骘，也包括太后邓绥，智力超群，心机手段都平常，既不会阴狠，也不想毒辣，还巴望着历史留下好名声，在局部细节上精雕细刻，一家上下大小都主动地当那个"不沾釜"。

无奈，太后说："希望皇帝往后能有所改进吧，反正他还小，我多用心扶正，你们也帮衬着。"太后想了一个主意，她说皇帝已经十八岁，到了婚娶的年龄，如果皇帝大婚，有了皇后的辅佐帮衬，对奶妈的依赖就会减轻吧。亲妈跟儿媳妇还不合呢，何况奶妈，皇帝娶了亲，自然跟皇后一路，对奶妈会冷落些，不会再整天满嘴里的"我妈说"。

选取一批贵族家的女儿进宫为嫔妃，第二年立皇后。皇后的人选邓太后非常满意，她是荥阳阎章的孙女儿，阎章永平年间（58—75）位列尚书，两个妹妹入宫，封为贵人。阎章学问深厚，通晓古代典籍，久任尚书，应该升迁为轻车将军等更高职位，因为他是后宫贵人的亲属，朝廷为了避嫌，把他外放为步兵校尉，薪俸由真二千石降为比二千石。阎章的儿子阎畅，也在朝中任侍中职，贵人已经过世，不在避嫌之列。阎畅的女儿，这次就被选入掖庭，当年就封为贵人。女儿名阎姬，才色过人，在后宫的众多才女美女中出类拔萃，太后挑剔的目光，左看右看，考察考试，实在找不出什么缺点，这样完美的贵人不世出的呢，焉知不是上天的恩赐？太后主持，隆重册立阎姬为皇后。这年皇帝十九岁，阎姬十八岁。

大婚以后，皇帝与皇后的情好日密，太后看了舒心，可是不久太后就高兴不起来了，皇帝不但没有摆脱对奶妈的依赖，又增加了对皇后的依赖，他有两个女人可以依赖依恋依靠，心里特别踏实。更奇妙的是皇后阎姬和奶妈王圣竟然一见如故，阎姬也算有家族根基的人，怎么就能接受王圣同时拥有肥硕的身材和尖细的嗓音这样一个矛盾人物？皇后喜欢，皇帝当然更喜欢，几次提出要给奶妈封个什么君，皇后也随声附和。太后说："生母尚未有君，乳娘岂得捷足！"坚决不许。

两个女人"辅佐"皇帝，皇帝的"进步"非常明显：引证的论据多了一个"皇后说"。从前他的论据只有"我妈说"。皇帝论断的几乎所有证据材料都来自"我妈"："豪强地主一撅尾巴，我就知道他拉几个粪蛋""黄鼠狼下耗子，一代不如一代"，现在呢，现在，他这次"我妈说"，下次"皇后说"，再下次"我妈和皇后说"，皇帝几乎所有证据材料都来自奶妈和皇后，没有第三个人了。太后问道："往古圣贤，三公九卿，满朝大小臣工，就没有一个人、一句话可以让皇帝引用一下的吗？"皇帝唯唯称是，但下次依然。而且皇帝不以为这有什么不妥。他也聊天，但能聊得上、聊得热络的只有几个太监，跟大臣们说话一律不投机。皇帝对太监们说话也不客气："生我者恩情重如山，养我者恩情山样重，你们不行，又没生我，又没养我！"太监们特别善于接话："皇帝又生我们，又养我们。"皇帝偶尔也对臣子们演讲几句，几句之后就引证奶妈和皇后的话："我妈说，龙生龙，凤生凤。老鼠下生会挖洞。""皇后说，耗子拖木锨，大头在后边。""我妈还说，塘里的蛤蟆早生娃，穷人的孩子早当家。""皇后还说，人比人得死，货比货得扔。"大将军事后规劝："陛下，这些民间谣言，不但乳娘和皇后知道，天下人都知道，不必一定乳娘和皇后说了才正宗。乳娘就算了，皇后，母仪天下，也不必要知道许多市井流言，尤其不要开口闭口谚语谣言。"皇帝不高兴，大将军居然对皇后的话评头论足。但皇帝不敢发作，大将军温文尔雅，但皇帝就是有点害怕他。他想到前朝的窦宪，皇帝也怕他，后来皇帝不怕窦宪了，因为窦宪已经死了。怎么死的呢？自杀。为什么自杀？皇帝想叫他自杀。大将军自杀？皇帝现在还不敢把大将军自杀和邓骘连起来想，一想到大将军死就打冷战，这怎么可能，大将军正当壮年。"窦宪大将军，死的时候也正当壮年！"尖厉的嗓音从耳朵后边直刺过来，王圣的一双河豚眼睛闪烁着光芒。皇帝大惊失色，奶妈怎么知道我心里想的事情，莫非奶妈会大秦国人哄传的"传心术"？奶妈却不理会皇帝，她说："哼！"不知道她这'哼'针对皇帝、窦宪，还是朝廷上那个斯文的邓骘大将军。

有皇后襄助，皇帝的俚语谣言花样翻新，水平也步步高，太后倒显得孤立无援。皇后才色双馨，按理这是皇帝的幸运，可是有了奶妈，奶妈的智慧无法往上提，皇后的智慧却被急剧地拉下来。皇帝被两个女人挟持，奶妈王圣说，见了老太婆，别耗子见了猫，她都那么老了，怕她啥呢。皇后说，问问皇太后，皇上亲政的时间表，拟定了没有，见习皇帝要见习几年呢？可是，第一，皇帝绝对不敢问这事；第二，皇帝见了太后，绝对像耗子看见猫。每次上朝前两个女人就叮嘱这些，皇帝心情怎么能好。心情不好，在朝廷就会出错，越出错，太后越不放心把皇权交给他。皇后和奶妈不但没有一点矛盾，反而相处亲密，皇后不但没有把皇帝从王圣身边拉开，王圣反而把皇后拉向自己，形成三人小集团，这个小集团的核心任务，就是让皇帝尽快亲政。

　　皇后、奶妈，还有几个心腹太监的一致意见是，皇帝都二十岁了，还不让亲政，就是不想放权，永远把持着朝廷，把持到什么时候？这可不好说，反正太后只要还有上朝的力气，就一直上朝，几个人叽叽咕咕说个没完，皇帝听了心里慌：太后只要活一天，朝廷就是她的？皇后说："可不是吗！太后名义上是你妈，可她只比你大十三岁啊，她要真老了，你也真老了，说不定她比你还长寿呢！"皇帝不高兴，这话太不吉利："呸呸，好好说话！我这身子骨，少说也能活到八十岁！"

　　奶妈王圣肥硕的屁股挤进谈话的圈子，叫道："太后，她是想谋反哪！"皇后匆忙掐王圣的大腿，叫她不要乱讲话，整个天下都是太后的，她去谋谁的反？王圣不服气："你看邓骘那个老头子，见了我头不抬眼不睁，好像没看见一样，我顶不济也是皇帝的妈。"太监中黄门樊丰纠正道："是奶妈，肥奶妈。"王圣反驳："奶妈也是妈，你以为我愿意这么肥，都是皇上吃我的奶，把我给吃肥了，没有我，哪里来的皇上！"樊丰继续开导她，说："皇帝也不是你生的，你的奶，没那么重要。"王圣紧慢转不过弯："我的奶啊，七八年啊，总共一万多斤哪，白吃了吗？"樊丰受不了奶妈的唠叨，截住她的话头："一品大将军与三公等列，你撑死了也不过一个奶妈罢了，怎么还跟大将军争礼？大将军知道了，打杀你，也白打杀，那时候，皇帝的奶那可真的白吃了。"

　　太监中常侍李闰也讨厌王圣的婆婆妈妈，说话顾头不顾腚的村俗，但他更讨厌樊丰的颐指气使、目空一切的样子，仿佛皇宫是他家开的似的，宫中最卑微的中黄门，有啥可美的。李闰心里骂：再牛，也是个没卵子的家伙！李闰也没卵子，但他知道自己没卵子，就收敛些。有人问过李闰，大意是你没了那个东西，是不是很郁闷啊，等等，总之是人们对太监最关心的问题。李闰说："我们舍去了自己身上一件可有可无的东西，才能进宫，获得接近皇上的荣耀，沾濡万岁圣驾的恩泽，每日在当今圣上的光辉照耀下，为万圣至尊端茶续水，亲自关照万圣至尊的冷暖，亲耳聆听万岁爷的教诲。如果没有当初的舍弃，以我的才能，这些尊荣做梦也不敢想的。"就把自己感动得热泪盈眶。这番话，正常人说得出来吗？正因为李闰比樊丰还不正常，才升到黄门侍郎，六百石呢。

李闰一向鄙视樊丰，听见他说邓骘如何如何，气就不打一处来，你说邓骘厉害，我就瓦解你的那个"厉害"："你的大将军？我从来就不承认他那个大将军！"

对大将军不满，这下子大家意见立刻一致起来，不再鸡争鹅斗地闹矛盾，樊丰居然不觉得李闰的言语带刺，笑眯眯地等着下文，王圣还是那句话："他见了我连招呼都不打一个！"李闰说："他早年当郎中，薪俸三百石，五年，三级跳到虎贲中郎将，二千石！这还不算，两年，车骑将军！还'仪同三司'，仪同三司是什么，你们知道吗？你奶妈子知道什么，没问你。你们知道吗？都不知道吧？我也迷糊了，后来看到尚书写出这几个字，才明白，礼仪规格跟三公一样！这就叫仪、同、三、司！专门为他设立这个官职，仪同三司！他一个南阳来的乡巴佬，竟仪同三司，还开府，大门上烫金的大字：将军府。天理！还不是因为他妹妹。""狗仗人势，哼，见了我就像没见着一样，招呼也不打一个。""肥奶妈你就别提你那招呼了，这里说正事呢。千贵万贵，不如妹妹富贵，妹妹成了太后，邓骘成了上蔡侯，一家弟兄子侄，邓悝、邓弘、邓阊、邓访、邓豹、邓遵、邓畅、邓广宗、邓广德、邓甫德、邓忠、邓珍，一门七八个侯，十几个二千石，世上的好事都被他一家子占去了！"

皇后叹息道："难怪了，这皇宫出来进去的全都是邓家人，出入平地一般。"

李闰说："殇皇帝不满一岁登基，不到一年就崩了，孝和皇帝这支龙脉就断了，最近的一支是孝章皇帝，陛下是孝章皇帝的嫡亲孙，入继大统，那是天经地义。邓骘就凭着去了一趟清河国，迎来陛下登基，这就算立下了不起的大功，不可一世。天下人都知道，我们皇上龙脉正宗，刘家正统，当然的继承人，有他邓骘没他邓骘，我们皇上都是皇上，可现如今，邓家倒成了最大的赢家，可现在我们有啥，我们除了挂名的皇帝，还有啥？"

"我是皇上的奶妈，那辰光，凶险！不想叫我来。皇上离开我怎么行，我一准坚持要来，饶这，邓骘这个大坏蛋还不高兴，上车时还故意要把我丢下，皇帝坚持等着我，都急哭了，我才上来车。"这回李闰和樊丰都表示同情，说这是邓骘挟私迫害，迫害皇帝的奶妈，尤其可恶。

奶妈看到群众都称赞她说得好，高兴起来，刚才被李闰、樊丰抢白的不快一扫光："可那老家伙，见了我招呼也不打一个！"李闰、樊丰又恢复了厌恶，接着说自己的话："最荒唐的事还在后边呢。西羌人作乱凉州，朝廷让邓骘去平叛，邓骘到凉州打了两仗，折兵一万，五万人剩四万，伤残过半，撤兵吧，不撤就得全军覆没。损兵折将，这邓骘斩首是逃不掉的了，就看灭族不灭族。当时我想，灭族不可能的，太后是邓家人，谁敢提出灭太后的家族？不过邓骘的头肯定保不住了。邓骘率领残兵败将班师，回京的日期就是邓骘的死期了！结果太后派三公郊迎三十里。郊迎也有道理，在城外，远一点处置，避免都城动乱，在欢迎仪式上当场废了他的军职，然后，法办，翻版大将军窦宪的故事。那天我在宫里头等啊等，等着好消息，忽然听见前殿鼓乐齐鸣，邓骘衣服光鲜，耀武扬威，在皇宫正殿接受正式任职：大将军！古来都是军功浩大，才就职大将军，可邓骘出征惨败，还大将军！太后也好意思给，他邓骘也好意思接受！樊黄门，这就是你的大将军！"

李闰不喜欢樊丰，樊丰更不喜欢李闰，针尖抵麦芒，背地里互相往死里诋毁，公开场合也一样，既然合不来，就调开了吧，皇帝还不同意，两个人各有千秋，都有大用，古时候齐桓公宠爱三个近臣，易牙、竖刁、常之巫，三个人矛盾尖锐得见面就厮打，但易牙善于烹调，竖刁会管理后宫那些老娘们儿，常之巫呢，会占卜，三个人桓公都喜欢，三个人也都喜欢桓公，不，都忠于桓公。这就叫为我所用，他们之间的事跟我没关系。齐桓公这么说，当今皇上也这么想，于是李闰樊丰一对欢喜冤家，簇拥着皇帝过上太平好日子。比如吧，李闰会收拾炉子，装烟囱，没有李闰，宫里岂不要冻死了；樊丰会掏阴沟，没有樊丰，皇宫岂不要臭气熏天。还有一个江京，皇宫里也不能没有江京，他擅长喂养巨蜥，今天他不在，肯定又去喂巨蜥了。

说他们是一对欢喜冤家，还真不是夸奖，两个人痛恨前殿，特别痛恨前殿的大将军，与前殿作对，两个人那是得心应手，珠联璧合。李闰说了一通大将军还有大将军家族的劣迹，樊丰的演说也登场，樊丰的话不多，但伸缩性大，可以产生广阔的联想："大将军，邓骘，这几年做的什么事情，你们知道吗？他把太学生都招揽在自己的门下，现在太学生，都是他的门生，这些人将来可都是国家栋梁啊。这还不算，大将军每天在家都看一部花名册，哪个拍马屁的人给他编出来的，登录天下有学问的人，这人的籍贯啊、在哪里谋生、个人兴趣爱好写得详细，邓骘每天研究这些，指示他的幕府给这些人发邀请信，现在，天下知识人大部分都被他笼络住了。皇上的人，扳着指头都数得过来了！"

听到这，皇后的身上一激灵，脊背发凉，早知道皇宫深似海，没想到危险已经迫近，这深似海的皇宫随时可以把她溺毙，包括她的家族，当然还有她那亲爱的皇帝夫君，因为邓骘大将军要谋取的一定是夫君的皇位。她忽然明白，太后为什么久久不放弃临朝，不肯让皇帝亲政，二十多岁的皇帝还在见习，她原来有私心，想把皇位传给她娘家人，不出几年，这大汉的江山很可能改姓邓了！

皇后看着身边这些人，李闰和樊丰绝对可靠的，奶妈更不用说，大总管江京是从清河国带过来的，从小在王宫，对皇家忠心耿耿，还有那些大大小小的太监，也都全心全意忠于皇上。至于这些宫女，虽然没读过多少书，可善恶忠奸也都能分得清，大家都是大汉朝的忠实子民，绝不会背叛朝廷，追随乱臣贼子。现在要做的事是开导皇上，提高警惕，对太后和邓家人格外小心。

二十三

安帝不亲政，只"见习"，见习皇帝学习太后怎么主持会议，怎么批阅奏折，怎么处分事情。太后也把这些奏折让他仔细研究，指导他处理朝堂事务。皇帝看奏折，一篇又一篇，篇篇差不多，看久了就嗤之以鼻，哼，没啥新东西，还翻来覆去写写写，又写得那么长！嗯，这篇写得短，只有一小卷竹简，细细的不盈握，看看。

　　天下文明，载于典籍，典籍渊薮，厥唯东观。东观所藏，及三坟五典，逮诸子百家议论，近代以来，名家之说搜集，尽列于此，有典有册，金石刻镂，千百其盛。夫文字有今古，典册有缺损。金石有湮灭，校勘核实，皆须术业专攻者。考南阳张衡平子，就学太学有年，学问精进，日新月异，万人所瞩，今遗落南阳郡。太平盛世，理应野无遗贤，而张衡之贤，旷世未有匹敌，不应听任沦落荒郊。呈请圣上恩准张衡东观校书，以效其才。微臣谒者侍中刘珍昧死以闻。死罪死罪。十月初七日。

张衡？这个人好像听人说起过。刘珍想让朝廷召张衡来东观任职，也是好事。但张衡这个人……回到永乐宫，皇帝说起今天看到的一份请示奏章，提到张衡，皇后说："张衡？听说过这个人，好像很著名哎！李闰，你怎么了，你知道张衡吗？"李闰正在鼓捣过冬用的炉子，自从铜川发现燃石，宫中冬天取暖就用炉子烧燃石，装满一炉，能烧两个时辰，一天一夜六次添燃石，宫里温暖如春，棉衣都穿不住的。现在李闰把炉子的烟囱敲得乒乒乓乓，皇帝与皇后的对话都听不清楚了，听皇后问，李闰停下手里的烟囱，说："皇后如果不问，我也不想说。"皇帝、皇后、奶妈，另一个太监樊丰，都在静静地等待李闰说张衡，半天没话，皇帝忍不住："说呀？"李闰却说："皇后问了，我也不想说。"皇帝听他的语气,这事还有蹊跷,客客气气地问他:"这里也没外人,都是自己人。"李闰仍然气不过:"樊丰,他就不是正经人!"李闰和樊丰,一个心机深厚,一个脾气暴躁,两个人见面就吵架,可他们总见面的,所以就总吵架。吵归吵,侍奉皇后这一点两个人却齐心协力,又心照不宣,都能做到曲意奉迎,不露痕迹地哄皇后高兴。樊丰低头嘟囔:"好像你是正经人似的。"皇帝却不管,赶紧当和事佬:"咱们都是正经人,以后仰仗李公公樊公公的地方很多呢,李公公说说?"李闰白了樊丰一眼,忽然就大叫一声,把皇帝和大家吓了一跳:"那个张衡,那就是个魔鬼呀!"

原来,十几年前的太学辩论会,李闰正在场,几个太学生奔向张衡,要对他进行"武斗"的时候,李闰也正要奔向演讲席,武斗张衡。文斗不解气,太气人了,气死人!可是帝国有天条的,太监绝对绝对不可以干预国家事务,太监的工作绝对绝对仅限于皇城之内,皇城之内呢,也仅限于后边的寝宫,后边的寝宫,也仅限于干些粗活脏活累活,女人们没有力气没有技术干不成的活儿,比方李闰修整取暖的炉子,宫女们就不会。除此以外,太监一律不得参与,这是接受秦帝国太监赵高干政的教训,定下来的,太监如果干政,不管是谁,见着了都可以当场宰掉,皇帝不但不怪罪,还给他发奖金。这话也就那么一说,想要强调限制太监的权力,从来没有一个太监被某个大臣给宰了,不是太监都老实听话不干政,实在是因为,当太监还没干政的时候,谁能拉下脸来收拾皇帝的身边人?而太监一旦已经干政,朝中的大臣,哪个也处置不了他们了,大臣只有任他们处置的份儿。当时李闰在观众席上,只敢生气,把自己气成一个青蛙,却不敢跟太学生一样跳出来。

把李闰气成青蛙的,是张衡这段演讲词:

　　天命是什么?天命是自然。什么叫天道轮回,就是大自然的寒来暑往,还有茫茫大地的沧海桑田。我们脚下的大地,在很久很久以前是大海,洛阳北邙山岩石上的贝壳就是铁证,洛阳曾经是大海,而且几度沧海,几度桑田,之前一直未有人民，有巢氏，燧人氏，不过几千年的光景，洛阳的大海桑田却是亿万之年的变幻不居。在未有人民之前，神有没有？如果有，在哪里？如果天地混沌之时就有神明，那么从天地剖判到人民产生之间的亿万之年，神在做什么？如果神也是跟人民一样，逐渐产生或者别的什么神制造的，那就是鸡和蛋的孰先孰后，人神同位，人神平等，神还有超自然的伟力吗？神还有什么资格让人去惧怕他？

神学家的意思，神的模样跟人一样，不，他们说人在模仿神，他们说神的职能就是监察人。那么我要问，神，亿万年无所事事，只有这几千年的时光，才忽然想起制造一批人玩玩？神如果就这样，如果这样也叫神，那神未免太轻佻了吧！回到我大汉，张扬神学的纬书经常说，我大汉高祖应天命而生，天神让他斩蛇起义，消灭暴秦。可按照天命五德终始论，秦也是应天命而生的，既然知道它是暴秦，为什么还要让它诞生？暴秦涂炭生灵几百万之众，难道这也是神的安排？神学家们坚信而且宣称，"聪明正直是为神"，可这样的神既不聪明，也不正直，还能叫他"神"吗？大汉定鼎天下，万民熙熙康宁，哀平之际却有王莽之乱，如果王莽作乱大汉篡夺大汉也是神的安排，那么神就是丧心病狂！不是吗？

再说皇位继承，大汉天子，上应天命，可是孝昭皇帝却无子继承，大臣在诸侯中选昌邑王入继大统，但昌邑王二十七日即废，王位空虚，大臣们又选择废太子之孙即位。既然皇权天授，天命如此不惮烦，所谓"天意"，杂乱无章程，三三两两，首鼠两端，简直缺心眼儿！如果真有"天"这么一个东西，这个什么"天"，也一定呆瓜瘪枣，先天发育不健全，这样的天，这样的天意！鹑之奔奔，鹊之彊彊。天之无良，我以为兄！鹊之彊彊，鹑之奔奔。天之无良，我以为君！东一头西一头乱跑乱窜的老鸹乌鸦，神学家却让我们把他当作至高无上的主宰。我说，要主宰，让他主宰神学家们去吧，这块小小的地盘留给他们玩，我们大家，撤！

李闰听张衡演讲，张衡言语冷静，不徐不疾，即使调侃神学家，演说的语气神态，还那么一本正经，看不出开玩笑的意思，李闰却一直在变，先变青蛙，再变蟾蜍，心中的愤怒转化为毒气，鼓得全身冒起毒泡泡，针一挑就会有一团毒气喷出来，弥散全会场。这小兔崽子年少轻狂，非圣无法，不但谤神，还肆意评判大汉皇家世系，妄议皇帝，哪一条都够得上凌迟！大鸿胪等一应官员居然毫不反感，还在那傻笑！这狂妄青年自鸣得意，还援引《诗经》，故意把"人之无良"篡改成"天之无良"，以为大家听不出来呢。尤其说到最后，那一句油腔滑调的"撤"，理智人听得鸡皮疙瘩隆起，浑身都会麻酥酥地难受。太学怎么招收这样没学问还夸夸其谈的家伙！李闰只恨自己没有生杀决断权，如果有……

这一席话，李闰记不得许多，他只记得大概，总之，张衡不信天命，不信天神，然后添油加醋，把自己编造的私货也塞进去不少，一股脑都是张衡的歪理邪说。

皇后听了李闰的话，双手抓住安帝的肩膀使劲摇："皇上，你听听，张衡他说旁支不该当皇帝！我们一家人，来到这洛阳皇宫，都是不合法的！"安帝对学问不在行，也不喜欢那些玄学议论，子非鱼、白马非马、道可道非恒道之类，都是闲人的消遣，而我这么忙……可是听皇后一说，也立刻警觉起来，再回想李闰转述张衡的话，句句都是讽刺，都是阴谋，都在否定当今皇上的合法地位，心里也就有了主意。奶妈王圣一向喜欢热闹，看今天大家说得热烈，虽然听不懂，有一处却听得真切，张衡说神鬼都是胡说八道坏人编出来吓唬老实人的，王圣大叫一声："反了他了！"就往外跑找人拼命，维护神的尊严。安帝及时按住奶妈："妈妈，这里不是咱清河国，不兴啥事都去挠人家满脸花，您老的习惯得改改。"王圣被按住动弹不得，嘴里却不饶人："不挠他，我压死他！"皇后忍住笑，这话说得真形象，这么一坨，一准能把人压死，不拘是谁。

人们义愤填膺，樊丰一言不发，不是他喜欢张衡，是因为他不喜欢李闰。这老东西，今天又风光一回，皇帝皇后都被他拉过去了，不能叫他领了全功。静悄悄走出永乐宫，到前殿找到江京，江京正在前殿喂巨蜥，这巨蜥是从交趾国买来的，为了在皇宫添一点热带风情，表示皇帝统领四海的意思。巨蜥没脑子——巨蜥没心肝，除了吃和交配，别的啥也不知道，可是买的时候没想到它也得交配才能生出小巨蜥，就只买了一条，结果这巨兽就只剩下一项功能：吃。因为没心肝，也就没记性，江京喂它好几年了，它还不认识，每次都用凶巴巴的眼睛看着江京手里的大箩筐，筐里装着各种肉。它只吃肉，没有肉的时候，它就盯着江京的胳膊看，大概在打量这人胳膊的肉比较多些。至于为什么只看胳膊呢，因为江京只露出胳膊，巨蜥没心肝啊，它不会推理，不知道那些布片包裹着的部位，肉还更多些。

樊丰向江京详细报告永乐宫里的事，江京也是黄门侍郎，管事比李闰多，显得地位也比李闰高。樊丰和李闰不合，江京知道，两个人分别来告状，江京也分别说赞同的话，结果两人都认为江京是自己的靠山。这个局面好，江京喜欢。现在听樊丰说李闰的事，略一沉吟，问道："那你说，我们该怎么办呢？"樊丰听江京说"我们"，心里乐得开了花，附耳江京，如此这般。

江京和樊丰到永乐宫，局面还是那个局面，情况还是那个情况，皇上气呼呼，皇后气哼哼，奶妈坐着抹眼泪，李闰静悄悄地鼓捣他那燃石炉子。忽然安帝眉头舒展，看见江京进来，说话的底气也越发充足："皇后，你们可能把时间搞混了，忘记这里还有一个时间差。江公公你来得正好，刚才我们说，一个太学生张衡，他说我们的皇位不合法。你想啊，李闰去听太学辩论会，多少年前的事情了，那是孝和皇帝时候，我就不知道有这档子事，肯定在我来洛阳之前，张衡怎么预知我和皇后要来洛阳？他说的不是我们，他在说西京时候的事，我们不管他的胡言乱语，江公公，你说对吧？"

江京和樊丰相视一笑。江京说："皇上圣明。可我这样想啊，张衡他说没说陛下，他那时候知不知道陛下要从藩国来到朝廷入继大统，这都不是问题，眼前的问题是，陛下要知道这张衡是怎么样一个人。他不认天，不认神，不认命，他谁都不认，啥都不认，这样一个人，绝对不可能是孝子忠臣，绝对可能是贼子乱臣！愿陛下留意。"樊丰赶忙跟上说："陛下，这种人最阴险，歪理邪说，祸乱朝廷。"安帝猛然醒悟：仅仅说我不合法，还是我个人的事，他轻慢鬼神，瓦解神圣，否决天命，动摇我大汉的根本，说我犹可恕，蛊惑天下人，消解大汉来自上天的授权，大逆不道，万万不能让这样的人祸乱朝廷！安帝为自己处置张衡找到了冠冕堂皇的理由。

早朝时分，安帝先来向太后请安，每天例行公事，"太后万福金安。"跪拜如仪。太后往往还勉励几句，无非国家社稷之类，每天的教条。看似毫无意义，但意义就在不断地重复重复再重复，所以臣民敬祝皇帝，都是"万岁，万岁，万万岁"，而且还得喊出来，声嘶力竭地喊，臣民们被自己的呼喊声慑服，自己相信这是由衷的祝愿，于是天下真就相信皇帝能万寿无疆。同样道理，大臣每次上书，结束语永远是"臣昧死上书，死罪死罪"，久而久之，大臣们真的相信自己犯了弥天大罪，哪天皇上要治他们的罪，他们认为理所当然，引颈受戮。中国皇帝喜欢仪式，夷狄们觉得这很可笑，虚头巴脑的华而不实，夷狄们在中国住得久了，也学会这一套君王南面之术，细节最关键。礼仪后，太后带着皇帝，太后辇皇帝车，缓缓地走向德阳殿。今天皇帝跪拜之后却没有立刻站起来，说是还有一件大事禀告太后，难得皇帝关心社稷大事，太后说："你说。"安帝就把李闰说的事，简单地说了一遍，太后颔首称是。皇帝看见太后有赞许他的意思，就说："这样的乱臣贼子，还应该及早处置，不然贻害国家社稷。"

太后略一思索，告诫说："皇上，我不知道你从哪里得到这些信息，但我要告诉你，人主要有宽容心，听得进不同意见，尽管这意见明显有错误；容得下不同的人，可能这人你十分讨厌。更重要的，人主握有生杀大权，这道权力用时一定要仔细掂量，怎么掂量？法律。这个人，叫张衡？听你说，这是一个离经叛道的人，不遵守祖先法度，肆意妄为，可他这妄，不是'为'，仅仅是'议'，自古言语不治罪，而你不但要治他的罪，还要治他的重罪，这怎么能服天下人心？大臣杀人不经法律，叫擅杀；人主杀人不遵法度，叫妄杀。妄杀一旦开头，就收手不住，天下必然大乱，江山易主。张衡这个人，在演讲时候说些过头的话，大凡演讲，都喜欢做惊人之语，求得轰动效应。这些年轻人的心思，人主应该宽容对待。张衡说的，如果抛开他那过于张扬甚至张狂的言论，好像也有一点点道理。人主要学会兼收并蓄，博采众长。时候不早，跟我上朝去吧，大家早该到齐了。至于刘珍要请他来东观这事，就算了，让他在南阳多待些日子吧，磨一磨他的性子，有好处。"安帝不断地点头，唯唯称是，跟着太后的步辇，逶迤奔前殿而去。

二十四

鲍德上京第三年，张衡第三篇京都大赋《南都赋》落成，与《二京赋》鼎足成三。司马相如"子虚上林"，班固"两都"，张衡却是"三都"，三都的依据是子虚上林的三个苑囿，由三苑变为三都，规模气魄超过既往。

于显乐都，既丽且康！陪京之南，居汉之阳。割周楚之丰壤，跨荆豫而为疆。体爽垲以闲敞，纷郁郁其难详。

尔其地势，则武阙关其西，桐柏揭其东。流沧浪而为隍，廓方城而为墉。汤谷涌其后，淯水荡其胸。推淮引湍，三方是通。

其宝利珍怪，则金彩玉璞，随珠夜光。铜锡铅锴，赭垩流黄。绿碧紫英，青腹丹粟。太一余粮，中黄珏玉。松子神陂，赤灵解角。耕父扬光于清泠之渊，游女弄珠于汉皋之曲。

……

最后，张衡以四言颂诗作结：

遂作颂曰：皇祖止焉，光武起焉。据彼河洛，统四海焉。本枝百世，位天子焉。永世克孝，怀桑梓焉。真人南巡，睹旧里焉。

《南都赋》写陪都南阳的风土人情，精致细密，活泼灵动，一改司马相如大赋的华丽庄严，也不同于张衡自己在《二京赋》中的彩丽竞繁，《南都赋》就像几个文墨士子在说家常。条列南阳的山川草木、饮宴、春游、比武、种种市井风情，南阳旧都新城陪都三个身份，集于一身，又是一幅风俗都市风情写实传真。张衡以画家的视角，文学家的立场，写成《南都赋》。

《南都赋》告成，张衡终于可以很高兴地往洛阳，亲手把这篇大赋敬献给自己的导师和领路人鲍德。他准备专程往东京，拜候鲍德。

张衡写完《南都赋》，心下释然。释然，有两个原因，第一，天下三个都城，分别写了大赋，专题专人，命题作文，一人占了三都，再也没有别的都城可以写，他心里多少有些幸运的感觉。班固只写两都，没写三京，如果孟坚写过三京，我写得纵然超过孟坚，终究步人后尘，拾人牙慧。第二，天下大赋，马扬班，到我，大赋写作可以终止了，张衡，可以做个大赋终结者，因为，我想不出还有别的办法写京都大赋。司马长卿搭好骨架，扬雄填充筋脉，班固布设组织，忝列其间的我使它们丰满血肉，大赋至此，已是成人。身强体健，行动灵活，思维缜密，情感丰富的一个鲜活的"他"，再写？再写的话，这人就被写衰老了。

尽管张衡懂得谦逊自守的道理，他觉得完成这样一件大事，还是应该庆祝一下，为自己庆功，这事太卑弱，不太好意思告诉别人，再说，我写成一篇文章，别人不见得有理由为我高兴，我自己敬酒一杯，也向老前辈扬雄致敬。

张衡悄悄收拾一个食盒，到南阳市街买得一瓦罐清酒，闲庭信步般走到白河边，河边杨柳树上蝉鸣一片，正是盛夏季节，河上偶尔漂过一条打鱼船，渔夫也懒洋洋的，若有若无似是而非地撒着网，不在乎网里有没有鱼。张衡在岸上席地而坐，打开食盒，几种食物罗列于前，斟酒三爵，一爵敬天，一爵敬地，一爵慰问路过神仙鬼，然后慰问自己。

张衡以尊酒敬天敬地，他要跟天地做个约定。从前，天至尊至高，人不可接近，张衡的约定，希望天纡尊降贵，与人平等。如果天永远高高在上，人需要仰天之鼻息，就无法了解认知天，天人之间，不该如此隔膜。

张衡的祈祷文是：

> 不言之天，是为上帝。上帝，请接受这一盏酒，自今以后，我与天齐，不分尊卑。如此言语，已属冒犯天威，上帝罪我一人。言语或有轻慢，更罪我一人。大汉天子，文武官吏，众庶万姓，尊奉上帝之心，亘古不变！

天默默无言。既然上天无言，就是不反对，张衡与天的约定，已经告成。张衡心下坦荡，他的一切，冒犯天威揭示天象的言行，都已经获得天的谅解，他现在就可以心地坦然地探讨天地的奥秘。在南阳的郊外，在一片蝉鸣鸟唱的柳荫之下，张衡完成了自己由人间学者向天象学者的转变。

蝉声已是断断续续，张衡起身，抽出佩剑，剑锋划过，冷光闪烁，形成一道曲线，这道曲线是一道音符的开端，张衡随着剑锋，在林间起舞，清影过伊人，剑光由白变黄，渐渐暗淡，太阳已经落山，燕雀归巢，这一场独舞，是张衡对天的礼敬。对人间之主，人臣跪拜山呼，口称死罪，礼敬天神天帝，天帝无处不在，佩剑舞蹈就是最高形式。倚树抚剑，向天高歌：

> 白驹过隙兮我去我生，大块载我兮我自屏营，我来自天兮天赋我以灵，我来自地兮地育我以形。天地有德，载魄载形，终极罔在，亦实亦空。知我罪我，悯我告我，内我拒我，天意均平。

　　回到市街，天色已晚，行人稀少，约略数人，也都匆匆忙忙，张衡心思沉静，犹如止水，身外世界，了不在心。街角处一个算卦摊，算命先生目光炯炯，对张衡说："这位大人，算一卦吧。"

　　张衡从未算过卦，他心里鄙视算命打卦之事，但行为表现却是宽容，那是人家的职业，凭三寸舌吃一碗饭，也算吃得辛苦。看见人家算卦，张衡总要避开，不作评论。算命先生见了路人，都是这套说辞："王孙，我看你印堂发亮，要做高官哪，我替你算一卦，算得不对，分文不取，小人给您赔罪；神灵相助，算得靠谱贴边，凭你打赏几文钱，算是您的恩典。"如果是中年人，改成"先生"，老年人，改成"寿星"，不过说辞也相应地变为"印堂发暗，有点小灾，我给您破解破解"。

　　张衡听算卦人的广告词说得简约，"算一卦吧"，没有那些利诱的威胁的话，心里有一点感动，再看他衣衫褴褛，面带菜色，显然长久饮食不周，这么晚了还在大街上等候算卦人，看来今天他分文未得，晚饭自是没有着落，心里着实不忍，就停下脚步，听算命先生下文。

　　但是先生看着张衡，一言不发。

　　张衡忍不住，问他："你能算什么？流年？八字？看相？"

　　先生露出很不屑的神色："王孙不应问我能算什么，应该问我不会算什么，可我不敢说大话，我没有不会算的，所以，王孙想知道什么？"

　　"我……"张衡实在想不出自己想算什么，他从来没在算卦这方面动过心思，所以一时不知道该问什么。

　　算命先生自己说话了："王孙不必开口，我知道王孙的职业，王孙从前在官府听差。王孙不必介意，我没有冒犯的意思，主簿大人虽然任职府衙，也是个听差。"

　　张衡很后悔，有道是善门难开，我可怜他，照顾他生意，谁知道这人一直在府衙门口摆摊，对我的履历了如指掌，接下来的话，还不是任由他信口开河？张衡扭头就走。

　　"谁人写得三篇赋，风卷残云过平川。"

　　张衡站住，人们可能知道我是官府中人，知道我是郡主簿，可是没有人知道我写大赋："这不可能！我的第三篇大赋刚刚写完，除了我，没有第二个人知道，鲍大人都不知道。"他停下来，看着算命先生不说话。

"王孙，哦，王孙任职府衙，该叫您大人。大人奉天之命，将彻底终结大赋，虽然往后写作大赋的也不少，再也没有谁比得上您的三篇，不仅水平了得，胸襟气度，立论高度，均不可作同日语。大人娴熟文墨，自然懂得我说的意思。不过，二百年后王孙要经受一次挑战，挑战者有官府做后盾，气势不小，权贵们蔑视从前的一切，扫荡马扬班张，推出自己的大赋代表作，也是三篇，要在大赋这个世界争出高下。目空一切的人不长寿，目空一切的世道不长久，这次风波过后，人们仍然认可大人，认可马扬班张，他的大赋到底被人用来糊酱缸。对，将来的大赋是写在纸上的，蔡侯纸，可以用来糊坛子口。"

张衡终于不得不认真对待眼前这个其貌不扬的算命人："那个人，他叫什么呢？"问完了觉得很可笑：就算他说得对，有人要砸我的文坛场子，我怎么会在意二百年后的挑战者？但是事关自己，总有好奇心，他也不是想做什么，比如让那个人不要出世啊，等等，他只想知道与自己有关事的一点底细。

算命先生摇摇头："名字嘛，左思右想，还是不知道。名字就是一个符号，叫什么不要在意。再者说，人要天生帅气，叫什么名字都叫人喜欢，'狗剩子'人人抢，'万人嫌'人人爱。人要长得丑，有名字也多余，丑本身就是名字，瞎子，秃子，刀疤脸，独眼龙，叔山无趾，刖跪，是不是？大赋究竟是小道，与王孙的大成就相比，微不足道的小成就，王孙的大成就……王孙怎么看天？"

张衡说："天尊严至上，人不敢详参吧。先生的意思？"

算命先生沉吟道："读书人总说：天深不可见，天高不可攀，天尊不可问，天贵不可亲。俗语说：举头三尺见青天，我们这些俗人的见识要高于那些读书人。常理，天就在我们身边，每天都见天，死者不见天，那是因为他死了。天有秘密。但绝不是秘不示人。说个常理，天如果有心，心事自难隐，天如果无心，更容易格致分析，以千千万万人之心，参天之一心，天之心边边角角都透明的，哪里还有不可见不可攀之说？

但是可惜，芸芸众生，对天事漠然不关心，对身边事斤斤计较，追根问底，关心天道的，万不见一，所以人对天道迷惘。大人不然，大人知天理，也知人情，不要问我怎么知道这些，但是王孙也要留意，读书人说，察见渊鱼者不祥，我们俗语说，见识多麻烦多，天是一领大席，揭出一角，读书人说的'惊鸿一瞥'，如果全都露白，俗语说'家无隔夜粮'，大人揭出一角，就是人间大功，万世不及，切记切记。"

张衡更迷惑了："岭树重遮，雾锁云埋，老马也难识途。在下不明白。"

"其实大人心里很清楚。还有，大人怎么看情和理？"

"情由人生，理自天成。情分属众庶，理总括天道人伦。"

"大人认为，情在理中，理大于情。众庶各自有情，情同一理，众庶尽皆无情，理又所自何来？大人参天理，正是本于情，情感于心，一灵不灭，百年之后，复归于情。一情所念，毕生徘徊，唉唉，个中原委，也不是我能参透的。人情深厚，人心绵密，大人不世出的大功，也正在情与理之间。"

算命先生的一席话，张衡听得若有若无，意识一直在虚实之间徘徊，连他自己的身躯也仿佛游走于真假两界，不知道自己怎么离开的这个街角。他不能断定这先生是什么人，开头很惊艳，原来很平常，这些话的适应面绝对"广谱"。后来他几次再来这个街角，而那位算命的先生踪迹杳然。张衡再来找算命先生，不是要证明什么，是他离开时神情恍惚，忘了付卦资。询问周边摆摊卖货的，都不知道有这么一个算卦的"睁眼瞎子"，从来没见过，虽然那天天气不很好吧，但也没风也没雨，只是冷，街上行人稀少，商户生意清淡，大街上一个算卦的，不应该全都看不见。大家都说张衡记错了，算命打卦的，全都是盲人，盲人意念集中，才能给人算卦，睁眼人东看西看，哪有心思管别人的事。张衡想着这个困顿中人，不知那个晚上他是否有饭果腹，也许早已饿死填沟壑。此后张衡迁居洛阳，洛阳南阳，虽然并不遥远，但俗务缠绕，人际关系缭乱，也就没有再回南阳。仕途多舛，遇到奇奇怪怪的也正多，也就渐渐淡忘算卦人。

第八章 小 试

二十五

张衡从南阳府衙回到石桥镇读书，读天书，关于天的书。天书在古代典籍中也有不少，阴阳家说话不着边际，总被人看成说大话，其实说天怎能不大，不大又怎能说天？尘世中人不明了其中奥秘，冷嘲热讽居多，所以老子说"下士闻言大笑之"，老子的话还被人嘲笑，何况更玄的谈天衍雕龙奭。但是张衡研究天，可以越过邹衍邹奭，从攻读扬雄《太玄》始。《太玄》晚于二邹，但思维比二邹更缜密。

扬雄其人，张衡钦佩班固的一段议论。扬雄谈天、说道、论文，在这三个方面都简直只手遮天又擎天。班固在《扬雄传》后序中说：

> 雄年四十余，自蜀来至游京师，大司马车骑将军王音奇其文雅，召以为门下史，荐雄待诏，岁余，奏《羽猎赋》，除为郎，给事黄门，与王莽、刘歆并。哀帝之初，又与董贤同官。当成、哀、平间，莽、贤皆为三公，权倾人主，所荐莫不拔擢，而雄三世不徙官。及莽篡位，谈说之士用符命称功德获

封爵者甚众，雄复不侯，以耆老久次转为大夫，恬于势利乃如是。实好古而乐道，其意欲求文章成名于后世，以为经莫大于《易》，故作《太玄》；传莫大于《论语》，作《法言》；史篇莫善于《仓颉》，作《训纂》；箴莫善于《虞箴》，作《州箴》；赋莫深于《离骚》，反而广之；辞莫丽于相如，作四赋；皆斟酌其本，相与放依而驰骋云。用心于内，不求于外，于时人皆曶之；唯刘歆及范逡敬焉，而桓谭以为绝伦。

大司空王邑听到扬雄死的消息，来问桓谭："您老经常称赞扬雄的文章，现在子云盖棺，可以论定了，您看扬子云的文章学说可以传之后世吗？"桓谭说："确定一定以及肯定！不过很遗憾，您老和我都看不到这一天了。遇到那些真学问真君子，仔细研究扬雄著作的深奥道理，他的学问地位一定在先秦诸子之上！"想当年——桓谭年纪已经很大，说话总习惯说想当年，别人没有他那么长的人生阅历，没多少资格鼓吹想当年，当年的事情只能听桓谭说。桓谭说，想当年，老子著作《道经》《德经》两篇，当时人不以为然，可五百年后，人人谈论《道德经》。桓谭是大汉帝国的理论权威，直言不讳的君子，因为不屑于谶纬之学，当面抢白皇帝，光武皇帝特别喜欢谶纬神学奇奇怪怪，所以桓谭老先生险些被光武帝处死。桓谭说，扬子云之所以不被重视，是因为他的官位不显，他老人家如果身居高位，《太玄》《法言》早就被人研究得龙飞凤舞了。

扬雄《太玄》，同时代人多不知所以然，因为它太难懂，人们更喜欢他的《法言》，因为"法言"容易懂，人们习惯避难就易。但是张衡执着于《太玄》，宁可舍去《周易》和先秦诸子，也要攻读完成《太玄》，读得通透，他知道，天地的最后秘密可能就藏在《太玄》里。

《太玄》遵从老子的著名论断"玄之又玄，众妙之门"，开创对天地人三者的综合讨论新局面。扬雄发现，先秦时候的几位圣贤，老子说天，墨子说地，孔子说人，都在自己统领的领域开创了新说，他们的"新说"延续到大汉，五百年了，还是很新，没有谁能改变它们。没有人能改变它们，说明它们是永远的真理。但是扬雄说，天地人三者要一起说，才能周全。一起说的成品，就是《太玄》。扬雄说，得用说人的思想说天，说天的思想说地，说地的思想说人。

于是在扬雄的思想里，天地人构成一个综合系统，从前，人们认为世界二分，根据天人合一理论，凡事一分为二，以图周延。所谓一分为二，其实最简单，占有一分为二这个制高点，将永远立于不败之地，而一分为二又是那么容易掌握，说来说去等于啥也没说。比方某人病了，诡辩家用一分为二法说："生病虽然不好，可是一分为二地看，你可以借生病休息几天，这就是好事。"夏桀虽然荒唐无度，作恶多端，一分为二地看，夏桀的样子还是蛮帅气的哦。酒池肉林虽然荒唐，可是从消费生产的角度看，大面积造酒提高劳动生产率，大幅度狩猎导致动物资源枯竭，促使人们发明家畜驯化饲养，对社会进步也是促进呢。到处是不可战胜的诡辩，大汉的天下不乱才怪。

扬雄讨厌极了这个气死人也害死人的"一分为二"，提出自己的"三表法"，建立"第三者平台"，这个平台就是拥有最终裁判权的法官，比如秦始皇帝，用一分为二法，要这样说：秦始皇帝残暴至极，民贼独夫，几百万人死于秦暴政；但是，秦始皇帝剿灭六国，天下归于大一统，恢复并扩大了周的疆域，而且书同文，车同轨，创立郡县制，为后世天下共同规模，中华文化传播四方，所以，千古一帝秦始皇。然后呢？二分法就没有然后了，它不会也不愿意对世上事情做基本的判断，所谓基本判断嘛，一是价值判断，二是情感判断，三是是非判断。判断，就得说出秦始皇好还是不好。价值、情感、是非三重判断？那多危险，万一局面改变了呢，我得预先把两种可能都说到，才能左右逢源，永远立于不败之地。如果皇帝痛恨秦始皇——嗯，我早说过的嘛，秦始皇帝大暴君，民贼独夫。可是新皇帝又喜欢秦始皇的啦——嗯，我早说过的嘛，秦始皇千古一帝！一分为二可以帮助人们根据自己的需要采取相应立场：需要大一统了，秦始皇是好皇帝；需要反抗暴君了，秦始皇就是坏东西，完全彻底"现世报"式的实用主义。

三表法就不会这么和稀泥，它会给世人一个明确的交代：这个人到底好还是坏，你得做一个明确的表态，不能总处于临界状态。具体到秦始皇，扬雄"三表法"有基本价值认定：这是个害人的家伙，他做的"好事"，也出于"坏"的需要，他的坏就是残害人民毫无怜悯心。对于暴君是这样，对于升斗小民也是这样，要不然就不会有"小人""君子"的人物定性。这样的截断众流式的理论，消弭纷扰不辨善恶真假的朝野狂躁议论，张衡喜欢，心里引以为同道。

张衡更感谢扬雄对他天文学方面的帮助。张衡看天看地，树立一个大局观，就是天和地的关系。大凡大学问的学者都有自己的天地宇宙观，他们对宇宙的看法大体归为两类，天盖着地，还是天包着地。两种学说分别建构一个系统：天盖着地的，属于"盖天说"系统；天包着地的，属于"浑天说"系统。扬雄主张浑天说，张衡也持这个立场。扬雄说："玄者，天玄也、地玄也、人玄也。天浑行无穷不可见也，地不可形也，人心不可测也。故玄，深广远大矣。"天地人三者浑然一体，都茫然不可骤见，但玄也不绝对不可体察，体察它需要高深的学识，所以，能谈天能说地，那都是学术大家，有专业风范的。

《太玄》在张衡的心里产生强烈的震撼，他折服于扬雄的宇宙观。张衡在写给崔瑗的信中说："我自从读过《太玄》，才得以参透扬雄精妙的天道观，它与'五经'相终始，五经不灭，太玄不灭，五经解说天地，太玄何尝不是。这里隐含着一个历史的宿命，说起来可能大家都不会相信，这是论证汉家得天下拥有天下二百年的预言书，这个奥秘，人们浑然不觉。二百年之后再加二百年，大汉的运道或许即将终结？《太玄》这部书出现，显示一个世纪的循环，太玄告诉了我们人间常数，不依傍他人，自己去阅读，这个常数就会出现在读者的心里。总之，《太玄》一书，将在大汉终结后大行于世。"

张衡给崔瑗写信不久，从朝廷来一份指令，要张衡到朝廷任职，职位是郎中。

刘珍给朝廷的请示，石沉大海，刘珍等得着急，多方打听，终于不得要领。刘珍想，因为我的那份奏章写得太短小吧，被人丢弃到哪个角落，永无出头之日了。如果是那样，我就再写一份好啦。鲍德连忙制止道:"秋宝从善的一面推测这件事,没根据,既然没根据,就得从恶的一面在推测。也许太后和皇帝看到你的上书了,觉得从遥远的南阳调来一个年轻人,编编写写,这太夸张,不就找个校书吏吗,至于费那么大的力气。你再上书,也没用。这还是好的,更坏的情况是,你的上书,某人不高兴,比如太后吧,她不喜欢张衡这个人,张衡有名,树大招风,不知道在什么场合就把某人开罪下来,你要不提起,太后可能也就把他忘了,你要再提,就要新账旧账一起算,后果可能就会很严重。我看还是等等看。也可以考虑放弃,平子绝非池中物,总有出头的机会。"

朝廷到底也没有下文,从朝廷也没有传出关于张衡一丝半缕的消息。一年以后,朝廷有一个郎中的推荐名额,鲍德因为自己即将退休,豁出一张老脸,给张衡争取到了。张衡来到洛阳,鲍德向他讲起刘珍曾经向朝廷申请的事,结果石沉大海,现在郎中职位,是第二次争取来的,算年轻人仕途必然的蹭蹬吧,万事开头难。张衡忽然觉得刘珍的申请没有被批准,鲍德说的第二种可能最可能,张衡肯定有开罪于人的地方,不是文章,就是言论,张衡想不起自己发表过什么出格的言论,文章写得不少,说不定哪里就会得罪人。鲍德的话提醒了张衡,在朝做事,一定要小心谨慎,自己在大汉都城说不准已经是个有"前科"的人了。

张衡完全不记得在太学的那场辩论,根本不知道那场无遮的太学生辩论赛,会埋下仇视的种子,这种子多年以后还萌发出报复的芽。

郎中,负责朝廷传送缮写文书,办理具体事务,一应朝廷可能召唤的时候,随叫随到,文职办事员,东跑西颠是他们的本分。但文职郎中还有一个身份:候补。朝廷或外地衙门有了职位缺,本部门郎中优先递补,不过这需要等。

张衡在郎中任上干了三年,等待了三年,鲍德说得也不全对,万事固然开头难,万事的过程也不容易,三年之中诸事并不顺遂。

第一年,张衡刚刚到任,鲍德已经卧床,张衡几次前往大司农宅邸看望鲍德,鲍德患哮喘,在床上辗转反侧,呼吸困难,日夜不能成眠,伏于床,枕支于肘部,才得少时舒缓,过一会儿又得变动姿势,适应不断变化的呼吸频率,每天熬过漫漫长夜,又挨完迟迟永昼。但他的意识始终清醒，牵着张衡的手，气喘不止，断断续续告诉张衡："不知道哪天，我这一口气就上不来，顾不得你了。郎中任上勤勉从事，等待机会。你不善于交往，处理人间事，非你所长，你集中精力专注天上事吧，那里才是发挥你才干的地方，在那里你绝对自由，没有人为的阻力。天若有情，天管地，天塌地陷都是天做主，我就想叫你问问天，地震地动，能不能给个知会？众庶何辜，几万人死于瞬息之间；天若无情，地管天，日月星辰都围着大地转，那就问问地，地上的人亲你爱你，感你恩戴你德，你怎么忍心一下子抛弃几万人，今年抛弃，明年还抛弃，地上人全体引颈受戮大地何其忍！你一定替我问问，替天下人问个明白。我不担心你的才华，参天透地你不怕，我很担心你的环境。虽然你心在宇宙，与世无争，与人无争，可你人还在朝廷，朝廷就是个江湖，你不争人，人未必不争你。他也不一定要和你争官职、争俸禄，你的俸禄还未必比他高。可他一定要想和你争，你毫无办法。为争而争，在他，也就图个乐，与人争斗，其乐无穷。在你，就要涉个险。珍重，珍重。"

张衡把自己这几年记录的"鲍德语录"，雇请专业写手，用八分书端正地写在简上，自己还写了序言，送给鲍德。鲍德展开竹简，一条一条看自己的"语录"，病中人露出难得的喜悦："平子，这些话，都是我说的？"张衡点头说是，鲍德笑道："可是，我有什么语录啊，皇上和圣人说话才叫语录。改了，现在就改。"张衡除下第一片竹简，换上一片新的，鲍德家人取来笔墨，张衡在新竹简上写下一行字："大司农言，上党鲍德。"鲍德摩挲着自己的著作《大司农言》，每天看几遍，珍爱不释手："君子立言。我这一生，太上立德不敢说，其次立言立功，无愧大块载我了。"

这以后，张衡每次从朝堂退下，都到大司农宅邸看望一回，鲍德气喘时时发作，发作时坐卧都不能，痛苦难挨。鲍德不想让朋友们看到他这般狼狈模样，拒绝所有人探访，张衡就在宅邸前肃立，默念大司农尽早康复，每天如此。

鲍家百般调治，朝廷拨出专款为大司农治病，皇上还吩咐太医到鲍德家为他诊疗，太医轻易不出皇宫，现在专为大司农而穿街越巷，风尘仆仆，这种待遇最难得，象征天子特赐的荣耀。太医治疗仅仅具有象征意义，果然鲍德病入膏肓，终于在一个晴朗的下午，摆脱了疾病的折磨，一身轻松，不再气喘。鲍德走时很平静，不是他预想的一口气上不来，那一时刻，他气息顺畅，面色红润，自己感觉全身舒泰，仿佛孩童时候的健步如飞。他在世间最后一句话是："我回来啦！"人们不知道这句话的确切意思，是他对死亡的大欣喜，还是他的意识错乱。

旁人听到的是鲍德临终遗言，鲍德自己的意识世界却是这样的：自己很小很小的时候，十来岁，春日下午暖阳，家乡上党的山花开得烂漫，漫山遍野，道路两旁的各色花儿向远处蔓延，与山岭上的花世界连接，汇为花海。他在外边玩得累了，沿着几乎被花朵覆盖的小径跑着回家找妈妈，家门上方，三角梅正开得茂盛，花簇满满的枝条垂下来，墙头上摆满了绿萝，半墙面的爬山虎，叶片鲜绿。他走进门，看见母亲在庭院里，把一盆鸢尾花往矮墙头上放，阳光照着母亲的脸庞，非常柔和，非常慈祥，看见他进来，向他一笑，他说："我回来啦！"鲍德的世界，就此静止。

张衡受鲍家的委托，为鲍德作祭文。

　　昔君烈祖，平显奕世。敬叔生牙，美管交赖。至于中叶，种德以迈。种德伊何，去虚适参。建旄屯留，其茂如林。降及我君，总角有声。遗蒙万谷，宠禄斯丁。守约勤学，克劳其形。浚哲之资，日就月成。业业学徒，童蒙求我。舍厥往著，去风即雅。济济京河，实为西鲁。昔我南都，惟帝旧乡。同于郡国，殊于表章。命亲如公，弁冕鸣璜。若准允之，实耀其光。导以仁惠，教以义方。习射瞿相，飨老虞庠。羌髡作虐，艰我西邻。君斯整旅，耀武月频。蠢蠢戎虏，是慑是震。知德者鲜，惟君克举。既厌帝心，将处台辅。命有不永，时不我与。天实为之，孰其能御。股肱或毁，何痛如之。国丧遗爱，如何无思。

葬礼仪式，自是"如仪"，但人们追思钦敬鲍德平生事业，更被祭文感动。祭文写得真好，鲍德的人品事业，与祭文适成双璧，无鲍德即无此祭文，无此祭文则无处安放鲍德。都关心祭文谁作的，回说南阳张衡。"作《二京赋》的张衡张平子吗？""天下有两个张衡，都是文章大家，你认为可能吗？"因为鲍德祭文，张衡在京都引起了第二场震动，很久以后，文章界出现一个口诀："平生不识张平子，读尽诗赋也枉然！"意思很不错，毕竟文绉绉。民间的口诀就简单了："文章无邻张子平。"与前几年称赞许慎的民谣正是一对："五经无双许叔重。"洛阳人说话，邻与零同音，双与铳同音，所以这两句话说起来朗朗上口："五经无双（铳）许叔重，文章无邻（零）张子平。"平仄和韵。帝国评价人物有一条暗线，这个暗线非常敏感，对时事人物评头论足，更奇的是品评得极为贴切，早年评董宣"枹鼓不鸣董少平"，评贾逵"问字不休贾长头"，往后评戴良"关中大豪戴子高"，评胡广"天下中庸有胡公"，一句七言，第四字与第七字押韵，简洁明了，闻者记忆深刻，嗯，很好，"文章无邻张子平"，子平，即平子。

张衡从南阳到洛阳，一个待业青年，直接到朝廷任职，虽然是郎中，不掌握权力，但这是一个过渡职位，"有职待业"，有合适职位，可以及时递补。这个位置是鲍德为张衡争取来的，天下人都知道东京好，纷纷来京都谋食谋官，京都人都知道郎中的职位好，眼睛紧紧盯着这个职位，一旦空缺，呼啦啦如鸟雀争食一般拥上来，这些"鸟雀"，都不是等闲之辈。鲍德没有向张衡说他怎样为这位弟子争到这个名额，也许有许多正人君子不可为不屑为之事，说出来担心张衡心里不平，但从鲍德的人品官德，他的作为不会出格，最多也不过廷争面折，争到面红耳赤罢了。张衡聪慧非凡，自然知道自己的职位得来不易，但一想到平生尊敬的道邻先生为了自己的郎中职位，与人争斤掰两，心里就难过，觉得怎么做官怎么尽心竭力，也难以报答恩师。

第二年，张衡日常当班，不主一职，也就不主一事，他乐得时间充裕，正适宜增进学问，这也得益于文职郎中的方便，他经常到太学和东观读书讨论。郎中令只管把人拘管到位，至于到位之后大家做什么，他不管。执戟的执戟，发文的发文，传话的传话，都有自己的一摊子事情忙。他知道张衡到太学和东观读书，更坦然，因为他知道这位大文豪真的去太学和东观了，不像某些依靠门路进来只待提拔的挂名"郎中"，到岗后说"我去东观"，就走得干净，其实他到西街吃花酒去了。还有的派小厮送来一个出入牌，上写今天有某某事，牌上密密麻麻都是事假，不到一个月就要执事房涂掉换成新的执事牌。郎中令感慨道："都是太阳底下两条腿的人，差距咋就这么大！"

张衡到东观，多数时候是找马融。马融上年应大将军召请，到东观见习，第二年拜为校书郎中。马融在东观第一次看到帝国的图书馆，规模超出想象的庞大。东观的建筑与太学不同，这里没有辟雍，整整齐齐五进院落，藏着天下图书。图书分类依照西汉帝国的样式，第一进，是实用类图书，卜筮、法律、种树、医药、养生、文字、杂记小说等；第二进，诸子文学类图书，先秦诸子、楚辞、诗赋、乐府、总集、别集等；第三进，史书类图书，先秦各国史、大汉地方志、官修史书、私修史书、蛮夷志等；第四进，谶纬类图书，与经类配套，《易》《诗》《书》《礼》《春秋》都有各自的纬书；第五进，经书类，《易》《诗》《书》《礼》《春秋》，以及对这些经书的注疏。每一进院落都有正厅和东西二厅，各厅全都是图书，为了防火安全，没有生活设施，所以东观一年四季不举火，所有官员都不住在东观。早上来办公，晚上各自回家，只留看守巡逻人员，昼夜防护，所以这里比太学戒备森严。

东观图书的材质有三种，正厅放置正版图书，是竹简或木简，简的规格一致，长一尺，宽七分，百简串编为一篇，一篇文章，展开案上，擎在手里，阅读传看，都十分方便。抽象的文章被具象化，手里一"篇"文章，它就是"一篇文章"，收起来一个卷，称为"一卷"，一篇就是一卷，看它展开的还是收藏的，展开曰"篇"，收藏曰"卷"。东厅收藏图书不正规，材质不统一，有绫书，有帛书，有绢书，有纸书。自从有了蔡侯纸，纸价急剧降低，纸在市面上与竹片争高低，虽然竹片仍然保持高贵的派头，不可撼动，但普通人家已经用纸做书写的首选，遇上重要事件才买几卷竹简，竹简居然成了应景的摆设。东观的图书，纸质也越来越多，张衡的《二京赋》到现在也还是纸抄写的一本，原本竹简的一直藏在鲍德家里，因为鲍德喜爱，征得张衡的同意，已经随鲍德下葬。东观刘珍原想按照抄本，复制一个竹简正本，由于事情繁多，一直没有做这件事，而且事实上这件事已经不可能再做，因为大量的新作品产生，都是纸质的收藏在东观，想制作正本也来不及。

东厅放置的图书比较杂，实际不是图书，但却是正宗的"图书"。《周易》说："河出图，洛出书，圣人则之。"孔安国把这句话稍作演绎，就是这样了："伏羲王天下，龙马出河，遂则其以画八卦，谓之河图。"这就是人们口头常说的河图和洛书，简称"图书"，有图有书有龙马。图书这种神秘的东西怎么能这么轻易地交给凡间这些糊涂虫？聪明人开始编故事："伏羲帝教民打鱼种地养家畜，天下太平，祥瑞频繁地出现，一种龙背马身的神兽，生双翼，身高八九尺，遍身金鳞，凌波微步，踏水而行，如履平地。背负斑斑点点，形成图案，由黄河进入洛河，在洛河起起伏伏，原来这是传说中的龙马。这件事，就是所谓'龙马负图'。伏羲依照龙马背上的图案，画出了八卦图。此事不久，又有神龟背上驮着书从洛水出现，伏羲帝得到这种图书，再画成八卦。一次八卦，两次八卦，究竟哪个八卦是真八卦？伏羲帝说，谁说只能有一个真，两个都真！"伏羲这么说了，那自然是对的，两个都真。东厅的图书是正宗的原始的图书，原始的图书只有图画没有文字，它们刻在乌龟的背上，野兽的毛皮上，牛的骨头上，石板上，材料丰富多彩，光怪陆离。秦始皇制作一些石鼓，圆圆的，上面刻着文字，也被搬来东观，作为古代的图书，商王制作的青铜器，上面也刻着或铸着文字，当然也是东观的图书，按照后世的观念，这些东西都是文物，挺珍贵的，称为"国宝"。不过在东观，它们还谈不上珍贵，只是天下文字的一部分，也就是天下图书的一种或几种。

马融领着张衡参观东观图书馆，张衡赞叹不止，很羡慕马融能在这么好的地方上班，每天与这些书相伴，人也变得高雅起来。马融笑道："变得高雅？我原来就很高雅啊！"张衡讥讽道："没有自己说高雅的，这是一个他命词，平庸才是自命词。""自命词，他命词，这些东西太虚伪，我看将来不会有这些东西，本来我很高雅的，不能说，得说我很平庸，还得你来说我高雅，绕了这么大一个圈，结果还是我高雅。大好时光都浪费在虚伪的咬文嚼字上头。"张衡看着满院满架的图书，忽然心里一动："季长，你说这些图书如果分散开收藏，可能好些？"话问得有些没头没脑，但马融明白张衡的心思，他们毕竟是无话不谈的好朋友，"分开，就不是东观了。再说，覆巢之下，焉有完卵"。张衡赶紧收回思绪，随马融一个厅一个厅浏览东观。"能在这就职，季长真好运气。""第一，在这就职不是你说的那么好运气，春夏秋还好，冬天三个月，实在难挨。东观不准举火，各个屋子都不能取暖，冬天到这里，你会听到各个屋子都在跺脚，顿脚取暖，不然的话，脚指头就冻掉了。第二，就算你说的，好运气，这个好运气，本来你也可以有的。""刘秋宝先生曾经要我来东观参论，鲍先生跟我说起过。""大将军召请你来京，就是请你到东观校书的，同时给我们俩发的邀请函，我们都不来。第二年我经济上出了点小问题，主动向大将军申请，大将军不在意我曾经的傲慢，立刻批准我的申请，我这就来到东观。"马融轻描淡写的"小问题"，其实是严峻的吃饭问题，他身陷困顿，向大将军求援。张衡有同样的感慨："我与大将军没有见过面，但他给我两份邀请函，我已经非常感动，以后若有所召，我会赴汤蹈火。大将军不但修养自己人格，还着意保护别人的人格完整，这可能更重要吧。"

二十六

在张衡马融称赞邓骘的同时，皇宫深处的永乐宫，李闰、樊丰和奶妈王圣也在谈论他。几个宫女跃跃欲试想参与讨论，但她们的品位毕竟太低，不够发言的资格，久在深宫被圈养，闲得实在难受，在一旁抓耳挠腮。王圣说，你们几个小蹄子，想说话就说吧，他大将军能管得着你们吗？宫女终于熬到可以发言，就一发而不可收，其实宫女见到大将军的机会少之又少，皇帝内眷身边的宫女一辈子也未必能一睹大将军的尊容，她们的发言也不过把皇帝皇后奶妈等人的牢骚闲话，添油加醋地再说一遍，但是，说大将军不好的话，听多少遍也是顺耳的。

说大将军不好，李闰和樊丰有共同语言。也只有说大将军不好的时候，他俩才有共同语言。李闰说："邓骘，一匹姓邓的公马，名字够难听的。"樊丰说："名字难听，干的事更难说，领兵打仗，败得惨。败得惨也罢了，领罪就是，就因为姓邓，叫骘，一匹公马，竟不用领罪。"李闰说："不领罪也就罢了，就因为姓邓，朝廷还派大鸿胪出郊外迎接他班师！"樊丰说："迎接倒也罢了，还当场册封邓骘为大将军，哪有败军之将加官晋爵的？古今没有第二个。"李闰说："古今没有第二个！"说到这儿，他俩忽然想起来这番话刚才还说过，昨天也说过的，前天大前天，好像也都说起过，但又一想，说过怎么了，他每次干坏事都只是干一会儿，发个命，下个令，却贻害千秋，我们说一回就完了？也得说他个千秋万代！何况他们兄妹干的坏事，岂止干一回，干一件，数不清的坏事都要把大汉朝推向深渊。大将军！还不是要大权独揽，把刘姓江山改成他邓家的。

两个人说话言来语去严丝合缝，宫女们想插话也插不上，白白地从奶妈哪里讨来的发言权，没用上。不过看奶妈也插不上嘴，宫女们的心里就舒坦些。其实这席话她们也听了不知多少遍，但反正也没旁的事，听闲言娱乐打发时光，不然这每天日出日落怎么熬得完？至于大将军邓骘是好是坏，宫女们才不关心。李闰樊丰把邓骘说得像阴谋家，哪里是像呢，他根本就是，一个不折不扣的大阴谋家、大野心家，他的一连串行为都洋溢着阴谋的光芒，招揽那些青年，安插到各个部门，为将来篡夺江山打埋伏。他们还说邓骘老朽颠顶，本事没有多少，笑话倒有一箩筐，他的各种头衔，都是骗来的。

既是阴谋家，又是大草包，有谁见过阴谋家的大草包、大草包的阴谋家吗？一身兼此二任，这也太难了。但听的说的都深信不疑，江京不在这里住，樊丰时不时跑去向江京汇报工作，就在江京喂巨蜥的当口，大将军邓骘使这三个人"团结"在一起。他们的道理再简单不过，我们是皇帝的人，皇帝不喜欢大将军，我们就要更不喜欢大将军。光不喜欢还不够，皇帝不喜欢，我们要仇恨邓骘才对。每次控诉完大将军，皇后和奶妈还有宫女们义愤填膺，李闰樊丰这一对死对头，也被自己的演说激动得热血沸腾。如果身边有一把利剑，或者斧头也好，恰好大将军也正在身边，这一伙人刺死劈死大将军，一定争先恐后，理由冠冕堂皇，为天子尽忠，为万民除害。大将军都要谋反了，不杀了他更待何时！

妹妹邓绥入宫封为孝和皇帝的贵人，邓骘得几次晋级，成为二千石的五官中郎将，邓贵人的四个兄弟邓京、邓悝、邓弘、邓阊都任黄门侍郎，邓氏一家的确依托龙门贵幸。有汉一代，不独邓家如此，汉家制度，一人贵幸，一门贵幸。天下一家，本家刘，外家邓，邓家这么多兄弟，为什么不任用？和帝驾崩，邓绥成为太后，哥哥邓骘顺理成章成为太后的依靠，天下人都懂得的道理，自己有哥哥，不当大将军，别个不相干的人当大将军，太后真要那么做，也矫情。邓太后虽然饱读诗书，勤勉政事，但毕竟是一个二十几岁的女人，其实当时她也还是个女娃，担起大汉帝国这么巨大的担子，也真难为她。皇帝宫车晏驾，小皇帝年幼，浩大的皇宫就没一个男人了，阳气不舒，吓得太后下旨让太尉张禹住在宫中，给她壮胆。这邓太后总表现出一副很勇敢的样子，这件事证明她心里怕极了，既怕鬼，也怕人，怕鬼夜间出来捣乱，怕人欺负她孤儿寡母。皇家怎么了，皇家的担忧与平常百姓没啥两样。

李闰樊丰说邓骘能力弱不会打仗，却属实，邓骘自己也知道，知道自己的缺点，那就扬长避短，邓骘的长处是宽厚谦恭，爱惜人才，见善如不及，见恶如探汤，自己才能中等，发现能力才学比自己高的，就高兴，妹妹是太后，掌管天下不容易，我是哥哥，要替她分忧，引进更多的人才，大汉的江山社稷就更安全。邓骘延揽人才，一沐三握发，一饭三吐哺，活脱脱周公再世。邓骘和他的妹妹，十几年辛辛苦苦熬过来，就像背上一盘磨，压得他吐血，想卸也不敢，他卸下来，就得加到妹妹身上，可是妹妹的背上已经有一盘磨了！

邓骘性格谨慎，遇事思虑缜密，身在尊位，自然战战兢兢，每天如履薄冰，几次向太后请求离开权力中心，以避免外界对他们兄弟专权的猜疑。邓骘这样小心，是接受从前外戚专政朝廷而最后毁灭的教训。从高祖开始，高帝吕太后、昭帝上官皇后、宣帝霍太后、成帝赵太后都是外戚贵盛，盛极急剧转衰。盛时光辉煊赫，衰时靡有孑遗，史实俱在，历历如在目前。更近的孝章皇帝的窦太后，窦家一门兄弟四人俱封侯，把揽朝政，占据要津。争竞豪奢，大修宅第，侵凌官民。州郡刺史、守令等官员大都是窦家的门生和家奴。不肯逢迎窦宪的朝中大臣，相继被害和自杀。朝臣震慑，望风承旨。窦笃官封特进，窦景为执金吾，窦瑰为光禄卿。窦宪的叔父窦霸为城门校尉，窦褒为将作大匠，窦嘉为少尉，窦家子侄任侍中、将、大夫、郎吏等职的，不计其数。炙手可热不过两年时光，和帝与宦官郑众等合谋，利用窦宪北伐匈奴得胜班师回京的机会，让大鸿胪持节以赏赐军中将士的名义，到郊外迎接。窦宪进城，和帝亲临北宫，迅速命令关闭城门，断绝内外交通，当场逮捕窦宪的党羽，下狱诛死。收回窦宪的大将军印绶，诏令他和窦笃、窦景、窦瑰等都回到各自封地。诸窦在封地自杀，大批株连者免官还乡。

窦宪兄弟压迫匈奴北窜，彻底解除了匈奴对中原长达几百年的威胁，建立不世之功，为什么就这样窝窝囊囊地自杀呢，朝廷好歹还给他们保留一块封地不是？可不身临其境，怎么能知道落魄后窦家人的心情，那叫生不如死。回到封地的窦家兄弟，地方官得到朝廷的旨意，每天动大刑，在朝廷受刑而死，也还有尊严，被几个乡下小混混折磨死，不如早做决断。不出一个月，迫使诸窦自杀的计划全部完成。

前朝故事，特别是前不久窦太后家族的教训，牢牢地刻印在邓骘的心里，殷鉴不远，仅仅就在几年前，他不可以再蹈窦家的覆辙。避祸的唯一办法就是小心谨慎，不可专权擅权。每次朝廷加封官职，邓骘都苦苦推辞。邓骘推辞，是真心实意地不想接受，他深知这几道官职很可能就是几道枷锁。但邓太后认为最可靠的还是自家兄弟，邓骘就这样被不断推上前台，旁人看来权倾朝野，但邓骘本人却度日如年。邓太后也熟知本朝典故，窦家的事过去没几年，但她想，窦家极盛而衰，缘于他们不知惜福，势力用尽，人缘散尽，自是败家亡族，我邓家敬天法祖，一门大小谨慎勤勉，忠诚汉家社稷江山，天意民心，自然在我一边，祸乱不会相侵。兄妹俩的想法在这一点上倒完全一致，互相支持，等于在帝国寒冷的暗夜中相互取暖。邓太后昼夜读书，像董仲舒一样三年不窥园菜，要做圣母太任，留名千古。邓骘效法伊尹，一言一行合乎正道，兄妹君子，战战兢兢，每日三省其身，发现做事有瑕疵，就到太庙忏悔，请求祖先神灵宽恕。兄妹俩性情也一致，都是政治洁癖者，大汉朝廷的不沾釜。

大将军的祖父南阳邓禹，光武皇帝的"云台二十八将"之一，又是光武帝的同乡，关系很亲密，但刘秀一旦即位为皇帝，邓禹立刻把自己隐藏起来，避免单独与皇帝见面。邓禹对子孙谆谆告诫，万万不可在朝中形成绝对的势力，要牢记物盈必亏的道理，势力不能满。邓骘曾在窦宪的大将军府任中书舍人，亲眼见大将军从顶峰跌落深渊的情景，窦家权势太重，所以跌落最惨。每当想起窦家失势后的惨状，邓骘身上都剧烈疼痛，在高处跌落的疼痛。妹妹邓绥成为太后，邓骘一夜无眠：祖父说的"绝对势力"，现在想躲也躲不开了。作为补救措施，只有自我削权，虽然未必能保住一门富贵，至少可保一门平安。以后，每次朝廷赐予他荣誉委任官职，邓骘在朝堂推辞不掉，就直接上书太后，一次不行，二次三次以至七八次，太后召见邓骘，兄妹相对无言，他们不需要说话，都知道这层道理。

"启奏太后陛下，臣才疏学浅，不堪当此重任，恳请太后察举德才兼备之人。"

"大将军不要再推辞，我意已决。这也是朝廷的决议，非常时期，大将军应该与朝廷分忧。"

"恭请太后收回成命，臣没齿不忘太后恩德。"

"王命不可违，大将军不可造次！"

长久的沉默。

太后看邓骘顽固坚持，改用家人的口气恳求邓骘："哥哥，你不帮助我，就忍心看着我孤苦伶仃面对这么深似大海不见底的一座皇宫，还有朝廷这么多的文臣武将，面对浩瀚无边际的大汉江山？哥哥你知道吗，我心里有多害怕！"

邓骘看妹妹在艰难中哭泣，心下十分不忍，可妹妹一个人，邓家一家人，两相比较，孰轻孰重？妹妹已经嫁入刘家，是他刘家的皇太后，我邓家世代香火要延续下去，不能在我这一代断绝。舍弃一个妹妹，挽救邓氏家族。心里这么想的邓骘，心里也万分煎熬，艰难中的胞妹，如何忍心就不要了？转而一想，事情也许不会跟想的那样凶险，妹妹也许把危险看得太重，结果很可能有惊无险，这样的事情可也太多了。他下决心，鼓起勇气说服太后，言语也充满了批判："你就只想着他刘家的江山子孙万代，你就不为邓家考虑？外戚擅权，长则十年八年，短则三年两年，无一幸免。最近的窦家，你亲眼目睹吧！邓家世代忠良，也要世世代代维持，千万不可损害在我们手里。"

邓绥说："窦家，那是擅权，我们邓家忠于大汉朝廷，问心无愧。"

邓骘说："宫廷之争，谁忠谁奸，不要说局外人分不清、后世人分不清，就是当事人，又有哪个分得清？得势的一方自然忠，失势的一方不得不奸。窦家，别人看着煊赫，什么叫煊赫？煊赫就是被人架到火上烤，局外人看着火光灿烂，怎知当事人锥心蚀骨的煎熬。太后，我们邓家千万不能到'煊赫'的程度，那太危险。"

邓绥觉得哥哥说得对，不用哥哥提醒，她自己也明白这些道理，可她孤立无援，在危难时刻，只能求援于家里人。她寄希望于天道公理，我邓家兄妹一心辅佐大汉，天可怜见，会保佑邓家。但用这样虚无缥缈的理由劝导邓骘，自己也觉得力度不够。天有时候不那么可靠，哪里是有时候，天总是不可靠的。最后太后长叹道："认命吧，哥哥。"

虽然认命，邓骘还想对命运做点抗争，推辞大将军不果，邓骘想那就因势利导吧，可以利用这一有利的官位为帝国召请更多的人才。张衡、马融、崔瑗、窦章、何熙、役讽、羊浸、李郃、陶敦、杨震、朱宠、陈禅，帝国的学术中坚，纷纷脱颖而出。东京洛阳，一时人才茂盛，如雨后春笋。大将军其实以悲剧的心情做着这些喜剧的事业，他不知道能做到什么时候，但是他想，拼出力气多做一些好事，"春秋"总会说公道话的。太后则勤勉读书，一心一意做当代太任，青史留名，无愧大汉。

二十七

张衡和马融不知道这些故事，他们看到洛阳文武彬彬其盛，庆幸自己得遇大将军。前代的几位大将军，威严有余，亲和不足，邓大将军格外垂青文史，留意礼乐之事，为人豁达，不愿对人用心机，似乎也不会用心机，其实大将军可能就没有所谓"心机"，坦荡荡一片赤诚对待任何人。朝中人们都亲近大将军，没有谁惧怕他。就是一个郎中，大将军接过一份文件也要说"谢谢，辛苦了"，郎中感动得眼泪直淌，千百年尊卑，长者永远鼻孔朝天，几曾正眼看过我们这些办事员？张衡马融发现了这个秘密，马融悄悄问张衡："大将军位尊权重，但好像不愿意对人用心机，他一肚皮的聪明才智，都用来做什么的，等着增值吗？"张衡说："哪里是不用。大将军根本就没有心机，你注意观察大将军的眼睛了吗，胸中正则眸子瞭焉！我曾听见大将军用家乡南阳话跟人聊天，就跟南阳街头遛弯的老员外似的，这样的大将军，你想对他动点心思，都不忍。"

东观根据大将军邓骘的指示，进行一项重大的工程：为前汉朝廷编修"春秋"。司马迁为汉以前的各个朝代和前汉早期写成史书，班固单独为前汉帝国写史书，司马迁的书记述当代通史，称为《史记》，班固的书只记述大汉，称为《汉书》。司马迁个人著史，虽然他任职太史令，著史可以认为是职务行为，可是从他对历史人物的定位，还有对历史人物和当代人物的评判，凭自己的好恶想当然的地方也不在少数。班固私修国史，虽然言论不违背圣贤教训，毕竟师出无名。现在朝廷主持，组织学者，官修当代"正史"，以别于司马迁的个人著述《史记》和班固私家著述的《汉书》，马书和班书，很不如人意，可又没法重修，连修改都很困难。盛世修史，现在恰逢盛世。朝廷组成一个庞大的班子，写作光武以来汉帝国的正史，书名定为《汉纪》，以后不断增补，以承继班固《汉书》。张衡曾经是《汉纪》邀约人，阴差阳错，现在他已就职于朝廷，已不在东观。

马融头上戴的天说小就小，说大就大，他的天是五经，研究五经。张衡的天却是真的天，他研究"天"，那些著史的家伙鼻孔朝天，可他们总是也离不开天的。天有多大呀，所以张衡有种种不可思议的奇思妙想，令人目不暇给，学问上跟马融已经分道扬镳。马融对于天文，现在基本不闻不问，张衡对太学时代绝对主业经学，也视为陌路。

现在马融就遇到这样的尴尬，说着大将军，张衡从袖子里抽出一卷纸书，有点得意地说："你看看。"因为他知道马融看不懂，故意的。马融接过书，书倒不厚，封面的书名却很奇怪：《算罔论》。大约是算学方面的书吧，翻开书，里面有图画有文字，图画都是线条，平面几何图形，三角的、梯形的、扇形的。还有几种图形混合在一起，跟小孩子的"漫画"差不多，漫画，可不就是涂鸦嘛，小孩子在墙上胡写乱画，大人见了，少不了一顿胖揍，漫画涂鸦，没啥出息。但张衡在图上还做了许多标注，标注的文字更奇怪，像文字，又不很像，肯定是这些数学家自己别出心裁创制的符号，只有他们这一行认识。其中一个图形比较好看些，一个圆，上面还加了两道弯弯的线，可能表明这是一个球，不再是平面几何图形。球的旁边一个四棱四角方盒子，果然，张衡这是转向立体几何了。马融看这个还算顺眼，比那些奇奇怪怪的抛物线好，就问张衡："它们两个勉强算亲戚吗？"张衡说："你比较一下，看看这个球体，它的直径，与这个立方体的边长是不是一样？""估量着是一样的。""假设一个正方体空盒子，假设这个盒子的六个边没有厚度，盒子里正好装进一个球，那么这个球有六个点与盒子接触，这就是'切'。现在我想分别知道这个立方体的体积和球体的体积，这两个体积之间应该有一个数量关系。很幸运，我找到了这种关系。找到了它们之间的相互关系，自然就有了这种计算公式，公式嘛，就是计算所用的常数，万古不变的。这是我的一个发现——你好像不高兴啊，我的发现没有震撼到你吗？"

马融一脸迷惘："你说这个盒子没有厚度？这不可能，再薄，也有厚度。""这不假设吗。""你们算学，第一主张老实，实事求是，有就是有，没有就是没有，丁是丁卯是卯，就说管度支的那个小会计，差一文钱都不行，对不上账。一个箱子……一个盒子，装进一个球，盒子的壁还没有厚度，不带这么不讲道理的。""跟你说过吗，假设它没有厚度。""我知道，但我就是别不过来。"张衡有点后悔向马融炫耀自己的成就，跟一个不懂科学的人谈科学，多么悲惨的一件事！"别管什么有没有厚度了，我讲你听就行了。"

张衡给马融讲课："这个球体与空心四方体有六个接触点，这六个接触点没有面积——你不要再跟我争论它们一定有面积啊，我假设它们没有。这六个点与球体的接触点叫切点，两个物体，一方一圆；三个数据，长宽高完全一致。但它们的体积，方大于圆。现在我把这个球从盒子里拿出来——假设啊，假设把它拿出来，连同它原先占据的空间，也一起拿走了，等于从方盒子里取走一个球球，懂了吗？"马融似懂非懂地点点头，他想象不出来，把球拿走了，就是一个方盒子，怎么还计算剩下的空间。"盒子剩下八个互相连接的不规则物体，它们的总面积是多少。找到计算公式，计算公式，就是到什么地方都适用。"马融说："你等一下，开始你说三个数据长宽高，接着又说六个接触点，现在又说八个不规则物体，你到底想说啥，有没有准谱，到底是几个？"

张衡彻底崩溃，可不说还不行了，马融等着解答呢，四处寻找，哪有什么盒子，只有一个旗杆座，方方的近似吧。张衡把马融拉到旗杆下，指着旗杆座说："有点空间感好不好啊。假设这是那个方盒子，你数数，几个角？"马融真的俯下身去数，转了一圈，对张衡说："八个。"说完八个，忽然开窍了："有意思，算学真的挺有意思。公式是什么，很难搞的吗？""还没有公式。""没有公式，说得这么热闹，还写一本书！""虽然没有直接的公式，但我找到了间接公式。""间接的也行。我看看第二页。是这样，长宽高相乘得立方体积，立方体积减去球体积，即是剩余体积数。对呀，这么简单的问题，我怎么就没想到！平子，你真了不起，你有资格孤傲不理人了！快看下一页，一定是球体计算公式。""没有球体公式。还没推导出来。"

张衡解释道："我这部书，名为'算罔'，季长应该知道我的意思。

一方面，我的计算要有普遍性，会一种计算，能够推出其他计算，以至无穷，这是罔极；另一方面，我知道一种计算，却不能穷尽所有计算，更多的计算永远无解，永远，这是罔算。一部分计算可以推知有解，所以假设有解，现在我解不出来，可能我这一辈子也解不出来，可是以后的人们可能把它的'解'找出来，这样的问题，属于猜想，是罔意。但猜想属于可能有解的，是人类可能解决的问题；不可能有解的呢，就是宇宙问题了，是罔象。罔极，罔算，罔意，罔象，算学与宇宙相通，通天之学。宇宙的绝大多数问题绝对无解，不是无解，而是人类的寿命没有宇宙长，还没等获得一知半解，他就到期，停止了思考，也停止了解题。所以，不是人的寿命不长，是'人'的寿命不长，生命个体来来去去太短促而且匆忙。这些问题，越思考越迷惘，所以叫它算罔。"

"'不是人的寿命不长，是人的寿命不长'，平子说话也有不周全的地方。人，人。""我说的人，有两个意思，一是你我他，个体的人，二是你我他大家以及全部人，前一个人是个体的人，后一个人是全部的人，孔子说仁者爱人的人，就是后一个'人'，全体无差别的人。个体人的寿命几十寒暑，在宇宙，连眨眼的时间都不够，当然这是不长，全部的人，古往今来包括将来，中国四夷包括荒蛮，延续绵远，但终究有灭绝的时候，全部的人，从无到有再从有到无的时间，勉强够得上宇宙一眨眼吧。所以说人的寿命也不长。这个'人'，要特别说成重音，才好区分。"

马融提醒道："仁者爱人的人，应该叫人类。"张衡很好奇："人——类？这个名词很新奇！许多人。包括所有的人，都是一个类属，叫'人类'，这个命名词好，真是好。我一直为找不到一个合适的词苦恼，人的寿命不长，'人'的寿命不长，写出来可以区别，说的时候就很难分，得附带上很复杂的解释。人的寿命不长，人类的寿命也不长，这个词好。季长，还有什么好词，推荐些。"

说到文字，马融的兴致高涨："很多词，加上一个字，等于为它做注解，意思就显豁多了，比方几和案，加一个后缀，叫它桌子，说起来就方便了，凡是物件，一个字的，都可以加个后缀，写成文字还是几，说话就是桌子、案子、屋子、树子、山子。""叫桌子、屋子还行，挺顺当的，可是叫树子、山子，不好吧，不觉得别扭吗？还有，虎、鼠、鹰，都可以加一个前缀，老虎、老鼠、老鹰。老龙、老牛、老马、老猪、老兔、老狗也凑合。可是，老蛇、老鸡、老猴、老羊，算什么？""是有点不像话哎，可能多说几回就好了，听起来习惯了嘛。这几年，我为五经做注解，有时候也用这种办法。"

　　人的寿命问题，马融对这个问题不如张衡那么关心，但听他说人的寿命不够一眨眼，连人类的寿命也可能仅仅够得上宇宙一眨眼，就心生恐惧，想知道这张平子这几年研究宇宙问题或许已经走火入魔？他试探着问："你说宇宙有生命？""当然有生命，你我有生命，可以推知宇宙有生命，人是天的缩微版，天是人的扩大版，董子说得对。""有生命，那就是宇宙也会死？天也会死？""当然了，宇宙也有寿命，它也会死。""那么天的死会是什么样子，崩塌？""什么样子，我们永远无法知道，我只知道它会死。也许崩塌，也许碎裂，也许一片死寂。崩塌和碎裂，其实都是受到外力的摧残，比如一个天体忽然改变轨道，向大地直冲过来，大地抵抗不住，发生崩塌碎裂，碎片在太空弥漫。太空中的那些星星，体量也许比我们脚下的大地还要大，哪个都不可小觑，即使一个小小的天体撞上大地，也会造成大地的毁灭，它们的速度极快，速度、质量与能量成正比，一个或大或小的天体比如一颗星星与大地相撞。宇宙是个有序的整体，这一个地方发生碰撞，会引起连锁反应，全部星体的运行都会被打乱，太空中这些星球互相残杀，最后碎片无限粉碎，归于虚无，回到混沌状态，然后，就是漫长的等待，等待这些天体再度生成。"

　　"宇宙它——它什么时候会死？""什么时候死，我不知道，我只知道，这个时间不用咱们熟悉的计量单位年月日时来算，它必须用一种非常大非常大的单位，大到一定程度，可以转换为小，转换为空间，庄子说'天地不以一瞬'，天地之广大，转换为一眨眼的短暂，就是空间时间的转换。空间的'大'转换为时间的'短'，时间的'长'转换为空间的'小'，这样理解时空转换才有思考的价值。当今时间这样计量，时、刻、字，一直到秒、忽，它们代表时间经过的距离，用距离长度代表时间长度，比如这秒，就是麦芒的宽度，太阳光走过一个麦芒这段距离，就是秒距。忽，蜘蛛丝的宽度，是麦芒的十分之一，是忽距。距离也可以用时间表示：秒，太阳走过一个麦芒的时间；忽，太阳走过一根蜘蛛丝的时间。宇宙的大小可用时间表示，宇宙的时间也可用距离表示，这样，时间和空间就统一了，使用统一的单位，这个单位怎么叫，目前还没有谁给它命名，我暂时叫它'宇宙年'吧，宇宙年，等于把一年的时间浓缩为一秒，把一年内最快的速度走过的距离浓缩为一秒这个短暂的时间，反过来作为这个距离的计量单位。一秒是一个时辰的七千二百分之一，一个时辰相当于七千二百年，一天十二个时辰，合九万六千四百年，那么一宇宙年合三十四万二千八百四十年，我这是以秒做单位，还可能是忽，更可能以比忽更小的单位代表年，年的单位越小，宇宙年的实际数值就越大，宇宙年越大，我们的年越小，这样来计算宇宙的寿命，可能比较近似。还没完呢。把一年期间太阳走过的距离，也浓缩为一秒，这一秒就代表几十万里，用这一秒的距离做基数，可以测量宇宙天体之间的距离，既然时间与距离相通，还叫它宇宙年，一个宇宙年就是三十四万二千八百四十万里。宇宙太大，用宇宙年来测量，也方便多了。"

张衡离开太学在南阳任职这几年，南阳风调雨顺，吏民安堵，鲍德醉心工巧发明，鲍德本人不发明什么，他乐于看到张衡的发明，张衡每次做出一个技巧玩意儿，鲍德都像孩子一样抱着不放，就说那架风车吧，鲍德摇啊摇，摇得胳膊酸疼，大汗淋漓，叫张衡摇，他站在风车口，迎着风，敞着怀，有腔没调唱高祖《大风歌》，大风把他的簪子吹掉，头发散开，衣服鼓胀而起，飘飘欲飞，乍一看像个怪兽，仔细看像个神仙。

有鲍德的支持，张衡这个主簿，大部分时间专门研究和发明机械。张衡发现这些发明创造与数字密切相关，而数字也不是纯粹的数字，它们有自己的位置，这些位置有的很神秘，有的很浅显，但是这些数字之间有内在的逻辑关系，因为有这层关系，那些看上去很浅显的数字，也变得很神秘。一被三等分，永远不能穷尽，余数为无限递减的"一"，进入一尺之棰的迷宫。更大的迷宫比如割圆术，余数不定，分割八次，还没有重复出现的数字节，余数不循环。但是割圆术数值真的不循环吗，需要推演几次才能断定它不循环？八次不够，十六次，三十二次，六十四次，一百二十八次，恐怕推演到千次万次，也无法确定割圆术的余数有没有数字节。许多这些数学谜团，经过某个公式，如沸水沃雪，豁然开解，这个"公式"代表着数字之间的关系，它的出现使本来已经很神秘的数字关系更加神秘。张衡在发明机巧中体会数字的神秘，享受神秘带来的精神愉悦，在数字世界里与虚拟的神灵交流。

马融说："本来说算罔的，怎么扯到宇宙年龄上来了。"这也是他和张衡崔瑗在一起的习惯，说着说着就不知不觉说别的了，好在他们总能回到原初的话题。马融说："球体的问题，就留给后来人吧，我看看后边。这一页还是正方体和球，但这个球比刚才的那个小很多。哦，我明白了，这叫内切！""季长，始可与言诗已矣，告诸往而知来者。这是圆的内切。内切圆的计算方式与外切圆一个道理，不过是反向的，计算出球的体积，减去正方的体积，就是剩余部分。看下一页。"

下一页只有一个圆，这个圆没有两条弧形的短线，表示它应该是个平面圆，不是立体的球。这个圆还有一条通过圆心的直线，马融知道这条线，它叫直径，圆和周存在一种量的关系，直觉就可以看出，圆越大，直径也越大，但圆与直径的变量存在怎样的关系，应该有一个常数，这就是一个大问题。张衡问马融："季长，你觉得圆周长与直径有怎样的关系？简单说圆的长度与直径的长度有没有一个固定的数值？固定的数值，在算学上叫常数。"马融引着张衡到一口大水缸前，水缸里注满了水，防火用的。马融找来一条绳子，围绕缸的上沿整一周，打结，截断，再用绳子在缸口沿通过缸的中心拉一条直线，与圆周绳子连接，然后截断，取下两段绳子，对齐，截断一截，再一截，又一截，三截止后，还剩一小段。"季长还想找个大一点的缸和小一点的缸试试？"马融红了脸："我笨，不要取笑我。算学这东西跟我不和睦。我想就算实验千百次，也找不到那个常数。""所以，算学是推导，算学从来没有实验，你听过老师这样说话的吗：'徒儿们，今天我们做数学实验！'数学实验，算学实验，做不来的。你的实验法在所有算学中算是……最可爱的。一看你拿绳子，捆大缸，就知道你是算学的门外汉。你用实物度量圆的长度，这是最简单的，但实物度量的圆长度永远不能得到学理的证明，所以无效，你明明知道就是这个数，也无效。

"要转换一下思路，可以把圆变成方，变成方之后，曲线变成直线，改变后的直线与另一条直线直径，就有了数量关系。刚才你围绕大缸又剪断绳子，得出什么结论？围绕大缸的绳子周长，是大缸直径的三倍多一点，这一点学理的表述为'周三径一'，用'周三径一'法计算出来的圆周长，不是圆的周长，圆的周长理论上永远不可能直接计算。数理是这么证明圆与周长的：给圆内接六边形，六边形的六个弦长相加，约略等于周长，可这个数值与实际周长差距很大，如果弧形小一点，弧线长与弦长的差距就小一点，继续等分，把每段弧再分割为二，做出一个圆内接正十二边形，这个正十二边形展开后的'周长'，就是十二条弦长相加，会比十二边长相加数值大些，更接近圆的周长实际数值。如果把圆周再继续分割，做成一个圆内接正二十四边形，那么这个正二十四边形的周长必然又比正十二边形的周长更接近圆周。越把圆周分割得细，误差就越少，其内接正多边形的周长就越接近圆周。如此不断地分割下去，一直到圆周无法再分割为止，也就到了圆内接正多边形的边数无限多的时候，它的周长就与圆周'合体'而完全一致。简单说，用圆内接正多边形的弦长去无限逼近圆的弧长，求取圆周率。"马融说："虽然完全不懂，但也不是一点不知道，这里的圆心，我就熟悉，它在《墨子》中称作圜，圜，一中同长也。圜之中为圜心，一圜只有一个心，不可能有两个心，圜的边界的任何一点至中心的直线都相等。"

张衡说："圆周率，一个比率，比率是数量关系，这是算学的基本关系。其实算学就是各种数量之间的关系。圆周率是圆周长和圆直径的比率，它们之间肯定有一种稳定的关系，因为宇宙就是完整的和谐的，圆这种最能体现宇宙形态的物体也是稳定的、明确的，由于计算时变圆为方，改曲线为直线，这一过程数值发生误差，所以这个数值并不准确。算出了圆周率，就可以进行关于圆和球体的各种计算。没有这个圆周率常数，人们对圆和球体等将束手无策。圆周率数值的准确性，也直接关乎到其他所有相关计算的准确性和精确度。人们无论如何要找到这个常数。"

张衡继续说，先秦时期，人们取"周三径一"的数值来进行有关圆的计算。用"周三径一"计算出来的圆周长，实际上不是圆的周长，而是圆内接正六边形的周长，增加圆内正边形的边数，增加到几千，几千段直线连接成直线，无限逼近圆的周长，这是"化圆为方"，刘徽称之为"割圆术"。

割圆术可以解决圆周长计算问题，尽管这种计算只得到近似值。刘徽从圆内接正六边形开始，每次把边数加倍，直至圆内接正九十六边形，算得圆周率为五十分之一百五十七，西洋标记法记为 3.14。刘徽说："割之弥细，所失弥少，割之又割，以至于不可割，则与圆合体，而无所失矣。"人们对这个办法求得的数值叫"徽率"，徽率的极限值是一千二百五十分之三千九百二十七，西洋记法为 3.1416。割到这种程度，这圆它还是个圆吗？它真就还是个圆，不是真的割，只是理论推导，割到最后，跟圆一模一样，合体了，这叫"穷竭法"。

割圆法能推导圆周率，也能计算圆面积。在刘徽之前，人们求证圆面积公式时，用圆内接正十二边形的面积来代替圆面积。应用出入相补原理，将圆内接正十二边形拼补成一个长方形，长方形的面积可以计算，有公式，长宽相乘即是。这个正方形的面积当然不等于真正的圆面积，它把每次切割产生的弧扔掉了，割得越多越细，扔掉得越少，最后——最后也还要扔掉一部分，所以圆面积也永远只是近似的圆面积。刘徽遵照张衡的思路继续割圆，将圆内接正多边形的边数不断加倍，获得的数值与实际圆面积的差越来越小，直到边数不能再加了，这时圆内接正多边形的面积的极限就是圆面积。刘徽考察了内接多边形的面积，也就是它的"幂"，提出"差幂"的概念。差幂是后一次与前一次割圆的差值。在用圆内接正多边形逼近圆面积的过程中，圆半径在正多边形与圆之间有一段余径。以余径乘正多边形的边长，即两倍的差幂，加到这个正多边形上，其面积则大于圆面积。这是圆面积的一个上界序列。当圆内接正多边形与圆是合体的极限状态时，则表无余径。"表无余径，则幂不外出矣。"余径消失了，余径的长方形也就不存在了。因而，圆面积这个上界序列的极限也是圆面积。于是内外两侧序列都趋向于同一数值。

马融翻看全书，共九章，"方田""粟米""衰分""少广""商功""均输""盈不足""方程""勾股"。"方田"讲述平面几何图形面积的计算，包括长方形、等腰三角形、直角梯形、等腰梯形、圆形、扇形、弓形、圆环八种图形。还讲述分数的四则运算法则，以及求分子分母最大公约数的方法。"粟米"指谷物粮食的按比例折换，提出比例算法。"衰分"是另一种比例分配问题。"少广"是根据已知面积、体积，反求其一边长，介绍开平方、开立方的方法。"商功"是土石工程、体积计算。"均输"是用于摊派赋税的方法，主要指税率计算；此外还有正反比例、复比例、连锁比例等基础理论。"盈不足"，即双设法问题，提出了盈不足、盈适足和不足适足、两盈和两不足三种类型的盈亏问题，以及若干可以通过两次假设化为盈不足问题的一般问题解法。"方程"有一次方程组问题、矩阵问题及线性方程组的解法。"勾股"，利用勾股定理求解的各种问题。

"天书。"马融说，"数理天理，原来一理。"

张衡说："人类参天透地，也许从数学开始呢。"

第九章

专对

二十八

地震发生在深夜。

太后从摇摇晃晃的宫殿里慌忙走出来，走得跌跌撞撞，看着宫女说："怎么了？怎么了？"宫女们跟太后一样慌乱，她们不知道这大地像筛子一般颠簸是怎么回事，忽然一个宫女明白了："太后，这是地震啊！"一提醒，太后也明白过来，太后读书多，书上对这种现象有统一的说法，叫"地震"。现在既然已经逃出来，那就说明没有危险了，地震伤人主要是房子倒塌砸死人，地震也叫地陷，说得很吓人，偶尔一小块地方塌下去，掉下个把猪啊鸡啊啥的有过，大地全面塌陷的事没有发生过。地震，其实就是好好的大地忽然间急剧错位，地开裂几道沟，深不见底，可是人们掉进沟里像入地狱般地往下坠落的事，却从没发生过，一则裂开的沟没有那么宽，二则，沟开裂，人也分到沟的两边，不会一只脚沟南一只脚沟北被分裂，没有那么倒霉的人。这几年地震频繁，太后和宫女们很熟悉地震这事，但事到临头，仍然惊慌失措，连熟悉的地震这个词也忘记了。

三公、九卿等都被地震惊醒，迅速赶往朝堂，大家不约而同，不到半个时辰，全部到齐。三公、九卿以下的官员，没有紧急时刻上殿面君的资格，在家里等候上朝的时刻，在家里也坐立不安，他们知道这是地震，一有灾祸，肯定又有高官倒霉，这次地震，不知道司徒司马司空谁承担责任被免职，在家等着的中官小官，也脱不了干系，免职不至于，减薪肯定的，二千石减为比二千石，六百石减为五百石。一百石也减，减为"斗食"。

太后亲自主持紧急会议，由于事发突然，大臣们大多服饰草草，便装出席的居多，太后也便装，安帝照例跟随在太后左右。因为临时开会，君臣们不用叙礼仪，围坐就讨论，太后问各位大臣："这次地震，是从哪里震起的？"有人说震中可能在云中，因为感觉北边晃得厉害。太后不同意这说法，因为她自己感觉东边摇晃更剧烈，但也不能肯定，也许是南边？西边？但肯定不是北边。有人认为来自陇东，理由是陇东从前发生过地震。太后更不同意这种看法，地震不是小偷，贼偷方便，贼偷自然，贼偷顺路，地震从来就没有这里今年震、明年这里还震的道理，不但没这道理，事实上也没出现过这样的情况，地震很像人的免疫系统，震一遍不再有第二遍。

大臣们对地震的爆发地意见不统一。其实是没有意见，谁都说不出所以然，低下头，再不肯迎接太后询问的目光。太后问大司马："您老什么意见呢？"大司马抬起头："臣昧死回太后，臣以为地震这档子事，在今天发生，因为呢，地震是个很严重的问题，这个地震会造成人员伤害，伤害这个问题，我看房屋的结构是主要原因，我做过比较长期的研究，我发现地震会房屋倒塌，懂得房屋建筑的专家说，房屋在正常情况下不会倒塌，发生了倒塌，就说明房屋有倒塌的理由。倒塌之后呢，这个这个，倒了也就再也立不起来了，有砸死人的，不过也有砸伤的，除了砸死的就是砸伤的，没砸着的没砸死的那就啥事也没有。死了的人一般都留在房子里，被砸死还能跑出来就不应该了……"太后急得抓耳挠腮，希望他快点结束演讲："你说说救灾。"大司马赶紧收住关于地震和房屋结构的玄学演说词，改说地震救助的玄学演说词："地震发生，灾难不可避免，大地震大灾难，小地震小灾难，不地震不灾难，有灾难就要救灾。关于救灾这档子事，我做过比较长期的研究，救灾，要知道发生的是什么灾难……"太后终于不能忍，怒气冲冲起身离去。地震发生，事出非常，国家惯例，紧急时刻要实行军事管制，朝廷中大将军的地位上升到三公之上，等于临时实行军事管制。太后退席，大将军主持会议，会议的效率居然还挺高，不到半个时辰，做出四项决议。第一项，连夜派出若干工作组，调查地震发生的范围；第二项，汇总地震造成的伤亡数字，还有房屋等建筑受损面积间数；第三，从大库拨出银子支援地震灾区，拨出的数额，大库迅速做出预算，交太后批准。为了防范发放银子造成灾区物价上涨，还要开放灾区地方的义仓，平抑粮价，救助灾民；第四，调动当地驻军，对震区实行军事管制，防备可能出现的盗窃等恶性案件，尤其防范可能因灾害发生的政治动乱。

做的决议很全面，考虑也很周到，按照这套办法，灾区很快就能恢复安定。但大臣自己就发现，做出这四项决议，其实跟没做差不多，这个会也就差不多等于没开，因为这四项决议根本就无法落实：地震在哪里？这才是关键。可现在谁也说不出地震在什么地方发生，都城的地震是主震，还是蔓延地震。如果是主震，显然这是小震，没有大损害，安抚民心就可以了；如果是蔓延地震，那么地震发生在什么方位？有多远？主震地区的情况怎么样？如果主震区很远的话，京城都有这么剧烈的震感，主震区肯定惨得不得了。地震的方位、地点都不清楚，所有决议都是纸上谈兵。现在只能等待各地快马上报文书。地方上报也问题多多，各地上报朝廷，都说本地发生了地震，官员们的习惯，把本地的灾难说得很严重，仿佛哪个地区都是主震区，都是震中。那到底哪里才是真的震中，朝廷根据上报材料也做不出决断。真实的主震区，地方官府在地震中全部瓦解，太守县令罹难，临时负责人也没有，等于地方完全失控，抢劫在今天早上就会大面积发生。最后朝廷只能根据哪个地方没有上报材料决定哪里是震中，可这么干毕竟太荒唐，可是，不这么干，还能怎么干？紧跟着，震区的地下水泛毒，遭难而死的人畜又不能及时处置掩埋，瘟疫随即接踵而至。旬日之间，爆发死人潮、斗殴、饥饿、瘟疫，次生灾害远远超过地震主灾害。朝廷派出巡视大臣到灾区直接去救灾，也负责弹压闹事群众，避免发生混乱和次生灾难，但是不知道该往哪里派，总不能东西南北各个方向派出巡视组工作组吧。大将军高效率，等于没效率。

太后虽然拂袖而去，但她到长秋宫，依然忧心如焚，天下震动，最害怕的是太后，"天时怼兮威灵怒"？太后知道，这场大灾难为她而来，可能上帝对她的执政不满意，用灾害警告她。太后实在想不起做过什么开罪于上帝的事情。不管自己有罪没罪，先发个罪己诏，有个好态度，也好争取上帝的宽恕。平时起草文件，发个圣旨，都有写作班子，今天为了向上天表示虔诚，太后自己写，会议快开完的时候，太后的文件也拟完了，内侍太监来到会议朝堂，交给大将军，大将军立刻从座位上爬起来，对着太后座位叩头，其他大臣不知道为什么，见大将军磕头，也就跟着跪下磕头，却听见大将军说："臣等有罪，牵累太后下罪己诏，臣等罪该万死！"跪倒的大臣跟着大将军学话："臣等罪该万死！"

内侍等大将军和大臣们抒情完了，便再次传达皇上的旨意："朕拟制罪己诏一道，列位臣工，斟酌字句，修订完成，昭告天下。"太后主持朝政，但太后不是皇帝，安帝侍奉在太后座位的一侧，太后负气离席，安帝也随着离开，皇帝虽然等同摆设，但所有诏书文件，都以皇帝的名义颁发，而安帝在朝廷的唯一工作，就是在一大批文件上"签名"。皇帝的名字，天下第一避讳，安帝自己有名字刘祜，但从来不用，没人敢用，他自己也不用，所以签名也不真的写名字，他使用泛名："皇帝"，皇帝的印玺上刻的"皇帝之玺"四个字，相当于他的签名，所谓皇帝签名就是给文件盖上玉玺，但盖上玉玺这件事有掌玺太监负责，也不用安帝亲自操刀，那一方神圣得近于神秘的玉玺，安帝很想看一看长得什么样，都实现不了，说起来皇帝也挺可怜。掌印太监给文书盖上皇帝的大印，印文"皇帝之玺"四个字，大篆文，把印面填充得满满当当。根本不需安帝御手亲盖。那么安帝唯一的工作就是……安帝就没有实质性的工作好做，只在上朝的时候看看大臣，看看太后，大家都不知道安帝心里在想些什么。但以皇帝名义亲手起草的诏书，虽然照例皇帝不动手，不动笔的，列位臣工却也不敢再修改，通过中书省，罪己诏即刻发布，不出几天，"皇帝罪己"的圣旨传到大汉帝国的城乡各处：

朕御极以来，孜孜以求，夙夜匪懈，期于上合天心，下安黎庶。地忽大震，猝不及料，生民涂炭，惨不忍视，灾孰大焉。天道不远，谴告匪虚，万姓有过，在予一人。

立政兴化，必在推诚；忘己济人，不吝改过。朕嗣服丕构，君临万邦，失守宗祧，越在草莽。不念率德，诚莫追于既往；永言思咎，期有复于将来。明征其义，以示天下。小子惧德不嗣，罔敢怠荒。然以长于深宫之中，暗于经国之务，积习易溺，居安忘危。不知稼穑之艰难，不恤征戍之劳苦。致泽靡下究，情不上通，事既壅隔，人怀疑阻。天谴于上而朕不寤，人怨于下而朕不知。万品失序，九庙震惊，上累于祖宗，下负于蒸庶。痛心靦面，罪实在予，永言愧悼，若坠泉谷。赖天地降祐，人祇协谋，将相竭诚，爪牙宣力，群盗斯屏，皇维载张。将弘远图，必布新令。

朕晨兴夕惕，惟省前非，痛自刻责，岂声利未远而谗谀乘间欤？举措未公而贤否杂进欤？赏罚失当而真伪无别欤？抑牧守非良而狱犴多兴欤？封人弛备而暴客肆志欤？道殣相望而流离无归欤？四方多警而朕不悟，郡黎有苦而朕不知，谪见上帝，象甚著明。爰避正殿，减常膳，以示侧身修行之意。

丞相和大臣们做出决议，天色已经大亮，又该早朝了。大司马虽然在地震问题上对太后的询问跑题，气跑了太后和皇上，但在日常工作上井井有条，从容指挥大臣，今天各省的工作议题只有一个：抗地震，救灾民。

太后按时早朝，向中书要签到簿来看，各部各省来员几何，发现有几个官员没有签到，叫中书省："今天有谁请假？"中书省回道："光禄勋、太常寺、少府各有一人请假，卫尉二人请假，请假原因，居室震塌受伤，宗正一人伤重已死。"太后说："地震不分贵贱。死者长已，生者节哀。今天上朝的议题是地震和救灾，大将军总揽其事，大司农具体负责，你们制订一个方案。这件紧要事有了头绪，我要给你们谈谈我的想法。我的'罪己诏'你们都看过了吗？"这种情况，都是大将军带头回话，然后大家呼应："回太后，臣等跪诵皇上鸿篇巨制，感激莫名，圣上哀民生，恤物力，痛自刻责，代臣下受过，我等庸劣，在公不力，劳陛下忧心，臣等罪该万死！"

朝堂上的潜规则很多，这就是一条，一般情况下，众大臣不用说话，有话到本部门放开了说，朝堂不说，这倒不是怕说错话，而是因为说话的资格。有三公和九卿在，九卿以下官员，就不能随便发言，发言了就是僭越，皇上和众朝臣会认为这人没头脑，不知道说话分场合，他的仕途可能就此终结也说不定。除非皇上叫他回话："司隶校尉，这个问题，你怎么看？"没点名说话不行，点到名，说话就更有讲究，他必须言简意赅又不失风度一口气回答完皇帝问到的全部问题，思路清晰，思绪缜密，口齿利落，像周昌那样"期期知其不可"，断乎不可。所以，朝堂上危机四伏，一不小心就身败名裂，每个人都处于高度戒备状态，随时准备当敢死队。局势紧张时节，大臣每天上朝，都要向家人交代后事，留口头遗嘱，因为他很可能就回不来，当场就被皇帝逮捕下狱，死在狱中，也是有的。局势紧张也不一定是匈奴入寇，局势紧张往往可能是皇帝本人的心情不好。上朝这般凶险，为什么还要去？辞职不干，万事大吉。但是不能，他知道，辞职不干，固然万事大吉，但同时也万事皆休。

大将军说："……臣等罪该万死。"大臣齐齐地："臣等罪该万死！"太后看了看阶下大臣，一百多人一个动作，一个声音，若非训练有素，怎能有这般效果？天佑我大汉，社稷永祚，地震小小灾害，小小示警而已，我自己夕惕若厉，上帝也会原谅我的。想到这里，心里平复多了："列位臣工，归席。"

按照常规，各部门分别回到自己的办公地方，研究落实工作，但这次太后要求各部门合署办公，现场解决一切问题，太后和皇上自己也不退席，就在朝堂上监督大家研究工作。大臣们围在大将军周围，听大将军逐一分派任务，三公九卿，居然各有其责，大将军安排得十分妥帖，夜里的紧急会议，那几个被问到居然能答出地震从哪里来的倒霉家伙，也肯定信口胡诌，要不然大家的感觉大相径庭？

罪己诏已发，朝廷继续等待报告，各地报告陆续汇集京都，太后召开第二次第三次紧急会议，落实第一次会议的决议，包括救助钱粮物的发放领取范围、办法、主事人员，等等，有些物资地方可以解决，而有些物资要依赖朝廷，于是朝廷又要征集车辆，浩浩荡荡押赴灾区。这样几个回合，等到救灾物资送到灾民手里，灾民早就成了肆中枯鱼。所以，太后和朝廷的救助只是名义上的，表示朝廷的关怀。地震的救援主要靠守望相助，本城本乡本土自救和互救。知道地震已经发生，也知道必须迅速救援，但朝廷一副爱莫能助的表情，也会令人绝望。

朝廷的班子工作效率很高，一切就绪，只待落实。太后高兴，觉得这一段时间正好讲讲她的那些"想法"。关于地震，她知道得要比大臣们多，因为她是皇太后。

太后从前辈董仲舒老先生讲起。董仲舒《春秋繁露》《天人三策》等著作对地震有很深刻的见解。"我为什么要下罪己诏，你们知道吗？"齐齐地说："不知道。"大臣们说完，大家包括大将军都吓一跳：怎么不分先后，一起回答太后的提问，潜规则不管用了吗？太后倒没在意："我就知道你们不知道。地震其实跟你们无关，地震是专门针对我和皇上的，上帝看见我的政治有缺失，就来一场地震警告我，叫我自我检讨，可是，列位臣工，上帝有时候叫人迷惑，很迷惑，第一点，我怎么知道我哪里做得不对？你们分析分析，说道说道，我们这一阶段，哪件大事处理得不好，可能违背了天意？"

太后有问，大将军要领头作答："皇上福德深厚，太后圣明，政治清明，举措得当，万民欢腾，颂歌遍野，灵芝数现，祥瑞迭出，不曾有任何失措之举，如果有过失，也一定是臣下执行不力，与太后绝无关联，是臣等罪该万死！""臣等罪该万死！"太后听了这一席话，心里开朗了许多，虽然知道这些话全都是拍马屁，一点实际价值没有。太后说："我现在是演讲，不是给你们作指示，不用忙着往笏板上记，听着就行，但要思考。既然是警告我的，与你们大家，尤其与黎民百姓毫无关系。你看现在，我，好好的毫发无损，上朝前我还吃了两个煮鸡蛋，一碗汤饼。可很多人受伤，还有死亡的，这次上朝就有好几个没来，东京城死伤肯定不会少，地震灾区死伤更多。一想到这些，我就寝食难安。那些鸡蛋、汤饼就不该吃，留给那些伤员，或者祭奠那些死难者。我的问题是，如果我和皇上做事惹上帝不高兴了，可上帝为什么要官吏黎民们受苦受难？你们想一想，这里应该有什么环节，没有连接上。"

这回大将军低下头，没有挺身而出的意思，没有现成的奉承话供他说，只好闭了嘴。大将军闭嘴，别人谁敢张嘴？没人回答那就指定人答话，问郎中令。这个郎中令她认识，思路活泛，口齿清晰，也许能说出点真知灼见。"郎中令，你来说说。"郎中令很想酣畅淋漓说地震，可是他不能，他跟所有人一样，对地震一无所知，可他不敢简单地说不知道，只好转弯抹角说闲话："没关系！地震和太后吃鸡蛋，没关系。也不是吃鸡蛋的事，微臣的意思，太后英明伟大光荣，太后爱民如子，每次处决罪犯，您都哭三天，三天不举膳，是臣等罪该万死。"

讲话人说到"臣等罪该万死"，朝堂上的人都该附和，但说话的是小小郎中令，不是大将军，不是三公九卿，似乎又不该附和，所以群臣说"臣等罪该万死"的不多。其实郎中令这次对太后问已经失仪，说"臣等罪该万死"，要有说这话的资格，大家必须随声附和，三公，至少九卿才有引领朝中大臣的身份地位，一个小小的郎中令，怎好意思说"臣等"？大家也不知就里，听见有人说"罪该万死"就附和赞同，但毕竟大多数人还没有被地震吓傻，听这句话从郎中令口里说出总觉得哪儿不对劲，犹豫着没有附和。不过今天场面特殊，大家都记不起还有对皇太后皇上问回答不称旨这道罪名，所以郎中令居然平安无事，非常时期，不讲究。

太后决心广开言路，继续启发引导郎中令："郎中令，你说我的政治与地震没关系，说说你的根据。"这可把郎中令难住了，岂止难住，简直难死了，这个问题它就不是个问题，不是问题的问题，提出来让你回答，这还有活路吗？"回太后，臣，臣昧死不敢说。""有何不敢？我说了的，这是演讲，讨论，言者无罪，说吧。""不是不敢说，是不能说。""糊涂！不敢说，不能说，我都说了你说你说，你有什么不敢说不能说？说吧，我就不信你能把天说破！"

他实在是不能说，因为他知道自己不能把天说破，但胡说八道一通，很可能把天气得塌下来，往下，无论太后怎么启发教育，就低下头，"臣罪该万死"万不能再说，可不说"臣罪该万死"，那就没啥可以说的了。他就像小学生被老师叫起来答不出问题一样，干脆不说话，死猪不怕开水烫的模样。小学生站着硬挨，他知道先生不会把他怎么样，郎中令却跪伏阶下，生死只是须臾之间，所以脸上汗奔腾着往下流，几乎听见哗哗的声响。

太后兴致勃勃来演讲，刚开个头想搞个启发式教学，结果却对牛弹琴，满朝文武，对太后的提问居然木木的，恰恰好似一群木鸡！太后不理会跪在眼前的郎中令，也不用内侍宣布，直接说："散朝！"第二次气哼哼地走了。郎中令不知道该继续跪着呢，还是和大家一起退朝回家。多亏大将军想得周到，走到郎中令身边，说："太后说散朝，包括朝廷上所有的人，无论站着的坐着的还是跪着的，太后没有说你不要走，那你就是可以走了。回家吧。"郎中令站起身，感激地望着大将军。当然，他更感激太后，太后生气，只是自己生气，如果换成脾气暴躁的太后或者皇帝，郎中令现在就得后悔今天上朝前没给家人留口头遗嘱。

郎中令且不回家，先回到自己官廨，属下的所有郎中都在焦急地等待首长，今天上朝时间特别长，日头偏西，已经申牌时候。往常，上朝的时间只有一个时辰，最多一个上午，不过大家知道昨夜发生那场地震，今天朝廷一定会有很多布置，可这时间也实在太长了，大家都在官廨等着，饥肠辘辘。看见首长回来，急切地问怎么回来这么晚，郎中令惊魂未定，好半天才说："你们差一点就见不到我了。"把朝廷发生的事情添油加醋详细讲了一遍。"太后问：郎中令，你说，我们大汉朝的政治，跟地震，有没有关系？我说，没有关系。太后又问：为什么呢？我说：不为什么，就是没关系。太后就变了脸色，骂我大不敬，狗嘴吐不出象牙。我说：我尊敬太后，我知道地震和太后的确没关系，当然我不知道为什么没关系。你们猜后来怎么着了？"郎中们已经一惊一乍的，原来我们的上司不但对我们凶巴巴，对太后也敢吹胡子瞪眼，眼睛里就假装充满了崇拜："怎么着了？""太后要杀了我，她说：廷尉，郎中令交给你了，要杀要剐随便你。廷尉喝令殿前护卫逮捕我，你们知道，廷尉跟我有仇啊，巴不得太后发雷霆。依廷尉的意思，立刻就要把我给宰了，大将军说等一等，不着急。这一等，就是一个时辰哪。后来听人说的，忽然太后说，郎中令呢，这里在开会，他跑到哪儿玩去了？去叫他快回来！我这才回到朝堂，再然后，我回到这里。"郎中令说话一向善于夸张，有骆驼不说马，但大家都是和善人，从来不说破，就当他说的都是真的，便随着他叙述过程的惊悚程度，一会儿"哦"，一会儿"啊"，一会儿"呀"，有人问："等一个时辰，您跪着等的呢，还是站着等的？"郎中令神气活现，意气洋洋："我？跪着？他廷尉跪着去吧，就是砍了头，丈二之躯，照样挺立云霄！"办公室里仿佛在说惊险评书，非常快乐和谐。

张衡也在听郎中令的评书，但他心里想的却是太后之问，因为太后的疑问也正是他的疑问，而且是他很久很久以来的疑问，他觉得与太后的心思在某些方面相通。

史书记载，每当发生地震，无论大小，在位的王都战战兢兢，把地震的责任归为自己，尧舜禹汤文武周公，概莫例外。帝王们在地震后都会发罪己诏，因为地震造成的损害太大，给民众造成的心理冲击太过激烈，毁灭性的，只好用罪己诏向上帝检讨，求得上帝的宽恕，也缓和人们的紧张不满情绪。因为天下是皇帝一人一家的，天下一家，一个整体，而这个"家"的家长即皇帝，由上帝亲自委派。这就明白地告诉世上人，天上有一个天帝，地上的皇帝就是天帝的儿子，儿子代表天帝治理天下，奖惩陟降都是天帝说了算，而上帝无所不知，无所不能。

可是这样一来，问题就严重了：既然皇帝是上帝的儿子，干儿子也好，亲儿子也罢，总之是儿子，爸爸老子的，叫得亲切。地震嘛，相当于上帝要给大地做一次大规模的手术，这样的大手术，肯定会造成重大牺牲，皇帝本人也不能幸免。这么大的事情，这么大的手术，为什么行动之前也不给儿子透露一点消息，透露一点点，好让儿子有点准备，少死点人，哪怕只告诉皇帝一个人，也好，显得上帝慈爱。可是每次地震，皇帝那是真的预先不知道，跟常人一样慌慌张张无所措手足。父子之间，连这点情分都没有，那还算什么上帝呢？皇帝本人难逃危险，更失去臣民对皇帝的崇敬。觉得神的儿子皇帝不过尔耳。再说了，没事做手术干什么？好好的天，好好的地，差不多也是好好的人，为啥要做手术，弄得大地四分五裂，医生做手术，截肢取瘤子，治疗人的疾病，绝不会无故制造疾病，上帝的每次"手术"都是人间浩劫。正大光明的上帝，做事情偏偏极端不理性，如此随随便便，甚至肆意妄为，实在说不过去。

张衡想开辟另一条思路：既然地震与天与人的联系说不通，那就干脆切断它们的联系，认定它们之间没有联系，也就是郎中令说的"没有关系"。好像皇上对这个想法也很感兴趣，他隐约觉得皇上支持这个观点。皇上支持这个观点，要冒很大风险，不承认地震是天地示警，可以免除罪己诏，把自己从天灾里择出来，这是有利，但更有不利，就是会失去"君权神授"的强大理论靠山。张衡明白，这是皇上犹豫不决、不敢下这个决心的缘故。张衡想，即使能够证明地震与天、地震与地、地震与人，都没有精神上的联系和关系，地震纯粹是天地间的孤立事件，皇上也不会认可，比较起来，皇上宁可保留君权神授，宁可接受上天的不理性惩罚。

张衡更进一步的想法是，既然天与地与人关系的两条线索，已经切断了天与人一条，余下的一条，天与地的联系也可以切断吗？天不管地，地震就只是地的事情，地震地震，不是"天震"，天不管地的事，地也不管天的事。这样的话，地震就只从地的方面来考虑，脱离天的控制，那么地震就只是学术和技术问题，纯粹的科学问题，科学问题单一，不和其他问题东绕西绕。研究单一性的问题，却是张衡的优势。

张衡等到众郎中都散去，单独来见郎中令："大人，我可以和皇帝谈谈吗？"

郎中令这一惊非同小可，他像看天外来客一样盯着张衡看："跟我说话的，是南阳张衡张平子吗？"

张衡知道自己提的要求有些唐突，一时不知道该怎么回答，郎中令继续说："你来到这里上班已经一年多了，你刚来的时候，我特别给你讲过朝廷里的注意事项，从辰时讲到申时，整整六个时辰对不对？其中最重要的又单独提出来讲了一个时辰，其中最最重要的是什么，记得吗？""两可两不可两除非。""解释一下！""只可以和本部门的平级别的官员讲话，只可以和本部门直接上司讲话；不可以和部门以外的官员讲话，不可以和本部门高过自己两个级别的官员讲话；除非外部门官员询问，除非本部门直接上司推举。""最重要的天字第一条呢？""绝不可以跟皇帝讲话，即使皇帝询问——为此，必须远远地绕开皇帝，不能让皇帝见到。""是不是啊。可你竟然想见皇上，竟然还想和皇上谈谈，哎呀多大的口气，谈谈！就是三公，就是大将军也不敢说想和皇上谈谈！你还想和皇上聊聊天气吧？皇帝说，张衡，今天天气可不错啊，你说，才不呢，我看下午就得下暴雨！皇帝说，好，这个小伙子敢反对我，有性格，够生猛！越级提拔，让他当宰相吧！是不是？这有多好，机会就在眼前，稍纵即逝，明天你就去吧，在皇帝上朝的凤仪门等着，见到皇上，上前打个招呼，以下的事情，一切都不用你操心了，一切就都有人给你安排得妥妥的！"

张衡不理会郎中令的讽刺挖苦，等他说完，继续自己的请求："虽然有许多规矩限制，但我知道，有一条特别途径能见到皇上，向皇上直接阐明自己的见解，叫'专对'。"郎中令由讽刺改为愤怒："张衡！你越发放肆了！专对，专对这档子事，我的确没跟你说过，但你知道我为什么没跟你说？因为这事跟你八竿子打不着，一辈子不沾边。啥意思呢，反正今天我也是死了又活过来的人了，有的是时间跟你磨牙，从今以后这些日子都是赚来的。从前有一个乡下人，机缘凑巧，遇到一位得道仙翁，遇到就是有缘哪，得道仙翁问他有什么愿望，可以帮他实现，他说想长生不老，仙翁说这太困难，几千年只有黄帝一个人成了长生不老之人，让他说一个容易些的，他说，好吧，我希望在有生之年能见到皇上。仙翁沉思良久，说，你的第一个愿望是什么，我……"张衡说："大人讲的这个故事，我听过的。得道仙翁说，你的第一个愿望是什么？我再考虑一下实现它的可能性。"郎中令遭到张衡的抢白，终于恼羞成怒："张衡你住口吧！你说的专对，就是这个见皇上。大臣有几个与皇上专对的荣幸？贾谊？桑弘羊？省省吧你，再胡思乱想，我学疏识浅，不敢僭位在阁下之上，恐怕你就得另谋高就了，我这里可容不下一个能和皇上专对的大人物！我看明天你不用来点卯，等着皇上专对吧！"

郎中令一向语言尖刻，他的下属被他骂了个遍，找个事就骂半天，今天张衡说的这个要求，在他看来也实在过分出格，偏偏今天在朝中被太后羞辱一番，张衡就成了他的出气筒。张衡清楚郎中令的性格，嘴上不饶人，办事却还公道，一个心直口快的好官。听着郎中令的冷嘲热讽，张衡一点不着急，时不时还纠正他的发音，"荣，是荣幸，许叔重说，荣从木荧省声，荧平舌发音，荧省声，平改卷，所以荣应该是个卷舌音，大人平舌了。""桑弘羊，不是商弘羊，桑，声旁的三个又字叠加读如丧，还是平舌发音，大人发卷舌音商，有误。""思是平舌，大人又卷舌了。"几次三番的打断，郎中令的长篇大论总不能成型，终于被迫转移话题，被他诱导转到语音问题："我辽东人，有点口音咋的了？你嘲笑我的口音吗？语音这事可没准，它总在变，再过几百年，天下都说'商弘羊'，不说你那个'丧弘羊'，后人还要尊我为语音改革先驱呢！"

这么一打岔，郎中令居然忘了为了啥事发脾气，还得往回捯，捯到张衡要见皇上，而且要"专对"，便又腾地火起："张衡！官职不大，野心不小，你越过七八级，要直接面君？你要直接面君，什么居心，什么用意？"又一阵急风暴雨劈头盖脸。张衡不理会他的质问，他手里没有笏板，他还没有手持笏板的资格，但他手里有一块金丝楠木板，上面密密麻麻写着当天要办的事项，趁着郎中令跳脚的时候，他把要做的事情理出个头绪。

郎中令骂了半天没有反响，自己也没趣，就等着张衡说话。张衡十分熟悉郎中令的性格，知道该怎么对付他这种天马行空式的指责，因为他这些话都是临时拼凑组织的，在说话之前都不知道要说些啥，更不可思议的，他事后也不记得自己都说了些啥，谁也不会认为他说的这些都是他平时累积在心里，有了突破口就火山喷发，绝对没有这事，因为他心里就没有积攒下对谁的不满，对谁的仇恨，刚才他跟大家说廷尉要害死他，也纯粹是信口开河，如果明天有人向廷尉传闲话，廷尉就会这么说："这个混蛋，又在胡说八道！哪天我就宰了他！"廷尉这么说，也因为没有宰掉这个大话精的打算。张衡绕过他的七七八八，接着开始时的话题："皇上下次再询问的时候，大人试着给皇上说一句，一句就成。""那我怎么个说法呢？"果然郎中令立刻忘了刚才的愤怒声讨。"大人这么说，我属下一位郎中，对地震略有研究。这一句就行了。""不说研究内容、研究成果，你还没有专著，皇上怎么能够相信你？"张衡说："大人放心，就这一句。"

第二天，郎中令回到官廨的时候早了许多，进屋一阵风："张衡！张衡！"张衡就在身边，但他东转西转找了半天才找到，一把抓住张衡的衣服领子，前推后搡老半天，大家一致认为张衡惹了大祸，或者张衡给郎中令惹了大祸，郎中令马上就要被逮捕法办，一时间全都惊慌失措。郎中令摇晃了半天，这才大喊大叫："快去，快去！到端门殿，演习礼仪，要召见你啦！"张衡也慌了，皇帝召见，而且马上？但郎中令到底恢复了理智："不对，不是今天，不是现在，是哪天？我想想。"

就在郎中令想的工夫，两个内侍太监捧着一个托盘，传达朝廷的旨意："郎中张衡，天资聪慧，通晓天文，兼知地理，人伦之际，尤为用心，着令克日进殿，讲读地震诸事。进殿着郎中令品级服，有绶无印。"太监把托盘里的郎中令服饰和笏板交给张衡，指示他明天辰时端门殿演习礼仪，三天后进殿对皇上旨意，到时候有内侍来引导。

内侍走了以后，郎中令才平静下来，说今天上朝的事情。果然，太后今天又问关于地震以及地震与人的关系，太后记得昨天郎中令不能应对，今天还问他："郎中令，今天你敢说话了吗？"郎中令很感谢张衡昨天的锦囊妙计，他想不到今天太后问同一个问题，而且还是问他，若不是张衡傻乎乎地坚持，他今天真就危险了，说不定真就被廷尉拉到大街上枭首。张衡的话教他心里有了底，而且底气十足，张衡只是教他说一句话，可他的底气实在太足，竟像在自己的官廨一样行云流水，讲了一刻钟，听得太后云山雾罩，太后说："你说的这个张衡，学问既然这么大，听你说大汉天下，张衡是学问首席，我倒要见见这个人。"廷尉果然不相信郎中令，反驳说："启禀太后，这位郎中令说话一向善于夸张，口德甚差。张衡既然学问第一，为何屈居郎中？在京师多年，不能脱颖，可知郎中令所言非诈即伪！"郎中令也发觉自己说得有点过，有点信口开河的意思，为了让皇帝召见张衡，就顾不得给张衡留余地、给自己留后路，长跪在阶前不再说话。但太后说："我看郎中令这一席话，还真有些道理，把张衡叫来，听一听他说的，也好。"廷尉心里想，太后也是病急乱投医，郎中令一向满嘴跑驷马大车，居然说他有道理。廷尉看看三公太尉司徒司空，三公默然不语，看看大将军，大将军脸上没表情，看来大家都不反对太后召见张衡，既然三公大将军都不反对，我一个廷尉，也可以不管。再说了，太后召见一位品级较低的官员，也有先例，不算违祖制，也就不再坚持。因为张衡只是郎中，没有面君的资格，礼仪部门决定张衡临时着郎中令的官服，不配印，这就相当于皇帝接见军官，着军服不佩戴军衔。

张衡得到内侍传达的皇帝圣旨，知道这是郎中令推荐的效果，向郎中令深鞠一躬："多谢长官栽培！"朗中令得意扬扬，鼻子尖都闪闪发光："罢啦！"还来不及叮嘱几句上朝的注意事项，张衡就被诸位郎中簇拥着跑走了，大家要他请客喝酒，这么大的喜事，哪能静悄悄的。郎中令脸上乐成了五朵金花。部门出了一个被皇上直接接见的官员，而且是"专对"，朝中各部门谁都羡慕，这是他的突出业绩，年终考评一定位列朝廷第一，大大的一笔奖金哦！所以高兴。但他的高兴还是为张衡居多，这个年轻人确实不同一般，有本事的人早晚要出人头地。昨天他肆无忌惮地讥讽张衡，说张衡要求皇上专对，比求长生还难，还说张衡有野心。今天对这个突如其来的重大成就，张衡头脑还清醒，郎中令的头脑早就被践踏得横竖没了秩序，好像要进殿专对的是他自己。看大家风风火火要上大街找馆子庆功，无视他的存在，心里又不平衡了，急急地跟过来："还没下班，不准早退！"却谁也不理他，一溜烟地去了。

二十九

第二天，张衡早早地来到端门殿，演习礼仪。张衡虽然在宫中一年多，从来没有见过皇上，三天之后就要与皇帝面对面，心里不禁忐忑，面君的程序，司仪官从进殿教起，进殿的步子是"趋"，宫中称为"快步慢行"，步频是常步四倍，双手紧握笏板，笏板与肩平齐，眼睛注视笏板中间部位，保持这个姿势自始至终，除非皇上有特别的指令，不得变换姿势。进殿第二行厅柱前下跪，双膝并拢，低头，举笏板，口称"陛下万岁"，仪式结束，然后，坐。张衡跟着演习几遍，仪式虽然简单，但要做到纯熟自然，却很不容易，这需要长期的功夫积累，形神合一，出神入化。

三天之后，张衡终于见到了皇帝陛下。接见在中德殿进行，宫里的侍卫引领张衡进入中德殿，大殿赭红色的柱子高耸，上接阔大的藻井，以藻井为中心，披散下来，整体金碧辉煌。藻井的图案，张衡来不及仔细端量，眼睛早被大殿里粗大的立柱吸引住，大殿共九九八十一根立柱，二十四根包在厚厚的砖墙里，六十七根立柱撑起大殿的穹顶，却不显密集，疏朗有序。大殿之外则是宽阔的檐廊，也有四十根明柱。这些立柱规格一致，两人合抱粗，以精细的髹漆工艺加工，再涂以赭红，四面墙壁金黄色，与藻井的繁复自然衔接，却不显突兀。中德殿给人一种权力的重压，压得人呼吸困难。这次接见以后，张衡总在回想当时的情景，回放当时的情绪。他想，皇帝把大殿建筑得如此夸张，就是要造成这种效果，打击进殿者的嚣张气焰。

礼拜如仪，由于演习详细，果然没发生差错，张衡的所有礼节都做得到位。张衡坐在皇帝座位的西南侧，大司徒、大鸿胪坐在皇帝东南侧，书记郎中在张衡下首，记录皇帝与张衡的对话。张衡的席前有一几，几上放着张衡为这次谈话准备的材料，这些材料由礼仪官接见之前摆放在这里。张衡进殿，皇帝和大鸿胪已经坐在各自的座位上，大鸿胪起身向皇帝禀告："郎中张衡，应太后懿旨进殿。"张衡低头趋进，跪在皇帝前方约两丈远处，依照端门殿的指导，三跪九叩首之后，直起上身，眼睛看着地下，念诵颂圣语录："伏维皇帝陛下睿智聪明上达天听慈惠万民恩泽草木臣张衡恭祝陛下万寿无疆！"颂圣之后再次叩头，皇帝这才开金口："坐。"张衡吃惊不小："皇帝是个女的？"透过笏板看去，上面端坐着一位妇人，四十来岁的样子，衣着极为华贵，周身金光熠熠，犹如天神降临金銮宝殿。在妇人的右侧稍后，一个少年，也华服贵胄，端坐着，看着大殿里的人们。

张衡这才明白，总听郎中令说太后太后，原来朝廷听政的是太后，不是皇帝，今天听我讲学问的，就是这位皇太后了。跟一位女性的"皇帝"谈话？张衡刚刚平复一点的心情再度紧张，不知道该怎么跟太后讲话，紧张得汗流如雨，头上热汗蒸腾。端门殿演习，重要的一项是以意志抑制出汗，这种非主观的失仪也很狼狈的，不过在这里，所有的演习都无效，不但张衡，几乎所有外地郡国官员和外夷首领使臣觐见皇帝，全都汗出如浆。

按照礼仪官的引导，张衡以"趋"的步子走到自己的座席前，礼仪官示意可以落座，张衡叩头之后静等太后问话，太后说："张衡，我知道你。"张衡回道："微臣有罪，有扰太后圣听。"太后说："你在太学辩论会上，有过一场精彩的发言，我听贾逵说过，贾老先生说他只听见你说第一句话，就知道你在天文学方面有特别的成就，这次郎中令又提起你，我想和你好好谈谈。"张衡听太后要"好好谈谈"，同样一个词语，同样一句话，换个身份说，就得体自然。太后说谈谈，"谈谈"两个字尊贵无限，我说谈谈，就被郎中令狠狠地讽刺一顿。张衡说："微臣放肆，有劳圣慧。"太后说："今天叫你来，是想听听你对天地人关系的看法，我想知道你怎么看待地震与天地人的联系。"张衡说："微臣愚钝，不敢搅扰圣心。"太后说："现在你可以说了，黄门说给你的时间是半个时辰，你可以不理会他们，想说多久，就说多久，我很久没有接触有学问的人了，我在宫中读书也不算少，但孔子说，学而不思则罔，我与大臣的交流素来不多，跟名师求教的机会尤其少，今天就利用这个机会，接触些尖端学问，希望你对我不要隐瞒哦！"张衡仍然伏地不起，太后越亲切和蔼，张衡就越战战兢兢："微臣罪该万死。浅显学问，不敢扰乱太后圣听。"太后说："别理会端门殿那些老家伙的胡说八道，你该怎么说，就怎么说。"张衡说："微臣罪不容诛……"太后笑说："端门殿的老家伙们也老了，他们肯定忘了一个环节：微臣罪该万死的客套话，说一次就够，不可翻来覆去说，反复这一套话，君臣对话的平台永远搭建不起来。好好说话吧，像个正常人一样说话，你就假设对面坐着的只是一位普通的长官好了，比如黄门令、郎中令、太史令。"张衡第一次上朝就是专对，一时难以适应，除了在端门殿学到的几句颂圣的话，别的一句也不会说了，太后看他实在着急，就提醒他说："郎中令告诉你今天要谈什么的？"

张衡的魂魄这才回到他的躯壳，就说地震。

"说地震，要先说大地。人们脚下的大地其实分层次，可以用地狱十八层作比喻，一层三百里，越往下越热，十八层只是一个习惯数字，不一定真就有十八层。翻译天竺的佛经，上面也说有十八层地狱，微臣推测，那一定是中原的翻译家巧借用中华文化传统，让中国人相信，天竺人也有十八层地狱，民间信仰找到佛家的靠山。'十八层'以下不能确知几千里深的地方，就是大熔炉，这就是庄子说的'天地为炉'。

"'熔炉'里融化的物质膨胀涌动，就像一锅煮沸的粥，十八层看起来很厚很坚固，可比起几万里的大锅，就薄弱得许多，薄弱得像沸腾如粥的大熔炉上漂浮着碎块。当然这碎块不碎，有时候裂开一个缝隙或孔洞，熔炉里面的物质就迫不及待地喷出来，这就是火山喷发。火山喷发在中华不多见，在蛮夷地方最多，比如大汉的东边大海里有个倭国，火山喷发就很平常。中华大地在远古的时候也有许多的火山，喷发的势头推测也很猛烈，现在方圆几百里都有喷发的残余物，火山的砾石，火山熔岩在地面形成坚固岩石大面积分布，中心一座山，山口凹陷下去很深，已经长满茂密的森林，就是火山口，当时滚烫的熔岩冲破大地，裹挟着泥土碎石喷向几百丈的高空。

"大地的最上一层是土壤，第二层是硬土，近似石，第三层是软岩石近似土，第四层是硬岩石，第五层是金刚石，第六层以下，都是'石'之类，但不一定以石的状态存在，至于它们叫什么'石'，人们从没见过，地的表面也没有这类物质，所以人们不知道该叫它们什么，总之根据循序原则，它们每层都比上一层更坚硬。但可能在八层或十层以下，最坚硬的'石'进入融化状态的渐进过程，什么东西能把比金刚石还坚硬的东西融化，微臣才疏学浅，想象不出，需要更有学问的大师告诉世人。这些'层'的分布并不规则，有的厚，有的薄。有的地方岩石突出土壤层，就是山和岭。地上山岭那么多，可以想见这些层排布得有多么不均匀，可见大地上的人们处境有多么危险。火山喷发时，掀动地上的这几层壳，在地壳可能比较薄的地方快速破裂错动，引起地表震动或破坏，人们叫它地震，也叫地动。发生地壳错位的地点，就是震源，地震的发源点。地壳错位，这可不是水面的荷叶，青蛙跳过来跳过去，除了青蛙湿了脚，没别的危险，这都是厚重几百里的大地，它被掀动，那就是大地的碎裂，碎裂的大地整个都在颤抖，地上的生灵刹那间涂炭。这就是地震。

"地震的损害不仅在发生地壳破损的地方，地壳碎裂产生的极端巨大的力量会向四外扩展，地震的损害也向周围扩展，逐渐衰减，说它极端巨大，是因为人们还没见过更大的破坏力量，不但没看见过、没经历过，甚至想也想不出来还有比它更大的力量。在地球内部传播的地震波称为体波，体波分为纵波和横波。从地下震源往地面传送的为纵波，引起地面上下颠簸震动，从地震中心地面向周围传播为横波，引起地面的水平晃动。纵波在大地的内部传播速度大于横波，所以地震时，纵波先到达地表，而横波落后一步。这样，发生较大的地震时，人们先感到上下颠簸，这是纵波了，片刻之后才感到强烈的水平晃动，这才是横波。横波比纵波更残酷，造成的破坏更剧烈。这个比较好理解，就以房屋为例，纵波使房屋上下位移，这样的位移可以复位，横波不行，它的破坏不可逆，位移之后不可能再复位了。地震发生的地方叫震中，震中的损害程度最严重。地震的损害烈度，从震中向周边衰减，但衰减的频率很慢，巨大的地震，距震中几百里外的地方仍然有剧烈的损害，房倒屋塌，哀鸿遍野。

"火山地震虽然猛烈，但比起另一种地震，还算很温柔的，那就是构造地震。构造地震是底层结构发生变化，引发错位，大地长期积蓄的能量集中爆发，造成的破坏力人类的语言很难陈述形容，可以简单地称之为'天地末日'。

"由于每次地震的强度不一致，造成的破坏差异悬殊，朝廷防范地震灾害的应急预案制作不易，如果预先知道地震的强烈程度，预案就能有的放矢。所以微臣设想给地震划分等级。地震的差别实在太大，级数也要多，从一级到十级，依次递增。比如这次在东京感受到的地震，如果震中是东京的话，按照我的分级设想，应该是四级。四级地震，就是破坏性地震了，不很坚固的房屋倒塌，有些人因此受伤或死亡，但不会造成大面积的房屋倒塌和人员伤亡。如果十级地震，就是彻底毁灭。所以所谓十级地震，中华地面没有发生过，外夷地区却经常有，比如倭国。"

太后频频点头，赞许张衡说得好，发前人所未发，地震波、纵波、横波、震源、震中，这些词新鲜，听着就神秘，神秘就恐惧。但太后听着听着，忽然觉得彻底放松了，精神安泰，在迷乱的世道中找到了自己的位置。原来皇帝和皇帝的母亲太后，也不是无所不能，在地震这样的大事变面前，任何人都脆弱如一段青草，一片嫩叶，包括太后本人。天子能管天上，但不能管地下，地下的事情地下自己管。再说，皇帝真的能管天？天乾地坤，天覆地载，天大于地，地下的事情地下自己管，天上的事情难道还会要人们来管吗？天地之间，人最渺小，既然渺小，何必充伟大。张衡说，地震的原因，是地下物质的运动，运动过程出现障碍，冲击地壳，有时冲破，火山喷发，引起地震，有时冲不破，大地的这块巨无霸地壳碎裂，但仍然压住岩浆，岩浆冲击大地，造成构造断裂，这也是地震，而且比那些形成火山喷发的地震还严重，因为积蓄的力量没有突破口，全都释放在地壳上了。地壳碎裂产生巨大能量，这么说来，地震纯粹是大地的事情，既不是人的指使，也不是神的安排。太后关于地震的书也读了一些，但大都语焉不详，顾左右而言他。她自己倒有想法，说起来跟张衡现在说的差不多，总之，地震是大地的事情，完全自发自为。太后一直这么想，也一直这么希望着，张衡的这番话正好给她提供了依据，地震纯粹自然。不过太后还想得到进一步的证实。

"我想知道，地震发生在大地，按你说，发生在大地深处，至少地下十几里的深处，这么深的地方，天神管得到它吗？"

"天帝在天上，地震在地下，在地底深处十几里几百里的地方发生，然后再反应到地面上，天帝管不了那么远。太后思量，地下十八层，越往下熔岩越炽热，怎么还能有人和神，就算没有熔岩，它也没有空间，神需要空间吗？当然需要，东京宫殿，就是模拟神的居所，当然神的宫殿还要更广大、更宏伟，地下都是致密的岩石、岩浆，所有的物质互相挤压，挤压力非常之大，哪里能建造那么宏伟的宫殿。从前，中华上国人说大地一整块，密不透风的，这是事实。可后来人们的口味改变了，非要说地下有十八层地狱，每一层都有小鬼住着，专门等着有坏人掉下来，去折磨那些坏人。佛陀之说也随声附和。微臣以为，下里巴人之说和夷狄之说不足征信，地下应该不可居住，不但人不能住，神和鬼也住不得。"

太后不同意："天帝无所不能，地下几百里，在上帝，距离不是问题。我自己对这个问题特别有兴趣。书上说，地震、火山、日食、月食等天象，都是天帝对人间事物的反应，特别是地震，波及范围非常大，震动面与震撼效果也非常强烈，人间出现违背天地旨意的大小事件，天帝就会用强烈的地震警告世人，主要警告人主，要人主检讨自己的行为，修正错误，顺应天意，获得天帝的原谅。日食和月食也是同样的情况，每当日食月食发生，民间认为天狗吃太阳吃月亮，敲锣打鼓，把天狗吓跑，这个说法学者不屑，但学者又坚持认为天帝掌控日食月食的设置权，天帝可以让它们发生或不发生。我们到底该信哪个说法？这是长期困扰我的重大问题。至于你说地下几层，我倒觉得佛教说得有点道理。空灵些。它的地狱不一定有那么远吧，就算一层地狱深达二里，那么十八层地狱也还在地壳的范围内，你说没空间无法居住，神灵需要空间吗？既然神灵无所不在，地下极深处他们居住存留的地方，我们不能比照自己的居住条件看待神灵。大和小，远和近，只是人的概念，人不是神，不知道神的居住空间是什么形态，京都的宫殿，的确比照上帝的宫殿建筑而成，但又有谁见过上帝的宫殿？也还是想象，人们自己想象一座上帝的宫殿，再把它照搬到地上。佛教说一粒沙里藏四万八千佛，大概就是这个意思吧？"

张衡说："太后圣明。关于神灵，微臣所知有限，太后讲到日食月食，我已经写成一篇论文，专门介绍日食和月食的发生原理，形成条件、出现规律，等等，微臣请尚书省呈太后御览。这日食月食，太后大可以不去理会，跟地震不同，它们的出现不会造成灾害，它们的发生与人事也毫不相干。这不是我的单独创见，前代大学问家经过观察，记录，再考察前代的记录，发现它们的出现是周期性的，计算它们的周期公式，为一百三十五个朔望月，即三千九百八十六天半零三刻，一个周期，这十一年零三十一天发生过的所有日食月食，下一个十一年零三十一天都会原模原样地重复一次，终而复始。这个循环周期在'三统历'和'四分历'中都有记载。太后明察，日食月食十一年重复一次，人世间的什么事情能如此精密循环发生，不差分毫？"

一席话说得太后心花怒放："日食月食，困扰我这么多年，每当日食月食，我都提心吊胆。我当然不相信天狗吃月亮，但我相信日食月食就是天帝示警。张先生果然不同凡响，与你比起来，我读书少得多。你说'三统历'和'四分历'都记着日食月食周期？你们，快去找来看一看。张先生，咱们还说地震。地震跟日食月食不一样，地震从来不预告不预警不示警，如果有上帝，如果地震果然是上帝管着，那这位上帝一定是暗箱操作的能手，因为从来没有人预算出来计算出来地震。地震好像也没有周期吧？"

张衡说："我们脚下的大地很大很大，中国之外，我们的北边是匈奴，匈奴的北边是大秦，大秦的北边还有别的国家别的皇帝，再往远，东西南北，还有许多许多，就是大海吧，大海的对面也可能还有更多更大的大陆，这些国家合起来，就是佛经说的'世界'。这世界每年发生地震五百多万次，平均下来，每天的地震就有一万多次，太后明鉴，每天这么多地震，都秉承天帝的旨意，这天帝也太不惮烦了吧？他什么也不想，什么也不做，每天忙着安排这一万多次地震，也安排不来的。这一万多次的地震中，多数是无感地震，人们差不多感觉不到，而伤人伤财，造成伤害的地震也有十到二十次；能造成严重灾害的地震大约肯定有一两次。特别严重，人口大面积死伤的大地震，每年总有一两次的。这些强烈的地震，每次发生，都伴随着房倒屋塌，惨痛的生离死别。圣人说上天有好生之德，仁慈的上天为何如此狠心，让普天下生灵遭受如此重大的苦难？四夷各国，行政治者是国王，国王失政，民众已经遭受重大苦难了，为何上帝还要给人民雪上加霜？神明端正，行事正派，这样乖张悖谬的事情怎能是神灵所为？更不可理喻的是，我大中华帝国，陛下圣明，人民文明，政治清明，居然也有地震发生。有人可能这么解释说，上帝用那些造成危害的大地震示警，地震小了，人们感觉不到，对神灵不敬畏，肆无忌惮地干坏事。一年一次，几年一次，时不时地警告人们，小心啦不然我就地震给你们看！果然就地震给人们看看，岂止看看这么简单，简直灭顶！我要问，既然有感地震、强烈地震用来示警，那些无感地震、小地震，有什么用处呢？上帝不是很忙吗，现在他又闲得没事干，在大地上东戳一下西戳一下？上帝促狭吗，还是头脑不灵光？总而言之，地震是大自然自己的事，跟朝廷的政治不相干，政治清明不清明，它该震都要震。有时候连年地震，那是大地在自我调整，什么时候调整完了，就不再地震了。在这个调整期间，就是尧舜禹再世，成汤周武重新称王，也无济于事的。"

太后很兴奋："张先生，他人有心，予忖度之，说的正是张先生。这些问题跟蜘蛛丝一样缠绕着我，却原来只是一个伪问题！我应该早点和你谈话，知识改变个人的人生，知识改变整个大千世界，改变我的人生就改变大汉的世界。"太后意犹未尽，继续与张衡讨论天帝的问题。顺理成章，太后向张衡提出一个终极问题："张先生，根据你我刚才的说话，现在，我想知道，你怎么看天，你觉得天帝在什么地方？我想问的根本问题是，你认为有没有天帝？"

张衡两手握着笏板伸在前边，头伏在地上一动不动。太后的询问过于尖端，涉及国之根本，他吓坏了。太后看张衡一言不发，不知为何，过了许久，看张衡没有说话的意思，太后只好再问："张衡，你在那里做什么，我问你话呢。"张衡这才略略地抬起头："太后，微臣死罪，万不敢在太后和皇上面前胡乱讲话。太后的问话，实在超出微臣所能回话的范围。"

太后说："怎么想，你就怎么说，这是谈话，不是奏议，百无禁忌。你就说，什么叫天命，天命这东西，究竟有还是没有，存在还是不存在。"

张衡思考良久，最后扬雄的"三表"坚定了他的意志，他说："天命不存在，天帝不存在，鬼神不存在。"

太后怔了一下，缓缓地说："天命不在，天帝不在，也没有鬼神，那你看我这大汉万古江山，将来会是谁家天下？"

张衡非常后悔听了太后"百无禁忌"的鼓励，说出自己一直留在心里的话，这也是他经过漫长的思虑得出的结论。这个结论，跟几个朋友私下里说说也不要紧，但要在皇上面前公开否定神灵天帝，却实在不明智，太后和皇帝的心思，你能猜得到吗？猜不到猜得到，全都有罪，至于什么罪，够不够杀头的等级，也要看太后的心思，太后如果要折辱张衡的自尊和意志，这时候就要这么说："张衡啊，你通晓人间天上，连神灵的户籍簿你都管着，那你查看查看，我要你死呢，还是允许你活？"张衡无论怎么查看，肯定都错，结果他必死无疑。

司徒夏勤对天文一无所知，他也不感兴趣，他参加这个会谈只为了使仪式更圆满，听太后和张衡说得热闹，他一言不发，其实他也插不上言。至于皇帝，对天文更茫然，平时都不怎么说话，现在更沉默，眼睛盯着地面，在头脑中为地砖组合成各种图案，组合得眼花缭乱。现在司徒觉得不能再沉默了，张衡说话已经犯了忌讳，触碰了皇家的底线，太后很快就会发怒。与其等着太后发怒，不如我先发怒，占个先手，表示对大汉和皇太后的忠诚。

司徒夏勤慌忙离开自己的座席，在太后面前匍匐跪倒，替张衡叩头谢罪："臣昧死请求太后息怒，张衡从未得瞻天颜，不知忌讳，今天之罪，乃无意之失，万望太后保养凤体，不可动气伤肝，皇太后天意圣裁！"丞相说完，仍跪伏于地，地上一团朱紫，透露出一团哀怜。这团朱紫也不是不作为，衣角后面透出一角光线，那是司徒的眼光，他偷偷地看张衡，张衡虽然不知所措，却还大模大样地在座位上不动，夏勤就向张衡悄悄地招手："快来啊，跪下请罪！"

司徒夏勤如此激动，太后倒很冷静，她对张衡说："你别动。"又对面前跪着的司徒说："夏勤，你起来。"司徒夏勤慢慢爬起来，倒退着回到自己的座位，脸上滚着汗珠，也不敢去擦，只低着头，汗珠汇聚在下颌处，像一道溪流，比开头张衡的流汗还厉害些。司徒为张衡担忧，更为自己的失察担忧，太后追究起来，是司徒贸然批准让张衡面君，这张衡从未上过朝堂，不知礼仪，不知避讳，造成惊驾，罪过不在小，说不定会灭族呢，律条上明明写着的。

太后说："夏勤，你告诉书记官，都下殿去吧，下面的谈话不用记录。"汉帝国严格按照周代的规矩，朝堂上的事情都有记录，朝中有二史，左史记言，右史记事。君举必书，所以有"起居注"，天下一个核心，全天下围绕着一个核心转。有两种情况不记录，一是特别重大的事情，需要闭门秘密磋商，所有的言语都不记录，也不许外传。还有就是今天这样的纯粹学术性的谈话，属于半聊天性质，留存下史料，意义也不算大。太后不要书记官记录谈话，用意还在张衡，叫张衡不要担心记录在案这档子事，放心说出自己的真实见解。

太后心平气和，对张衡的态度甚至是和蔼可亲："司徒夏勤，你没懂我的意思，我没有不高兴要惩治谁。张衡的话，属于纯粹的学术上的道理，世上没有因言获罪的道理。我是女人，可我不糊涂，因为某人的政治见解和学术观点不合皇上的心思，皇上就惩处他，历史上倒有过，但我大汉朝廷，不允许发生这样的事件。现在，殿里只有我们几个人，没有记录人，你说我听，口耳之间。张衡，你知道，关于天和地，我知道得不多，希望你来讲一讲，人说老当益壮，也说活到老学到老，我现在精力还算充足，事务虽然忙，但总能抽出点时间听听他人的意见。听刚才你说的那三个不存在，我非常吃惊，吃惊不是因为你否定天和神，吃惊是因为终于有人敢于说出来，而且敢于当着我的面说出来。但究竟有没有神，我想听你说得更深更透些。现在你就跟我不拘束地说说。你负责说，我呢，只负责听，我听得喜欢，我就说喜欢，不喜欢，就是不喜欢。讲得不好，讲得坏，讲得离经叛道，都是你的，跟我没关系，我管不着，你的思想，我想管也管不了。重申，我们大汉朝廷不处置心理犯罪，那叫'腹诽'对吧，我们没有这个罪名。不管你讲的什么，我都不计较，更不算秋后账。这下你明白了吧？"

司徒夏勤见多识广，听太后说得天花乱坠，他的脸上仿佛一片阴云飘过，太后注意到司徒脸上反应的心思。"司徒不要又腹诽，好像你被阴谋诡计陷害过似的，我大汉绝对没有做过违背承诺的事情。你想说北匈奴的事，本来我们允许北匈奴投降，窦宪军却伐灭了北匈奴，说我们失信是吧，我问你，我们向北匈奴承诺过不打仗吗？"司徒被太后看破心思，更加不好意思，低下头默不作声。

太后这样长篇大论苦口婆心地启发，张衡终于明白，这真是纯粹的学术交流，他完全可以讲出他的研究结论，不必忌讳。

张衡说："所谓天命，就是天的意志，天的意志就是天帝的意志，这就得解决一个很简单的问题：天帝住在哪里？太后和皇上住在洛阳，天帝当然不住洛阳，他老人家跟凡人不同，他住在天上，可在天的什么地方？太阳最有可能，但太阳太热，月亮也有可能，但月亮太冷，这种连人都住不下的地方，天帝也不愿意去住。陛下住舒适豪华的宫殿，天帝住或者冷极或者热极的'天上'，就像民间不孝子，自己住舒适温暖的大房子，把爹妈赶到小柴棚里住，冷风飕飕地刮着雪涌进柴棚子。人们这么想，都不应该，心里有神，却不敬神。让上帝被火烤，被冰冻，怎么忍心？

"根据我的观察，天上可以居住的地方不只太阳月亮，人们首先想到太阳月亮，因为它们最大。同样根据我的观察和推理，天上其他大大小小的星星，实际可能比我们看到的大许多许多，大多少呢，我们不知道，但肯定大，大到可以像太阳月亮一样，大到可以住上帝。星星之所以小，是因为它们离我们太远，越远就越小，太阳月亮大，是因为它们离我们近，越近越大。太后想一想，那些天体得远到什么程度，才看起来像星星。

"就算这些星星上可以住天帝，可天帝跑到那么远的星星上是什么意思？他有一项重要任务是监督地上的君主，地上的皇帝是天帝的亲儿子，他要监督亲儿子，为什么住那么远，又怎么能监督亲儿子？而且，我可以保证，后世人们，几世几劫以后，人们的本事会大得无边际，那时候他们肯定能上天，他们逐个跑到这些星星上去看，找上帝，结果他们会很失望的，因为他们到底不知道上帝住在哪一颗星球上，更核心的发现是，所有的星星上面，连一棵草都没有，没有水，没有树木，没有气息，呼吸都不能够，遑论居住。

"这些星星真的很大很大，有的比我们脚下的大地还要大，孤零零地悬挂在空中。他们冷寂荒凉，没有一滴水，没有一片云，更没有森林草木鸟兽，他们确定，这样的地方，天帝不想在这里过日子。

"也有人看到天的虚空性质，知道天上不能住上帝，他们另辟蹊径，说天帝住在大海里，甚至住在地底下。这种意见，刚才我已经反驳过了：天帝，怎么可以住在昏暗的地下，怎么会住在幽深的大海？更何况，人们无法解决上帝居住地的空间问题，除非他们认为上帝无厚无长无宽，上帝仅仅以精神状态存在，精神的上帝存在于任何时间场合，属于绝对的存在，可先贤们早就认定，绝对的存在，恰是不存在。人们包括从今往后很远很远的人们，寻找上帝，上天入地，最后无一例外都回到我们这片坚实的土地，可地上仍然找不到上帝，连影子都找不见。三界之大都找不到的东西，还有必要去找吗？可以断定因为这东西根本就不可能有。

"上帝是谁，上帝是人间帝王的神格化。所以，原来'上帝'就是'地上'，大地上的皇帝。皇帝就是天帝。我们的祖先用主观意念创造一个天帝，其实把现实中的皇帝神格化，推举他成为统摄天地人三界的主宰。

"还有另外一种力量，自然的力量。风雨雷电的力量，地震海啸的力量，日月星辰运行的力量，但这些力量是独立的，它们与上帝的力量平行，上帝不能管束自然，自然也不能管束上帝，它们是平行系统——假设有上帝。荀子说：'天行有常，不为尧存，不为桀亡。'这对。但荀子又说：'应之以治则吉，应之以乱则凶。'就不对，既然天有自己的运行规则，人做什么，与天不相干，有人说一只蝴蝶的翅膀能掀起北海大风暴，一只马蹄铁的钉子毁灭一个国王，那都是名学的诡辩术，那么多的蝴蝶呢，怎么没掀起北海大风暴？铁匠铺马蹄铁的钉子堆成山，几个王国因为它们亡的？人的种种行为，就算你再强大，再胡闹，搞个酒池肉林了不起了，但在自然那里，一个微波都不起，因为他们和它们，本来就没有关系。

"再过若干年，人们的力量可能真的强大了，强大到可以影响天和地，比如现在人们没有力量移山填海，共工一头把不周山撞塌掉，不周山原是支起天的大柱子，柱子折了天就塌下一角，地就翘起一角，天上的日月星辰往西北方向滑落，地上的江河往东南方向流淌。人们奈何大山不得，才这么编派它，子子孙孙几代人的力量，也不能移走魁父之丘。若干年后，人们可能发明一种东西，一只手抓住一座山，拎起来就走，想往哪里放就往哪里放，把大海填平找到长生不死药，再或者把大山打开，掏出它的心脏，把大地挖开，抠出它的肝肺，然后一下子点燃，大地不再寒冷，一年四季温暖如春，大冬天的也能吃上夏季的水果，隆冬腊月也可以穿个小兜肚游泳逛街。好像力量大极了，好像可以影响自然了，可在自然看来，这点小把戏，蚍蜉撼大树嘛，蚂蚁妄想绊倒大象。那时候，人们自认为自己太强大了，强大到可以影响天和地，很可能为自己的影响力而自我恐惧：天地都被我们破坏了，这可怎么办哪？忧心忡忡地到处演讲，号召保护天、保护地。宣传演讲词应该这样：'我们只有一片天，我们只有一块土，对自己，手下留点情，给后人，心里存点善念！'人间遍地火光，冬暖夏凉，自以为破坏了气候，可在大自然看来，这算什么呀，这有什么呀。大象不会说话，它旁若无'蚁'地走过去，一阵摧枯拉朽，蚂蚁们呢，蚂蚁们有两种：被踩死的和吓傻的——如果蚂蚁们还有点智慧的话。

"大地也可能毁灭，但不会是现在，也不在遥远的人们能够理解的'未来'，这个时间点不能用恒常的量度；天也可能坍塌，但不是现在，也不是遥远的未来，时间点同样超出常理的范围。不到它要毁灭的时间，人们再折腾，天地仍然如故；要毁灭的时候到了，你如何保护，它都是一样，不为尧存，不为桀亡，天地要塌陷，它就是要塌陷，人不能救。微弱的人们企图营救无限大的天和地，这就像大象要死了，蚂蚁牵着大象腿上的一根毛，企图抢救它。不过我们目前还没有这样的危险，我说的是很久后的将来，这种事肯定会有，人的本质决定，这种不自量力的人，肯定也有。企图用自己的力量保护天地，是将来人民面对的危险，现在的危险，则是人们企图用自己的意念影响天帝，让天帝转变自己的思想。这两者不是很像吗？我理解，人的不自量力罢了。刚才我说过没有什么天帝，如果说有天帝，这个天帝就是自然，'自然'的意思，就是本自在，它从来如此，自然没有意志力量的支撑，自然发生变化，也一定是自身的力量使然，不借助于外力，因为任何人为的力量在自然这里都是蚂蚁，巨大的力量是巨大的蚂蚁，巨大的蚂蚁也还是蚂蚁，这么渺小的人，想改变那么巨大却没有意志的自然。

"要说当前的危险，就是人自视太高。这种危险大概可以追溯到荀子，人们喜欢引用他说过的大话'制天命而用之'，殊不知，这并没有理解荀子的理念，因为引用得偏了、断了，所以反了。荀子原话这样：'大天而思之，孰与物畜而用之，从天而颂之，孰与制天命而用之，望时而待之！孰与应时而使之。'仔细体会荀子的选择性语句，都是说理论辩的手段，把话题引向深入罢了。即使论辩，荀子也强调顺应天，顺应自然。他说：'人强胜天，慎辟勿当，天反胜人，因与俱行。'人力勉强地胜过自然，这未必是好事，所以一定要避免激怒天，什么情形会激怒天呢，不顺应天道就会激怒它，天道要春种秋收，人们偏偏要反过来，这就会激怒天道，当时就给你个好看，叫你一粒种子都收不回来。自然胜过了人力，那么人就要顺应自然。世间的道理或显明或隐微，世上人就要掌握事物循环往复的运动规律，抓住时机，安排妥帖事务和它们的关系。天道循环往复，周而复始，主宰万物而为万物之主，人掌握了天道规律，根据规律对待天下事物，更遵循规律处理天下事务，人熟悉天道，天道反过来就成了客，为人类所利用。荀子说的天道，即自然规律，不是主观意志的'天'，天道没有主观意志，人们可以了解它、熟悉它，这就叫制天命而用之。人们误读荀子，以为阿猫阿狗都可以制天命而用之，不知道荀子说的'天'，不是他们理念上的天。

"自视太高的，不但有普通人，更有帝王，包括太后和皇上。地震发生，陛下立刻发布罪己诏，昭告天下，安心万民。我想告诉太后，您的伟大是对人间，在人的世界，您至高无上，人的世界太小太小，皇上的父亲是太上皇帝，皇帝陛下出生发育成长，登基为帝，都因为陛下是太祖高皇帝的血脉，没有第二个原因。因为地震，皇帝陛下向天禀告请求责罚自己，希望仁爱人民之心感动天庭。感动了天庭吗？没有，皇帝陛下的爱心感动的只有人民，天下的黎民百姓。这时候的天仿佛一头牛，皇帝陛下的罪己诏近似对牛弹琴，这头没有思想意志的牛极大，大到根本听不见陛下的琴声。蚂蚁，不管它愤怒呼喊，还是泣血稽颡，大象是听不见的，尽管在蚂蚁可怜的世界里，它的哀恳已经感天动地——太后圣明，我这个比喻，有点不恰当，太后陛下恕罪开恩！"

张衡的演讲，结束了。

太后还沉浸在张衡的一番哲学思辨里，没听出张衡的说话有什么不妥，张衡突然"请求恕罪"，太后才发现张衡刚才的话确实有些过分，有这么比喻的吗，说皇帝跟蚂蚁一个阶级。不过太后早就说过的，纯粹的学术研究，绝对的"不记录，不追究，不株连"，所以太后微笑着，却不说话，看着安帝。自从听皇后和奶妈王圣说张衡不是好人，安帝对张衡的印象就不怎么样，今天看见了张衡，觉得他虽然不是想象中的那么难看，可也算不上好看。好看不好看倒也在其次，最不应该的，整个会见都是张衡在夸夸其谈，好像天下的学问都在他这里。有再多的学问，在太后和皇帝跟前，也应该收敛些吧，说着说着，还失态失仪，竟然把皇帝比作蚂蚁，而且还不是他说到的那种巨蚂蚁、大蚂蚁，仅仅是中不溜秋的普通蚂蚁，什么意思？

张衡不善言谈，平时在衙署，差不多就是个锯嘴葫芦，同僚都奇怪，这么一个木讷的家伙，怎么能来朝廷任职，看模样也不像有皇亲国戚庇荫着。他们不知道张衡说起自己的专业，就口若悬河，可在衙署怎么说专业？所以大家每天看到的张衡都是锯嘴葫芦。还锯什么嘴啊，他就是一个没嘴的闷葫芦！从前郎中令每天早上点名，每人都要答一个"到"，后来有了纸，郎中署设置一个签到簿，连说"到"的机会也没有了，两三年的时光，也不算短，衙署中居然没几个人听过张衡开口说话，每天看见他山羊胡子撅嗒撅嗒上班了，撅嗒撅嗒下班了，处理事情却井井有条，上司从来找不出他的毛病。没事找毛病，这上司有毛病吗？所以大家对张衡，张衡对大家，越发地没话可说，陌路。

司徒在旁边孤孤单单，插不上话，接不上茬，偶尔与大鸿胪相视一笑，表示对张衡的有限理解。张衡在演讲天地人的哲学问题时，彻底忘记了太后和皇帝，他像一位太学的博士，苦口婆心地对太学生们循循善诱，太后也被他感染成了一位老牌子的太学生，一副孜孜不倦的模样。

张衡忽然意识到自己有些肆无忌惮了，他那两条腿两只脚，一会儿盘着，盘一会儿又伸着，伸着累了又盘着。汉制，大臣朝见皇帝，一律站立，皇帝一人坐于高台，仪式简短，仪式之后有会议，商讨天下大计，这时候君臣都以舒服的姿势跪坐，臀部坐在脚后跟上，坦然自得。发言时，为表示庄重，上半身直立，发言完了，重新回到跪坐的舒服姿势。要对皇上表示尊敬，手撑地面，头低下去——就是磕头。如离席磕头，属于特别庄重的局面。

这一整套朝仪，不见盘腿伸腿的规定，因为这盘腿伸腿十分不雅，太散漫，夷狄的匈奴人不知羞耻，才在屋子里一大伙子人大伸着腿脚说说笑笑，跟猪羊一般不严肃没规矩。中华虽然鄙视匈奴人的不知礼，生活中却也不知不觉地受了影响，中华人发现，匈奴人那样没皮没脸大大咧咧松松垮垮地盘腿坐着，实在太自在太舒服了，比正经的跪坐不知舒服多少倍，何况还能随随便便地变换坐姿，什么改改坐姿啊，明明就是躺下去。所以后来中华人传出一首歌谣，赞美盘坐的好处，开头两句就是："好吃不如饺，好坐不如倒。"虽然民间已经习惯了"胡坐"，到朝廷，这胡坐就等于"胡作"。要严格华夷之辨，遵从老祖宗的仪轨。张衡忽然意识到，自己已经在朝堂皇太后和皇帝面前"胡作胡为"大半天了，死罪死罪！他也顾不上收拾自己的讲义和书卷，离席向太后面前叩首。

"微臣失仪，冒犯天颜，犯下滔天死罪，请太后圣裁！"大汉朝廷说话一向夸张，在仪式上咳嗽一声，都跪下口称"死罪死罪"，上一个普通的折子，也要把自己贬低一番，说微臣胡言乱语，已经犯死罪了，告诉皇上，"昧死以闻"。

太后听张衡一场演讲，有茅塞顿开的感觉，多年没有人这么给她这样讲话了，张衡这番演讲新奇新颖，什么天命、天帝，什么社稷受命于天，什么天人感应，在张衡的演讲中，统统被否决了。张衡学说中的世界，是两个不关联的部分，一个自然（天），一个人，这说法与董仲舒说的没有什么不同，但董仲舒认为人与天互相感应，各自有意志，张衡却不承认这些。张衡说人与天根本不在一个数量级，宇宙中，地上所有的人加起来，也仅仅是一个蚂蚁，按照宇宙的大小来说，这些集合的人们，完全可被忽略，本来就要被忽略的"人"，还侈谈什么顺天逆天改造天人定胜天。张衡不忍心人们被如此冷落，才把这个"人"的集合提出来，作为一粒微尘，寄放在宇宙间一个角落里。这样不可攀比的数量级，人和宇宙，从来就没有关系，将来也不会有关系，如果说有关系，也只是人占着天的一个小小小……小到可以忽略的地方，繁衍生息，如此而已。就凭这么一点"领土"，想跟天对话，这的的确确不自量力。既然如此，下的什么"罪己诏"，多此一举，地震本就无关政事人事。想到这里，太后心下释然，对张衡还有几分感激。

但太后也很清楚，张衡不能太重用，第一，张衡太聪明了，天地人三界被他看得通透，察见渊鱼者不祥，这个"不祥"，是对张衡，也是对江山社稷，掌管天下者不能糊涂，但也不能太精明，政治有边界，但边界很模糊，聪敏之人容不得这样的模糊，他必须要清清楚楚，黑白分明，这样边界清晰的政治，能忍受住的人不多，连皇帝本人也受不了。第二，这个更重要，张衡第一次见太后皇帝，太后说你随便点，结果张衡真的就随便点，居然与皇上平起平坐，他居然不知道，无论皇帝还是大臣，他们口中说的和心里想的，不会完全一致，甚至完全不一致，究竟什么时候一致，什么时候不一致，怎么分辨清楚，既要察言观色，也要天生的悟性。张衡察言观色功夫足够，不然怎么看得透那么远那么深，怎么能洞悉天地人关系？悟性当然也足够，不然怎么能成为天文学家。但他的悟性无法直接转移到政治和人事上来，他的政治悟性差不多等于零。这样的人可能是顶级学者，但绝对不是好的政治家。

看看张衡，太后想，人的差别如此巨大，真是奇妙的事。论学识，我当张衡的学生也得修炼到下辈子才够资格，可张衡却只是我的一个小臣，小到我可以不知道他的名字，小到只能领四百石的薪俸，而朝中庸庸碌碌整天无所事事的"万石君"摩肩接踵。经过刚才张衡的演讲，太后不知不觉受到影响，看待问题居然也学会了形而上，知道人生来不同的道理，知道这层道理，心下豁亮。这真是一个奇妙的悖论，张衡自己讲了许多话，自己仍然在云里雾里，听他讲话的太后却拨开混沌，参透原理。如来悟道不成，却把犍驮感化了。

由张衡，太后想到前朝的贾太傅，太傅贾谊从长沙回到长安，文皇帝特别召见，贾谊以为这是一次机会，可以重新在朝廷任职。文皇帝在宣室召见贾谊，要和他"深谈"。贾谊理解的深谈，是天下郡国大计，文皇帝的深谈却是贾谊这几年采风得来的鬼故事。文皇帝当然知道贾谊不愿意讲什么鬼故事，但就让他讲不想讲的，不让他讲他想讲的，借此察看他的政治悟性，结果贾谊真个急得要死：皇上啊皇上，你咋就不理解为臣的心啊，天下多少要紧事，我哪有心情在这里跟您扯八卦鬼怪？离开这几年，没有我的督促，皇上越发不肯上进！贾谊走后，皇上说，唉，江山易改，本性难移，贾谊在长沙这几年，一点进步也没有啊，本来想召他回来的——谁有闲心思听他讲什么八卦鬼故事？何况贾谊也绝对不是一个会讲故事的人。今天这个张衡，明明就是前汉朝廷的贾谊，聪明够聪明，悟性够悟性，正直够正直，勤奋够勤奋，可政治却不政治，不是他们不想政治，是政治疏远这两个人。这误会一直延续到唐代，同样对政治极热衷然而悟性极差的李商隐，写诗讽刺汉文帝："宣室求贤访逐臣，贾生才调更无伦。可怜夜半虚前席，不问苍生问鬼神。"不但李商隐，懂得文帝真实意思的真的不多吧。

不过，张衡知天知地知古知今的优势可以发挥，太后决定给张衡提升官职。

"张衡，你没有罪，我允许你随便一些，坐姿什么的，给我讲问题，自然不能总是板板的。我十分感谢你。你哪有什么罪过呢，我让你坐，你不坐，才是罪过，我真心实意地感谢你今天的演讲。谢谢张衡先生，我叫你先生，你不介意吧？"这番话真真假假，太后说得却是情真意切，会写文章的张衡回去就可以写一篇颂扬皇太后的诗或赋，说太后的一番话令顽石也点头、枯木也发芽。张衡这么写肯定真心实意，他颂扬太后当然出于至诚，但太后怎么想，他永远也不能明白的，这就是为君和为臣的区别吧。

"圣母皇太后万寿无疆！"

太后心里叹息一回，放弃了最后一线希望，就这样吧。官场上的关关节节，有的人一辈子也学不会，教也教不会，比如张衡。刚才这一番话，其实又在试探张衡的悟性，越翻来覆去地说不在乎，说感谢，越说明我很在乎，不然作为太后，说那么多做什么。尤其到最后，太后居然称张衡为"先生"，这种尊敬明显拒人千里，不把他当作臣子看待，当他是先生，那意味着不再晋升他的官职，他的职位就此到头了，不降职已属万幸，小小年纪被皇太后称为先生，这怎么可以？皇太后故意放个话头，如果张衡明白这层意思，把"先生"这个烫手的尊称璧还太后，太后也许还会改变主意，毕竟张衡这样的人才实在难得，她不舍得轻易放弃这个国家栋梁，让栋梁去做屋檐下的橼子。可惜张衡仍然没抓住这个话头，最后的机会在张衡面前轻飘飘地溜走了。正确的做法，张衡绝对不可以在皇太后面前充当先生，多大的官员也不行，多大的学问也不行，就是贾逵，也不敢接受太后和皇帝叫他"先生"。

张衡倒退着走出宫殿，看见书记官仍然垂立阶下，这一时刻，他猛醒今天犯了重大的错误，一下子明白了太后的所有意思，包括称呼他为先生。晚了，人生的机遇不会多，今天"专对"的机遇，古今读书人想都不敢想，张衡得到了，可是……本来准备相当充分的张衡，心里十分沮丧，学问的准备绰绰有余，而官场的准备概付阙如，端门殿的那些老家伙真误事啊，没有正经东西教谕张衡，就会拖长了声音喊"跪……拜……兴……"可是，政治悟性，本来也不是教出来的。悟性的奇妙更在于时间，张衡在走出中德殿的那一时刻全明白，可是晚了，前后距离也只不过十几步，先后时间，铜壶滴漏的三五滴而已。

张衡走后，内侍出来宣："书记官进殿。"书记官不需要太后指示，拿起笔，写今天召见张衡在中德殿专对的过程，对于刚才书记官不在场的部分，书记官的记录是："太后、上及司徒、大鸿胪等，与侍郎张衡细究天理，事关天道隐曲。他人不得与闻，月日。"记录完毕，当场封存，交给太史馆，书记官下殿。

太后简单地布置一件事："张衡，任太史令。官秩六百石。现任太史令是谁，太尉，你给现任太史令另职任用，张衡担任太史令，不需要与他人有太多交往，是合适人选。皇上同意吗？"

安帝说："这个安排很好，儿臣完全赞成。"

太后转过头问太尉："你看张衡这个人，怎么样？"

太尉答道："张衡，我今天第一次见到，早就听说这个人学问很好，文采卓出当代，写作《二京赋》，比班固的《两都赋》还好。听说他心灵手巧，脑袋瓜里面总有稀奇古怪的念头，一旦实现就是一座精妙的机械。他在南阳有七七八八的各种发明，都很好用，还流布到各个郡国，有的前所未有，水车、风车、木牛，有的改进改良。他到洛阳也不闲着，制造了飞鸢、记里鼓车、指南车，我还听说他要制造一种月份牌，叫'蓂荚'或'瑞轮'，长成豆荚模样，渐渐张开，再渐渐合拢，一个月一个周期，分大月小月，朔日全闭，望日全开。'指南车'是仿古的，黄帝制造过，后来几度制造几度失传。'记里鼓车'是他的新发明，独创，能把车辆走过的路程记录下来，计算里程，这在军事上可能很有价值。这东西复杂得很，打开车厢，里面密密麻麻全是机械，跟人的五脏六腑差不多，我担心这机器可能会活起来，站起来自己走路。人们跟我讲了许多回，我也搞不懂它的原理，司空可能懂得吧，但恕我冒昧，司空也不一定能看出门道。张衡的奇思妙想总出人意料。'飞鸢'真的很神奇，墨子制造过木鸢，久已失传，张衡这是第二次制作，没有图纸，没有记录，就是他自己在那里冥想，居然被他想出来了，他用纸制作飞鸢，就是纸做的大鸟，放飞到天上，一连好几天都在天上飞，更奇妙的是还能收回来。每当张衡放飞鸢，洛阳城远近都能看见，一只大鸟在天上飞啊飞，高过云霄。有人在郎中衙署见过他的飞鸢，简单得不可思议，里面根本没有什么机关，横横竖竖几支竹篾，糊上一张蔡侯纸，纸上花花绿绿画成大鸟的模样。别人放，它不飞也不动，它只听张衡的话，张衡让它飞，它才飞。郎中衙署经常有他的发明展，朝中很多大臣看过他的发明样品，都称赞他匠心独运。张衡最擅长研究天上的事情，这一点刚才太后和皇上都看到了，一说到天，他就不是张衡了，眉飞色舞又口若悬河。至于他的为人，太后圣明。"

太后说："不妨说说。"

太尉说："张衡的知识学问，满朝没有谁可以比肩吧，这话没有对列位重臣不敬的意思，毕竟人家张衡学有专长，天纵之……才。囊括三公九卿所有万石君，也不及他。故从实务来看，太史令这个职位，就很适合他了，考虑到官位升迁，我想他可以做到侍中。张衡有机心，但没心机。机械机器方面，天纵之才；天下郡国政务，则非其所长。"

太后说："侍中只是一千石吧，二千石，执金吾，或郡国丞相，张衡也当得起的。你看得很准了，这位学问大家未必适合国家政治，但我想，张衡在郡国任要职，二千石，也许不差。至于万石，三公九卿，张衡没有这样的福分。悟性，还是悟性。"

太后由内侍搀扶走下高台，乘步辇回寝宫去了。安帝踏上一乘较小的轿子，跟随在后。

第十章 参天

三十

安帝元初二年（115），张衡迁太史令，第一次有了行政权力，这一年，张衡三十八岁。

太史令这个职位好，它有独立的太史馆，张衡对这个最满意，可以在独立的太史馆里做他的学术研究。当年鲍德就设计让张衡担任太史令，这个职位可以充分发挥张衡"天"才的优势，太史馆位于都城洛阳的南郊，平时绝少世俗事件的打扰，张衡可以专心致志地研究天和地。

郎中官秩二百石，尚书侍郎四百石，太史令六百石，三年中工资涨三倍，现在的官秩六百石，六百石是虚数，实领要高过这个数，前朝，太史令的官秩在八百石，每月领七十五石，总数九百石，等于年末领取一个月的双薪，本朝撤销八百石的职衔，但薪俸不减。至于万石，每月实际只有三百五十石，一年实领四千多石，但听起来响亮啊，万石君！

一个西域胡商偶然到张衡家，正逢少府的办事员赶着大车给官员挨门送禄米，张衡领到的稻米一袋一袋堆放在门廊上，出出进进走路都困难，胡商感叹道："唔呀，库图尼亚西来！"西域胡商夸张，说从来没见过这么多的米。其实张衡的薪水并不高，按照西域的度量衡，大约一吨。每月一吨米，这在西域的确叫人羡慕。张衡看胡商眼睛瞪得那么大，羡慕得口水快要流出来了，作为中华上国臣民，不由得油然而生自豪感。

张衡决定让胡商看看真正的豪门领薪俸。他领着胡商走过几条街，来到太尉府，果然少府送工资的车队正好来到。太尉是三公之一，官秩一万石，实领三千五百石，每月三百石米，分装十辆马车，浩浩荡荡塞满了街巷，光卸车运米，太尉府就忙活大半天，大车走后，街上散落大片白花花亮晶晶的米粒，守在一旁的居民一拥而上，扫帚叉把一顿打扫，装进各自麻袋口袋羊皮袋，太尉府的门卫静静地看着这些人忙活，并不驱赶。这是本街道每月一次的节日，很多穷人就等着这一天，扫回稻米回家熬粥。车队一般在半上午时候到，可太尉府门前的大街上天还没亮就挤满了人，大大小小男女老少，眼巴巴地等着大车来。太尉府大小上下都知道这些人的处境，也都装作不知道，太尉还悄悄地吩咐那些卸车的家丁，每车都要故意撕破一两袋，让米散落在地上。太尉还特别嘱咐，一定要做得天衣无缝，看上去是不小心撕开的，不能让人看出故意，故意的话，那就叫施舍，施舍就伤害了乡邻的尊严，麻袋被撕破了，米散在地上，他们就算捡拾无主物，捡拾东西没有心理负担，还理直气壮。结果，每次卸完米，大街上就像下了一场瓢泼大"雪"。这也有掌故，《诗经》上说，割麦子的农夫对麦田轻描淡写，结果麦穗就落下不少，其实他是故意的，因为守在麦田边上胳膊上挎个筐的寡妇，就等着捡麦穗过日子呢。胡商看到这情景，跌坐在地上半天起不来：中华啊，上国啊，果然不一般啊，做好事都这么鬼怪精灵匪夷所思啊！

太史令有编制属员数人，但现在天文不是急务，属员并不配备，所以张衡孤家寡人太史令，上头说不好意思没人你先凑合着，不料这正是张衡希望的，人多，不是捣乱就是瞎聊天，啥事干不成。他有独立的办公室，而且办公室还很大，不是一般的大，大到占地五十多亩。它叫灵台，在南郊，平时有守门人，在灵台工作的职员不少，有三四十，但都是附设单位的人，不归张衡管理，他们平时都在城里点卯上班，很少来这里，所以这位守门人的唯一工作就是睡觉，可总睡觉，也没有那么多的觉供他睡，偏偏这人的精力格外充沛。每次张衡来，他都像见了二舅三舅般亲切，因为没有第二个人来，他又不能擅离职守到城里遛遛。他跟随在张衡的身后，又打伞，又扇扇子，还递过蜂蜜水请张衡喝："老爷，请喝蜂蜜水，啥饮料也没有蜂蜜水养人哪。这是我养的蜜蜂酿的蜜，没有任何添加剂，绝对纯净天然无污染。"他这么殷勤，张衡也不好拂了他的好意，只得应对着："你这一会儿打伞，一会儿扇风，这里到底什么气候啊。"看门人也不尴尬："老爷喜欢就好。"张衡来这里观察天象，需要安静，就对看门人说："你忙你的去，我一个人就行。"看门人却说："我不忙，我伺候老爷。"张衡只得说，这里的事情你也帮不上忙啊，好不容易才把他请走，不一会儿他又回来了："老爷，我给你讲个故事吧，太有意思啦。从前有座山，山里有座庙……"

　　张衡在南郊灵台的仪器台上一住就是整个夏天，夜空晴朗，张衡仰卧台上，浩瀚无穷的太空，正当头顶。张衡设计一个网状的铁面罩，把自己罩起来，他每天在"铁面罩"里观察天象。这个铁面罩实际是一个分区格，张衡每天在同一位置仰卧，看到的天空完全一致，铁面罩的方格把天空分割成一个一个的区。第一程序，张衡要分区计数，最后统计天上有多少星星，这是他从小的愿望：数星星。几十年了一直没有机会正式计数它们，现在终于可以安静地数星星了。数过一遍之后他发现，这个办法看似周密，却与天体的实际误差很大：天在运动，同一位置仰视天空，上一个时辰数过的一个格子的星星，到下一个时辰就跑到相邻的格子里去了。张衡仿照古人，把天空的星星按区域组合成星座，星座一共一百二十四个，这是从前天文学家命名的，这些已有名称的星座不全，还有很多星星被遗漏，张衡自己给它们命名，总共三百二十个。数完一个星座里面的星星，再数下一个星座，这样，就不会发生重复计数和漏计的事故。

　　人有贫富，星有大小，大星星很少很少，小星星很多很多，多到数不清，天上星星实际上数也数不完，所以张衡才有数它们的志愿。张衡在格子里数到的星星，有七千多个，这还不算那些模模糊糊的疑似"星星"。人有智愚，星有等级，天上的星星和地上的人极相似，有的很大很明亮，那是王侯将相吧；有的则微弱昏暗，若有若无，应该算芸芸众生。只有王侯将相和芸芸众生，那也不叫世界，在两种人中间状态的才更精彩，两种星之间的星星才有故事。张衡把天上的星星按照明亮的程度分等级，最亮的六颗星为零等星，零等，就是不用计算。零等星的确不用计算，因为它们太少，零等星那么大那么亮。

张衡夜观天象，守门人就整夜不睡觉，等着张衡的传唤，但张衡从来不叫他，整夜整夜一个人在台上静卧，瞪圆了眼睛，细细地数那些看上去同样陌生的星星。这时守夜人如果贸然来送蜂蜜水，就会吓一跳：大半夜的一个人仰面躺着，还大睁着眼睛，头上一个铁罩子。不过守门人守夜，守着不说话的张衡，他也满足了，至少还有一个人陪着他送走漫漫长夜。张衡虽然不说话，也不爬起来要水喝，甚至每天夜里直挺挺地躺在台上，简直就像个死人，每天白天躺在床上也像个死人，守门人总担心他真的死了，走近仔细听听瞧瞧，眼睛一眨一眨，肚子一起一伏，哦，他活着！活着就好啊。过一阵子，他又不放心，走近前来看一看瞧一瞧，见张衡眼睛仍旧眨着，肚子仍旧起伏着。保护人和被保护人，就这样在灵台上持续暗战。

张衡尝试从零等星入手，揭开星星的秘密。星星太亮，盯着它们看，眼睛受不住，张衡用一块玛瑙片遮挡一颗零等星，他惊奇地发现，透过玛瑙，零等星模糊一团，但明显看出那是星光。治玉，张衡也是行家里手，更何况把玉磨薄成片，治玉的初级功夫而已，不到一天，一个圆圆的玛瑙片磨成了，薄薄的几乎透明，中间略微凸起，有放大影像的效果，这是墨子实验室的结论。

张衡用这中间微凸的玛瑙片观察星星，它们果然大了许多，不，它们很大！

张衡呆住不动了，手也抖起来，激动得不知所措。透过玛瑙片，他看到的金星居然——金星居然是圆的！边缘整齐的正圆体，分明是缩微的月亮！平时看到的星星，不论大小，一律四个尖角角，纵长横短，一闪一闪的，画家笔下的星星就这样写实，四个角，蒺藜似的支棱着，两长两短。张衡再看木星、土星、火星，所有的零等星，统统浑圆的小月亮！二等三等及六等星，也统统都是圆的！尤其土星，形状最奇特，围绕土星的，有一个圆圈，看上去酷似一颗脑袋戴一顶大草帽，别的星星都没有草帽戴，再看一等星，影影绰绰，也有圆形的轮廓，也看不出它们戴没戴大草帽。按照为德不孤的理论，太空中戴草帽的星星一定不会只有一个土星。

张衡曾经这么想过，他由日月类比，星星可能也是圆的，但现在真的发现这一点，他的心被强烈地冲击了，他以往对天的思维框架全部被打乱。张衡扔掉面罩在台上大呼小叫，看门人慌忙奔上观象台，在张衡呼叫的间隙问怎么了怎么了，张衡摆摆手，叫他下去，说没事没事。

张衡再看看"铁面罩"，发觉自己愚不可及，数星星？岂止管窥蠡测般的可笑，天上的星星，我数不过来，穷尽一生的力气也数不过来，穷尽世上所有人一生的力气也数不过来，穷尽世上古往今来所有人的力气同样数不过来。就眼前这个小小的玛瑙片，已经将天上的星星扩大了十几倍，如果再有更精密的仪器，可见的星星该有多少，而宇宙看来深不见边际。这个发现令张衡惊喜，也使张衡迷惘。他放下玛瑙片，再次看太空，又是他熟悉的模样。零等星、一等星、二等星……

张衡还是习惯性地躺在灵台上自己敞篷观察室的平台上，拿开铁面罩，张衡忽然觉得不习惯，再看太空，感觉有点不真实。天上的星星眨呀眨，闪闪的泪光鲁冰……咄！想到哪去了。一条大河波浪宽，风吹稻花香两岸……张衡的思绪有点混乱，他要赶快收回那些胡思乱想……

三十一

张衡在一颗不知名的星上走着，这颗星球跟张衡想象的不一样，看不出它圆不圆，但是它很大，大到根本看不出这是一个球体，当然无法发现它的侧面。张衡想，什么侧面，球体没有侧面的，我现在哪一面，我首先要找到人问一问，这个星球人的学问应该比较大些，看他们住的房子就知道，那么高的楼不算，还加上高高的尖顶。

　　大楼的一间屋子有一个老者，应该是有学问的人，好像也是研究天文的，他的墙上挂满了星星的图片，涂了颜色，蓝的、金黄的、火红的，还有灰暗的，看上去叫人不愉快。星星画得很夸张，有的非常大，有的非常小，小的就像一颗粟米粒，但再小的星星也是圆的，跟张衡的发现一致。其中一幅图特别奇怪，一个火红的巨大的圆球，半面墙还没画完，象征性地画一个火热的大弧，表示它以圆的形式存在。旁边一个看起来很小的球球，说看起来很小，因为如果不仔细看，就把它给忽略了，但也不太容易就忽略，因为一个大的圆圈围绕着大火球，小球球就是圆圈的一个点，小球的旁边还画一个箭头，表示这个小球围绕着大球在转。

　　这些图片吸引了张衡，张衡不知不觉来到室内，引起老者的注意："你干啥来的？"张衡想，这个星球的人比较粗野，但再想想自己突然闯进别人的家里，还指望人家客气请吃酒吗？"对不起，我来请教一些问题。""地上的问题不知，天上问题无不知，什么问题，说吧。""还没请教尊姓？台甫？""我的名字太长，说了你也记不住。说问题。"张衡想这倒简单，省去了繁文缛节。"您老这幅图，这个大火球，是太阳吧？"老者哼了一声，表示不满，这么简单的问题。张衡的第二问，却叫老人激动起来："这个小圆球，是什么星，我们能看到它吗？"

　　"小圆球！这是地球！年轻人，你从哪来的？外太空吗？怎么连地球都不认识？我们脚下的大地呀，在天文学上叫地球，因为它只是天体中的一个，而且是很不起眼的一个，小小小小的一个。比较一下。"老者指画着大圆球和小圆球："这个，是太阳，这个，是地球，太阳很大很大，大到无边无际，你想它多大，它就多大，反正你也想不出来它究竟有多大。这个小的呢，就是地球，你简单比较一下它们的大小。"

　　张衡有点绝望地看着这一组球，走了半天，以为早就徜徉在浩瀚的太空中了呢，没想到脚下的大地仍然是从前的大地，这大地，老者却很轻蔑地把它叫作"地球"，因为它实在太小，跟另外几个庞大的球比起来，几乎可以被忽略不用计算。看着太阳和地球这两个球，一个半边墙都不够画的，一个几乎看不见。张衡老老实实地回答："泰山和微尘的关系。"

"什么泰山？哦，不管什么山了，反正山就是了，这个比喻还算恰当，就是这个关系！"突然老者话锋一转，"可是，托勒密这个老顽固，一定要说太阳围绕着地球转！你看看这地球，还没鸡屁股大，太阳围着它？告诉你啊孙子，是地球绕着太阳转圈圈，转一个圈，一个恒星年，懂吗？孙子！"

张衡想，这个老者学问大，脾气也挺大，还满口脏话，一口一个"孙子"，骂托勒密，还是骂眼前张衡？不过他骂谁都一样，反正托勒密和张衡都认为太阳绕着大地转。张衡决定离开这个是非地，否则他在这个老者的眼里会很快就是个小顽固。

离开老学者，张衡想，老先生说得也许对吧，宇宙间的大小，谁规定的？没人知道，从前人们觉得星星很小，可透过玛瑙片，自己看到星星很大，同样，认为很大的大地，老学者说的地球，也许真的很小很小呢。他想回过头去再去和老学者聊聊，但他看出老学者很不耐烦，也就不想再去招惹他。

张衡在天际行走，在太空漫步。从前总以为在空中无法移动，脚下不踩着什么，就不踏实，现在张衡在空中行走自如，看似虚空，落脚却有坚实的质感，甚至还能感到虚空的反弹力，这真奇妙。张衡向下一个星球走过去，他不选择，哪个离得近，就奔向哪个。但看似星球就在不远处，山脉、河流依稀在望，走起来却没完没了，看山走死马，星际旅行也一样，看球走死人。但好像不会走死人哎，张衡一点也不累，也不饿，也就不知道行走了多少时间，在星际旅行，时间模糊不存在，人不吃不喝不累，可能人也不会死，因为时间停止了。从前星际旅行的路程问题，以为星球相隔那么远，旅行者不等走到另外一个星球，累也累死了，饿也饿死了，不累不饿，几十年几百年的时光，熬也把人熬死了。经过这次旅行，张衡才明白，这样的担心实在虚妄，自己给自己制造困难，然后自己想方设法克服那个本不存在的困难，不存在的困难怎么克服，所以人们在探索太空面前裹足不前。实际情况其实很乐观，只要你想走，那就可以走，在太空行走。时间和空间静止，时间静止，你可以无限走下去，只要你愿意；空间静止，你可以不参与生命节律的循环，不管你愿意不愿意，你可以不吃不喝永远不会饥饿。

行走的张衡发现自己失去了方位。从前一个星球出发，是往上走的，可是走到两个星球之间的时候，上下的分别消失，张衡自己不知道现在的方位，上下完全没有意义了。张衡这时有些明白太空的规则了，人世间看似极为重要的规则，在太空竟然被消解掉了。现在他往第二颗星球进发，在他觉得是爬升，在那个星球看来却是降落。所以他不管头朝向那个星球，还是脚朝向那个星球，都一样。

张衡脚先着地。

这个星球比第一个星球更精彩，满满都是花。张衡在天上看这个星球，就看到了球上面的花之海，人降落到地面，根本无处落脚，鲜花把地面铺得满满的。这个星球上的人就不走路吗，怎么连个小路都看不见？张衡狠下心来，在鲜花上踩过去，花朵散发出醉人的清香，沁人心脾，张衡突然明白屈原的诗，总是花花草草，朝饮木兰之坠露，夕餐秋菊之落英，原来赏花真的可以忘饥。几步以后张衡回头，花朵完好如初，走过的路径毫无痕迹，这里没有"道路"，原来如此。

花丛中一株大树，大树下也是花丛，花朵高高低低，红黄青蓝紫，花间散坐一些青少年，衣着光鲜，花团锦簇。他们面对一位同样年轻的教授，只因为他站在一个巨大挂图前，张衡才断定他是教授，相当于汉帝国的太学博士吧。博士正在讲他的挂图，挂图与第一个星球学者屋里的差不多，也是大图片，不过在巨大的星球旁边，有一连串大大小小的星球，一字排列，共八个。四个小的，干脆就看不清楚，两个稍大些，蓝色，很秀气，两个最大的，黄色，也算好看。说最大，但这八个星球糅到一起，也不足那颗大星的千分之一，大星实在太大，小星也实在太小。不用说，那个大星就是太阳。

"这个巨大得毫不讲理的星体，就是太阳，太阳是恒星。恒星，不动的星，宇宙间所有恒星都是太阳，宇宙中的恒星无数，我现在只说我们能见到的这颗太阳和它的行星。这些小星星，Mercury，Venus，

Earth，Mars，Jupiter，Saturn，Uranus，Neptune，八个，就是太阳的行星，为什么叫行星呢？它们围绕着太阳转，一直走一直走，永不停歇，而且走得很快，比如这个，Earth，我们叫它蓝星，它的表面覆盖着大面积的海洋，在太空中表现为蓝色。它的运行速度每秒二十九点七九公里，这个速度在我们这个相对的自然界根本就不存在，它们本身有质量，Earth的质量是五点九七七乘以十的二十四次方公斤，一个不可想象的数字，Jupiter的质量更大，一点九乘以十的二十七次方公斤，Earth的三百多倍。这么大质量的星球，运行得那么快，不会飞出去吗？"

数字听不懂，意思很明白，张衡非常惊讶，这里的人们也关心星球的悬空问题，不过我们大汉帝国想的是星球怎么不掉下来，这里的人们关心星球怎么不飞出去。听听他怎么说。

"引力啊朋友们！宇宙间存在引力，天体之间靠引力维持联系，引力，引力！任意两个质点通过连心线方向上的力相互吸引。该引力的大小与它们的质量乘积成正比，与它们距离的平方成反比，与两物体的化学本质或物理状态以及中介物质无关。你说什么？你说太阳那么远，怎么能对地球发生引力作用，你没看见太阳这么巨大吗？巨大吗？巨大吗？"

刚才还好好的，怎么说到引力就急躁起来了，这么优美的环境，这么优雅的露天大课堂，与这教授的气急败坏可不怎么协调。张衡担心一旦被发现偷听上课，这位教授这脾气……张衡想，这些星球上的人们真古怪。在被他们发现之前，快点离开。

在第三颗星球上，张衡看见一位老人和他的实验室，实验室的陈设很简单，老人的实验却很——也很简单，但太费工夫：他一粒一粒收集尘埃，然后把尘埃们粘贴在一起。收集尘埃就不容易，还要粘贴，就更难，张衡不知道他用什么办法粘贴尘埃，实验台上已经隆起很大的一个圆球，圆球悬空在桌子上，不停地在转动。他告诉张衡，他在做模拟宇宙发生实验，他说宇宙间所有星体都是宇宙尘埃聚集形成的，尘埃聚集得多而且巨大，产生热量，向内部收缩，塌陷，物质致密，最后形成星球。他现在就要重复这个过程。张衡问他，这个过程我想一定很漫长，这个实验恐怕来不及做完您……老人说，这你放心，在这个星球，人们岁数由自己决定，我喜欢自己是个老头，我才是老头，假使明天我希望自己是个小伙，那我就是个小伙。因为这个星球以光传播的速度行进，所以这里的人们永远不会死亡，除非不想活了，离开这个星球。既然不死，也没有别的事情好做，就做宇宙发生实验吧。老人还希望张衡留下来，帮助他做这个实验，从简单的捉尘埃做起。张衡想，永远不死，跟永远不活，本质上没啥差别，永恒地在这里捉尘埃？……老先生，我还是走吧。

在第四颗星球上，张衡遇到一位怪人。他坐在轮椅上，只有三根手指和两只眼睛可以活动，他的身体严重变形，头只能朝右边倾斜，肩膀左低右高，双手紧紧并在当中，握着手掌大小的拟声器键盘，两脚则朝内扭曲着，嘴严重歪斜，形状匪夷所思。他不能写字，看书必须依赖一种翻书的机器。他完全不能自主说话，只能通过三个指头和一双眼睛表情达意。但张衡与他交流一点也不困难。这个超级"大病号"问张衡："你不是本城的吧？""不是。""不是本国的吧？""不是。""喂，收拾东西，走，咱们逃命吧！"家人慌忙问为啥要走，他说："我早给他们说过，要警惕外星人，那些好大喜功的家伙就是不听，整天招惹他们，还在太空播放唱片，《拉德斯基进行曲》《哎呀，妈妈》《好一朵茉莉花》。招惹吧，来了吧，外星人！"家人说，这个外星人跟咱们星球上的人一模一样啊，就是脸色黄点，最可喜的是你们能对话啊，所以不可怕，别搬家。"大病号"想想也对，就招呼张衡坐下，谈谈学问。

张衡说，来的路上看到一个老先生，在制造星球，要在实验室完成一次宇宙的起源，老先生的实验途径是让星球塌陷产生能量，一个一个地制造星球，然后让它们围绕一个原点旋转，整个宇宙动起来。"大病号"大笑起来，大病号一笑龇牙咧嘴，非常难看，张衡根本不敢看他。"大病号"说："宇宙的发生是核裂变，他以为是核聚变，弄反啦！他那个实验，永远做不成！"

"大病号"详细地向张衡介绍他的核裂变宇宙生成论。

宇宙发生以前，茫茫空间不是"无"，它有"黑洞"，黑洞是密度极高的物质，打个比喻，一指甲盖那么一块黑洞物质，就可能有几亿吨的质量。因为密度极大，所以任何物质都会被它吞噬，包括光线，也无法从黑洞逸出。在某一个时间节点，原初状态的黑洞发生爆炸，黑洞的致密物质以超过光速的速度急剧喷射，在很短的时间内完成宇宙现在的"布局"，作为大爆炸的支持，光谱的红移是坚强的证据。大爆炸的理论支持"弦论"认为，所有粒子和自然力量，其实都是在震荡中的像弦一样的微小物体，宇宙必须在九维、十维，甚至大于十一个的维度中，才有解释的可能，而人类身处的三维世界，仅仅是真正的宇宙的其中一个膜，连一个面都算不上。平行宇宙、折叠宇宙，都是多维度认识的常识。比如大爆炸时宇宙物质的分布，即使按超光速，千万光年的物质在极短的以光速传输完成，也是不可能的。

"大病号"研究时间问题心得独特。张衡说到牛郎织女的故事，天上一日地上就是一年，"大病号"又大笑起来，龇牙咧嘴地叫张衡看了害怕，只能听他说。"大病号"说："你们这个星球的人很科学，因为这个说法就很科学。人如果处在光速的环境，他的生命与时间同步，天上一日，地上一年，那说明这个'天'的速度只是接近光速，是光速的百分之九十九点九九。""大病号"很坚定地说："星际有三个速度，三个速度都可以改变时间，第一星际速度，每秒三十万公里，时间停止；第二星际速度，具体数值还不能计算，在第二速度中，时间超前，到达未来世界；第三星际速度，更无法得到这个数据，但理论上肯定存在，在这个速度中，回到往昔。"

"大病号"手指张衡："你，在星际穿行，以什么速度？"按照"大病号"的理论，具有质量的物体不可能以光速在星际穿行，即使这个物体只有几克的质量。同时，"大病号"还认为速度与质量有关，不具备质量临界点的物体也不可能做宇宙旅行，这个问题本身就是一个巨大的悖论。

我什么速度，张衡一激灵，发现自己躺在床上，头上的面罩已经摘去，静静地躺在身边，天上的星星还在眨啊眨，但张衡的衣襟却带着走过鲜花原野沾濡的芬芳。

三十二

中华人一直认为天是个空心球，大地和人民在天球中央。"天球"空心，但是天球的壁上丰富多彩，钉满了大大小小的星星。还有民谣："青石板，石板青，青石板上钉银钉，夜里发光亮晶晶。"是"钉"银钉。问题接踵而至：天文学家和普通民众都已经发现，原本应该"钉"在天球壁上的星体，它们却在运动，又有天文学家出来解释说，星星动，说明天球在动，天球动，所以星星才动。一句话为什么翻来覆去说两遍呢？天文学家认为这样才周延。人们又发现，这些天体的运行速度并不一样，有的快有的慢，快的，太阳，每天就是一圈。慢的，水星，三个月；再慢的，火星，两年；更慢的，木星，十二年才转一圈；极慢的，土星，那要三十年才转完一圈。土星就是最慢的吗？也未必，天上星星那么多，说不准还有比土星更慢的家伙，几百年几千年的在那里耗着不动。说它不动吧它还在走，说它在走吧又看不出来。这几个大的星星这样了，其他星体的运动也千差万别，几乎一个星星一个速度。那就是天球壁不动，星体在动，等等，星体在动，那就意味着天体不是钉在天球壁上的，天体们自由行走，没有什么东西约束它们，星体们自己走！到这个地步，霸占国人天道观数千年的"天球"概念，轰然倒塌。

日月星辰不必附着在天球壁上，那么天球壁有什么作用？张衡现在还顾不上研究这个问题，他把它留在以后，他想，总有一天，他要打破这叫人处处碰壁的天球壁！

天上的星辰运行，有的快有的慢，但总的态度一致，有共同的大目标：从东往西。整个天空像一条河，一条浩瀚的星河，从东流到西，然后再从东流到西，周而复始。十二年的木星和三十年的土星，几乎在原地没动，别的星星却已经是第二圈、第三圈，第十二、三十圈了，赛跑，这叫"扣圈"，这颗星星要被扣三十圈，这星际运动会也实在够瞧的。好在星星们都有无限的时间，尽可以看它们一圈一圈地互相超越。

按照五星距地的远近及运行的迟速，张衡把五星分为两类，近地类和远地类：水、金二星，距地近，运动快，它们是月的附庸，属阴；火、木、土三星，距地远，运动慢，是日的附庸，属阳。这个发现在千年以后被人挖掘出来，千年后的人们很想跨越时空问问张衡，近地远地，你是怎么知道的？实际是水金二星在太阳和地球之间，运行快，水星五十九天一个周期，金星二百二十五天。火木土三星在地球以外，运行慢。火星六百八十七天，木星即岁星，十二年，土星三十年。很久很久以后，千年以后，人们用高倍的天文望远镜观察太空，绘制太阳系运行图表，图表与张衡表述严丝合缝。近日星球运行得快，远日星球运行得慢，原因在于引力：它必须保持高速运行，不然就会被太阳吸引过去并被吞噬，远处的星球则可以慢条斯理。

转换一下思路，用流星锤原理，就可能找到解决问题的关键，同样的球体，有快有慢，而且围绕一个中心，它们一定是被某个东西牵制着，就像流星锤那样有一根虚拟的绳子。躺在灵台上的张衡冥思苦想，追索研究，什么都布置完成，就是缺少一个基本动力，就像那个做实验的老人，星球做好了，谁来安排各个星球之间的位置关系？因为它们在围绕一个基准点运行。他没有找出这个力是什么，藏在哪里。

平常人偶尔看夜空，也就扫那么一两眼，再扫几眼也还是扫。他们的天空就是天空，每天看都一个模样，阴天一片黑，晴天一片星；没月亮时星一片，有月亮时星几点。他们的夜空恒定不变，是死的，每颗星都寂寞，尽管它们靠得那么近，即便一个星座里的，至少相当于四合院和大杂院吧，也是孤零零的，互相也不打招呼。张衡的夜空却丰富多彩，热闹程度一点也不逊于白天的地面。每个星星每天都有故事，相亲相爱，矛盾纠葛，这些故事美丽动人，几个星星结成星座，星座的故事更厚重了。星座就是社会、集团、国家，国家的事情一定很繁密，所以星星们很忙。天上星星密密麻麻，众生都系命于它，一颗星就是一条命，人死了，他在天上代表的那颗星星也要陨落成流星。张衡喜欢这个民间传说，它把不相关的天地人糅合在一起，形成美丽的自然界转化模式，天地人，都是主导者，没有主从。人与星原本没联系，这些故事把人和星星结为亲人，星星有了生命，人的世界开阔了几倍几十倍。星空本来寂寞，人把自己的繁华转赠给星星，独乐乐成了众乐乐，张衡何乐不为。他很想上天，再找那几个教授博士谈谈学问，不谈学问看看风景也好，花海中的课堂真好啊。

张衡收回对星星们神话的文学想象，聚精会神地探讨天的本质问题——天的边界，解决天即宇宙有限性和无限性的问题。古来人们就说天，盖天浑天，争执不已。张衡服膺扬雄和落下闳的宇宙盖天说，他想证明浑天说。这肯定是个大工程。盖天说是天盖地，浑天说却是天包地。浑天说把宇宙比作一个鸡蛋，地是悬在其中的鸡蛋黄，鸡蛋黄是圆的，所以大地也是圆的，原来刓刓一个巨大的球球！原来……原来我们大家，所有人，中国夷狄，都挤在一起，花海中的那位教授说，所有物体都处于引力场中，人不能离开大地，是地球吸引着人和其他一切，万一哪天地球放弃吸引了，地上的所有东西都将飞走，可是往哪里飞呢，没有别的星球吸引的话，人们和他们的家畜房屋只得在空中飘浮，相当于没有人要的无主物。

张衡在灵台上的思考得出这个结论，这个结论已经潜藏在他的心里很久很久，他发现这与盖天说殊途同归，也都是大地的边界问题和宇宙的边界问题。摆脱"掉落"这种可怕的思维，兹事体大，结论可能一时还没有，但一定会有，他需要沉淀的时间，需要解决问题的契机。张衡又听到年轻教授声嘶力竭地嚷嚷：引力！引力，先生们，万有引力！

在洛阳南郊的灵台上，暗夜中的张衡面对满天的涌动不止像走马灯一样层层旋转的繁星，宇宙就是一个大大的大鸡蛋，而且，宇宙间什么是小什么是大呢。庄子早就教导人们要抛开大小之见，齐一万物。张衡灵机一动，把鸡蛋往小了作比，也就是把鸡蛋往小了说，往小里想，越小越小。鸡蛋和花蕊也一样，取花蕊的一点放大，大到鸡蛋的大小，也会看见花蕊是由许许多多的"鸡蛋"构成，每个鸡蛋里都有各自的蛋黄、蛋清，以及蛋壳。密密麻麻的"鸡蛋"构成一支纤弱的花蕊，花蕊由无数个"鸡蛋"拼合成，那些鸡蛋也是没有上下的，以自身的附着物各自确定上下。一支纤弱的花蕊，原来潜藏着巨大能量，它本身就是一个小宇宙，人们身边到处都是"小宇宙"。

　　此时，张衡的意识被两个方向牵引着，一个方向是认可宇宙有边界，边界之外是另一个和许多宇宙；一个方向是宇宙无边界，所谓边界，"壳"只是理念中存在，实际没有这样一个壳包容着日月星辰以及一切。如果说宇宙有边界，那么这个宇宙只是个"小宇宙"，因为在它之外还有相似和相同的宇宙，无数的宇宙就是"大宇宙"。大宇宙大到什么程度，张衡想象不出它巨大的边界，这就等于宇宙仍然没有边界。两种宇宙观又走到一起，张衡不知道该采用哪个宇宙观。虽然结论一致，但在陈述时，各有优缺点。宇宙边界说，可以找到很充分的证据支持，鸡蛋说、缩微说、九州说，等等，都是有力的旁证，既然中国是小九州，九州之外还有九州，许多九州合称大九州，那么大地何尝不如此。鸡蛋的宏观论证和花蕊的微观论证也是有力的旁证，作为可以自圆其说的不是结论的结论，张衡告诉人们，人们目之所及的宇宙世界极为有限，如此而已。玛瑙片增加了张衡对宇宙的认知范围，宇宙变大，其实不是宇宙变大，是人的目力所及范围扩大了。如果将来人们能够发明一种东西，把人的目力增加几十倍上百倍以至无数倍，但那时人们看到的宇宙也仍然有限，人们发现的或借助于工具发现的宇宙，都做有限理解，在此之外人们感觉不到。但在人们目之所及之外，张衡说："未之或知也。未之或知者，宇宙之谓也。宇之表无极，宙之端无穷。"所谓宇宙，意思就是"不知道"，因为空间没有边界，时间没有始终。

三十三

　　仰卧在灵台上的张衡继续着他的理论推导，从日食和月食也许能得到更深的感悟。他从前也研究过这个问题，而现在时间和条件更充分，他想给世人一个肯定的说法，从根本上解决这个问题。日食，刘向、王充等人已经说得很透彻，刘向说："日蚀者，月往蔽之。"王充说："日食者，月掩之也。日在上，月在下，障于日之形也。"月亮遮住太阳，恰好月亮太阳一般大小，又恰好太阳月亮走着走着就走到了一起。太阳月亮走的路线不重合，月亮走进太阳的黄道，而且还要正好遮住太阳，这样的事情发生的机会不多，所以人们对日食很恐惧，天子在日食的威慑下发布罪己诏，他被这奇异的天象吓坏了。刘向、王充说日食纯粹是天体的自在自然行为，皇帝们听到了，也不管用，依旧战战兢兢。

但是月食不行，虽然从本质上说，解决了日食问题，月食还成问题吗，可它就是个问题，很艰难很高端的问题。月亮被谁遮挡了？没有谁肯回答。人们实在找不出可以遮挡月亮的天体。再说，月亮挡住太阳，天上只有两个模样大小差不多的天体，第三个也没有，月食每每发生，发生的次数一点不比日食少。学人们总不能让日月互相遮挡。

想来想去，能遮住太阳的，只剩下一个选项——大地。月食发生在晚上，太阳没入地下的当口。月亮本身并不发光，太阳光照到月亮上才产生人们非常熟悉的"月光"。月亮之所以出现有亏缺的部分，是因为太阳位置的关系，月亮的一部分太阳照不到，照到的部分才明亮。当月和日正相对时，就出现满月。当月向日靠近时，月亮亏缺就越来越大，终至完全不见。从地上的角度看，太阳距离大地越远，与月亮的夹角越大，月亮的迎日部分越少，终于彻底背向太阳，从地上看，这就是朔日，相反则是望日。这样一种月相理论，张衡从《周髀算经》中已看出端倪："日兆（照）月，月光乃生，故成明月。"京房说："日似弹丸，月似镜体；或以为月亦似弹丸，日照处则明，不照处则暗。"张衡的月相理论和他们一脉相承，所突出的是张衡强调了月相与日、月相对位置的关系。但这样一来，问题就产生了：既然"当日则光盈"，那么何以有时候当日时会有月食呢？对此，张衡很果断地回答说："蔽于地也"，因为没有别的解释，大地挡住了日光，使日光照不到月亮上去。张衡把这块大地所产生的影子取个名字叫"虚"。月亮进入虚时就发生月食。

张衡尝试用水来解释这个问题。宇宙仍然是一半天一半地，但大地是两部分，一部分就是人们脚下的大地了，这是"小大地"，小大地之外是"大大地"，这个大大地全是水，小大地其实是一个球球，漂浮在水里。地借助于水，与天球壁的地下部分，既相接，又不相接，等于与天球下半相密合。日、月仍然是圆球；而日到水下之后，日光能穿透水体照射到月亮上，只有那块相对较小的陆地才能产生一块虚。当然，在这样推测的时候还得再补充一点，即应该认为在张衡看来，水是一种透明度较高的物质，所以深入地下之后的日光仍能穿透厚厚的水层而射到月亮，产生皓然明月。较小的陆地的一块虚，太阳的光线被虚遮挡住了：遮挡一个边角，月偏食；遮挡一半，月半食；整个月亮都被虚遮住，严丝合缝，月全食。

太阳透过水，把影子投射到月亮上，呈弧形。张衡琢磨月亮上的影子，给崔瑗写信。他一激动就给崔瑗写信。

　　子玉吾兄台鉴。日月之蚀，古人论说久矣，迄无确论，仆不敏，尝试一裔。月之有光，非自体所发，日光映照也，足下固知不论，月之蚀，在日光之蔽，屏蔽日光者，大地也。日月，入夜潜心于地下，月当空，日潜行，日、地、月恰成一线，地之虚映照于月，则蚀。宇宙至大，外壳承之，中有大地，复有水承之，日潜入水，返照天穹及月，正当月成虚，月有蚀之也。

崔瑗很快回信来：

　　宇宙之大，外壳承之，大地之大，水承之，仆敬受教矣。水承地，外壳承宇宙，承之复承之，无异老妪乌龟塔之喻也。足下既已见地之虚，边缘为弧，可知相较日月，地之大小或相似，日月既可孤悬天空，大地何为不孤悬？吾兄思之切切！

崔瑗回信，寥寥数语而已，但张衡读了豁然醒悟，原来纠缠他这么久的问题，崔瑗一句话就点破了，"相较日月，地之大小或相似""大地何为不孤悬"，可不是！宇宙都孤悬，宇宙之一物大地为何不能孤悬？大地可以孤悬，日月可以孤悬，无数星辰尽皆孤悬，而且这孤悬的大地跟太阳月亮可以一般大小，小小的大地遮住太阳光，所以，月食。张衡小心翼翼经营的宇宙"外壳"天球壁，荡然无存。张衡的著作《灵宪》以此理论建构，他经常跟人说，《灵宪》虽然是我写成的，写成的根据却是崔子玉的一句话。

这一来一往两封信，对汉帝国的天文事业十分重要。张衡的信虽然自信满满，但看得出来，他其实很不自信，他设计的太阳潜入地下，在水中发出若明若暗的光，这设计简直可称笨拙，不是张衡愚笨，他深陷天文幻境不能解脱。张衡说太阳钻进地下，不必说它的"虚"和"魄"，单单说那火热的太阳在水里浸泡一宿，第二天从水里捞出来再挂在天上，就够人跟着难受的。张衡说，所以啊，早上的太阳温吞吞凉飕飕的，到半上午才重新热起来。人们又要问：快下山时候的太阳又跟早晨一样，温吞吞凉飕飕的了，或许是它知道即将跳水，自己先凉下来？崔瑗早先研修天文，积习不改，跳出本专，眼光反倒别具精神，看问题更精当准确。张衡纠结于某项问题不能解脱，在崔瑗的启发下，问题涣然冰释，"日月孤悬天空，大地何为不孤悬"，崔瑗这一句话，就启动了张衡天文学的庞大机器。

三十四

张衡一支笔，可以计算天，这个所谓"天"，就是宇宙。天，宇宙，这两个词在张衡的语义中是一个意思。张衡在理论上确认天是恒星所在的地方。在数学方法上，张衡想象天是一个几乎无限大的球体，一个偏心率极小的椭球，说无限大，因为这个天球的边界根本难以测量，不必说测量了，人的意念根本不能理解领会阐述它的大；说几乎无限大，因为目前无法确定宇宙到底有没有边界，不管有还是没有，现在还是不做确定的好。张衡为了解说方便，暂时给宇宙确定一个"度"：天球的直径二亿三万二千三百里，南北则减少千里，东西则增加千里。这些数值继承自前代天文学家，还有张衡自己的估测。天上有一个北极，枢星正好在这个位置上。日、月和金木水火土七星都绕北极旋转。天还有个南极，是在地底下，人不可见。人目所见的地表面是平的，是椭圆体沿东西轴线切割形成的偏心率极小的椭圆形，这个想象的椭圆形把宇宙拦腰截断，自地至天，是一个大穹顶，但地下部分，则是地和穹顶重合。相当于一个煮熟的鸡蛋，蛋壳是天，蛋黄和蛋清切去一半，剩下的这一半原样留在蛋壳里，切开的平面就是大地。在地面上用八尺高的刻度表，在关于天的这一组数字就是他从这些模型推算和计算出来的。

张衡说宇宙不是正球体，而是椭球体，这是他采取前人的研究成果，《吕氏春秋·有始览》提到："凡四海之内，东西二万八千里，南北二万六千里"，东西比南北长了两千里。《淮南子·坠形训》中也引了这两个数值。古人大抵相信天、地的东西要比南北来得长，事实证据是日月从东走到西，不是从南到北和从北到南，日月星辰走的道路，没有理由不长些。《吕氏春秋》和《淮南子》说的是大地的尺寸，大地是椭球。张衡说的是宇宙的尺寸，既然大地是椭球，宇宙也应该是椭球。

从前有"天穹地平"说，大地是个平板，太阳的位置不变，为了证明这个说法，前人还进行了很"严密"的实验：假设现在太阳正在头顶，从我引出两条线，一条连接太阳，一条向北方延伸，我所处的位置就是两条线的交会点，引向太阳的那条线正垂直于地面，与另一条线构成直角，站在直角的顶点上，我往北走一千里，我投在地上的影子就加长一寸。实验就是取两根八尺长的刻度表，一根立在此处，另一根立在北方距此一千里处，约定在同一天的正午时刻测量日影长度，则南北相距千里的两个地点所量得的表影长度，果然相差一寸，北方的表长于南方的表。实验证明，太阳果然在轨道上固定不动，大地在向远方延展。"表影千里差一寸"，是支撑盖天说的台柱子。但张衡解说宇宙不采用"盖天说"，他主张"浑天说"。张衡建构的宇宙模型与盖天模型最主要的不同在于：浑天说的天是球状的，叫它"天球"，地在天球的中间，天不是盖住地就完了，还要可以延伸到地下去，整个包住地，这才叫"浑"，浑，满也，全也，圆也，浑就是圆的意思，计算圆的体积叫求浑，用"浑"说天，圆形物体把天整个包起来，叫"浑天"。这样的天，不仅有地上可见的北极，还有隐于地下的南极。

盖天说的"天"，像一个盖子笼罩着大地，天圆地平，这是初级盖天说的"盖天"，简单得有些简陋。或者，天圆，地也圆，天和地，两个平行的曲面在边缘黏合，像一个向上弯曲的馅饼，更像一个弧面向上的大月牙，上一个弧面是天，下一个弧面是地，天和地有交界处，就是"天边"或"天涯"。天到天边而止，不能转入地下。这是改良型盖天说的"盖天"。改良型盖天接受大地是个曲面的现实，这一发现大约受航海的启发。总之，天永远在地之上。盖天说的天只有北极，没有南极，因为天只是一个半圆。

张衡的浑天说，建设为开放结构，留了一点修补的余地。按照扬雄、王充的盖天理论，天转入地下之后，天地二者密合，日月星辰只能以"无厚"的状态"钻"入地下，这显然不合理。扬雄和王充是理论家，可以不顾及浑天说的漏洞，张衡实证研究，凡事要较真，他专门管天上的事情，必须弥补扬雄王充理论的漏洞。他在说月食成因的时候，实际把大地说得极小极小，小到与月亮相仿佛，这是从月亮上月食时的阴影"虚"得出的结论。虚有弧度，这是最关键的证据，既然月亮上的阴影是大地所留，那么在月亮上留下影子的物体，有规则的弧度，那么这个物体即大地比月亮再大，也有限。

天空中除了日、月、星这些常见成员外，还不时见到流星之类的天体。张衡观察过流星雨，看天上流星，尤其为儿童所喜爱，流星划过夜空，乡下老年妇女都知道一个星星掉下来了，这叫天文学实证，假设按照流星划过的大体位置去寻找，就可能找到那颗曾经的星星，现在是躺在地上的一块不很大的石头。人们问张衡，你不是说所有的星星都一样大吗？这块小石头……张衡说："天上星星都有名字的，每天都跟它们打招呼，它们好好地活着。流星原本就是流星，它们是大星星上面掉下来的碎屑。"老妇人说那颗流星代表一个人的死亡。张衡很小时候就被灌输这种思想，天上一颗星，地上一个丁，他很想深信不疑，这多有意思，前朝大儒喋喋不休"天人合一"，老太太都知道天人合一，天上星和地上丁同一个户口。不过张衡心里清楚，天上的星星拢共才几千，地上的人何止几百几千万，星星明显不够分配，但张衡自然有办法，他说，天上的星星数不清，看得见的数不清，看不见的没法数，总之星星如恒河之沙。张衡做过一个推断，他说，地上所有的沙粒，老子西出关，奔向那座漫漫黄沙，再往西走，可能还有更大的沙漠，总之大地上所有的沙粒的总数，大约等于宇宙中星星的总数。这么说来，"天上星，地上丁"的老太太思想符合事实呢。张衡果然认为这意见正确，人的命运确实与天上的本星联系着，所以一颗星死亡成了流星，地上也有一个人死亡成为缥缈的幽灵，星星死亡落地，人死亡升天，这又是天人感应。《浑天仪注》就说到天上星与地上丁的关系，而且斩钉截铁。崔瑗说："平子不信鬼神，说起鬼神却眉飞色舞，幽灵，还缥缈着。"

《灵宪》这本书，他早就动手写了，是他的工作笔记，也是他的读书笔记，他在太学跟马融辩论的时候，《灵宪》主旨思想就已经形成，后来的研究也是充实和论证。《灵宪》是他仰望天穹时思考的结果，他不愿意称它们为结论，实际上也的确不是结论，说这些天地之间的玄妙之事，可能永远得不出结论。张衡写到书里的，仅仅是他思考的一小部分，而且是他认为可以求证的东西。更多的思考，或者一闪而过的思维跳跃，张衡是以严谨著称的太史令，不能写在书里，让人质疑。仰天思考的张衡，思考时的确肆无忌惮，在太空纵马狂奔，思考之后起来伏案写作的张衡，却规矩体面，言语谨慎，风格稳健。

昔在先王，将步天路，用定灵轨，寻绪本元。先准之于浑体，是为正仪立度，而皇极有逌建也，枢运有逌稽也。乃建乃稽，斯经天常。圣人无心，因兹以生心，故《灵宪》作兴。

曰：太素之前，幽清玄静，寂漠冥默，不可为象，厥中惟虚，厥外惟无。如是者永久焉，斯谓溟涬，盖乃道之根也。道根既建，自无生有。太素始萌，萌而未兆，并气同色，浑沌不分。故道志之言云："有物浑成，先天地生。"其气体固未可得而形，其迟速固未可得而纪也。如是者又永久焉，斯为庞鸿，盖乃道之干也。道干既育，有物成体。于是元气剖判，刚柔始分，清浊异位。天成于外，地定于内。天体于阳，故圆以动；地体于阴，故平以静。动以行施，静以合化，堙郁构精，时育庶类，斯谓太元，盖乃道之实也。在天成象，在地成形。天有九位，地有九域；天有三辰，地有三形；有象可效，有形可度。情性万殊，旁通感薄，自然相生，莫之能纪。于是人之精者作圣。实始纪纲而经纬之。

八极之维，径二亿三万二千三百里，南北则短减千里，东西则广增千里。自地至天，半于八极，则地之深亦如之。通而度之，则是浑已。将覆其数，用重钩股，悬天之景，薄地之义，皆移千里而差一寸得之。过此而往者，未之或知也。未之或知者，宇宙之谓也。宇之表无极，宙之端无穷。

天有两仪，以儦道中。其可观觌，枢星是也，谓之北极。在南者不着，故圣人弗之名焉。其世之遂，九分而减二。阳道左回，故天运左行。有验于物，则人气左赢，形左缭也。天以阳回，地以阴淳。是故天致其动，禀气舒光；地致其静，承施候明。天以顺动，不失其中，则四序顺至，寒暑不减，致生有节，故品物用生。地以灵静，作合承天，清化致养，四时而后育，故品物用成。

凡至大莫如天，至厚莫若地。地至质者曰地而已。至多莫若水，水精为汉，汉用于天而无列焉，思次质也。地有山岳，以宣其气，精种为星。星也者，体生于地，精成于天，列居错时，各有逌属。紫宫为皇极之居，太微为五帝之廷。明堂之房，大角有席，天市有坐。苍龙连蜷于左，白虎猛据于右，朱雀奋翼于前，灵龟圈首于后，黄神轩辕于中。六扰既畜，而狼蚖鱼鳖罔有不具。在野象物，在朝象官，在人象事，于是备矣。

悬象着明，莫大乎日月。其径当天周七百三十六分之一，地广二百四十二分之一。日者，阳精之宗。积而成鸟，象乌而有三趾。阳之类，其数奇。月者，阴精之宗。积而成兽，象兔。阴之类，其数耦。其后有冯焉者。羿请无死之药于西王母，姮娥窃之以奔月。将往，枚筮之于有黄，有黄占之曰："吉。翩翩归妹，独将西行，逢天晦芒，毋惊毋恐，后其大昌。"姮娥遂托身于月，是为蟾蜍。

夫日譬犹火，月譬犹水，火则外光，水则含景。故月光生于日之所照，魄生于日之所蔽，当日则光盈，就日则光尽也。众星被耀，因水转光。当日之冲，光常不合者，蔽于他也。是谓暗虚。在星星微，月过则食。日之薄地，其明也。黦暗视明，明无所屈，是以望之若火。方于中天，天地同明。黦明瞻暗，暗还自夺，故望之若水。火当夜而扬光，在昼则不明也。月之于夜，与日同而差微。星则不然，强弱之差也。

众星列布，其以神着，有五列焉，是为三十五名。一居中央，谓之北斗。动变挺占，寔司王命。四布于方，为二十八宿。日月运行，历示吉凶，五纬经次，用告祸福，则天心于是见矣。中外之官，常明者百有二十四，可名者三百二十，为星二千五百，而海人之占未存焉。微星之数，盖万一千五百二十。庶物蠢蠢，咸得系命。不然，何以总而理诸！夫三光同形，有似珠玉，神守精存，丽其职而宣其明；及其衰，神歇精斁，于是乎有陨星。然则奔星之所坠，至地则石矣。

文曜丽乎天，其动者七，日、月、五星是也。周旋右回。天道者，贵顺也。近天则迟，远天则速，行则屈，屈则留回，留回则逆，逆则迟，迫于天也。行迟者觌于东，觌于东属阳，行速者觌于西，觌于西属阴，日与月此配合也。摄提、荧惑、地候见晨，附于日也。太白、辰星见昏，附于月也。二阴三阳，参天两地，故男女取焉。

方星巡镇，必因常度，苟或盈缩，不逾于次。故有列司作使，曰老子四星，周伯、王逢、芮各一，错乎五纬之间，其见无期，其行无度，寔妖经星之所，然后吉凶宣周，其祥可尽。

通读《灵宪》，玩味它的语义所指，人们惊讶地发现，张衡所称的

"浑天"，其实没有"天"，天不见了！天这个自古以来在人们意识中无比坚硬的外壳，被张衡静悄悄地消解掉了。宇宙有尺度，约二亿里。汉帝国的度量衡，十万为亿，张衡的宇宙模型，宇宙宽广仅二十三万里，但是无范围。范围，就是框架。《灵宪》特别采取民间故事嫦娥奔月，取它的提示意义：住在月亮上的嫦娥与住在地上的庶民，地上的庶民能看见月上的嫦娥，原来嫦娥可以把身体悬挂或倒置。张衡还采取天上一颗星地下一个丁的民间传说，地上生命，岂止万亿！张衡在这里预留了想象的空间：将来人们可能会发现更多的星星，可以引证这句民谣。也有实证在：微星以下的更微星星，不可计数。但这从另一个方面反证了宇宙没有框架——周长二亿的天球，能装下这无限制增加的星星群吗？张衡设计这一切，等于在告诉人们，他所说的浑天，是为了称说问题有参照，这所谓天，所谓浑，所谓浑天，原本就是理念的东西，没有一件东西可以包裹天，如果有一个球真的把天包裹起来了，紧接着，就要接受这样的质询："天球之外呢？"所以张衡很早就确立了宇宙无边际的理念，只有无边际，才能避免"天之外"的尴尬。世间人尽可以说"天外有天"，太史令张衡不可以，他必须给出令人满意的答案，至少是不会被一次就问倒的答案：既然被称为天，就意味着它没有边际。

《周髀算经》中介绍过一个观测：用一根八尺高的杆子垂直立于地面，每当太阳过子午线时量杆影长度。当影长正为六尺时，用一根八尺长、孔径一寸的竹管观看太阳。《周髀算经》认为此时太阳视圆面正好充满竹管。由此，《周髀算经》按照"千里差一寸"的比例关系，求得此时太阳距人目为十万里，进而求得太阳的线直径为一千二百五十里，太阳的线直径实际一百三十九万一千里。因为按照《周髀算经》的计算结果，太阳角误差当然比《灵宪》大得太多。而按照张衡计算，太阳的线直径十分接近实际数值，在张衡的计算序列中，太阳的真实大小与真实的太阳大小几乎一致，那是一个巨大天体，巨大得不可想象，体积是"地球"的至少百万倍。

对，地球！现在终于可以从容地提出"地球"这个概念了。张衡在灵台上长期地思考，已经确认大地实际是个球体，应该叫"地球"，在太学与崔瑗等人演示日食月食，张衡就把大地比喻为一个球体，张衡拿起"月亮"，马融拿起"太阳"，崔瑗拿起"地球"，在崔瑗的出租房里做起简单然而却是突破性的实验。但是《灵宪》一书还不能这么叫大地，那太不尊重，甚至轻佻，张衡不具有能改变大地称谓的权力，他也无意挑战神灵的权威。《灵宪》是汉帝国在天文方面的权威著作，权威，就要维护皇权，张衡在灵台上思考的内容，只能选择性地写，要做帝国各级学校的教科书的。帝国教科书《灵宪》写道："紫宫为皇极之居，太微为五帝之廷。明堂之房，大角有席，天市有坐。苍龙连蜷于左，白虎猛据于右，朱雀奋翼于前，灵龟圈首于后，黄神轩辕于中。六扰既畜，而狼蚖鱼鳖罔有不具。在野象物，在朝象官，在人象事，于是备矣。"他很用心思，在天上给上帝安排个位置，老人家住在紫宫。汉帝国治下的人们很喜欢这么说话："人在做，天在看。"天看不看的无所谓，皇帝在看才重要。

张衡规规矩矩地写《灵宪》，有皇必有帝，秦始皇把皇和帝一个人兼任了，改变天帝的安排，这好像不合适，天帝也管不了。上帝管不了始皇帝，但上帝至少可以不受始皇帝的管，他们依旧皇、帝分开，保留了一点尊严。皇住紫宫，帝住太微宫。仍旧左苍龙，右白虎，前朱雀，后灵龟，大臣们熙熙攘攘，在各自的办公室上班。天上人间，一模一样。官员如此，民众也别闲着："庶物蠢蠢，咸得系命。不然，何以总而理诸？"原来上帝不必亲自到人间查看万民，万民在天上各自有代言人，天上的星星一颗颗，地上的生灵一个个，地上的一个生灵对应天上的一颗星星。《灵宪》在说这些事的时候，张衡一点也不像曾经在灵台上仰望夜空几年的智慧学者。倒像个神学教授，或者穿着黑袍子的"牧师"。牧师？牧师是什么？崔瑗看了《灵宪》的草稿，回复张衡说："这一节里头，我看你就像个'牧师'，州牧腰里有权，手里有兵，府库有粮，你用教科书引导万民服从皇帝，牧师的作用跟州牧那是一样一样的！"张衡知道崔瑗在讽刺他趋炎附势，对天上的事这般信口开河。张衡也不反驳，心里想，吃皇帝的饭，穿皇帝的衣，领着皇帝的俸禄，说几句叫皇帝开心的话，也是人臣的本分。

　　果然，大鸿胪看了《灵宪》全书，赞不绝口："好，真好，顶真好！张衡这本书，发挥天理，又密接人情，写得嘛，又通俗，又深刻，外行可以看热闹，内行可以看门道。真的是门道哎，大汉帝国，人人都可以读《灵宪》！"大鸿胪主管帝国的礼仪教育，他赞赏《灵宪》这部书，说它对提高国民的素质大有好处。蛮荒四夷还对天地宇宙问题茫然无知，大汉帝国，七岁童子都能绘声绘色演绎宇宙太空，说大地是一个觉得很大、看起来很大、比较起来不很大的球，在虚空中飘着。在空中飘着，为什么还不掉下来呢？小孩子教训蛮夷们说："你傻啊！太空不是地球，太空里没有上下！太空没有质量，在太空拿一个鸡蛋与一颗星球称量，质量相等：都是零哎！所谓质量，来自球体自身，就是这个球体上的东西相对的量比较。没有质量的东西，它往哪里掉？没有地方可以掉，它就只好飘着。"小小的娃娃，都有地球这么高深的学问，好，好！但很可惜，汉帝国各级各类学校学堂，一律不教授天文学，不但不教授天文学、算学、工程学、物理学等形而下的东西，朝廷和各级官府都不在意，官府如果简拔一个只会读懂《算罔》的人才，别的人才都纷纷辞职，觉得跟摆弄几根棍棍的家伙在一起上班，丢人。大鸿胪空有育人志，奈何天下人都不肯让他育，《灵宪》到底还只是一部纯专业的书，长期被藏之秘府，成为"秘书"，很少有人看到，到东观看书找档案，没有谁对天文书感兴趣：地上的事够焦心的，别拿天上的事烦我！董卓大火之后，《灵宪》失传。刘昭为《后汉书》作注，从别人的手里征引《灵宪》残存一部分内容，就是以上这几段。

三十五

　　张衡在灵台的工作室摆满了各种部件，有的部件已经组装成型，还有的散布在工作室各处，这时如果有人走进张衡的工作室，直觉这人是个木匠。太史令没有属员，他一个人做这些事情，倒也不觉得疲倦，好之者不如乐之者，张衡就是乐之者，而且是特别乐的乐之者，工作起来兴致勃勃。张衡观察天象，助手也帮不上忙，何况以他的工匠工艺水平，一般人也够不上做他助手的水平。张衡的水平太高，水平太高必定孤独，所以他孤独而快乐地做着这一切，在模型阵中穿行，与模型们心心相印。张衡与模型有感情，因为它们不说话，这很对张衡的心思，省了说话的麻烦，研究对方嘴里说的心里想的真实性各占多少比例，说错话之后怎么补救，等等，就没有工夫做事情。模型零件散在那里啥都不算，一旦组装完成，就有了灵性，张衡从心里往外喜欢这些模型。

灵台守门人阿三闲得难受，有时候也到观象台上观察。阿三看到的张衡也不总是直挺挺瞪大眼睛躺着，正常人张衡在他那硕大的工作台后面写写画画，工作台上摆满了模型，这些模型一律圆圆的，大大小小的圆球球，封闭的圆球或镂空的圆球，更多的则是几条圆环交叉纠结形成一个同心圆的圆球。张衡准备把它们"孤悬"在天空中的。这都是些木制的，只是模型，在制作这些模型的时候，灵台上张衡的这间工作室就成了木工"作坊"，锛凿斧锯，砍刨推削，一个人把工作室搞得沸反盈天。

阿三趁张衡不在的时候溜过来看他制作的这些物件，见到这些大大小小的圆球球，他惊讶地直叫："嘿，嘿呀！"这些物件模样怪异倒在其次，最惊奇的是它们的做工，那简直天花乱坠——应该叫天衣无缝，人家的地上长庄稼树木，张衡的地上直接长出圆球球。阿三琢磨半天，看不见它的接缝在哪里。这张衡，哪里是木匠呢，他简直是木中圣人，木圣！木圣鲁班久远了，没看见过，而今木圣就在眼前。守门人阿三退休后经常向人讲他在灵台工作的传奇经历，说得最多的就是张衡，而说张衡最多的是他的木工活儿。一直到老，他都认为张衡的模型不是他做的，是天上送来的或地上长出来的东西，张衡每天夜里睁大眼睛望天，是在跟天对话交流，对话为什么不说话，因为张衡懂得天语，天语用常人听不见的频率传播，常人听不见。其实阿三不用这么费劲，搞得如此玄乎，他干脆说张衡用意识跟天交流，效果更好些。但阿三不懂得意识交流这么高深的学问，就琢磨出"天语"这个词。阿三说，张衡用天语同天交流、对话，请天给他送来这些物件。

张衡离开太史令任后，他的工作室实际闲置下来，阿三经常领来好奇者，参观张衡制作的天文仪器模型，它们用锦缎罩起来，阿三掀开一角，就连声"嘿，嘿呀"，锦缎掀开，这些"准游客"眼睛睁不开了，大家头晕目眩，想不到人世间还有这么精美的制作。口耳相传，来博物馆看张衡模型的人络绎不绝，都是有各种关系的人，不给看还不行。阿三灵机一动——收费！不管七姑八姐十三姨，一律凭票参观。灵台的大门口处专门开辟一处小房子，房子的山墙赫然挂着"售票处"的小牌子，阿三还雇来一个卖票的，门票收入，阿三与灵台五五分成。门票成了灵台的一项重要收入来源，帝国晚期经济不景气，灵台的维修拨款大幅度萎缩，靠门票收入，居然得以维持，分成的比例从五五变成一九，主管卖票的守门人仍然是肥缺。

其实这些模型是张衡给铸造车间制作的，供翻砂用，制成青铜的演示测量仪器，摆放在灵台上，随时观察天象。模型本来不需要这么精致，但是翻砂之后张衡还把它们拿回灵台，他要用这些模型做计算。根据计算和推论，张衡完成了他的天文学巨著——《灵宪》。这些模型中有一个最特殊，它是张衡根据自己对天象的观察，制成的浑仪，也叫浑天仪。

这个模型也是圆的，一个木质的圆球球，浑天仪演示天象用，几个道道交叉组合，演示天象运行不差分毫。张衡在圆球上先确定一大圆为赤道，再设置一个与之成二十四度交角的另一个大圆为黄道，在黄、赤道上均分成三百六十五又四分之一刻度，两者的起始都在冬至点。在赤道北极及其相对应处即南极，各用针做一孔，作为圆球旋转轴的两端。一长条竹篾，在其两头的中央各穿一孔，令这两孔之间的距离与圆球半个大圆弧的长度相等，将竹篾的两孔与南北两极相重合，竹篾则纵贯圆球，这时竹篾两孔间的连线必与圆球相切合，因为从北极到南极针孔中心，也正好等于一百八十二又八分之五度，即半个大圆弧。沿中分线把竹篾削去一半，使中分线正好在竹篾两端孔中心的连线。从冬至点起，令竹篾的中分线沿赤道每隔一度移动一次，每一次均读出它与黄道相交的度值，就可以得知赤道每增一度时，黄道度或少或多于一度的数值。

这多少之数即为黄、赤道进退数。赤道度增率大于黄道度增率时，为多，为进数；相反，为少，为退数。张衡一丝不苟地做着这些，因为他喜欢。这项实验的记录最完备，成为千年后天文学科的宝贵财富。

小浑实验准确了，然后再用铜铸成浑仪。张衡谨慎、细心操作，工程持续一年之久。这个仪器根据浑天原理制造，所以张衡就把那个木质的模型叫作"小浑"，铜铸的那个大的就用正式名称叫作"浑天仪"，或"浑仪"。晋代，这架国之瑰宝尚存于洛阳，永嘉之乱，东京被蛮族占据，晋王室司马氏南奔，蛮族劫掠大量财物文物西归，这架浑天仪，也被带到蛮人统治的地区。三百五十年后，隋军收复长安，见到并收缴了张衡制作的这架浑天仪，把它献给隋文帝。

浑天仪依据浑天原理而制成。既然在张衡的"工作间"完成，不用说它也是个球形的东西，再后来，人们把它叫"天球仪"。浑天仪分作内外几层，每层都可以转动，中间有个金属轴贯穿球心，轴的运动方向，即地球自转的方向，轴和球体的接触有两个交点，即天球上的北极和南极。球的一半隐没在地平圈的下面，另一半显露在地平圈的上面。在球的表面排列有二十八宿和其他恒星，球面上还有黄道圈和赤道圈，二者成二十四度夹角，分列有二十四节气。从一年的开始冬至点起，把圆分成三百六十五又四分之一度，每度又细分成四个小刻度。球体外面有两个圆圈，一个是地平圈，一个是子午圈，外圈圆周长为一丈四尺六寸一分。天轴支架在子午圈上，和地平斜交成三十六度，就是北极高出地平三十六度。这是洛阳地区的北极仰角，也是洛阳地区的地理纬度。这架仪器的构造，囊括了当时所有先进的天文学知识，代表了当时天文学术的最高水平。

为了使浑天仪能够按照时刻自己转动，张衡又设计了一组滴漏壶。用一个特制盛水的器皿，下面开个小孔，水一滴一滴流到刻有时刻记号的壶里，人们只要看到壶里水的深浅，就可以知道是什么时刻。张衡运用这个原理，设计了一组滴漏，用两个壶和浑天仪配合起来，利用壶中滴出来的水的力量来推动齿轮，齿轮再带动浑天仪运转，通过恰当地选择齿轮个数，巧妙地使浑天仪一昼夜转动一周，把天象变化形象地演示出来，人们就可以从浑天仪上面观察到日月星辰运行的现象。这个工序要求机器极其灵敏，使铜壶滴出的水滴就可以推动机器，所以也叫"漏水转浑天仪"，机器灵敏的关键在于齿轮灵敏，许多齿轮连接，只要一滴水的推动。所以北方蛮族把它劫掠到长安，中华人还要把它夺回来，因为这东西不世出。就是张衡，设计制作了整整一年，此后再做不出第二件。

张衡制成青铜浑天仪后，把它安装在一间密室里，用漏水的力量使它转动。实验开始，为验证浑天仪与天象的吻合程度。张衡让一个管理人守护在室内，高声向站在观象台上的观察者报告说：浑仪上哪一颗星正在升起，哪一颗星正在达到天顶，哪一颗正在落下去。一切都准确无误地同天象相符。他的报告与观象台上的观察完全一致。

浑天仪制造完成，张衡还为它写了一篇说明书《浑仪注》。说明书这样解释浑天仪的工作原理：

> 浑天如鸡子，天体圆如弹丸，地如鸡子中黄，孤居于天内，天大而地小。天之包地，犹壳之裹黄。日月及众星，浮生虚空，徜徉之中，无所凭借，行止无经，须气之所系也。是以七曜或逝或住，或顺或逆，或隐或见，进退不同，乃无所根系，故表证各异也。周天三百六十五度又四分度之一，又中分之，则半一百八十二度八分度之五覆地上，半绕地下，故二十八宿半见半隐，其两端谓之南北极。北极乃天之中也，在正北，出地上三十六度，然则北极上规径七十二度，常见不隐。南极乃地之中也，在正南，入地三十六度，南规七十二度，常伏不见。两极相去一百八十二度强半，天转如车毂之运也，周旋无端，其形浑浑，故曰浑天。

最明确，最干脆，最简约，凡是看到这段话的，即使对天文完全外行，对浑天说也会恍然大悟：原来这就是神秘莫测的浑天说啊。这里有一个基本问题，张衡还是留下一处缺口，天是"浑圆"的，天的核心部分是地，地呈球状可以叫地球。从前张衡认为大地是半个蛋黄，周围都是水，现在张衡却说大地"浮生虚空"。浮生而虚空，那就是说大地虽然很大很大，但也还是飘浮在虚空之中。在《灵宪》里，张衡说地球被水托举着。这可以解释大地的四周全是海，在《浑仪注》，张衡修正了他在《灵宪》中阐述的意见。《浑仪注》在张衡的天文学著作中水平最高，简单明确地把大地描述为一个球体，这项历史性创见开创了中国天文学的历史，一个"球"，一个"悬"。两个字，一座山，翻过这架山，标志着人们对自身的认识从蒙昧进入文明。两个字，两重天，从前人们看大地，觉得大地无穷大，觉得日月可以把在手中玩，民谣说："娘的亲，娘的厚，娘的骨头娘的肉，你要星星娘给你摘，你要月亮娘给你够！"民谣还说："弯弯的月儿小小的船，小小的船儿两头尖。我在小小的船里坐，只看见，闪闪的星星蓝蓝的天。"摘星星，抓月亮，还到月亮船里看风景，人们大概真的是这么想的，以为星星月亮近在咫尺，伸伸手就抓到了，民谣的世界里，天空就像玩具，民间的世界，天空大了许多，是大号的玩具，大号的玩具也还是玩具，所以说人们就从来没有认真地看看这天、这地，它们到底是什么。终于，张衡说："日月及众星，浮生虚空，徜徉之中，无所凭借，行止无经，须气之所系也。"与日月众星相伴的，是大地，大地其实不大，无所凭借地在天空中悬着，就像鸡蛋黄悬在鸡蛋的中间。地小，天也不大，比鸡蛋黄大，但再大也就是比鸡蛋黄大的鸡蛋而已，"鸡蛋"里面，除了相当于鸡蛋黄的大地，还有日月星辰，金木水火土，万物一笼统，可是说到最后，它也还是一个鸡蛋。

张衡不说鸡蛋了，他说："浑天如鸡子，天体圆如弹丸。"弹丸，弹弓发出的子弹，圆圆的石头子或铁珠子，怎么看怎么好看，亲切可爱，忘了它可能会伤人的哦——可是，这弹丸，不还是玩具吗？所以，张衡高端学术著作《浑仪注》，跟通俗民谣"你要星星娘给你摘，你要月亮娘给你够"，也没有什么不同，民谣中蕴含着深刻的道理，与天文学家殊途而同归。

张衡的弹丸构想还不止于此，荒服地区的蛮夷习惯鼓捣声与像，叫

"电影"。其中一部映画电影《黑衣人》，结尾，地球到宇宙小啊小，小成直径一寸，五光十色的小玻璃球，小孩子们最喜欢的玩具。不能说蛮夷的电影跟张衡《浑仪注》没有关系，怎么会没有关系呢？张衡说天就是一个弹丸，蛮夷的电影也说宇宙就是一个玻璃球，偶然掉进一个虚拟的轨道，刚要在这条轨道转一转，却被一只古怪的大手抓起来，放入另一只手，另一只手里已经有十几个宇宙。宇宙有好几个，十几个，几十个，甚至宇宙的数量可能和星辰一样，多如恒河之沙，空间进入另一轮的循环。这种种奇思妙想竟然与张衡不谋而合，不由得让人猜想，这伙蛮夷，肯定通过折叠宇宙，在多维空间与张衡商议了电影创意。

三十六

张衡看过崔瑗的信，再想想《黄帝内经·素问》，觉得非常有意思，黄帝、岐伯，还有崔瑗，都是很有趣的人，不但有趣，还有学问，当然他们的学问只有上士才能理解。张衡自问，我是什么士？上士？中士？下士？下士闻道，嘲笑不已，我闻道兴高采烈，与道心心相印，知道爱道亲道敬道，非上士焉能办！张衡平生第一次自负，占位上士、判断自己为上士，还有更坚挺的理由：《浑仪注》就是《黄帝内经·素问》和崔瑗的信的复制。

黄帝问岐伯："地在人的下边吗？"岐伯答："地在人的下边，但也可以说他们都在太虚之中，太虚，意味着没上没下。"黄帝听了，当时就精神崩溃："可是，没上没下，我们，还有他们，靠什么站着，你说，不会掉下去吗？可是，从来没看见谁掉下去！"原来从往古到而今，人们都担心"掉下去"的问题，黄帝这位圣人，也未能免俗。岐伯的回答就很有创意了："大气举之也。"大气推举着天地和人，所以不用担心掉下去。岐伯就解释"大气举之"的意义：大气，周遭包围着大地，大地是个圆乎乎的大球，从大球上任何一个点，垂直立一根竹竿，都是往上，所以，所谓上下，都是相对的概念，严格说不存在所谓上或者下，跳开大球看太空，你说上下，什么依据？没有参照物嘛！黄帝本来没想跟岐伯讨论天地上下这类玄学问题，可既然开了头，兴致越发地高："你的意思，我们有时候会头朝下走路？"岐伯像西方大秦国人一样耸耸肩："为什么不呢？"

黄帝看见那副恶心的样子，忽然就减了兴致，不想谈了，岐伯却兴致正高，不谈不行："大气托举着人，但同时也压迫着人，你看见飞出去的石块立刻就落到地面，那就是大气压迫的。大气看不见摸不着，力量却无极限，多亏了大气压力，不然我们住的房子，早就砖头瓦块满天飞。你跳一下试试，跳一下。"黄帝说："成何体统？"但还是勉强往上蹿了蹿，离地一尺来高。岐伯问："是不是觉得有什么东西压着肩膀？"黄帝说："嗯，好像真的有哎！""那就是大气压力，平时觉不出来，一活动就来干涉，活动得越剧烈，干涉得越强烈。比如奔跑，跑得越快，阻力越大。假设大地是个球体，大气包裹着大地，就是在大地周围有很厚的大气，产生的压力均衡，在球体的任何地点，都受到向中心方向的压力。有人说在某一荒服地带，有一种苍蝇，一刻的时光能飞四十里远，这绝对不可能。一来，苍蝇的质量不足以产生这么快的速度；二来呢，如果真的以这样的速度飞行，大气的阻力会抵消它全部飞行努力，它的自身质量太小。再如劳动，干活为什么会累呢，那是大气阻力和压力，大气压得人喘不过气来，这才累。"黄帝想想，真是这么个理哎，就不生气了，再看看这家伙耸耸肩的样子，也不觉得多么难看，反而显得挺有学问。

张衡写《浑仪注》，想天和地的相互关系，遥远的黄帝和岐伯的对话，如空谷传响，振聋发聩——张衡觉得黄帝和岐伯的对话很好玩，这才是懂天文哲学的大家，能够脱离本位认知宇宙，什么叫本位，我自己，我大汉，我大地，我大宇宙……把"我"忘记，才是天文学术的起点。岐伯说天和地都是大气托着，这话，不是神仙想不出，即使神仙也未必一定想得出，可一旦想出了，所有神仙也没法不同意，何况凡人。大家头朝下走路，上朝参见天子，想一想就忍不住哈哈笑，可是笑过之后，岐伯问你：你还有更好的说辞吗？你只好翻个白眼给他看。张衡想，岐伯，真是天才，经天纬地之才，没别的选择，我同意。可是，张衡一转念就想到皇帝，叫人们头朝下，黄帝没意见，皇帝一定受不了，不能想象皇帝每天倒立着接受大臣们的朝拜，所以张衡说："关于这个问题……我没看法。"他没意见，就是不同意岐伯的意见，坚持自己的意见：天是大气包着，地是水托着，天地二元论，一个家庭，两种"制度"。他把这个意见写进《灵宪》，但是把黄帝和歧伯对话的意思写进《浑仪注》，张衡学术一向严谨，为什么在这个问题上首鼠两端？

这事与马融有关。

浑仪制成，安置在灵台，《浑仪注》被送进东观。这几年的时间，东观大改观，原来安放在正堂的竹简书册，已经收拢到最后一进的博物堂，成了历史文物，正堂全部摆放纸质书，这是为了方便检阅资料。不单单东观了，太学藏书楼里面的书，大部分也改为纸质的。皇帝尚未亲政，邓太后掌握朝政，太后崇尚完美，从自身做起，每天刻苦攻读先贤著作，励精图治，代皇帝指挥天下，天下竟然大治，帝国的成就一堆又一堆，好消息一个接一个，比如蔡侯纸。

中常侍尚方令蔡伦发明造价低廉的纸，得封龙亭侯。一时间，各地用稻草竹子等材料造纸，造纸作坊密如繁星，在纸上写字，比在竹片上写字更方便，纸有晕染的效果，写出的字也更好看。更重要的是纸造价低廉，写字这么高档次的事情进入寻常人家，太后说，这叫"文化普及"。文化普及，著书立说的充街塞巷，各地学者著书，弟子们抄书，都要送东观一份正规的抄本，东观的书越来越多，东观校对图书的人也就更忙。

说是校对，实际是审查，主要审查政治立场是否正确。正确不正确，也是有标准的，不准在书里否定儒家思想；不准赞美帝国的敌人匈奴；不准认可大秦等蛮夷等方外蛮夷国家的思想文化；不准嘲讽谩骂朝廷、皇上，包括已经去世的皇上，光武帝迷信图谶，这事情不怎么光彩，不光彩的事就不要说；不准批评体制，帝国一直实行郡县两制，想否定这种制度的人都是不安定分子，必须严加防范。一共七八条。至于书里的学问水平高不高，材料真实不真实，等等，审查官想管呢，就管一管，不想管，也行。审查官谁没事找事管什么真实性写作水平，他写得不好，被人家抄走，然后再广泛传抄，一抄十，十抄百，他转圈丢人，我给他改，他家祖坟上冒青烟了吗？再者说，文无第一，武无第二，学术水平最难找衡量标准。审查完了，通过。通过之后的图书就相当于获得身份证，天下郡国都来这里抄书，预备给本郡本国的青年学子做教材，哪本书违反了那七八条规则通不过的话……通不过就通不过，也不抓他，也不打他，也不通报禁锢他，录入黑名单永不录用？没那事，麻烦！帝国的朝廷宽厚得很，东观审查官直接把他写的书扔到"书籍焚尸炉"，就完了。作者呕心沥血写成一部书，就这么进了"焚尸炉"，审查官也觉得心里不忍，所以每当有一本书投进"焚尸炉"，审查官就在炉子旁默哀，嘴里念念有词："不是我要烧你啊，你触犯忌讳了，来生做一本好书吧！"可是，一本书来这世上这么一遭，只有一个人给它送行，未免太寂寞、太伤感。大汉帝国以人为本，东观令体察被烧书的凄凉，还有它们的著作者的恓惶心情，改独自烧为集体烧，每天下班前，把审查官剔除、经总审查官批准的图书集中到一块儿，投进"焚尸炉"，全部审查官围着炉子一圈，集体为被烧的书默哀。至于那些没送来东观，自然也就没有没通过审查的图书，却也不用管它们，不能进入东观，就不能取得"国发教材"的资格，这书自然就销声匿迹，除了作者自己，不会有人再看到它们。

马融就是这样握有书籍生杀大权的审查官。马融应大将军召，进东观当上校书郎，校书，虽然只是郎，工资三百石，可这个郎不同于一般的郎，他有权，可以剔除自己认为不好的书，总校书虽然也审查校书剔除的书，但他老眼昏花，看一个字都特费劲，实在也懒得真的审查，所以校书的决定差不多就是最后的决定。马融很有点沾沾自喜，校书便很认真，他的长几上时不时就有著作被判死刑。几个老一点的校书暗中撇撇嘴："昨天他又谋杀了一个。""哪里啊，是两个。""一天两个死刑，这么狠！"一位老校书心下不忍，偷偷告诉他："别人写成一部书，不容易，政治上正确就好，水平上的问题，实话实说，天下能够比得上季长先生的，能有几个？得放手时且放手吧。"马融这才恍然大悟，从那以后，他的审查只注意政治方面，文字表述不那么糟糕，就让它过关，马融真的就成了"意识形态监督员"。

"校对工"马融看到一本书的封面是"浑仪注，张衡撰"，大叫："哎呀，张衡！"大堂里的人都对他行注目礼，马融不好意思，放低了声音说："抱歉，失态，失态。"抱起书本跑出大堂。

张衡在马融之后来到洛阳，知道马融在东观校书，张衡高兴，这是一个很体面的职业，季长今后的生计有了保障。他还不知道校书也会有权力，直接"判处"书的生死，更不知道自己也会落在马融的手里。《浑仪注》写成，张衡把它连同浑天仪一起交给灵台令，灵台令当然懂得天文，看着《浑仪注》，激动地拍大腿："对呀！"再看，又拍："对呀！"没见过说天地这么透彻的！叫人连夜抄写下来，送到东观。马融手里拿着的，就是灵台令送来的本子。书不厚，不足百页，一万来字，马融不一会儿就看完了，又惊又喜。喜的是张衡的天文学问又大长进，太学辩论时候的张衡盛气凌人，平时少言寡语，讨论问题则言语滔滔。写这篇《浑仪注》的张衡却沉稳雄健，气寡智丰，像看透世间事之人，不再斤斤于是非，真正的天文学者了。《浑仪注》发前人所未发，令人拍案叫绝，也令人吃惊，一个鸡蛋的比喻，就横扫百论千说。马融断言，张衡《浑仪注》之后，天的模型就不可能再更改。

说到惊，不如说是怕，联想自己，怕得更切肤。去年，马融给朝廷上了一篇《广成颂》，赋体，歌功颂德的文章。上奏之后，自己得意很多天，以为大将军会特召他进宫研究朝廷大事，左等不召，右等不召，等得急了，托关系问黄门侍郎，侍郎又辗转问《广成颂》下落，回来告诉马融："你惹祸了。太后和大将军说你讥讽朝廷，'元年以来，遭值厄运，陛下戒惧灾异，躬自菲薄，荒弃禁苑，废弛乐悬，勤忧潜思，十有余年，以过礼数。'这些话说得太重，说朝廷不对就是批评，批评就等于谤讪，这下你完了。"马融被一顿棒子打得金星乱进。谤讪！对大将军感恩戴德还来不及，谤讪？即使不算大将军的简拔之恩之情，我身微言轻，也不敢啊。我马融死心塌地自认为大将军的家里人，大将军任用我，我当然属于大将军府，结草衔环报答大将军。而且当初刚到洛阳，就是在大将军府里当过幕僚的。谤讪！打死也没这事，没这心！大将军也没打他，也没骂他，就是不理他。过后马融再看《广成颂》，果然言辞不得体：厄运、戒惧、荒弃、废弛、躬自菲薄……

马融把书本袖进口袋，急匆匆奔向灵台，张衡照例还在躺着，倒是没睡觉，在想浑仪。鸡蛋悬在虚空中，空气有那么大的力量吗，能托起无边无际的大地？马融直接闯进来："平子，起来起来，出大事了！"张衡也顾不上寒暄，忙问出了什么大事，马融从袖里抽出《浑仪注》，掷给张衡说："你写了这篇东西，欺君犯上，大将军发下令，要把你削职为民，这只是第一步，下一步的处理可能更严重，把你交付卫尉卿，也未可知。圣旨马上就到，快收拾东西，免得到时忙乱！"张衡开始还很吃惊，听马融说大将军、圣旨等一套话，便又躺下去："哎哟，我胃痛啊，等着在病床上接旨吧。"马融正色道："你起来，真的有事。"张衡就又坐起来，马融翻开书，指着其中一段说："这话，谤讪朝廷，你也敢说？"张衡这才看到马融摔来的书写着"张衡撰"三个字，原来是注释浑天仪的，想起来灵台令跟他提起过，把《浑仪注》抄写一份送给东观，马融从东观来，他拿的一定是抄送的那本，可这是一本天文书，专业程度那么高，想跟政治拉关系，也拉不上啊，哪里会有谤讪朝廷的问题。

马融指给他看这一段："日月及众星，浮生虚空，徜徉之中，无所凭借，行止无经，须气之所系也。是以七曜或逝或住，或顺或逆，或隐或见，进退不同，乃无所根系，故表证各异也。"

张衡问："有什么问题吗？""你知不知道这是宣夜说的内容？你知不知道太后赞成浑天说，不同意盖天说和宣夜说？""我知道。可是太后说，我可以坚持我的意见，不一定要服从她。太后还说，天上的事情，谁能说得清，能把自己说服了，就是好的读书人。"马融顿足道："呆瓜啊！这话，你也敢信？"张衡摸头脑不着："为什么？"

马融很得意："要是别人，三言两语怎能说得清楚，我是谁啊，我是马融啊。听我跟你说，上头的话永远要听一句信半句。太后说让你坚持己见，听话听音，坚持，己见，我都能想到当时太后说这话时候的语气，一定懒洋洋的。""可能吧，召见时间有点久，太后累了吧。""太后一直就这样的，还是过一会儿又精神了？""没有一直那样，后来说地震的预兆，太后就很兴奋。"马融又跳脚："你呀，想天事，文思泉涌，说天事，口若悬河，一到人事，你怎么幼稚如儿童！我去年制作那篇大赋，有问题吗？我说皇帝虞舜之孝，结果，太后和大将军大怒。我好好的写大赋干什么，拍马屁拍到马蹄子上，倒霉不倒霉啊我！你可千万别步我的后尘，别犯文字上的错误，皇帝不喜欢宣夜，你却一定要说宣夜！"

事过一年，马融提起这事还郁闷不平，脸红脖子粗。张衡倒笑了："也是你不小心，你用典错了。虞舜的母亲，她也是继母呢，你想想，太后和皇上。我要是太后、大将军，也要怪你。"马融第三次跳起来："哎呀，你怎么不早点提醒我？""你写什么《广成颂》，你上什么《广成颂》，我一点不知道，怎么提醒你？"马融有点气急败坏，为自己的不小心。"我居然也是读过几本书的，虞舜之孝，虞舜之孝，哎呀，狗日的虞舜之孝！""风度。季长，风度。""什么风度不风度，我这一辈子，就被虞舜这个老东西给害惨了，哼哼，便宜他！""虞舜纯孝没什么错，是你用错了地方。太后与皇帝，不是亲生的，即使是亲生的，虞舜母亲对儿子的变态折辱，也十分令人不爽，平常人就算了，可你说皇帝，其实很可能被人认为嘲讽太后。世事变迁不居，各人随遇而安。别光生自己的气，看看我的事，怎么补救。"马融一肚子的气，"我得缓一缓"。缓了半天，终于自以为心平气和："最简单了，抽换啊——也别抽换了，反正篇幅不长，你再重写一遍给我，就成。""这行吗？这叫偷换吧？""没有规定，没说行，可也没说不行，没说不行，那就是行。你把宣夜说删去，改成浑天说。"张衡立刻动手，改写《浑仪注》：

浑天如鸡子，天体圆如弹丸，地如鸡子中黄，孤居于天内，天大而地小。天表里有水，天之包地，犹壳之裹黄。天地各乘气而立，载水而浮，周天三百六十五度又四分度之一，又中分之，则半一百八十二度八分度之五覆地上，半绕地下，故二十八宿半见半隐，其两端谓之南北极。北极乃天之中也，在正北，出地上三十六度，然则北极上规径七十二度，常见不隐。南极乃地之中也，在正南，入地三十六度，南规七十二度常伏不见。两极相去一百八十二度强半，天转如车毂之运也，周旋无端，其形浑浑，故曰浑天。

……

删除"日月及众星，浮生虚空，徜徉之中，无所凭借，行止无经，须气之所系也。是以七曜或逝或住，或顺或逆，或隐或见，进退不同，乃无所根系，故表证各异也"，增加"天表里有水，天之包地，犹壳之裹黄。天地各乘气而立，载水而浮"。写完，马融重又袖了去，返回东观。东观令久不见马融，正待发作，马融却出现了，询问干什么去了，马融笑嘻嘻地从怀里掏出几个鸡蛋："饿了，出去搞点吃的。你来一个？"东观令面露不悦，冷嘲热讽："阁下读太学，就有翻墙出去找吃食的光荣经历吧，现在越发长进了，一去就大半天！"马融也不理会，在书案前就解剖鸡蛋，一刀下去，宇宙的剖面图就出来了：蛋壳，宇宙边际；蛋清，大气；蛋黄，大地之球。忽然，马融失声叫起来："哎呀，张衡！"众校对又都抬起头，东观令问："又怎么啦？"马融却不说话，对着鸡蛋发呆，整个大堂飘散着煮熟鸡蛋怪怪的味道，引逗着人们的食欲。马融自言自语："这蛋清，就是大气，没有水，也不需要水，水包围地球，地球会融化掉，张衡的意见正确。我叫张衡改文章，对呢，还是不对呢？"

马融权衡利弊：改成浑天说，也许被后人推翻，张衡的名声受损，但那是以后的事，驴年马月谁知道，而坚持宣夜说，眼前就可能被大将军找个由头给处分掉了。就算大将军网开一面，像对我一样，不开除，冷处置，可升迁的路子肯定堵死了。这冷可也够受。两害相权取其轻，改了吧！

马融从袖子里抽出改过的《浑仪注》，轻轻地放回书函，书函封面写着：天文类。

第十一章　理地

三十七

浑仪安放在灵台上，躺着的张衡改成坐起来的张衡，他几乎每天夜里都坐在浑仪后面，一只眼睛透过窥管观察夜空。白天继续躺在床上思考，睡觉的时间没有准，吃饭时候不固定，难得张衡在南阳主簿任上储备了好体力。张衡任太史令的第二年，朝廷忽然发现太史令很久没有属员，不但没有属员，连一个副手都没有，偌大的天文台，怎么交给张衡一个人去打理，于是给他配备了一个助理副手，灵台丞。还安排了几个属员。

灵台丞到任，想跟长官套套近乎，把作息时间调整得跟太史令一致，张衡吃饭他吃饭，张衡上班他上班，张衡睡觉他自去睡觉，几天以后就不敢来见太史令，因为他发现太史令根本没有作息时间，吃饭都是躺着，两只蒸馍，躺着嚼，一碗胡辣汤，侧身半躺着喝，喝完还是躺着。观察天象一整夜，该睡觉了吧？灵台丞百无聊赖地一会儿看看夜空璀璨，一会儿听听万籁无声，坚持打熬到五更天亮，伸伸腰说下班了吧！张衡说："嗯。"灵台丞一下子把自己扔到床上，但还不甘心，不能半途而废，看看太史令睡了没有，蹑手蹑脚到太史令寝室，却看见张衡大睁着双眼望着屋顶，看样子在想事情。窥视长官被发现，灵台丞好尴尬："我来看看，大人休息了没有，果然大人还没睡。"张衡坐起来说："我已经睡过了。有吃的吗，拿点来，吃完继续工作。"灵台丞强忍着瞌睡，哈欠连连陪张衡吃了饭，实在打熬不住，只得和张衡说实话："受不住了，我想睡觉去。"张衡摆摆手："去吧去吧，不要守着我，我习惯这样的。"灵台丞像得了大赦令，一整天再也见不到他。

张衡接受了太后的嘱托，后半生都在做这件事，还唯恐托付不效。

太后听起来好像一位耄耋老人，至少也有花甲或古稀之年，邓太后却还不到四十，虽然仅仅望四而已，可是太后的面貌却远超知天命，看似花甲古稀，说她耄耋也有人相信。她显老，在她的满头白发，苍老了三十岁。邓皇后头发乌黑润泽，后宫人人羡慕，孝和皇帝晏驾，邓皇后成了皇太后，半年之内，白头发就渐渐爬上她的头顶。给她梳头发的宫女第一个看见太后的白发，慌张得手一抖，梳子齿扎疼了太后，这下更慌张，太后立刻明白，对着镜子找那根白发："来，把它拔下来。"几天，十几天，两个月之后，太后说："就这么梳吧，哪里拔得过来。"再不到半年，太后的头发就全白了。

那次中德殿专对，太后任命张衡为太史令，同时交给他一项任务，这才是中德殿专对的核心。这任务就是让张衡参透地震，等于交给他三项任务，第一，参天理地。洞晓天人之际，说得直接点，就是预先获得地震的消息，比如哪里要发生地震，那个地方就不要建房造屋，基本建设避开地震带。第二，在地震爆发前的一刻，几天或几个时辰，获知消息，周知人民紧急撤离。前一个是长期预报，避免财产损失；后一个是短期预报，避免生命损害。第三，地震发生后，准确知道地震发生的方位，地震的强度烈度，可能造成的损失，做出预先的估计，为抢险救灾提供基本的准确的坚实的数据支持。太后问张衡，解决地震的预报问题，完成这三项任务，需要多长时间。张衡说至少十年。太后脸上显得极度失望："十年啊……这么久，能不能再快点，比如五年、六年、八年，早一年也好。"这时的太后，分明菜市场讨价还价的家庭主妇，而且还不是很富有的家庭，跟菜贩子为一两个钱争来争去。太后当然知道张衡没有通天的本领，她这样请求张衡，她是到了极难处，差不多病急乱投医，况且张衡这个"医"显得那么医道高明。她迫切希望能预报地震，长期的、短期的，哪怕能同期报告地震也好，地震预报是老虎吃天，无从下口，普天下能"通天"的，张衡一人而已，张衡就成了太后最大的最后的希望。

专对几年过去了，张衡的眼前晃动着太后的白发，还有太后询问的目光："八年怎么样，早一年也好！"听张衡说需要十年才可能实现地震预报，太后的眼睛暗淡下去，这时的太后显得那么弱小，小得像个婴孩，满心指望大人回家给买回个气球，结果，家人回来了，气球没有。当时的张衡，惭愧得无地自容。他说十年，也还大起胆子说的，其实那时候他的心里对十年能够预报地震没有把握。看古书，大臣经常说"臣肝脑涂地"一语，总觉得太夸张，今天对太后的询问，看太后焦急刹那间闪现的孩子般祈求又失望的表情，张衡愿意肝脑涂地，只要能拿出一个办法。

太后让他到地震灾区实地考察一趟，张衡说，地震，我亲身经历过，地震的悲惨我也亲身经受。太后说，那不一样，你这次带着任务，考察震中。张衡没有告诉太后，他的家人，他的未婚妻就死于地震。张衡对实现地震预报的渴望，跟太后同样强烈。太后没有问张衡什么时候经历过地震，他的家庭在地震中受到什么伤害。太后毕竟是太后，她早就忘了和别人拉家常说说客套话。

专对以后，张衡只身到新近发生地震的灾区考察，这次地震发生在河东地界，震中在侯马。侯马距洛阳五百里，洛阳有强烈的震感，造成了较大的生命财产损失，五百里外的河东侯马一带会怎么样，那就可想而知吧。

张衡不需要地方官陪同，也没有一个随从，张衡不想给太后增加负担，决定一个人去震区考察，获得第一手材料，发现地震预报的可能线索，趁着地震刚过，地震的痕迹可能提供一些东西。其实张衡就是提要求，太后也没有多余人可派，地震把朝野上下忙成一锅粥，与张衡谈话半天时间，太后心里早就火烧火燎，有数不清的紧要事情等待她决断呢。

张衡离开京都向北，到震中侯马，要步行五天。五天中，情形果然急剧恶化。第五天来到侯马地界，虽然地震是一个月前发生的，可现在情况就像刚刚发生过一样，眼前的房子没有一间完整的，多数完全倒塌，仅存的寥寥几处，也摇摇欲坠。田地里，小山丘上，堆着数不清的新土丘，都是地震死难者，更多尸体散布在瓦砾中，一只胳膊一条腿，从碎砖烂瓦大石块中伸出来，人们看了害怕，远远地绕开走，更恐怖的是死者的头颅，上面的血液凝固变色，表情却固定，恐惧也是凝固的，深深地刻入每一个见到的人的记忆深处，一辈子抹不去。这些没有人掩埋的尸体，都是全家死绝了的。不是乡邻不肯帮忙，实在是死人太多，活下来的人又太少，活下来能够挖坑抬尸体的人更少，他们每天挖坑抬尸埋葬，一直忙到现在。房子倒塌，有心思翻盖，也没有那力气，何况现在主要还顾不上修房。从倒塌的房子里翻出粮食，锅碗什么的全都毁掉了，临时找一个铁片，点上火，把麦粒炒熟，嚼麦粒喝凉水，就这样坚持到现在。人饿得精瘦，野狗却肥硕，这些野蛮的家伙靠吃死人把自己养得肥胖，饿得难受的人们想打死野狗烧了吃烤了吃，可野狗比人更聪明，知道来者不善，早就逃得远远的。不逃跑的更可怕，对着人群龇牙咧嘴，决一死战的态度。饥饿的人哪里打得过健壮的狗，从此相安无事，人们只期望狗别来吃活人就万幸。

接连走了几个村庄，这一个村凄惨，下一个村更凄更惨。张衡不想再走了，再走下去，恐怕他的同情心就要彻底被击溃了，在灾难面前，在饥饿威胁下，尊严和人性都会是高端奢侈品，谁都拥有不起的。他背着长途行脚的干粮，五天时间省吃俭用，也已经消耗近半，在震区买食物不用想了，震区得到的资料也很有限，现在人们全都忙着活下来，没有谁关心地震怎么发生的，所有人说起地震，都一脸的茫然，好像这里从来就没发生过什么地震。他到震中地带考察，大地断裂的一端高高翘起，透过裂缝，张衡嗅到浓烈的硫黄气味。

迎面走来一群乞丐，走近一看，男女老幼都有，乞丐们手里拿着铲子镰刀镢头之类，总之是手边的东西，没有东西可拿，就拿一根木棒，头发乱蓬蓬，脸上花里胡哨酷似鬼怪，也经年不洗的，其实不用这么长时间了，正常人只要三五天，就能成功转型为标准乞丐，这伙人至少三四十，走过张衡身边，奇怪的气味弥漫。领头的忽然又走回来，对张衡说："东西，吃的，拿出来！"旁边好像二当家的，劝老大："单个人，别坏了规矩。"老大大怒："滚！规矩是我定的，我想怎么坏，就怎么坏。拿出来！"喝令张衡，张衡还想争辩，大小乞丐呼啦啦，把张衡扑倒，里里外外翻了个遍，干粮抢走了，再翻翻身上还有啥，一摞很厚的软软的东西，像丝绸但肯定不是丝绸，一边用线订着，看着好看，却一点不结实，一撕就碎，张衡喊起来："别撕啊，我有用的！"一个乞丐比较有见识，说这是纸，装订起来就是书，京城人都玩这东西。原来是京城里来的大官！再找，肯定还有好东西！找出一个金属管，密封的，嗯，好东西！粗管套着细管，好像可以拔开的，拔开，认识，不就一支笔嘛，整得这么神神秘秘的，唬人玩呢，城里人都是这么搞怪，欺负我们乡下人！城里人？城里人一定有更好的东西，翻！乞丐们不懂得"搜"这个字，太文，他们说"翻"，其实翻比搜形象，能表现被搜身者的窘态。翻了半天，张衡除了纸和笔，别无长物，衣服倒被翻了个乱七八糟，后背撕开一道很大的口子，直通肩膀，长衫再遮不住裤子，张衡走路就不尴不尬地十分不自在。没翻出好东西，乞丐们骂骂咧咧，一哄而散，张衡喊叫那些乞丐："纸笔别拿走，我有用！"乞丐头儿说，你有用，我才拿走，我拿它啥用没有，烦了随手扔，不图啥，就是给你个教训，下次不带几十两银子别出门，穿得那么"抻头"，倒没钱，害得大爷们折腾这半天！爬起来的张衡，身上沾满鼻涕唾沫口水，手背上赫然一只虱子慌张地爬，张衡心想："俗话说，可怜之人，必有可恨之处，果然。"

干粮被乞丐们抢走了，张衡不用说做地震调查，自身性命也难保，他准备就近投奔县衙，可他出门时没考虑有人抢劫，身份证件一件也无，怎么向县衙求助？这条路走不通，回洛阳就成了大难题。要乞讨回京？可张衡不会乞讨，乞讨也是一门技术活儿呢。再说，这么多乞丐，把大地像箅头发似的来来回回不知箅了多少遍，张衡这个乞丐新加入，还能要到饭吗。左思右想，张衡最后决定到就近的县衙寻求帮助，试试运气。

落拓不堪的张衡几乎不抱希望地往河东县衙方向走，远远地又过来一标人马，说"一标人马"还真名副其实，一匹英俊的白马，马上一个英俊青年，青年意气风发的样子，身后一队武装的民兵，手擎大刀，再后面一串大车，每辆车除了车夫，还有三个护车壮丁。这青年张衡认识，是窦章，在东观任校书郎中，跟马融友善，也就熟悉张衡。窦章人缘好，张衡不愿意与人交往，平常落落寡合，但很愿意跟窦章谈话，与智慧人谈话，张衡说问一得三，说"伯向总能给我启发"。没想到在这种场合遇到窦章，正要上前打招呼求救，忽然想到自己这副模样，哪里是失仪，根本就无仪，躲避还来不及。赶忙闪过，退到路边，假装游人，在看远处风景，等着窦章的车辆快点过去。

其实窦章早就看到了张衡，正要下马打招呼，却见张衡别过身去，再看张衡那一身狼狈，心里明白，知道张衡遇到了难处，他既要为张衡解难，又得维护张衡的面子，这也太难了，窦章直爽的性格，受不了这么弯弯曲曲的事情，格老子，这个时候了还顾什么面子，说破了啥事都莫得，干脆下马："平子长兄，别来无恙！"张衡听窦章叫他"平子"，知道躲不过，只得转过身，虽然低着头，窦章还是能看见张衡的脸通红，红得似乎滴下血来，"伯向一向安好？"声音低得可能只有自己听得见。窦章走上前抓住张衡的手，前前后后看了一大遭，扳过头颅闻闻气味，居然又从他脖子上摘下几只肥硕的虱子。虱子这东西特别恋旧主，到别人身上就等于搬到别人家，待不习惯，所以乱窜，被窦章逮个正着。"你落草当强盗去了？哪有混得这么惨的强盗啊！"张衡连说"惭愧，羞于见人"，就把事情原本说一遍。窦章说："你还幸运，我见过好几个被剥光了衣裳，蜷缩在河沟里，死活不出来，要在那里了却残生，我说，你就是死了，也得被抬出来，你要出来呢，两只手捂着私处，虽然未必遮掩得周到，至少形式上还有那个意思，表示你很在意维护尊严，你要变成尸体被人抬出来，直挺挺的全身没遮没挡，那更难看。他们这才爬着出来，我们从车上找出一片布，他们裹在身上，才直起腰。你是我这一天当中救助的第四个被抢的了。可真是，你的衣服这么考究，乞丐们怎么放过你的呢？"

　　原来朝廷派出赈灾人员，分赴地震灾区，车上装载的就是粮食，无偿分发给灾民。窦章在东观校书，校书不是急务，临时抽调当了赈灾的粮食调配官。张衡心里高兴，说："灾民们盼到救星了，我走过几个村庄，凄惨得睁不开眼睛。你这赈粮官，积德行善，子孙一定当大官！"窦章一脸苦笑："你以为这差事好干哪？灾民们看见赈粮车，眼睛都放出火，摆好架势要冲上来，多亏太后圣明，有这些兵丁护送，可这次地震受灾十七个郡，朝廷派出十七个赈灾车队，杯水车薪都谈不上。我的车队虽然车不少，粮食也快发完了，这就回京城复命，你跟我们走吧，还安全些。你坐第一辆车，咱们五天之内赶到京城，一路人吃马喂，给养也不多了，我的口粮省下来给你吃，我就不吃了。"张衡赶忙说，那怎么成，我不能抢吃你的饭，我还是找县衙救助，你领我到县衙，证明我的身份就好。窦章大笑："大旱三年，饿不死赈粮官。你听过发救济粮的没饭吃吗？不懂幽默啊，好好的日子叫你过，都是浪费了。抢你的那些乞丐，要是碰到我们……""不要不要，他们就是抢东西，罪不至死。""想什么呢，你看我们这些兵真的是兵吗，都是一些壮丁，拿上武器冒充兵，乞丐们不要命，那才真是兵呢，有好几支赈粮车队已经被丐帮洗劫了，还有人员伤亡，我看那些丐帮早晚要成为暴徒，走州过县搅扰天下。"张衡明白太后焦急的原因，总这样频繁地闹地震，朝廷的力量再强大，恐怕也不是暴民的对手。站在太后的立场想地震，张衡更感到时间的紧迫。

三十八

　　回到洛阳，张衡心烦意乱。要预报地震的奥秘，首先就要知道地震为什么发生，怎么发生，张衡隐约觉得这里隐藏着秘密，揭开这道秘密，才谈得上预报地震。要终结秘密，最后一定要参破天，天是地震的一道坎，也可能是最后一道坎。中德殿专对，太后对天地关系特别在意，太后隐约认为地震出于天意，如果出于天意，太后和臣民们可以通过敬天，取得天的谅解，从而避免地震灾祸。可张衡坚定说天不存在，天不存在，太后就一点办法也没有了。上下束手，眼睁睁地等待不知什么时候突然爆发的大地震。冤有头债有主，可是债主呢，天下没有找不出因果的事情，可地震偏偏就是没有因的果。

张衡继续探究天与地震的关系。天有意还是无意，天如果有意，就是"天帝"，天如果无意，就是"天地"。天地，自然之谓也。说到底，地震是意识行为还是自然活动。张衡每天在找天。他跟太后说没有天帝，天是一片混沌，说这话时自己心里也没底，毕竟他没有亲自上天走一遭，光凭推理，可以得出千百种答案，而且看上去全都正确，因为不知道哪个正确，真实情况只能有一个。他往太空的极深处追寻凝望，凝望之后是深沉的思考，思考以后继续凝望。灵台上的张衡，循环往复这样的程序。看得目眦欲裂，想得头痛如割。

这时，张衡截断众流的念头是：如果，我有这么一个仪器，可以把太空的星星放大，就像我的那片玛瑙片。玛瑙片放大的功能太微弱，我需要一个把太空放大到眼前的程度，让我看看太阳月亮土木金星上面究竟什么情况，上面到底住没住人。这个仪器应该安设在浑仪的窥管顶端，实际是个放大器，现在通过窥管看太空，星星什么样，窥管里还是什么样，不变大也不变小，窥管只是计算黄道白道各种道的计算器，有了意念中的那种仪器，窥管就不仅是窥管，它还是放大镜，既然能放大，也就能望远，该叫它天文望远仪，对，天文望远仪！有了望远仪，我就能立刻向太后报告：我看过天上最远处的星球——为了避免刺激太后，还是叫它们星体比较稳妥——星体，那上面没有神仙，也没有人居住，那上面太寒冷，寸草不生！然后，就可以安心研究地上的事情，研究预报地震。可是现在不知道星星上面到底是什么样子，也的确不知道哪些星星可以住人、能不能住人、张衡想起那个奇怪的梦，他能做那样的梦，说明他其实希望别的星球上有人居住，可这就给天神留下生存空间。

根据浑天说，制成浑天仪，就大地来说，解决了许多根本性的大问题，让抽象的理论变得直观：大地被巨大的水体托举着，只露出一小块，这一小块当然是球体的一部分，根据大地的球面曲率，可以算出整个大地的体积，再根据大地的比重，计算出球体的总质量。张衡很快发现，这个推论肯定靠不住，这个假说确实只是个假说，却不能成立。他动手测量大地上水的"比重"，同样体积的一块岩石，和同样体积的一桶水，放在天平上，两者的差距非常大，石重水轻，三份水的重量抵一份岩石，它们的比重比例三比一，换用固体土块，二比一，大地是由土块和岩石构成的，整个地球的比重应该均衡，而水的比例肯定一致，那么地球，不管是岩石球、土球、铁球，还是其他什么球，投放到水体中，咕咚一声就沉了底，弄得不好还会把宇宙这个大蛋壳给砸得四分五裂。包住的水也哗啦一声四分五裂，抛洒向太空，这是张衡一直在想的问题，时不时下意识浮现出来。如果在太空有人看到这个场面，那一定美丽极了，壮观极了，大球掉下去，砸破天球壁，天球壁破碎，里面的水……

等等！里面的水四——分——五——裂！为什么不往下掉，而是向太空抛洒？因为太空中没有上下方位，水根本不会"掉"，它们老老实实在太空中待着，继续包着大地这个大球，尽管没有天球壁包着它们。追问：水因为太空没有上下方位而不散，难道水里的球球就不会这样吗？它会在水里不下沉，好好地漂浮在水面上，根本不会砸向、砸破天球壁。至此，张衡关于太空的核心结论呼之欲出：既然球球按照自己的状态好好地存在着，为什么要给它找个托举者？地上的人都那么小，太小太小，因为小，就没有安全感，啥事都要找依靠，也想给大大的"地球"找个更为大大的靠山。追问还可以继续。既然水可以包住球球，地球不需要依托，水也不需要依托，那天球壁……

至此，张衡的天体相互关系已经基本就位，他的"天球壁"轰然坍塌！宇宙彻底开放，苍茫的宇宙无边际，永远无边际。至于浑仪的天球壁，那是为了演示说明天体关系，你不能在灵台指着天空说：天体就这样子的了，现在我们来讲讲黄道运行规律，看看它穿过哪几个星座……

天上的事情，张衡的心里有了底，可这地上的事情，这地震……

张衡每天仍然夜里仰卧灵台，观察他的天象，雨雪天气，他回到屋子里，继续仰卧，心思里一遍遍地浮现天空，他对这些星星了如指掌，对它们的相互位置了然在心。夏季蚊虫叮咬，太史令编制一盘艾蒿绳索点燃，驱赶蚊虫；冬季寒冷季节，张衡让人在他身上加上几床被子，用特制的狗皮披肩围住头部，特别保护耳朵。

几年观察下来，天空的星星在张衡的眼中心里，都是活的，它们有生命，有性格，有关系，整个天空就是一个充满欢乐与矛盾的大家庭。张衡不是看客，他是它们家里的人，与它们一同喜怒哀乐，一同争强好胜，不知不觉地，张衡看这些星星，已经称"他们"而不是"它们"，他经常想起那个奇怪的梦，想起那几位奇怪却也有若许可爱之处的学者教授，尤其那位年轻的教授，张衡要告诉他，不要为别人不理解"引力"而气急败坏，也许宇宙间本就不存在什么引力，至于巨大的星球靠什么维持悬浮在空中，张衡也可以告诉他，这些球比大地上的气球还轻，因为无论大小，它们的质量统统是零。

三十九

经过马融校对过的《浑仪注》，在东观居然成了热门书，来借阅抄写的读书人络绎不绝，忽然大家都关心起了自己居住的大地。居住的大地没啥可关心的，世代居住于此。关键是听说张衡这本书把大地写成一个球球，这太可怕了，也太胡闹了，是这样吗？不是这样吧？所以人们都想亲自看一看这本书的庐山真面目。

打开书。冲击力强大的话语砰砰砰打过来："浑天如鸡子，天体圆如弹丸，地如鸡子中黄，孤居于天内，天大而地小。天表里有水，天之包地，犹壳之裹黄。天地各乘气而立，载水而浮。"说人们都站在一个鸡蛋黄上，鸡蛋黄悬在空中！天子不希得管你，张衡你就胡说吧，说破天我也不接受。看过《浑仪注》的读书人差不多都是这个意见。几千年来人们都知道自己住在平展展的大地上，大地上有平原、山脉、湖泊、河流，忽然有人说我们住在一个球球上，这么多人挤住一个球上，自尊心受到了大伤害。

大汉帝国跟宇宙一样广大，几乎无边际，但能在天文方面著书立说的却也不多，人们对本来属于纯专业的冷门书《浑仪注》超乎寻常地关注，原因在于它的"地球说"，地球说无视常识，把平展展的大地硬说成是一个圆滚滚的球球！你可以著书立说，你可以歪理邪说，大汉帝国宽容一切有知识的人。没知识，要发表意见也可以，但是你无视常识胡乱讲话，这是蔑视大汉臣民的整体尊严，侮辱人民群众的智商！听说有这么一部书，虽然大多数人没有看过它，道听途说的东西也挺气人，一些激烈的青年还在洛阳写揭帖，要求朝廷处置张衡，制止他蛊惑民心。

"地球说"终于传播到朝廷，太后表示"很有兴趣"。

朝会的日子，太后准时升座，大臣们不可以准时，他们必须提前，如果迟到，太后要发怒，所以谁也不敢迟到，因为没有理由，"京城大堵车呀"，这话过几千年再说吧。"说说你为什么迟到，我是称制皇太后，都不迟到，大臣怎么可以迟到？"大臣心里反驳，你住在后院，当然不迟到，我住羊尾巴坊，离皇宫十多里地呢。可是不敢回话，只好低着头不说话，太后果然大怒："明天不要来了，你回家抱孩子去吧！"要撤他的职。大臣跪着往太后御座前磕头，眼泪鼻涕糊自己一身："太后开恩啊，我家还有八十岁的老娘，八岁的孩子啊！"咦，标准说法是三岁孩子啊，怎么改成八岁了呢？别的大臣也求情："陛下洪福齐天，宽宏大量，饶恕他吧。"太后很得意，也很满足："起来吧，下次再迟到，两罪一起罚！"虽然一场虚惊，可也真吓人，所以大臣们都早早地在大殿里等着太后皇帝驾临。一般早到一刻钟左右，这段时间最自由，也最无聊，就互相交流信息，有的人走得匆忙，早饭顾不上吃，就带一张炊饼，边吃边聊天，也没人反感他狼狈失仪。这时候的朝堂，与大街上的菜市场差不多，熙熙攘攘。

太后最喜欢这一时刻，她想了解天下事，大臣们汇报的总不真实。帝国官员上下级互相欺骗加隐瞒，很有传统，最后大家一起骗朝廷。现在大家说的，都是真实发生的事情，湿漉漉的接地气。所以，每次朝会，太后比所有的大臣到得都早，她悄悄地躲在帷幕后边听大臣聊天，侍卫还特意在帷幕后边安设一张软席，让太后坐下，舒舒服服地"听墙根"。天下大事，大政方针，来自听墙根，看似笑话，实则很严肃，这些市井的流言蜚语，正关乎庶民千千万万，民安则天下安，这道理太后很懂。有人说，太后是女人，女人天生爱八卦小道消息。说这话就没良心，太后听大臣说东道西，为的是从侧面观察研究天下大事，治理万民的得与失，等于不出皇宫做调研。太后现在根本忽略了自己是个女人，她老人家现在结结实实是称制皇太后，统领天下万国。再说，"听墙根"也不是太后邓绥的发明，她跟皇帝丈夫学的这一手，当年穆宗孝和皇帝心情好的时候，就向她转述听来的各种"天方夜谭"。偷听大臣谈话也不是孝和皇帝自己的发明，一代传一代。大臣知道不知道皇帝偷听呢，大概不知道，如果知道了，也就有了忌讳，不再胡乱说，不过大臣们也许知道，正好借用这个机会"风示"皇帝，平时一本正经不好把话说得很透彻，趁这个机会给老人家一个旁敲侧击，反而更方便。

今天太后听到了张衡。大臣甲说，张衡的书我看过了，不怎么懂呢，你看懂了吗？大臣乙说，也不怎么懂，太专门。这小子哪来的，太史令好像从来不参加朝廷大会，没见过这个人。《浑仪注》，天书，张衡是天上派来的吗？不然怎么知道天上那么多的事情。说到张衡，更多的大臣都来参与讨论，其中一个人说："我看张衡说得挺好，解决了大问题，根本解决。你们知道这个故事吧，人问，大地在什么东西上头？答，乌龟驮着。再问，那么乌龟站在什么地方？答，站在另一个乌龟的背上。还问，第二只乌龟在什么上头？终极回答出来了：你不知道那是层层叠叠的乌龟塔呀！乌龟塔最下面的那只乌龟，不说它多么辛苦，驮着层层叠叠的乌龟塔还有大地，它的落脚点，也还没有解决掉啊。张衡浑天说，说大地是一个鸡蛋黄，宇宙边界是蛋壳，日月星辰在鸡蛋黄和鸡蛋壳之间规规矩矩地走路，这说法我喜欢，空灵，有想象力，我同意！"有喜欢的，自然就有不喜欢的，另一位大臣接过话头："要说乌龟驮着大地嘛，我不同意，它的背那么小，不小心就滑下来，我认为，四个乌龟驮着大地，四个乌龟，一龟一角，一角一龟，四四方方，端端正正，安安稳稳。"马上就有反对的："你这是天圆地方，盖天说，你找倒霉,你不知道太后主张浑天,是浑天派?""这跟什么派有啥关系,太后是浑天派,就不允许我是盖天派?太后哪能那么霸道,别人想什么她也管!""好啊,大家听见了吧,他说太后霸道,霸道!""胡说,我是那么说的吗?我说太后没那么霸道!""太后,霸道,这两个词连在一起,大不敬,大家做证,我今天就上殿弹劾你!"旁人七嘴八舌劝架,纷纷说别为了几句闲聊伤了和气,主张弹劾的那人怒气不息:"维护太后尊严,是我们的基本原则,一百年之后,太后就是晏了驾,我们也要坚持这项原则不动摇!""啥啥啥,你说……哦,刚才你说什么的,我没听见啊,大家都没听见吧?以后说话讲究点音韵,听说许叔重写了一部《说文解字》,准备献给皇太后,好好地研究研究'说文'吧,说话发音更清晰,不然你说什么大家都听不清,多不好啊。"被揪住小辫子的家伙摇摇晃晃,几乎就要跌倒,脸色吓得煞白,连忙转着圈地作揖:"谢谢,谢谢,谢谢,谢谢……"

太后坐在屏障后面笑,这些大臣有时候就跟小孩子差不多,今天和平解决了争端,有好几次斗争得火花四溅,几个人居然动起手来,在后面听见朝堂上啪啪响,那是用笏板打脑袋,这也太过分了,太后示意内侍,内侍高叫:"太——后——驾——到——"朝堂上立刻鸦雀无声,太后悄悄往回退一段距离,然后步履坚定地走进朝堂。今天局势没恶化,说浑仪的大臣息事宁人,矛盾顷刻间烟消云散,皇帝佩服这位大臣的急中生智,更敬重他不计前嫌,这才是德高望重,国家栋梁,听说话的语声,是护羌校尉,跟他争论的应是尚书仆射。

朝廷事务繁杂,需要朝廷定夺的事情太多,每次上朝都要两三个时辰,有时候四五个时辰,直到夕阳西下,甚至还要加班到深夜,大小臣工秉烛夜战。这时候太后就叫御膳房制作晚餐和消夜,皇帝和大家一起用餐。这些年事务尤其繁忙,更加上地震年年发生,每当地震,朝廷灯火通明夜以继日,筹划救灾。灾区重建,划拨款项,布置人员,千头万绪。从太后到大臣再到各部门的郎中们,个个忙得脚不点地,每当地震发生,天下都围着地震转,身体不好的大臣撑不下去,知难而退的不在少数,几次向太后"乞骸骨",回家养老。太后说:"朝廷用人之际,不及人事安排，诸君勉之！"不准退休。等过了这一阵，朝廷有点闲余时间，太后再问大臣："你想退休吗？我现在可以安排别人接任了。"大臣扭扭捏捏，说微臣此前牛马疾，托太后陛下洪福，现在已经康复，甘心为陛下牛马走。太后就让他们继续牛马走。第二年又地震，太后带领大臣们夜以继日挑灯夜战，大臣又请求提前退休，理由一样，大臣却已不是去年申请的大臣，太后却也不好发作，只好宽慰说："朝廷用人之际，不及人事安排，诸君勉之！"紧张时刻过去，太后再次想起该安排老人们提前退休的事，大臣果然又来了："微臣牛马疾……"

今天事情办得顺利，不到一个半时辰，所有的公事处理完毕，按照以往习惯，太后和皇帝要回到崇德殿批阅奏章，大部分奏章太后写一句"已知"，再加上一两句评语，也有的奏章惹得太后不高兴，太后在奏章上痛斥痛骂，他下一道奏章一定是"臣昧死请罪"。皇帝把奏章和太后的批语再看一遍，如此十有三年，幼年皇帝发展成少年皇帝，再发展成年轻皇帝，可他还是个"见习皇帝"，今年安帝二十六岁，还不能亲政。每次陪太后上朝，上朝回来看太后批阅奏章，心里想，不就是批奏章嘛，那个批阅，也简单，"已阅"两个字，写起来也不见得有多困难，骂大臣，也不用特别学习，要我亲政，有何难？皇帝的心思大家都知道，但大家都装作不知道，杜根上书太后，请求让皇帝亲政，太后大怒，把杜根装在麻袋里，打死，扔到郊外，任凭野狗吃掉，郊外哪有什么野狗，其实都是狼伪装成狗的。"野狼"撕开麻袋，麻袋里却钻出个杜根，活的，倒把野狼吓一跳，野狼想人类真是无聊兼无耻，跟我们这些苦命狼开什么玩笑，悻悻而去。太后不愿意归政皇帝，那就不归，他们刘家的事情，自家去处理，旁人何必费口舌，于是大家继续装作不知道，继续听命于太后。

今天退朝有点早，正赶上太后也没有很多的奏章要批阅，大臣们对早早退朝居然也不适应了，竟没有像往常"退潮"似的退朝，还想再盘桓一会儿。太后说："聊聊？"大臣异口同声："伏维圣裁！"这倒不是大臣们都想陪太后聊天，而是大臣们应答太后的话，有固定的程序，有固定的用语。太后大怒发火，句子最后是感叹号的话，大臣的答词一定是"臣罪该万死";太后的意思明确,句号结尾,大臣的答词一定是"太后英明";太后意思不很明确,她自己好像也不知道怎么办,大臣的答词一定是"伏维圣裁"。太后不知道才问大臣的,反过来却让太后"伏维圣裁",大臣们岂不没心没肺?这倒不用担心,自会有大臣出头,接过问题做出解答,众大臣的任务就是说那句"伏维圣裁",这样的朝廷才彬彬有礼,气氛融洽。万一没有大臣主动回话,还有三公托底,三公之一公必须回答太后。三公也没辙,总不能让太后的问话掉在地上,一定要有人接住,实在实在没有接住,满朝廷枯木朽株不努力,"臣罪该万死""太后英明""伏维圣裁",也算应答,毕竟太后的话还有人接住了,而且接得斩钉截铁、地动山摇——伏维圣裁!

太后说,你们谁来说说,最近看了什么好书,我也想读点书,这阵子忙的,很久没正经读过书,我觉得心都要锈死了,指名:"大司农司马苞,你给我推荐几部书。现在读书方便多了,不用一定要坐在几案前,随时随地,手里卷起一个本本就能看,蔡侯纸功劳真伟大。司空陈褒你且别摇头,用蔡侯纸就是方便,以后人们读书,不用焚香沐浴啊,想读书随便,就随便读书。"司空陈褒急忙跪起:"臣不是摇头,我的后脖颈有点痒,不敢挠。""挠吧挠吧,你起来,现在咱们是聊天,不是上朝,朝早就退了嘛,不用频繁地跪起,突然长得那么高,别人还不习惯呢。大家随便点才好。朱宠,你说说。别起来,原地坐着说,大家都是啊,回话就回话,不用站起来跪下去的,孔子闲居,看过这个段子吧,我们就像孔子和他的弟子们一样。"大司农司马苞很尴尬,挣扎了一会儿说:"太后,微臣很少读书,我看的书都是农业方面,农业技术,正经书,我没看过几部。我听说杨震读书很多,请杨震汇报给陛下。"太后微笑问司徒杨震:"推荐几部书?一部两部都行,你觉得是好书的。"杨震冲口而出:"张衡的《浑仪注》,几个月前东观校对完刚上架,我请太后一定拨冗看一看,写得太精彩,虽然是天文学,普通人也能看得懂。"接着又补充说,"说能看懂,我们这些普通人也就懂个皮毛,但我看张衡的主张,源出于太后的天文理论。我们看呢,觉得他说得都对,太后看了,可能会发现张衡的毛病。"太后没反应,没反应就是反应正常，太后认为杨震说得好。

太后问："你们还有谁看过张衡这本书？"应答的不少，大家都关心这事。地震的事先问天，原来大家想得一致：是不是人怨天怒？民间冤情浓厚，聚集成怨气，这个怨气人们看不到，但天上的上帝却看得清清楚楚，作为惩罚，降下地震灾祸。河东地震，河东的民气不舒，河西地震，河西的民气不畅，不舒不畅，上帝哀伤，意念一动，降下灾殃。

这么一联想，太后心里发慌。原来大家都对政治没信心，对地上的事失望，就到天上寻找原因，所以天文这么生僻的书，大家都来读。找来找去，根子还在执政的太后，太后无道无德，才会人怨天怒。原来觉得太后很圣明，又勤政，看董仲舒理论，演绎这番地震的逻辑，再看太后的政治，似乎也不那么圣明，不然为什么频繁地地震？太后对董仲舒产生莫名的仇恨，这位董子凭什么琢磨出那么一套说辞，把天上地下发生的所有事情都记在皇帝的名下，真不知道他是帮助皇帝，还是陷害皇帝。日食月食宫殿失火这些琐碎事，说皇帝的过错，也行，日食月食，过一会儿天狗就会把太阳月亮吐出来，反正大家也没别的事好做，敲锣打鼓，全民娱乐一下。地震是要命的大事，几千几万地死人。听赈灾的官员说，赈灾的车队都不敢出县衙，一出衙门就被抢光，东观的一支救灾车队居然走出几十里，发放救灾物资，又居然奇迹般地平安回到洛阳，人们都说官员撒谎，说这绝不可能，平安，没遭抢，活着回来都是奇迹。急得那官员——那官员是临时委派的，一个郎中——急得要带着车队再去走一遍，给他们看看他到底撒没撒谎。太后回想叫张衡去地震灾区调研，还没有护卫，想想也不应该，太大意，对局面估计不足，对百姓太信任。百姓，好的时候驯服得像猫，要饭吃抢饭吃的时候，遍地大老虎。地震救灾这事，以后还要再研究措施，直接派人分发救灾物资粮食帐篷之类，行不通。现在张衡写出一本书，看来他也平安无事地回到京都了。

大臣们向太后汇报张衡的书，跟早晨太后在帷幕后边听到的一样，意见分歧，朝廷大臣旗帜鲜明地分为浑天派和盖天派。对张衡的书的意见，也就相应地分成赞成和反对两派，说着说着，两派就要争论起来，太后咳嗽一声，大家忽然才明白太后和皇帝都在啊，大殿上忽然鸦雀无声，皇帝说："好好说话，讲道理，讲话不要带情绪。继续吧。"大臣们齐齐地说："皇上圣明！"太后问谁带着张衡的书，几个大臣都有，蔡侯纸抄写的，薄薄的一本，要是从前竹简册书的话，也一大捆呢。太后接过，让小太监收着，她回宫要仔细研究。早先委托张衡参透天理，这可能就是参天理的成果了吧，但张衡没有正式向我复命，可见这成果也不是最后。太后想到这里，心里有点沉重，指示张衡研究地震，找到预报地震的办法，七年过去，当时三十几岁的年轻人张衡，也渐渐老了，地震的奥秘还没有踪迹，更不用说预报，张衡不用心，还是天机确实难测？如是后者，也难为了张衡，这么多年叫他寻找那没有结论的结论，等待那没有结果的结果。

太后和安帝，两乘轿子，安帝在前，太后在后，通过复道回到北宫，现在太后一个人住在安福殿，为了办公方便，到安福殿前，安帝照例停住轿子，到太后的轿子前请安告别，太后也在轿子里照例说几句话鼓励安抚或批评。安帝今天的表现很好，能够正确应对大臣们提出的问题，举止行为还算得体。安帝扶轿请安，太后轿中月旦评各位大臣的表现，也是每次退朝的功课。功课完毕，安帝再次上轿，往自己居住的永乐宫走去。太后坐在轿子里，静静地看着皇帝远去，心情很复杂，悔恨？欣慰？说不出来，不知道。

四十

殇帝夭折那年，朝廷决议，在诸侯中遴选皇帝继承大统，哥哥邓骘提议清河王刘庆的王子刘祜，当时刘祜十三岁。太后认为小王子太小，但皇位不可空虚，先登基，再学习礼仪，同时读书明理，搞一个"三边工程"登基，但不能处理政务，太后临朝称制，除特别的诏令由皇帝亲自签发以外，其他文件一律称为"制曰"，以别于皇帝诏书的"诏曰"。这一"称制"，就十三年，安帝已经二十六岁了。

　　渐渐地，朝中大臣有怨言，安帝已届少壮，为何还不亲政？几个不厚道的，私下还用什么"牝鸡司晨"这样的话讥讽太后。郎中令杜根联络几个郎中，直接上书太后，请求归政皇帝。太后大怒，果断处死杜根。太后后院起火，本家人也反对太后继续称制，太后称制与本家有什么损失吗？反对者说，不是损失，是损害，还可能是大损害，灭族的损害，窦家称制怎么样？窦宪弟兄，个个人中豪杰，结果……族人越骑校尉邓康请求太后立即归政放权，太后仍然不听，也不解释，邓康愤而辞职。太后说，辞职算什么，我叫你辞家！一道通知，邓康一家不得进入邓家祠堂，子孙的名字牌也被移除，你独立，你不需要家族庇荫，到外边自己立宗去吧。终究邓家血脉，太后手下留情。对杜根，对早些时候发难的下级军官，或充军，或流放，或处死，对权力一事，太后坚决果断，不容置疑。

　　太后发怒，是她对当年选清河王子继位这件事后悔了，皇帝皇后以及皇帝的奶妈，实在不够引领万民的水准。那时候，大将军极力推荐王子刘祜，小王子千好万好都不是理由，最核心的理由大将军不说，太后也不说，大家心知肚明。原来清河王刘庆已经被立为孝章皇帝的太子，受窦太后排挤，无故被废。太子刘庆冤枉，天下人都知道，邓太后因此觉得朝廷亏欠刘庆许多许多。山不转水转，现在废太子的儿子继位为帝，也是天理轮回。虽然如此，太后做事求稳便，她主张先召小王子刘祜来京都，考察一番，再定夺。大将军说，国尚且不可一日无君，何况大汉天下？拥立新君之事，不可再犹豫，疑则生变，新帝登基，万民皆安。那一年太后也才二十五岁，大将军久在官场，出言必是妥当的。急三火四地取来王子，快马流星地举行登基大典，皇帝年幼，太后临朝称制。新皇帝君临天下，正如大将军所言：万民皆安。

　　太后被一个念头折磨着：废掉刘祜还是不废。有问题，却没有人可以商量，大将军也不行，这事拿主意的一定是我自己，不应该是其他任何人，尤其不能是邓家的人。如果废掉皇上，有利于国家社稷，也就没啥可说的了，万一出了岔子，邓家就要被天下人痛骂。还有，废掉刘祜，谁来当皇帝？再立一个皇帝，太后当政，擅行废立，兹事体大，很可能引起混乱，方今天下灾患频仍，再来一个废立之事，真不敢想象。实在说现在天下这一大摊子，把它交给别人，还真不放心，不甘心。就这样太后当起了鸵鸟，不过在处理完一天这家国天下一等一的大事后，太后虽然疲倦得话都不想说，但想到自己的作为，心里也觉得踏实。南阳乡下的老太爷，家里很大的产业，豪富。总放心不下儿子，整天唉声叹气：我要死了，这家非得败了不可。可等他真的死了，家也没见怎么败。太后年轻时候总给别人讲这个例子，意思是一个国一个家乃至全天下，没了谁，都不要紧，谁都不是救世主。可是现在，太后总觉得自己就是大汉帝国的救世主，大汉帝国要没了她，还真就不行。

这只艰苦忙碌然而成就感盎然的鸵鸟，就这样一拖再拖，皇帝是废是立抑或亲政，一直悬而不决，大臣们上书，被太后留中不发，一律泥牛入海，杜根事件之后，这样的奏书也绝迹了，太后乐得眼不见心不烦。心腹太监郑众、蔡伦等人几次提起这事，太后用别的话岔过去，邓骘兄弟也在想，皇帝二十大几，或废黜或亲政，总该有个决断，看太后胸有成竹的样子，以为太后一定把什么事情都安排得妥妥帖帖，用不着本家弟兄们担心。邓康说了几句过头话，竟被太后革除族籍，大家就更不好说什么了。况且邓骘兄弟原本都是老实人，乐得太后把什么都设计好，就算设计得不那么圆满，也总比我们想得周到些。我们跟太后再亲近，毕竟是外姓，外戚干预他们刘家事情太多，不但别人侧目，早晚太后本人也会起疑心，说我们兄弟揽权滥权。早晚天若塌了，太后个子高，顶着。其实太后邓绥身量一点不高，娇娇弱弱的。"太后"这副沉重的担子压得她越发显得身量小了。太后这么不果断，说起来也是家族遗传：荏弱。荏弱的意思，就是优柔寡断。杜根看得着急，太后却坚决回避问题。

杜根被"打死"又活过来，从此隐姓埋名。死过一回的杜根看问题更透彻，死过一回的杜根对是非曲直认知通达，他站在太后的立场审视这件事，觉得太后做得不对，不是说打死他这件事，是说太后皇位的思路和办法都不对，决策更不对，老人家根本就没有什么决策。老人家的决策其实很简单，两种办法，哪一种都是上策，只有不做决策是下下策。第一种，取消称制，立刻归政皇帝，太后颐养天年，邓家兄弟子侄尽数辞职，全身而退。第二种，立即废黜皇帝，在诸侯世子中选取贤者继承大统。废黜的皇帝遣返清河，还位清河王世子。至于废黜的理由？不需要理由，前汉朝廷废黜刘贺，宣布很多理由，没有一条站得住脚，可天下众口一词，都说刘贺该被废黜。掌握权力，就是掌握舆论，刘贺不成器，那是上了史书的，定论。仔细想一想，海昏侯在帝位仅二十七天，以"行淫乱"获罪被废，他再昏聩，即位之初也会收敛点吧，怎么就迫不及待地"行淫乱"了？朝廷总结海昏侯在这二十七天里做了一千一百二十七件坏事，平均每天坏四十二次，这么高的频率，太难为海昏侯了。太后主持废立，天下翕然向风，谁敢不从。皇上的做派大家清楚，跟前几任皇帝差得远，废立之事顺理成章。杜根等人敦促太后退位，请求皇帝亲政，那是维护汉家制度，他们对皇帝没有好感。杜根心里怨恨太后，替太后着急，这么简单的事情，这么简捷的办法，太后怎么就看不见，都说太后知书达理，通晓文史，其实，唉！

四十一

　　太后回到自己的寝宫，让宫女太监们都出去，不要打扰，她端正在几前，准备读张衡《浑仪注》，因为一直读简书，习惯正装读书，现在端正坐在书案前，享受读书的快乐。太后读书，对周围的环境要求苛刻，她要所有的人都退出书房，连宫女饲养的鹦鹉也得拿走，太后读书，往往不自觉读出声，这东西经常接话。她习惯自己读，从来不需要讨论研究，也不需要鹦鹉参与意见。但有时候请班昭班大家来讲读，班大家的学问足够解答疑问，至于那些太监宫女，太后想，他们知道什么，读书这么高尚的事情，可别教他们给破坏了气氛。现在太后俨然先秦时期著名的学者，够得上一"家"。

　　仪式完成，太后翻开书，"浑天如鸡子，天体圆如弹丸"一句，一下子吸引住了太后，张衡跳开自己所在地方看宇宙，浩瀚的宇宙，用具体而微的常见物件打比方，蛮生动的啊，太后想。这样的比喻，强过长篇大论，鸡子、弹丸。物件小，但它是宇宙的"模特"，极小极细微的模特，再小再细微也是"模特"，与原物一模一样，宇宙就是一个鸡子，日月是在鸡子里滚动的小圆球，星星们就是在蛋清里细碎的什么东西，星辰千万天体，星星点点的。整个宇宙用壳包起来，这个壳，相当于习见的"蛋壳"，人们每天所见和未见的一切，都在这个壳里面。至于壳的外面是什么，有什么，暂时不要管它，不要管，尽管也是个问题。留待以后再研究好了。太后觉得有道理。壳，既是界限，也是保护，一个稀溜溜的鸡蛋，没有保护的壳子，怎么得了。太后想，张衡很有大局观，一个比喻彻底化解了人们宇宙观的疑虑。太后也有点不满意，蛋清蛋黄蛋壳，没啥说的，我信，可是太阳呢，虽然太阳不大，可它照亮了宇宙，怠慢不得，可这个模特"鸡蛋"里头，哪个东西算是太阳呢？张衡没有说。他的模型还不圆满，得告诉他，这不行的，不能说服人。

"浑天如鸡子，天体圆如弹丸，地如鸡子中黄，孤居于天内，天大而地小。"这是说大地，说到大地，太后最关心，因为地震。宇宙是个大大的鸡蛋，至于多大，张衡还有精心计算出的数据，太后不关心数据，权威人士对数量从来不敏感，她理解张衡的意思：大地有多大？反正很大。张衡说，大地孤居在宇宙的中央，孤居就是单独的孤零零的，大地鸡蛋黄悬在鸡蛋的中央，它现在宇宙中，没有什么托着它，也没有什么牵着它。早朝前大臣们聊天说到这个，果然张衡是这么说的。大臣说我是浑天派，反对盖天派，其实我什么派也不是，我哪里懂得什么天文，地上的事情我都忙不过来，我看这些书，目的只要找到解决地震问题的办法。

看看张衡后面怎么说。从前人们说，天是一个巨大的半球，天球壁扣在大地上，日月星辰都附着在天球壁上，贴着壁运行，这样，所有天体与大地的中心的距离都相等，天球壁与大地衔接处的人，伸手就可以摸到星星，摘星星的狂想其实不狂，但毕竟还是狂，因为天地衔接的地方，有辽阔的过渡带，过渡带里不住人，也可能大海就是这样的过渡带。这盖天派的天地模型，看起来就那么傻，哪个"子"创造的盖天说？这么愚蠢，这样的人也叫"子"？张衡现在说天体都浮在大气里，日月星辰，并没有一层什么"壁"让它们贴上去。所有天体都浮着，跟大地一样，浮着。张衡还说天体完全自由，自由自在地在天上飞来飞去，不对，飞来飞去不是张衡说的，是我给他演绎了一下，可这样无所依托在天上发呆，可不就是自由吗，张衡说的好像不对，天体明明不自由，好像亘古以来它们就那个样子，太阳每天升起落下，不爽毫厘。

"天表里有水，天之包地，犹壳之裹黄。天地各乘气而立，载水而浮。"天里里外外全是水，天一个大壳，里面装了地，宇宙这个"鸡蛋"椭圆不正圆，椭圆其实还是圆，表里有水，壳的里外都是水，里面的水托起大地——大地？张衡说大地像蛋黄，一个圆状的大球，那么大地就该叫地球。里面的水托起地球，壳外边的水呢，托起宇宙这个巨大的壳，也是个球球！可张衡知不知道，能够托起宇宙之壳的水该是多么大的一片水域？这么大的水应该安排在什么地方？太后想到庄子，从前读庄子《逍遥游》，对庄子的"气"印象深刻，但也百思不解，气究竟是什么东西，大气，除了供人们呼吸还有什么作用，越实实在在的存在，但人们又看不见摸不着，它的作用就越伟大，伟大得觉察不到。老子说气是宇宙和万物的根据来源，庄子说气是万物的依靠，万物活动都归结为气，天地人都需要御风而行，气是最大动力，托举大地的动力。壳外面是大气，壳里面是大地，大地和壳之间充满了水，虽然这个宇宙很大很大，除了里面的大地和水，还有数不清的星星和太阳月亮。太阳月亮有多大且不管，张衡的意思，那些星星绝对不是看起来那样小，它们要大得多，也许相当于大汉的一个州一个郡，岂止州郡，既然大，那就大过地球也说不定。至于这些星星什么模样，有月亮和太阳作比照，也是圆的，因为大地也是圆的。听说张衡用一片中间厚周边薄的玛瑙片观察过金星木星火星等大星星，张衡把它们叫作一等星，发现它们都是圆的，跟太阳月亮一般模样，我也很想看看。明天就传旨下去，让张衡带着他的玛瑙片进宫。等一下，刚才我想到大地的模样，怎么想的来着，嗯，大地是蛋黄，圆圆的，被水包围着，露出一小块地，平平的。其他大部分球体都在水下。这个球，该有多大！太后惊叹不已，张衡的心思果然广大，产生如此广大的思想。

出乎马融的预料，太后的想法比他们预想的走得更远，他们以为太后主张浑天说，所以指令张衡制作浑仪，作为模拟天穹的物证，用浑仪测天穹，得到的数据符合浑天假说，就说明浑天说真实合理。不料太后看了张衡《浑仪注》，却对浑天说产生了怀疑，是上面的一段话，"天表里有水，天之包地，犹壳之裹黄"。天的外边不该是水，应该是气，气才说得通，才叫人信服。既然外边已经是气了，为什么里边不能是气呢，大气能够托起巨无霸宇宙，为什么就不能托起小小的地球？既然里外都是气，那么隔开里外的这道壳子，还有什么作用吗？张衡和太后同样想到了这个问题，也都试图打开天球壁，取消天球壁。

一本小书，太后阅读思考，开头犹如一团乱麻，顺着张衡的思路，条理渐渐清楚了，现在太后的头脑里已经布置成功一套宇宙的模型。这个模型以"鸡蛋"为思考的起点，向四方发散。夜已深，宫女们打熬不住，在书房外边打瞌睡，其中一个宫女的口水流出唇外，在灯光下亮晶晶的，这样的宫女不适合在宫里服侍太后，睡梦里也必须保持仪容端庄。太后却也不觉得不雅，还笑笑，想起从前一个拍马屁的文学侍从，专门为皇帝写起居注，说皇帝夜里起来看到宫女坐着睡着，怕宫女着凉，就为她披上一件衣裳。太后想，这位愚蠢的家伙，当宫里是他们家呢，皇帝为宫女披衣裳……

太后绕过宫女，走出书房，猝然见满天星斗。原来宇宙那么浩瀚无边……无边？书房的太后与在灵台上的张衡，蓦然相遇了，他们得出相同的结论：所谓"蛋壳"只是虚拟，为了演说的方便吧，宇宙其实无边际，没有什么东西能够约束它，尤其不需要什么"天球"以及"天球壁"。太后望着遍布夜空的繁星，星星点点，细碎琐屑，十几颗最亮的星星无秩序地散布在空中，更多的星星则是更多的无秩序，星星们无序排列……太后又转换了思路，谁说它们"排列"，它们也许根本就没有列，它们像空中的灰尘，在空中弥散。离我们近的，就大些，离我们远的，自然就小，所以星星的大小由距离决定，所谓大小，在距离的近和远，那些模模糊糊的云一样的东西，可能就是目力可及最远的星星群，天河就是这样的星星群吧，至于更远的星星，我们看不见了。太后看着夜空，更加感觉到自己还有所有人的渺小。转换一下角度，既然星球大小都差不多，别的星球跟我们的地球情形也相似，他们看我们这个地球，就像我们看他们的星球一样，也会把我们叫"星星"。那上面的人也会讨论他们的星星我们的地球上面有什么……

顿悟的太后有了新的顿悟：那些星球也是地球，我们的地球也是星球，可是，我们星球之间可以对话，那上帝呢，他在哪？

上帝在哪里的问题，不可能解决，因为人们不可能知道上帝在哪，可这不就已经解决了吗？不知道上帝在哪，那就没有上帝，这跟张衡的说法一致，专对时我对张衡的说法还不很信服，总觉得他在刻意让我宽心，此时此刻，我相信张衡的话，我相信他的思考。没有上帝的宇宙，没有上帝的大汉帝国，我得重新做出安排，这安排的前提是：既然上帝不存在，我们应该怎么办。

有上帝，我们难办，没上帝，我们仍然不好办，这书，张衡倒是写出来了，可地震的预报，恐怕遥遥无期了吧，这本书里面一点也见不到他对地震的意见，他通天，还在天际盘旋，没有找到那个主管地震的天官。乡下人的故事，说一个人找某件东西，知道这件事的人只是告诉他一个谜语或几个谜语，经过曲曲折折，最后，谜底揭开了，宝物找到了。张衡也许正在猜谜语，也许已经猜到谜底，正在往宝物身边走着呢。张衡说十年找到预报地震的方法，他没说是预报，还是报告，不管预报、报告，总是好的，七年了，还有三年，三年，地震的神秘之环，就要撕开一个口子了。

初春时节，深夜的户外凉意犹浓，太后身上也感到深深的寒凉，反身走进书房，在闪烁的蜡烛光下，掂量着《浑仪注》，砚台里有宫女磨好的墨，太后在书的封面写上"地震预报"四字，却不知往下该怎么写，写什么呢？太后思索很久，"十年"？"三年"？叹一声，放下笔。太难为张衡了吧，宇宙这么茫茫，张衡孤独地寻求地震的钥匙……

太后第一次觉察到自己的渺小，极度的渺小，在遍布宇宙每一个角落的细碎尘埃中，有一粒尘埃，飘飘忽忽，随着空气运行，任由大气把它吹拂到什么地方。这颗微粒上黏附着的更细微的东西，在我们看来那就不是什么"东西"，因为根本就看不见它们，而它们却是江河湖海、草木山川，还有更细微的人，人在这些细小微粒上劳作、休息，还有各种争斗，各种心机算计，算计那些几乎不存在，实际也的确不存在的东西。

太后忽然想起了杜根，这个年轻人也不坏。杜根也是附着在微尘上的微尘吧，微尘之间为了更细微的纠葛，我这个稍大一点的小微尘就把他那个更小一点的小微尘处死了，可是微尘有生命吗？杜根死了，我还活着，我将来的某一天也要像杜根一样，也得死去，可我多活这些日子，为了什么，有终极目的吗？庄子说得透彻，等生死，齐万物。说到底，我和杜根，两颗微尘。

想到杜根，太后还想起他那份请求皇帝亲政的奏折。一眨眼，皇帝即位已经十三年了，十三年？太后一激灵，十三年！从十三岁的小孩子，长成一个青年了，我早就应该叫他亲政的，邓康和杜根说的都对。杜根说什么，我把住权位不放，皇帝成年不能亲政，有违祖制。不当家不知柴米贵，你以为我愿意握着这个权，我知道它是烫手的山芋头……杜根也是有这个比喻，我受了杜根的影响想起了山芋头，抑或权力本来就是个山芋头？杜根的奏疏还在，叫宫女找来看看也好。

杜根的奏疏竹简，一卷，已经包装好了，打开包装，竹简修整得非常精致，这个年轻人很用了心思的，看到竹简，想起杜根上疏前这几天写这些文字时的心情，他不会想到这道奏疏把他送上鬼门关。虽然时光久远，太后仿佛还能感受到书写人的手泽，温润和平，落笔一团正气。太后叫宫女展开简书，眼前光彩夺目，时间久远，竹简已经泛黄，没有青的光泽了，叫太后眼前一亮的是清秀又挺拔的字体，展现在书案上端庄大气，人说字如其人，果然。太后摩挲奏疏，如果杜根现在上这道奏疏，我不会责怪他的，张衡的书启发我凡事要有大局观，从大局看杜根，他的用意无可挑剔，也许我还会奖赏他的忠诚，为了大汉，为了天下苍生。

这道奏折无论做工装帧，还是文字书写，都堪称完美，奏疏很长，案子摆放不开，还垂下去一块。其实奏疏正好铺满书案，但奏疏之后还有一块空白竹简点缀着，是为太后批示奏疏留下的。当时太后不想给这件秘密奏折作批示，一大块就空下来。郎中令没有上密奏的资格，因为他特别要求，准许破例一次，结果他居然上了这么一个东西。太后把垂下去的一块提上来，却发现还有三行小字——

太后仔细看这三行字：

太后如能及时归政，
社稷之幸，邓家之福。
不然，应早为之计！

原来如此！杜根死得委屈了，他以为我看过这几行字，所以发怒处死他，可是，我当时怎么没看见这几行字呢，可能因为当时动怒，就没看见后边，之后郎中们卷起这道奏疏，也没发现这几行字。

这道奏疏说得极好，年轻人深谋远虑，他全心全意为大汉江山，也为我和我的家人着想，杜根把这份忠诚也奉献给了我，可是，可是，我竟然没看见——没看见他这几行字，也就没看见杜根的忠诚之心。早为之计，早为之计……皇上当然是个好皇上，至少，可能是个好皇上，他性格简单，容易轻信，但可以改造的啊，我这几年就在改造他的性格，让他能够独立托起大汉江山社稷。杜根这简单的几句话，藏着千言万语，我自己家里的事，杜根不好说得太多太明白，可是这已经够明白了。看来朝臣们看我和皇上，跟我想的不一样，我是局中人，很可能已经被局面所迷，局外人看得透彻，他们和杜根一样，一定有很多话要说，杜根被打死，别人也不敢再说——杜根，他没来得及再说。

事情还来得及，既然皇上已经成年，既然不想行废立，我为什么不立即退步抽身！

定个时间，举行个仪式，正式归政于皇帝，我也可以安享晚年。这几年，连续地震，灾害发生地区，饿殍盈野，再说，我替皇帝硬撑着这个危局，危局不是撑住就算了，它累加，此未伏而彼已起，实在有点撑不下去，退休了吧。不再等了，太子还小，不等了，就按杜根说的，皇帝亲政吧，母亲经常说的那个乡下故事还有续集：老太爷死了，儿子当家，日子反倒蒸蒸日上……

可这奏疏，如果被他人发现，于我，于杜根，评说可能就是颠覆的，说我，不辨忠奸，说杜根，大奸似忠。杜根他忠也好，奸也罢，都为了大汉，这份忠诚不容置疑。奏疏，烧了吧。吩咐一个年纪较大老成的宫女，到炉前烧掉这份奏疏。

夜很深了，太后睡不着，从床上爬起来，披上一件厚衣服走到窗前，叫贴身宫女打开窗户，一股清凉气息涌进屋，太后吸着新鲜的空气，听到蟋蟀的声音悠长而悲凉，蟋蟀们似乎已经预先知道自己的生命不久，吱吱的叫声很像是自己的挽歌，《诗经》里说："五月斯螽动股，六月莎鸡振羽。七月在野，八月在宇，九月在户，十月蟋蟀，入我床下。"八月已过中秋，蟋蟀还在庭院徘徊，十月涤场时候，蟋蟀们都会钻进床下越冬。其实蟋蟀钻进床底下，也不能越冬，床下扫出的死蟋蟀就是明证，原来蟋蟀们也和人一样，临死想找个暖和点的地方，人又何尝不如此，自从先皇帝下葬，他的陵墓一直没有再去看过，不知道那里暖和不暖和，先皇帝粗心呢，还是冷酷，十几年从来没有托过一个梦，皇帝们的心肠都这么硬吗？由蟋蟀想到自己，太后觉得有点不吉利，赶紧打住念头。忽然，太后愣住了：现在正是春天，蟋蟀怎么出现了？

月亮已经没入西山，夜空的星星分外明亮，大大小小的星星，密密麻麻，分不清个数，天上的星星一共有多少颗，小时候总觉得是个问题，也试着去数，可总也没数完过，太多，数没数过也记不住。长大以后，星星的数目还是个问题，却早就消失了数清它们的冲动。自从进宫，成为皇后，后来又成了太后，脚步总是匆匆，好像从来没有停下来过，也确实停不下来。听说有一种鸟，一直在天上飞，一旦降落地上，死期也就到了，因为它没有腿和脚。年轻时候听这个寓言故事，为那只鸟感到难过，心里发紧，替它累得慌，没想到自己当上太后，竟然成为自己十分恐惧的那只飞翔的鸟，一直停不下来。把谁推到这个位置，都一样，方方面面，都是要紧的人要紧的事，都需要当机立断地处理，几十年了，一直人不下马，马不卸鞍，想歇口气都是奢望。猛回头，百岁光阴的一半已经消失了，剩下的一半，真的就是一半吗，真的还有一半吗？太后不知道，不知道主要因为不自信，她似乎听到了岁月的脚步声，步履沉重，暮色苍苍。

一道亮光，是流星，流星划过夜空，夜空霎时亮如白昼，不可思议的是这颗流星划过的时间分外长，光也特别亮，太后借着亮光都能看见庭院里树木的颜色，绿绿的很鲜艳。

"又有一个人去了。"太后自言自语，每天都这样，总有人去了，也总有人来，去的悲悲啼啼，来的欢天喜地，每天都在上演人间悲喜剧。看张衡的书，他也说天上一颗星，地下一个丁。张衡数过星星，他知道天上星星有几颗，也知道地上的人有几个，但是几颗星与几个人明显不对应，人比星星多得多，张衡没有再往下深说，那意思太后知道：星星对应的都是显要人物，升斗小民就不用浪费一颗星星。但张衡还说宇宙间星体数量如恒河之沙，远远多过人的数量。这问题困扰得人头疼，不想它了，刚才这颗流星这么亮，这么大，不知道哪个王公大臣，今夜就要长眠。

太后凝望着夜空，星星闪烁，像对她眨眼睛。小时候妈妈告诉她，星星会眨眼睛，那是一个活物。妈妈的声音似乎还在耳畔回响，仿佛就在昨天，时光真是迅急，比人的脚步更匆匆，妈妈临走时，握着她的手不放开，肯定有很多的话没说完，她觉得妈妈的手很快就凉了，生命就这样悄然消失，她怀念跟妈妈在一起的少年时光，不管贫穷富贵，只要和妈妈在一起，就是最好的。小时候的事情，现在非常清晰地出现在面前，从前的时光像画面一样在眼前浮现，每个细节都真实再现，以前模糊的印象竟然变得十分真切，一次妈妈让她去邻居家送一只碗，那只碗的花纹都想起来了，是一枝荷花，荷花下面有一条鱼。

回忆起这些往事，对妈妈的留恋和依恋不能自已，眼泪就流下来，止不住的眼泪变成奔涌，内心的悲伤也转成抽泣，太后担心宫女听见她在哭，竭力压低声音，在门外守候的贴身宫女悄悄走过来，递给她一张绢，然后又走出去，悄悄掩上房门，太后擦去眼泪，"今天怎么了，竟然这么思念妈妈，老了老了，心思变得如此脆弱。"

　　明天，无论怎么忙，一定要跟皇帝好好地谈一谈，不要产生误会，生的又怎样，养的又怎样，不是生的，也不是养的，但皇上毕竟姓刘，大汉江山还在刘家，这一辈子的任务就算完成，而且十几年的教育指导，心血也熬得见底，为刘家。回想当初那个在朝堂上不断搞出动静的小皇帝，再看现在的皇帝，看似缺少了少年时候的聪明，但模样也算俊朗，并不辱没皇位。行事仍然不那么沉稳，举动轻率，多动症的残留吧，也不算大毛病吧，皇帝的胸襟气度……算了，不要那么周全了。这些年的教导也还是有成效的。不理想，但还行。太后公正评价这位即将亲政的皇帝，认可中带着无奈：不"还行"，还能怎样呢。总而言之，我已经尽力，我邓家一个姑娘，早早就嫁到刘家，为刘家守着这么大一个摊子，我和我们邓家兄妹姐弟，可以无愧于汉家江山。

　　太后上床后睡不着，思考明天的事。按祖制，宫中女性除了省亲，不能出宫，包括太后和皇后。省亲也有限制，繁琐又严格，目的就是叫女人们知难而退，不想出宫的事，出宫千难万难，难于上青天，所以一入皇宫深似海，太后自从进宫再没有出去过。太夫人仙逝，她都不能临丧哀哭。她的全部外界信息，都来自朝堂的信息交流，还有大将军不定期的拜见。十几年了，太后已经习惯这种自我禁锢，每天只见到四角天空，天空的阴晴雨雾，都在四角内完成。

　　十几年掌控中央朝廷的大权，天下皆知太后，不知皇帝。这种被万民拥戴的感觉毕竟很奇妙，也很舒畅。可她其实不喜欢这些，她知道自己聪明智慧卓出众人，但治国理政，也只是中人之才，何况还是个女流。十几年辛辛苦苦，就为了先皇帝的托付，不要让大汉江山在自己手里有了闪失。打虎亲兄弟，上阵父子兵，自己的兄弟都在朝廷和地方任重要职务，但愿天下人能理解这份苦心。

　　忽然太后打了个寒战，守护的宫女也看见了，忙问太后有什么不舒服，太后说没有。她切实感觉到一股寒流，从后背忽然而起，向四肢延伸，她不想叫宫女们深更半夜的折腾，就说没事，睡觉吧。她继续想自家兄弟的事，把邓家兄弟提拔为高官，天下人未必懂得她的心思，她的寒战是个提醒吧，这么多年，她总是从皇家立场安排事情，从没仔细思量娘家的立场，她没想，因为她觉得这不是问题，太后的娘家一定是平安的，因为邓家忠诚大汉，一门谦逊，得势不骄。归政皇帝，自己的兄弟怎么办，我在，料想皇帝对大将军等不至于做出出格事，可是万一我……太后不想了，归政是一定的了，其他问题，有的是时间。太后有点困倦，太后想睡觉。

今天夜里在窗前看夜空，太后忽然发现太空那么辽远伟大，那么奇妙，那么不可思议。张衡说天上的星星很多很多，张衡还说天上的星星很大很大。大到什么程度，张衡没有说，也许有什么顾忌吧，太后看《浑仪注》隐隐地有许多东西，张衡半吐半露，似乎有些顾虑。太后年轻时绝顶聪明，现在虽然老了，聪明之上更多了深邃的智慧，她能够补足张衡没有说出的东西：大到可以跟地球一般。那么大的星星可也不是星星了，那是另一个世界，一个人死后，会升天到那样的世界里去吗？太后想知道，但张衡不肯说，太后想，这是肯定的，另一个世界没有寒冷，没有饥饿，没有人与人之间的图谋算计，更没有无休无止的争斗和屠杀。这么说，我所有死去的亲人，都可以在另一个星球相聚，在那里，就能见到自己亡故多年的妈妈了？太后临睡前，喃喃自语："妈妈……"

第二天，太后没有按时起床，懒懒地不想动，过了一个时辰，还是振作不起来，反而感觉身体重重的，指挥手脚都困难，宫女呼唤内侍太监，太监急传太医到后宫诊治，又禀告了大将军。大将军来到，太后嘱咐大将军几句什么，大将军手足无措。几个太医轮流诊脉，都说不出所以然，只说可能思虑过度，导致气血两亏。套话，医生说不出病因，就说气血两亏。普天下气血两旺的能有几个？

太后的意识渐渐模糊了，宫女们几次叫都没有反应，好半天呼叫转来，太后的表情非常痛苦，被人突然叫醒时心脏极其难受，心悸，心冷。太后清醒过来，还为刚才被叫醒而心有幽怨，但说不出话，她想告诉围在身边的人，就让我这么睡去吧，一会儿我还得昏迷，千万别再叫我，现在对我最大的孝敬就是让我安详地睡着。太后听见总管安排去请皇帝来，几个太监跑着离开，太后闭着眼睛，也感到太医们束手无策地惶急混乱。

不一会儿，安帝来到太后寝宫，呼喊母后。太后再次慢慢地睁开眼睛，抬了一下手臂，安帝抓住太后的手，流泪向太后说："儿臣在这儿。"看到皇帝流泪，太后的脸上浮现出笑容，那是幸福的笑。太后没有力气，笑也笑不起来，笑容其实并不很明显，但眼睛里洋溢着温暖的光。太后想，皇帝流泪了，他在感谢我，还有邓家兄弟，我走后，邓家已经获得平安，放心了。昨天夜里她最担心的就是这个，她害怕自己这个位置，会害了自己的家族。太后也感激皇帝，心里明明白白，却张不开嘴，发不出声音，太后抬起手，摸了摸安帝的脸，手指摸索着伸向安帝的眼眶下面，旁边人明白，太后是要给皇帝擦去眼泪。皇帝自己抹了眼泪，俯向太后，请示太后："母后，儿臣听着，您说吧。"太后顽强地挣扎着，拼着力气，给皇帝留下几句话，昨天夜里想好的一席话，一定说给皇帝听。这努力在太后那里已经惊天动地，但身边的人们看不出太后的身躯有什么动静，手脚动都没有动过，太后还是那么静静地躺着，神态安详，太后自己觉得仿佛跑了几里地的痛苦劳累。大家却都看不见太后的苦与累。太后的努力失败了。

但是太后的努力终于见效，太后嗫嚅着嘴唇，要说话。大家都看着安帝，安帝把耳朵贴在太后的嘴边，听太后作最后的指示，太后说："今天……我是……打算……归……"

太后的声音微弱，因为大家都等着太后的懿旨，屋里鸦雀无声，太后的声音灌进每个人的耳朵，太后的最后一个字是"归"，话肯定没说完，太后再度昏迷。可是，这个"归"是什么意思呢？皇帝问："母后，归什么？"太后嘴唇张了几下，还是发不出声音，太后自己更很着急，她努力说，拼命说，归政，归政啊，可就是没有声音，她没听见自己发出这两个字的声音。但皇帝的呼喊却渐渐远去了，她看见眼前的一切向远方飞驰，最后凝聚为一个点，她好像还能听见"啪"一声爆裂，眼前黑屏。

第十二章　事变

四十二

建光元年（121）三月之仲，太后驾崩，朝廷经过短暂的慌乱，很快镇定下来，三公和大将军商议，已经登基的皇帝立即亲政，仪式从简。安帝在悼念太后的哀伤中匆匆走上勤政殿，见习皇帝成为执政皇帝。

安帝荏弱，也习惯了自己当一个甩手皇帝，可后宫还有他的老婆和一群侍奉他的人。这些人的心思跟安帝完全不同，他们希望安帝是个真皇帝，等得着急，每天互相询问：皇帝什么时候亲政？虽然答案总是一定的：等，还是忍不住互相咨询，同样是后宫，太后的长秋宫和安帝的永乐宫，分明两个世界。

安帝的身边有两个十分重要的人物，一个是阎皇后，一个是奶妈王圣，阎皇后心思缜密，明察秋毫，奶妈忠心耿耿，苍天做证，可这两个女人的才能没有多大的机会施展，太后年富力强，她不退休，皇帝就不能亲政，永乐宫的两个女人干着急。除了谋臣，还有几个传递消息的，由太监担任。一个荏弱的皇帝，两个心机深重的女人，还有几个鬼鬼祟祟的太监，组成安帝后宫的主体阵容。其实太监不总是鬼鬼祟祟，他们在皇帝的宫里待惯了，看奶妈和皇后一直在鬼鬼祟祟地说话，他们也耳濡目染，成了当今这副模样。

同是后宫，太后的长秋宫熙熙攘攘，政务繁忙，安帝的永乐宫冷冷清清，门可罗雀，阎皇后和奶妈王圣焦急不安，越不能亲政，就越惶急，担心太后哪天改变心思，废了皇帝，另择新主，太后身边有大将军，邓家人大大小小遍布朝廷内外，满朝文武都是太后的人，废掉一个皇帝易如反掌。现在阎皇后和王圣的中心任务，是保住皇帝，而不是亲政。

明白这一点，阎皇后加倍小心谨慎地侍奉太后，每天太后退朝回来，阎皇后在太后寝宫门口迎接，搀扶太后进寝室，为太后打好洗脸水，准备好各种洗漱用具，侍奉太后洗脸梳头，然后扶太后上床，为太后按摩捶腰。宫里的那些小丫头，做这些事情也周到，环节程序都不错，可哪里有阎皇后这么用心。太后说，你是皇后，将来要母仪天下的，怎么做这些下人干的活儿，让丫头们做就行了。其实太后心里很喜欢阎皇后来陪她闲坐，阎皇后侍奉，就是舒服，一天的疲劳都散去。皇后说，在宫里没有别的事可做，侍奉太后，就是最快乐的时光。说得太后心里暖洋洋。皇后又特别懂事，做这些事看上去很自然，从不叫人感觉不自在，每当邓家人来，皇后立刻找理由离开，并不显出故意回避的样子。太后心里赞叹：真有我当年的风采，阎家不愧世家大族，教导出的孩子，天然高贵的品与格。

皇后小心翼翼侍奉太后，感动太后，太后即使有废立之心，也于心不忍。太后感觉时光太快，还没等停下来歇口气呢，十几年过去了，皇帝也长成了健壮的青年，太子也十多岁。可皇后的感觉截然不同，她度日如年，十几年漫漫岁月怎么熬过来的，无法言说。往后说不定还要有个十几年，太后年纪并不大，才四十几岁，尚属中年，退休退位的时刻，漫漫没有尽头。

可是突然，皇太后死了。

皇太后驾崩，朝会取消，官员们各归属衙，等候指令，三公和大将军为首的朝廷重臣举行一次紧急御前会议。说是御前会议，其实没有皇帝在场，因为太后的关系，大将军主持会议。会议决定，大将军发布命令，羽林军全城戒严，调戍卫都城的北军一千人紧急入城，守卫宫城各门，严防不测。大将军亲兵三百人入宫，侍卫南北宫，各军直接听命于大将军。传檄边塞驻军，警惕敌寇骚扰滋事，更要防备敌寇趁机大举入侵。诏告天下，举哀三十日，地方负责纠察。

御前会议认为，当下最重要的事情是立刻请皇帝就勤政殿正席，训示朝臣，标志皇帝亲政。朝廷连夜安排仪式，第二天皇帝正式就位勤政殿，接受百官朝贺，国丧期间，朝贺仪式从简。当下，就由大将军引领百官，去永乐宫恭请皇帝接受勤政殿正席。朝廷最重要的大臣，庄重肃穆，奔永乐宫而来。

太后驾崩，永乐宫热闹非凡，简直乐翻了天。大家欢欣鼓舞，皇后也放了大家闺秀贤良端淑，眼睛发出热烈的光，奔向四面八方。王圣最先得到消息，飞奔过来抓住皇后的手摇啊摇，说不出话，千言万语挤在口腔，不知道先说哪句。皇后着急猛跺她的脚，她这才停止摇晃，断断续续地说："死了！死了！"皇后知道她说的是谁，又不敢相信，太后年纪不大，也没有什么病。王圣说："太后宫里的太监说的，正在往勤政殿送信。"阎皇后立刻转身回屋，再研究一遍设计方案。这套方案她研究了许多年，一直以为用不上，现在终于派上用场。

计议已定，阎皇后打发一个宫女去请安帝回宫，皇帝早朝，现在没回来，一定在长秋宫。宫女也很聪明，径直到长秋宫，果然看见场面忙乱，太后躺在床上，眼睛闭着，就像睡着了。安帝正在太后身边哭，宫女走过去说："陛下，皇后闻听太后晏驾，晕过去了，不能过来致哀，请陛下回宫看视皇后。"安帝一愣神，还没反应过来，被宫女拉起来就走。长秋宫的人们正忙着太后的丧事，对皇帝的离开并没怎么在意，至于皇后怎么没来致哀，宫女说紧急惊风，这在久居深宫的女人们来说也是常见病。

跌跌撞撞回到永乐宫，安帝发现皇后没病，皇后身体健康，意志坚定，迅捷如猎豹。她像导师一样为他拨开迷雾见青天："太后今天早晨驾崩。现在朝廷肯定在开御前会议，讨论你的亲政问题，你做好准备，沉沉神，省得临时忙乱。"

做准备，这个不难，他已经准备了十几年，从成年算起，也已经五六年，现在要做的准备就是对来请"圣驾"的态度。"什么态度？""当然是架势威严，让他们知道你不是好惹的，以后他们在朝中才能怕你。不管怎么的，你要给他们一个下马威。最好找借口打他们一顿杀威棒，叫他们不要为你一直不能亲政，在背后叨咕你，得叫他们知道，不是你没本事，是太后压制你的本事。"皇后说。

"现在太后就在长秋宫躺着，太后驾崩了，死了，天大的事情，亲政不亲政的，也是小事，先把太后安葬了，太后大殡，头等大事，天大的大事，哪里顾得上别的！为人子，为人臣，才是正理。"安帝刚才哭过，现在说话，鼻子还齉齉的。

"呵呵，孝子皇帝啊。可你是孝子，你的慈母呢，找不到吧，哼！"前几年皇后对安帝还毕恭毕敬，大家闺秀的做派，说话都是婉转的，嗓音收起成一条线绕着安帝，柔柔的，安帝听了浑身舒泰。这几年看安帝无权无势，不但朝中大小官员冷落永乐宫，连宫中的大小宦官都敢欺负永乐宫，"就说那蔡伦，倚仗在太后身边得势，又制造出了那叫什么？纸，更了不得了，见了皇后，居然不跪拜！就算他怀里抱着个大瓮，就不能放下瓮跪拜吗？"一个宫女插话道："娘娘，当时蔡伦抱着的瓮，上头还有一个盘子呢。"见安帝窝囊不成器，皇后的袅袅嗓音变成了粗麻绳，横空飞过来缠绕着皇帝的脖子，麻麻扎扎的勒得痛苦。宫女插话不知好歹，皇后的嗓子简直就是绞索，飞过去就要索宫女的首级："要你多嘴，没规矩！"

皇后粗呼大嗓，王圣奶妈也不甘落后，尖细的嗓音差不多能穿透安帝的左右耳鼓，穿过左耳，再穿过右耳，那力量还富余，不知道安帝怎么样忍受这两个女人炼狱般的声音轰炸。王圣教训皇帝："陛下心眼儿好，为人厚道，可人家怎么想的，陛下知道吗？那老太婆啊，早就不想要你咧，预备着把平原王的儿子整来当皇帝。老太婆说你的话多了去了，我和皇后怕你伤心，不敢告诉你呀，可我这当娘的不说，那还有谁说哩，你知道老太婆这么多年，为啥不让你到前殿去吗，她不放心你，这是老太婆死了，她要不死呢，再撑到明年，你的皇帝也别当了，老太婆安排的，那是妥妥的啦，就等着机会下手呢，人都准备好了，平原王刘翼，认识吧。登基的计划书都写好了，就在老太婆的怀里藏着呢。皇上啊，这整个皇宫里头，也就皇后和我，才是你诚心实意的人哪，别人啊，那就别提了，早等着你被太后拨拉下去呢。"

安帝本来耳根子就软，这一席话内容半真半假，比方说太后不准皇上到前殿，就是奶妈胡说呢，但感情洋溢得要泛滥。皇上深知皇后和奶妈是真心实意地爱他，不过不光她们俩，还有人呢，江京、李闰、樊丰，都是可靠有用之人。还有，我皇位坐得踏实，总得有贴心辅政大臣，邓骘一家子倒也不错，老实本分，一个个纯朴得像农夫，可他们终究是太后的亲戚，不是我的亲戚。我的亲戚，最近的当属老丈人家，皇后的娘家，弟兄子侄也不少，他们可都跟我一条心。至于刘家，刘家大小都盯着皇位。皇后家放心，皇后家的人不会跟皇上抢皇位，用着放心。铁板钉钉的国家栋梁。

"皇上，太后去了，皇上亲政，朝廷里头的人，也要换的。用人之际，自家亲戚心贴心，我们阎家兄弟子侄不少，随皇上取用。不管怎么着，我们家的人他姓阎，不姓刘。"皇上又一惊，也一喜，我想到的，皇后也想到，还同时，这叫"同心之言，其芳如兰"哪。

一切安排停当，大将军邓骘带领朝廷的几位核心重臣来到安帝的永乐宫，内侍进门禀告，安帝传令，众位大臣鱼贯入内面君。邓骘为首，低头趋近，然后按顺序排在安帝面前，邓骘代表朝臣恭请安帝升阶就位，安帝端坐高座，听了邓骘的致辞，不说话，等。皇后告诉他这个时候不要匆忙表态，要等得大家心慌，才说"准"字。安帝静静地等，但等多长时间合适，皇后却没有说，安帝着急，又没法咨询皇后。他想，着急时应该抓耳挠腮的，皇后还说这时候绝对不要动，一动就会失去威严，所以现在安帝极其困苦地坐着，永乐宫一片死寂。

皇后在邓骘等人进永乐宫之前，就屏入内室，隔着帘子，听大将军读恳请皇帝就位的表文，激动得心快要跳出来了，老半天，静悄悄的没有声音，皇帝，皇帝怎么不说话呢，这时候皇帝只要说一个字"准"，就万事大吉。皇帝怎么不说这个字？急死了！忽然皇后明白了：我说等一会儿再说准字，可我没说等多大一会儿！这可怎么办？皇后急中生不出智慧，却刺激得嗓子发痒，"咳！"正厅的安帝听得内室一声咳，知道皇后发暗号，立刻端正身姿，目视前方："准——"

邓骘等磬折稽首，高呼"万岁万万岁"，然后大臣自报家门，邓骘带头，"罪臣大将军邓骘""罪臣太尉杨震""罪臣大司农朱宠""罪臣度辽将军邓遵""罪臣司空陈褒""罪臣司马岑群"……听这些平时威严不可一世对皇帝也漫不经心的朝廷万石大臣自称"罪臣"，安帝畅快的心哪，太美了，怪不得人人都想当皇帝，怪不得太后至死也不愿放弃称制，这种美妙，没有这种经历，永远体会不到的，当皇帝十三年，第一天，第一次！迷醉的感觉，轻飘飘，忽悠悠，宛然神仙临凡。安帝沉定心思，记住皇后的话，不要慌，千万不要慌，要给群臣一点威严，"各位大人，免！"好，不疾不徐，不高不低，这几句话说得好，安帝的自信心立刻充盈，神态也自然多了。刚才的尴尬一扫而空，原来皇帝不但随时犯错误，还可以随时——不必改正错误，因为下面站着的全都是"罪臣"，他们自己亲口承认的。

大臣来恭请皇帝临朝视事，统领群臣，牧民天下。安帝说"准"，表示接受大臣所请，即刻前往勤政殿，训示百官，第二天举行正式就位大典，安帝正式亲政，诏书由"制曰"改为"诏曰"，发布文告，昭告天下，通知四夷友邦。皇帝的御辇已经停在寝宫门口，御辇太后用的，来不及准备安帝专用御辇，把太后的御辇略作装饰，成为安帝专用。御辇启程，从后宫到前殿，御辇庄严肃穆行走，大臣列队随后，到勤政殿正门，安帝由内侍太监搀扶踏上台阶，坐在太后的正座上，司仪官口令，在朝官员稽首磬折，随着司仪官说"皇帝陛下万岁万万岁"，礼成。

第二天安帝颁布诏令。安帝的第一份诏令，因大将军恳请皇帝亲政有功，册封大将军邓骘为上蔡侯，加特进。

大将军听到这个诏令，很意外，这份恩宠不一般，太后执政，就正式册封邓骘为上蔡侯，大将军邓骘坚决推辞，几次三番，太后终于收回成命，现在不但重新封侯，还加位特进。邓骘极为感激，不再推辞。安帝初亲政，不计较多年被冷落的前嫌，对邓家格外施恩，安帝宽宏大量，可我邓骘现在还没有建立尺寸功，不能享受如此奖励。如果太后执政，邓骘一定坚辞不就，现在安帝刚刚执政，发布第一份诏令我就提出反对意见，失人臣之礼，只能默默接受。特进，一种特殊的荣誉，享受极高的优渥，位极人臣，邓骘受宠若惊，看见朝臣，觉得自己做了很严重的亏心事，满朝文武，单单封我一人一爵。弄得老实人邓骘见人矮三分。

安帝发布的第二份诏令，关于太后下葬的，大臣们讨论决议，孝和皇帝的陵寝慎陵需最后完成，邓太后与孝和皇帝合葬慎陵。光禄勋为太后拟定谥号，为"和熹"，安帝诏曰"准"。

其实这一切都是阎皇后的安排，皇帝遵照执行。从前太后安排一切，安帝点头称是，有时候以皇帝的名义发布诏书，那诏书他也见不到。太后去了，皇后来了，皇帝说了还是不算。不过安帝乐得如此，有人愿意操心，也挺好的。虽然如此，安帝有自己意见的，心里略略地有些不快，他觉得皇后做事，不像她平时表现的那么精明，有了权，怎么突然变得愚笨了呢。我们与邓家不算有仇，可也不算挚友，若非太后突然驾崩，我的亲政还不知要等到什么年月，听说大秦国有个女皇帝，在位六十多年啦还硬朗得牙齿能咬开核桃，她的儿子王储倒先老死了。我们不计前嫌，不免除邓家大小的官职，就已经是宽厚，怎么也不至于加官晋爵，格外优渥邓家吧。

皇后说："凡事往远处想，太后和邓家怎么不与我们有恩？陛下就是大将军从庞大的皇族群里选出来的。"安帝据理力争："按照常理，一朝天子一朝臣。我们不免邓家人的官职，可不就是报恩了嘛。""那不够，那哪够啊，大恩，必须大报。大将军，不但晋侯爵，还要加特进，弥补大将军丧失亲人之痛。""我觉得这么做，有点过分。可皇后以德报怨，妇德崇高。还对邓家这么好。""一码是一码。太后重新安排人事，一则那是她的权力，谁当皇帝谁不当皇帝，老人家一句话；一则是本分，她那也是为了大汉江山，选一个明君，大汉才能长治久安。再说，太后到底保留了你的嘛，什么平原王刘翼，也就王妈妈那么一说，谁知道真的假的，比如我吧，就没听说。"皇后深明大义，安帝心服口服，千服万服。

邓家失去太后的支撑，天塌了一半，另一半有大将军。大将军虽然名为"大将军"，但他的功夫都用在文学上，提拔学子，奖掖先进、后学，成绩斐然。太后亡故，大将军独力支撑邓家这一大家族，深感责任重大。好在大将军为人宽厚，邓家子弟也都能奉公守法，他们不敢不守法，太后和大将军本来就是双保险，约束邓家子弟时刻不放松。大将军又格外小心，明察秋毫，邓家人想越过法的雷池，也不能够的。邓骘的儿子邓凤接受中郎将任尚一匹马的馈赠，后来任尚因为虚报军功被斩首，邓凤私自接受任尚礼物的事情败露，属于连通犯罪，只得自首，大将军逮捕邓凤治罪，邓家的"雷池"真的是"雷"池，触碰了，即使不被轰顶，也得烧焦。

太后和大将军谨言慎行，约束家人，因为"殷鉴"不远，就在窦家。

和帝也不敢惹窦家兄弟，只得忍耐，在隐忍中寻找机会。

窦宪得胜班师回京，轰轰烈烈，和帝却已经把这次盛大的仪式确定为除掉窦氏的好机会，胜利者警惕性总会小一点的。钩盾令郑众为皇帝谋划除掉窦宪，郑众指挥的是一帮子太监。皇帝一向认为天下太监最忠诚，他们没儿没女，老了指望皇帝养活着，不忠于皇帝还行？所以郑众率领的太监队伍死心塌地为天子卖命。窦宪驰驱沙场，战匈奴，动辄"斩首数千级""数万级"，没想到最后折在一伙"残疾人"手里。

窦宪班师，按汉制，军队不可以进城，只能屯守郊外，皇帝下诏让大鸿胪持节到郊外慰问，大赏将士，窦宪高兴，被欢迎的官员市民百姓，簇拥着来到北宫，皇帝要在北宫正殿举行庆功仪式。北宫是皇帝常住的地方，不可喧哗，士兵不可入宫，官员人等进宫，也不可以携带武器，但大将军特殊优崇，准许剑履上殿参见皇帝。一道宫门，把窦宪和他的亲兵分隔在内外。

庆功仪式隆重热烈，鼓乐庄严肃穆，仪式按程序依次进行，最后一个仪式大将军献俘，把象征匈奴单于的单于宝刀献给皇上。窦宪甲胄，单膝跪地，双手举起单于刀过头顶，这时皇家侍卫取过宝刀，献给和帝，和帝接过刀，交给殿前侍卫，仪式就完满结束。但这次不同，大将军窦宪双手捧着带鞘的单于刀，眼睛看着地下，没注意来到他身边取走单于刀的，不是皇家侍卫，而是太监，而且是一群太监，不合规矩，怎么回事？窦宪久在军旅，十分警觉，虽然鼓乐响亮，他仍然听得出由远及近的脚步很多而且杂，他心想可能情况异常，怀疑一闪而过，皇上就在现场，谁敢造次不法，再说就是敢行不法之事，也不敢对我窦宪如何。人员移动，可能是仪式的礼宾人员吧。刹那间，几个人围住半跪的窦宪，一人取走他捧着的刀，一人按住他腰间的佩剑，双手紧紧握住剑柄，防备窦宪抽剑，一人找到窦宪腰间另一侧佩戴的大将军印，匕首割断牛皮绳，大将军印掉在地上，一声清脆的碎裂，其他几个人分别扣紧窦宪的双臂，让他站立不起。窦宪像野牛一样挣扎怒吼，无奈被压制在地上，站不起来，发挥不出他武士的威力。事出突然，全场骚动，郑众紧急喝令全场人员原地不动，移动者格杀勿论。这时，从北宫掖门奔出大批士兵，全副武装，包围了会场。全场果然一动不动，郑众代替宣布大将军窦宪企图谋反，立即逮捕，窦宪的亲属和心腹邓叠、邓磊、郭举、郭璜，全部下狱，经审判后处死。圣旨说，由于窦宪平定北匈奴有功，法外开恩，褫夺大将军印，免特进，与兄弟窦笃、窦景遣送回封地，由地方官看守。到封地的窦氏兄弟难以忍受地方官的凌辱，不久自杀。

教训。窦家的兴与衰，就在太后的眼前，倏忽三年，恰如云朵般地飘过，灰飞烟灭，仅仅眨眼之间。窦家仰仗太后，暴起于朝堂，一发不可收，邓太后总结道："不惜福。"福不可享尽，势不可用尽，才是长久之道。邓太后想起窦家就联想自己，往往不寒而栗，太后临朝称制，权力集中于太后一人，等于复制了当年的窦家。恐惧中的邓太后为邓家安全考虑，训示邓家谦逊低调，做老实人，老实人可能吃亏，可能被欺负，但老实人安全，做老实人难，做最有权势的老实人更难，可邓家居然做到了，这要得力于太后的告诫，其实不用太后告诫了，窦家的教训，世人谁不唏嘘。邓家上上下下，谨遵祖先教导：权高守低，位尊处卑。

大将军邓骘获得殊荣，意味着太后过世这一关，邓家就算闯过去了，大将军和弟兄们松了口气，看来太后谨小慎微，很有前瞻性和大局观，如果没有太后的预设路线，就不会如此平安过渡。

安帝亲政，率由旧章，上朝退朝，大都虚应故事，各部门按部就班，太后布置得井井有条，并不用刻意改造。安帝中正平和，对群臣亲切得近于恭敬，大臣们都不好意思，皇帝太客气。太后临朝，总有一些点子，让大家琢磨实验，有的实验有效，有的实验无聊，有的实验简直胡闹，但是大臣们都得去做，所以大家都有疲于奔命的感觉。安帝亲政，这些都成了"故事"，不做了，包括大将军都有解放了的意思，安帝体恤下情，与民同乐，大臣们感觉轻松自在。

四十三

两个月后，安帝建光元年（121）五月中。

朝堂一切如仪，大臣们忽然听见大殿的外边响起震耳欲聋的呐喊声，似乎军队在列队集结，听声音至少有一个营两千士兵，士兵的脚步杂沓，听脚步声正在包围勤政殿。殿里的人们面面相觑，不知道发生了什么。大将军最为惊讶，他想，太后下葬后，京城的戒严就已经解除，从驻军调来的士兵也回归本部，这些士兵从哪里来的，最要紧的，我怎么不知道调兵入宫的事情？有蹊跷！

这时，内侍太监江京、李闰走进来，站在皇帝座位的左右，勤政殿上从来没有太监来过，和帝倚重钩盾令郑众，封鄏乡侯，开宦官封侯的先例。太后倚重蔡伦，尚方令蔡伦封龙亭侯。鄏乡侯，龙亭侯，都严守祖制，绝不来前廷，因为那里是朝臣议论天下大事的地方，残缺之人不可以参与其间。现在，太监公然站在朝堂，这是哪家规矩！太后主政，太监每天把皇帝送到大殿的后门门口，就在后门的门房等待皇帝退朝。内廷外朝，严格分割，今天皇帝的举动令人惊讶。

大将军坐在朝班的最前头，看着眼前正在发生的事情，知道这事情的主角就是他。众人不知所措，交头接耳，厅堂上一下混乱，但大将军稳坐首席，不惊不慌，甚至不忧，老实人到最后关头，也还是老实人，他心里冷静如冰，转的唯一念头：这一刻终于没躲过去，它到底来了。虽然不惊不慌不忧，但一丝怨恨还是闪过心头，怨恨天帝：天帝如此不公平，我邓家小心谨慎，恪尽职守，竭尽忠心于汉室江山，竟没能逃脱这灭族的命运，与跋扈窦家殊途同归，修性积德，得来却是灭族，天道怎么比世道更昏暗！

大将军没有多少时间抱怨天道了，已经在宣布邓家的罪状，安帝亲自宣布的，读诏书，可见安帝对邓家的仇视。这份仇恨，安帝必须亲自来报复。

"叶侯邓悝、西平侯邓弘、西华侯邓阊三人，长期密谋，欲推翻当今皇帝，另立他人，以便控制朝廷，从中渔利。所犯罪行，大逆不道，应予灭族，以儆效尤。念该三人为太后眷属，太后新葬，皇帝不忍加戮太后血胤，故减罪处置，所犯罪行不予追究，褫夺三人封爵。袭西平侯邓广德、袭叶侯邓广宗、袭西华侯邓忠、阳安侯邓珍、都乡侯邓甫德，以上五人，参与谋反叛乱，一并废为庶人，即日逐出京城，永不得再入京城。尚书邓访、侍中邓凤，直接参与谋反，大逆不道，流放岭南，遇赦不得回还。河南尹邓豹、度辽将军舞阳侯邓遵、将作大匠邓畅以策应叛乱，立即免职，抄没家产。大将军上蔡侯邓骘，虽未参与密谋，而家族首领，对家人失察，亦须连坐，免去所有职务，抄没在京家产，遣送回原籍。"

安帝亲自读完诏令，静坐在太后坐过的主席上，看着邓家的覆灭。此时此刻，太舒畅了！十几年忍气吞声，今天应该看看天是什么模样了。满朝官员，一个个呆若木鸡，朝堂中的邓家人都面无表情，束手等待。李闰叫道："司隶校尉进殿！"司隶校尉闻声而入，身后一队全副武装的士兵。校尉指挥士兵分别扑向邓家在朝堂上的大臣，霎时间朝中邓家人全部被拘捕，被打掉冠冕，头发披散下来，鱼贯地赤脚被拉扯着走出大殿。

朝堂上死一般寂静，没人说话，也没人看皇帝，大家低下头，看地砖，地面是细砖铺的，平整光滑得照见人影，人们低头看自己的影子。

安帝想看看大家的表情，可是看不到，没人抬头看他，气氛极为尴尬。安帝感到了这种气氛的沉重压迫，想赶快逃离，匆匆忙忙地宣布："退朝！"走下主席台，脚下却觉得飘忽，在后门口一个趔趄，险些摔倒，守在门口的太监急忙上前搀住，好在这是后门，大臣们没有见到这个场面。

邓家煊赫，大臣遍布各个衙门，邓家的房产田产各种作坊，洛阳全城开花，但非常奇怪，满洛阳找不到邓家盘剥欺凌穷苦人的苦主，反而到处都是颂扬邓家恩德的市井故事传说，俗话说为仁不富，为富不仁，这条铁律在邓家这里不好用了，邓家人既仁义，又有钱。邓家与窦家截然不同，窦家暴起，气势逼人，洛阳城成了家院，窦家看中一块田，长公主的，长公主也得乖乖地献给窦家。窦家大小出行，一定鸣锣开道，窦家人那么多，家声煊赫，还特别愿意出去张扬，所以洛阳城窦家出行的锣声此起彼伏，洛阳人像躲避瘟疫一样躲避窦家。邓家正相反，邓家乐善好施，济困扶危，大人小孩都那么彬彬有礼，见人先弯腰致敬，问候起居。邓家倾覆，洛阳全城陷入死寂。

皇后在后宫安静地等待，等待抄邓家的好消息。安帝回到后宫，忽然觉得心里发慌，有绞痛的感觉，心脏这地方被狠狠地戳了一下，疼痛霎时传布全身，不理会皇后，自己上床静卧，过一会儿心痛的感觉渐渐缓和，但全身软绵绵地收拾不起来，昏沉沉地睡了过去。

安帝刚一闭眼，太后就站在面前，他想，我可能睡着了，在做梦，可为什么这么快就能睡着，那就不是做梦，不是做梦？那就更可怕，太后明明已经死了，安帝吓出一身冷汗，大喊："皇后！皇后！"皇后不理会，可能没听见吧，这么近怎么会听不见。安帝拼命喊皇后，皇后就在外间不知道在干什么，看来向皇后求助是不可能了，只得直面太后。

"皇帝，为什么如此狠心？"太后言语平和，就像说别人家的事情，语气平静得异乎寻常，但安帝心里已经倒海翻江，不知道该怎么回答太后的质问。安帝平时说话就不很伶俐，被太后逼问，言语更阻塞，不知从哪里说起，只有"这，这"地抓耳挠腮。太后一声叹息："唉，我怎么如此浑浊不堪，居然看中了你这个不成器的人，从小看大，三岁看老，这句老话原来是欺骗人的，初期见到清河小王子，多么伶俐，多么俊秀，十三年，成为小皇帝的小王子竟然一句话也说不周全。"十几年不让他亲政，这样子的皇帝，能亲政吗？也曾让邓悝等弟兄们寻求一位能拿得出手的王子做皇帝，有人推荐平原王刘翼。但最后太后觉得皇帝还是不要换的好。会产生无谓的混乱，皇帝不行，皇孙也许能行，太后觉得自己还不很老，再维持大汉几年的秩序没问题，太后的意思很清楚，越过安帝，直接传位给皇太孙。

"我让邓悝等人重新寻找皇位继承人，这只是一个设想，根本就没有实施。我没有让你亲政，我有过想传位给你儿子的念头，你是提不起来的了，但好歹也当了几年皇帝，你儿子当皇帝，你当一个享福安乐的太上皇，也不算亏待你，你仔细想一想，你到底能不能当皇帝，你自己的斤两，你量过吗？给你一个皇帝位，你能坐得下去？你不要以为依靠你的皇后就摆平一切，你的皇后，她也不行的，她比你强点，也有限。最后总要裁决的。"安帝急忙问："什么裁决？"太后不理会，继续说："大将军亲自把你从众多的王子中简拔出来，再造之恩，你居然把他逮捕了，扪心自问吧。邓家男女老少，我和大将军拘管得严，邓家没做一件违法的事情，就为了在我死后得个平安，你怎么下得了如此狠手！"

安帝哑口无言，只好推出皇后和奶妈："阎氏要我这么干的，这不怪我，我的奶妈王圣也说太后有私心，不想交权，还准备让平原王抢班夺权。这些都是她们俩的安排，太后要怪，就去怪她们吧。她们，一个就在外间屋，不知道在干啥，叫来也不来，可能知道您老人家来了，不敢见您，回避了；另一个在后院，您老人家知道的，她没事只在那里摆弄麻雀牌。"

太后叹息一声，很无奈："我来告诉你，我不是神，未来的事情我不知道，现在的事情就是未来的事情。人死了，所有的结都打开了，佛家把这叫作顿悟。种瓜得瓜，种豆得豆，阎家女子有怨恨，做这些事，也是有的，你的奶妈一向尖酸刻薄，我想把她赶出宫去，碍于你的面子，留下了。这倒是我太大意。我问你，你有没有一件自己做主的事？阎氏、王圣再阴险，最后的决定权还在你手里，逮捕邓家人，你下命令。再说，没事享福，有事推出别人顶缸，男人就这样的做派，而且还是个皇帝？"

安帝与太后对话，太后虽然怒气不小，但似乎没有要他命的意思，再说一会儿话，安帝又觉得这是平常的聊天，竟然不怎么害怕了，我怕什么，太后在世的时候，我怕她，现在她一个死鬼，鬼都怕人的，这么一想，胆子大了起来，心脏好像也不疼了，皇后要来了，两个人合伙就能把太后赶走，大喊："皇后快来啊！"非常奇怪，他与太后对话，一句一字听得清清楚楚，可这么叫皇后，皇后怎么一点动静也没有，睡着了，这么喊她也该醒了。"别叫了，她听不见的，想想你自己吧。"皇帝终于明白，没有人能帮他了，太后生前管着他，死后还管着他。

太后仍然平静地对他说话："诏令是你宣读的吧。我大汉三百年，从来没有皇帝亲自宣读诏书的，就凭这一点，你说，我能把皇权交给你吗？发布诏令的是你，在危急关头把几个女人推出去的，还是你，这么没有担当，枉自被称呼了好几年的皇帝。你叫皇后，是不是还要叫你的奶妈？看来你真的没长大，二十六岁了还离不开奶妈，更证明我的决定多么正确。你的老婆，你的奶妈，她们搞到什么程度，搞到什么时候，这我不知道，但我希望她们要好自为之，多行不义必自毙。我今天给你说这些话，再通过你转告你老婆你奶妈，可能还有几个什么心腹太监。邓家与你们可能无恩，但绝对的无冤无仇，一朝天子一朝臣，你们肯定有你们的班子，班子成了也就成了，天下人很快就能适应，但对邓家，不要赶尽杀绝。邓家不是你们的敌人，你们现在大权在握，宽厚待人，自然就没有敌人，但你们一定要寻找到敌人并把他们消灭干净，那么你们就会发现身边到处都是敌人。"

安帝叫不来皇后，援兵那是没指望了，太后一席话，说得安帝冷汗津津，不知道什么时候，自己已经走下床，跪伏在太后脚下，太后每说一句，安帝都答一声"诺"。

太后叹息，将要离开，回头一瞥这个从小抚养但始终不成器的皇帝，安帝看见太后的眼角居然有一滴眼泪。他在太后身边已经十几年，看到的太后总那么坚定果敢，精力无限，从没有向困难低过头，多少危机，安帝以为绝难克服，可太后最终总能消解掉，化险为夷，万万没想到，今天太后居然流泪了，这一刹那，安帝有很强烈的复仇的快感：老……太婆，你终于在我面前显出软弱的一面了！安帝又想到了另一层：太后这回居然不是命令我，她在求我，居然求我，求她理论上的"儿子"，求我放过邓家。哈哈，老太婆，你真的在求我吗？哈哈哈！

但安帝的心里也浮起片片涟漪，初见太后那年，太后还是一个很好看的年轻妇人，虽然在为皇帝服丧，但指挥朝廷上下，有理有节，父亲和叔叔们赞不绝口。我被太后和大将军推举为皇帝，太后虽然不让我上朝亲政，可是每次上朝回来，太后都教我一些事情，怎么对待大臣，怎么布置工作，怎么把握天下大势。这几年说得少了，千真万确太后没有要把我废掉的意思，太后刚才说的不错，她和大将军看我不行，想让我尽快当太上皇，太子即位，说到底也还是为了刘家，为了刘姓江山社稷，公道而论，太后和大将军到底没有私心。想到这些，心里也泛起几丝悔愧。

安帝一转身，发觉自己仍然在床上，躺着，做梦吗，可怎么那样真切，不是做梦。既不是做梦，太后来了，皇后怎么没看见，太后那么大的年纪，不会是从窗子出入的吧，何况太后就是能走窗子，也不会走窗子，太后不会做那种不体面的事情。

似醒非醒，似梦非梦，安帝叫道："皇后，皇后！"皇后急匆匆地过来，问皇帝什么事，皇帝怒道："刚才，你在做什么？那么叫你你也不答应，急死我了。"皇后迷惑："没有啊，我就在外边的书房，我在读书，看你睡得很沉，就没打扰你，怎么了？"安帝把太后的事详细说了一遍："皇后，我对邓家，做的……是不是有点……过？""不是'我'，是'我们'。别总把功劳都归为自己。""是是，皇后设计得好，才这么顺利。朝堂上，我一句一句宣读你起草的诏书，特别流畅，多亏我练习很多天，一个磕巴也没打。我读完了，校尉带兵当场逮捕邓骘，邓骘驯服得像一只猫。可是我看，邓家不像咱们想的那么厉害，咱们是不是可以……缓一缓手？"皇后嘲讽揶揄加痛斥："老太婆，死了死了，阴魂还不散！什么老太婆说，我看就你心头想。被老太婆欺压几十年，欺压得成瘾，受虐综合征！没有老太婆压迫着你就难受，她那么厉害，托梦一个给我呀，她那么精明，知道你不成器，这一切都是我设计安排的，她直接收拾我呀。你软弱，鬼从来怕恶人，怕恶人！你恶，她就软，她就软！软！"

皇后语无伦次，安帝却憋得说不出话，太后的梦却不敢不信，小声嘟囔一句："太后大将军待我们不薄，对活人对死人，总得讲点良心。"听安帝讲什么良心，皇后终于怒不可遏："良心，良心！老太婆有良心，三十年不让你上前殿；老太婆有良心，让邓悝一伙子乌龟王八蛋考察什么平原王高原王；老太婆有良心，整得邓家势力遍京都，卖菜的小贩都姓邓！老太婆有良心……""三十年，我今年才二十六。""闭嘴！老太婆有良心……我说到哪了？气死我了！"甩手而去，到书房抄起一本书，不看，稀里哗啦扔掉，再抄，还不看，扔在地上用脚踩，一边踩一边骂："气死我了，气死我了！"

安帝踱到皇后身边，轻轻说："皇后姐姐，我也不是说不整治，我的意思，邓家人，可以死，但也别全死，死几个，给他们一点厉害尝尝，就行了吧，比如大将军，就别让他死了，老头子头发全都白了，他还不到五十岁，逮捕他的时候，他嘴唇哆嗦着，说不出话，满朝廷的大臣都哭了，当时我就心慌慌。我们有点那个……伤众。"皇后叫过一个宫女："去请王奶妈！"宫女连滚带爬去请皇帝的奶妈，王圣进门，看现场的气氛，还有路上宫女说皇帝与皇后不知道为什么吵架，就明白个八九，劈面就批评皇帝："皇上啊，又惹皇后姐姐生气了？""皇后姐姐"气哼哼："皇帝要释放邓家人，还给邓家赔礼道歉！"皇帝急忙申辩："哪的话！没说道歉。"王圣也不理会，只是说："我给皇上讲个故事吧，从前，一个种田的，大冬天，在野地里看见一条蛇，冻僵了的，那还能不冻僵，皇帝你说是吧？"皇帝不耐烦："讲了八百遍了。蛇咬了一口，农夫死了，还有吗？""讲了八百遍，皇上也没领会这故事的意思，那就再讲，讲九百遍。打虎不死，反被虎伤，救蛇救活，一命呜呼。这是谁说的话，是韩非子吧，再不就是贾逵。"

皇后打断王圣的瞎联想："就别管谁说的了，反正说这话的就是你。

今天要是没整治邓家，邓家兴许还能饶过你，你今儿个把邓家整得彻底，一个没剩一撸到底，他们还不恨死你了，这工夫邓家大大小小咬牙切齿正等着你有什么闪失呢，一个空子被他们钻了，人家一下子就翻过来，皇上啊，我都不敢想。我说你没整治邓家，邓家就怎样怎样，你用咱们君子人的心思估量那些小人，小人没事每天就琢磨着，变着法儿地整治人，老太婆——呸呸，想让我叫她老太婆，她还不够资格。邓绥这个老女人，偷偷地见过平原王了，她要不死，平原王登基，就这几天的事，老天看你可怜，守着这个皇位三十年到不了手，才及时把这个大恶人给收走了。老东西下地狱也到最深的那一层，十八层。""是十三年。"皇后批驳道："三十年，十三年，你计较这个没用的事，老太婆偷偷地找平原王，准备让他代替你，这总没错吧，那个细节，你也好意思说，要不是我和王妈妈上心，你怎么能得到这些真实的情报！"

安帝听说太后已经着手换人，不再跟两个女人讨论缓手不缓手的问题，追问这情报从哪里得到的，王圣说，是李闰。宫女再次连滚带爬去叫来李闰，不但李闰来到，江京也一起来了，皇帝问他们二人："太后驾崩之前，不拘什么时候吧，你们看见太后接见平原王太子了吗？"二人一起回答："没看见。"安帝转眼看两个女人，女人说："往下说。""没看见平原王太子，我听见平原王太子的声音了。"安帝接着问："你怎么知道那是平原王太子的声音？""他跟太后说话，好几次说到平原王，太后一说平原王，他就说家父。""对话是什么内容？""我们奉皇后命，给太后送暖手炉，交给执事太监，没敢多停留，就走了，只听得几句，太后问小王子几岁，读什么书，以前来没来过洛阳。"安帝沉吟着，看来这是真的了，太后在撒谎，她就是想把皇位转给平原王太子！主意已定，他一挥手："你们去吧。"皇后和奶妈相视一笑：这事成了。

安帝亲自拟旨，召秘书监来皇帝寝宫，当场制作，即刻下发邓氏各家。太阳昏沉沉正向西行走，快要接近西山凹了。

西平侯邓广德、叶侯邓广宗、西华侯邓忠、阳安侯邓珍、都乡侯邓甫德，废为庶人。

河南尹邓豹、度辽将军舞阳侯邓遵、将作大匠邓畅，迫令自杀，邓悝、邓弘、邓阊已死，追夺爵。

邓骘，褫夺官职，徙封罗侯，遣送原籍禁锢。

邓家在朝廷和地方官员十几个，除了邓骘，一律收监入狱，并抄没家产，家口驱逐出京。邓广德因为妻姐是阎皇后，得免，邓康被誉为"贤而有行"，起用为太仆卿。

四十四

邓骘被一队士兵押送回大将军府，大将军被打掉冠冕，走到大殿门口，邓骘要穿上鞋子，押解的士兵怒喝："穿什么鞋子！有袜子穿，还不够吗？"领队的从服装上看可能是个军曹，军曹呵斥道："干什么！对大将军要客气点，你什么人啊这是，讲点人道嘛！"军曹十分和气："大将军，您这袜子可有点旧，不体面，大将军穿旧袜子破袜子，这要被外国人看到，多影响咱们大汉帝国的国际形象，给大将军拿一双新的来！"士兵说没有，上哪找什么新袜子。军曹说："哟，这事闹的，没有，哪儿是没有啊，这些小兔崽子看人下菜碟，看你当不成大将军了，就不肯为你出点力，可这帮小兔崽子我也管不了啊，没法子，你老人家就将就着走吧，到您老府上，就有袜子了是不是？不但袜子有，鞋子也随便穿。"喝令士兵扒掉邓骘的袜子，扔进路边的排水沟。邓骘光着脚，走在铺满石子的街路上，一脚迈下去，先是痒，接着是疼，士兵故意往路边的荆棘丛挤他，邓骘的脚不时地踩上尖锐的石块和废弃的马铁钉，一双脚板，被扎得鲜血淋漓。邓骘咬着牙往前走，努力保持大将军的仪表姿态，人可以死，不能丢了邓家祖上的尊严。一路上围观的人填街塞巷，人们感慨世态炎凉，太后刚过世不到两个月，邓家就遭受灭顶之灾。邓家蒙难，洛阳人心里一个大疙瘩，家家不举火，全城不见炊烟，鸡不叫，狗也不咬，洛阳城沉寂了。

押送的士兵个个人来疯，觉得这么多的人一路围观，不做点什么有点不应该，而能做点什么的对象，那就只能是大将军邓骘，士兵们就近一拳一脚，赏给邓骘，越近的士兵打得越频繁，远处的士兵好不容易进来，就打得更狠些。邓骘不作声，任凭拳脚交加，脸上的伤痕渐渐增多，到大将军府前，邓骘的脸上已经模糊一片，邓骘撩起衣衫，擦去流淌的血，却血流不止，一个老汉回到家，取来一大块白布，替邓骘包扎伤口，脸上的血这才止住了。大将军府早就得知消息，府里乱作一团，也没个主事的，都没了主意，煊赫的大将军府，现在一群待宰的羔羊。邓骘被押送到府，却不进去，停在大将军府前的广场上，要在这里临时举行个集会。士兵闯进府里，找来两架梯子，分别架在大将军府牌匾的两边，一边一个人，人手一把锤子，噌噌地蹿上去，猛砍牌匾后边的支架。支架相当坚固，斧子砍斧子凿都无效，大将军匾巍然屹立。军曹从哪里搞来一条粗麻绳，递给两个士兵，士兵把麻绳穿过匾的后边，回到地面，地上的士兵分作两队，军曹指挥喊口令，一二三，一二三，几个回合下来，牌匾轰隆一声落在地上，大将军的脸抽搐一下。

就在这一队士兵拆卸牌匾的时候，另一标人马也到了，羽林左骑耿宝率领。耿宝，皇上的亲舅舅，大将军倒台，新大将军非他莫属。耿宝趾高气扬，指挥士兵闯进大将军府，一部分人负责把府里的人驱赶出来，一部分负责抄家。被赶出的邓家人不准携带任何物品，一个人一身衣服，被驱逐出大门外，与邓骘站在一起。邓骘与夫人对望一眼，都没说话。府里却传出打碎物品的声音，那是负责抄家的一队，在抄检邓府，不要的和搬不走的东西，一律打碎，夫人听得心碎，悄悄地走近邓骘，抓住邓骘的手，邓骘觉出夫人全身都在颤抖，邓骘握住夫人："别怕，有我在，没事的。"夫人知道眼下的灾难难以解脱，不会没事的，夫君早上上朝时还好好的，一个上午就风云突变，低头发现邓骘的脚下已经两摊鲜血，脚已经不成模样，到底撑不住，哭晕在邓骘的脚下。邓骘俯下身，搀扶起夫人，说："夫人，别倒下，挺住，我就是死，也要死得有尊严！"

府里折腾了很久，抄家的少府人员把细软装上几辆大车，扬长而去，没拉走的书和画，以及各种纪念品，它们虽不值钱，但它们承载的意义价值深厚，邓骘爱如珍宝，抄走那些财物，邓骘不心疼，看着这些最珍爱的文物丢弃在泥地里被人脚踩手撕，邓骘心如刀绞，少府的头目抄起一个火把，扔到那些书画上，一大堆书画文物霎时间燃起熊熊大火，家奴们都知道这是老爷的心肝宝贝，平时偷看一眼都要被老爷骂，却要被当众在泥地里焚烧，就扑上去抢救，少府的人早就防备这一手，全副武装的士兵挥刀就砍，受伤的家奴狼狈逃窜，大火却越烧越旺。就在这一刻，邓骘的心随着火去了，他的心死了。他想，我有罪，文物没有罪，收缴进官府也好啊，何必如此暴殄天物！很多东西世上只剩这一件，烧了就再也没有了。书籍文物被烧，烈火烧着他的心，邓骘看着它们蒙难却不能抢救，眼泪流了出来，滴在夫人的头上，夫人抬头看着夫君，夫妻再次对望，一切都在这一望，夫妻的心思对方都知道。

大将军遭难，市街立刻轰动，权倾朝野的大将军竟然被游街示众，很可能要身受典刑，围观的人山人海，很多人看一眼就走开了，不忍心，大将军的样子，却不忍心看第二眼。不过一些年轻人不知天高地厚，也不需要什么同情心，他们不走，他们觉得这挺有趣，平时谁能看见大将军？他那轿子走得飞快。今天不但看见真实的大将军，而且还看见倒霉的大将军，无论如何都很开心。

第三伙人来到了，这伙人是宫里的，安帝亲自派来，李闰和江京两个太监带领。李和江是皇帝的心腹，皇帝对他俩言听计从，两人站立稳当，李闰叫道："邓骘！"大将军不理睬，李闰又叫"邓骘"，大将军还是没响应，李闰走到邓骘的面前："叫你呢，听见没！"邓骘说："我是大将军加特进，上蔡侯！邓骘，也是你能叫的？"李闰笑了："哎哟哟哟哟，大将军加特进，上蔡侯啊，我怎么给忘了呢？真对不起啊，老奴这厢给您赔礼了。可是，话总有另一个说法，另一个说法呢，老奴就没有错，你这个大将军加特进上蔡侯，今天可就做到头了。既然你在乎，我就再叫你一回。上蔡侯邓骘，听宣！"邓骘不动，也不说话，李闰又叫："上蔡侯邓骘听宣！"邓骘望一眼李闰和江京，不动，李闰再次走到邓骘面前："叫你呢，跪下听圣旨啊！"邓骘说："我衣衫不整，不能接旨，你说吧。"李闰也不勉强，直接读圣旨："上蔡侯邓骘，徙为罗侯。月日。"夫人听到夫君还是罗侯，心中略感宽慰，看来还不会被扫地出门，皇上还念当年推举之恩，给邓家一条活路。李闰又叫："罗侯邓骘听宣！"邓骘在朝堂上被摘取冠冕那一刻，知道自己必死无疑，不知道怎么就得罪了皇上。如何得罪皇上，原因不管，死则同一。死就死了，人生就难免一死，死就要死得庄严，绝不受辱，所以他坚决不跪圣旨。听圣旨说是徙爵，不是夺爵，降等而已，罗侯与上蔡侯，降了一级，关键在于，他还是朝廷在册的爵爷，一家大小可以生机无忧。为了这一层，也该感谢皇上不杀之恩，所以跪下听宣。江京讽刺道："大将军衣衫不整，不可以接圣旨。去，给大将军换一件干净点的衣裳，要干净点的啊。"江京和李闰的手下都是见惯了他们整人的，也早学会了他们那一套，心领神会的功夫到家了，便有人从看热闹的乞丐身上扒下一件衣服，天气炎热，乞丐还穿着一件烂棉袄，烂棉袄披在邓骘身上，李闰和江京仔细看着邓骘滑稽的模样，一起放声大笑，尖厉笑声惊醒了邓骘，他忽然发觉自己的判断有误，皇帝的圣旨也是猫捉老鼠的游戏！"罗侯邓骘听宣！"李闰重复了一遍，接着宣读圣旨，"着即革去邓骘罗侯封号，贬为庶人，邓骘家产一俟清点完毕，其本人即发还原籍，由地方官着力看管。"邓骘猛地站起来，眼睛盯住李闰，李闰心里发毛，避开邓骘的眼光，他很想再一次大笑，没笑出来。邓骘低头对夫人说："夫人，对不起，牵累你了。"夫人泪落如雨，已经泣不成声。

第四支队伍来到，红衣少年带领，二十多人，一律手持方棱木棒，领头的径直走到邓骘面前："你就是邓骘？"没等邓骘回答，两个人冲上，一人抓住一只胳膊，第三个人手持剪刀，咔嚓咔嚓，把邓骘的头发剪掉，抛撒在地上。邓骘想要反抗，少年的棒子朝着邓骘一顿乱打，他们故意用木棒的棱角打邓骘小腿的迎面骨，邓骘立刻瘫倒在地，咬着牙，不肯叫出声。那人故意剪得不整齐，邓骘的整个头颅被折腾得乱七八糟，现在的邓骘很像宫廷的小丑，比小丑还难看，因为小丑的头发至少是整齐的。少年看着邓骘的样子，拊掌大笑，旁观的人群第一次发出笑声，笑声居然带着几分欢快。

三个人剪掉邓骘的头发，红衣少年头领努一努嘴，三个人扑向邓骘的夫人，如法炮制，只几剪子，邓夫人的头发就七零八落，邓夫人的脸涨得通红，两只手抱着头，蹲在地上。邓骘也蹲下来，用双手护住夫人的头，夫人伏在邓骘的胸前号啕痛哭，几个上了年纪的人也默默地流泪，红衣头领看着自己的杰作，仔细欣赏，左看看，右看看，皱起眉头，就从剪刀手手里拿过剪刀，对剪刀手，又像是对群众作演讲："你们做得不仔细啊，不仔细，也不合规矩。你看这一边各一绺的，这不是匈奴人的发型吗，我们的大将军，怎么跟匈奴一样？得改，这么着，看着啊，这么剪，就好多了，嗯，这可还有点多，哎，这里，这里，你们看看，这个样子，是不是就好看了？"

邓骘的头，一半光光的，一半乱糟糟，还有一绺垂下来搭在肩上。江京折磨邓骘的时候，邓夫人始终蹲在地上抱着头，痛哭，江京就像嗜血的野兽闻到腥味，整个人显得十分亢奋，邓夫人的痛哭更增加了他虐待的兴致与快感。从前他们不敢见邓骘，远远就躲开，万一躲不开，就得跪在旁边等邓骘走过去，而邓骘从来不看他们一眼。此时此刻，邓骘就是他们手里的一块泥巴，想怎么捏，就怎么捏。邓夫人的哀痛看得人无不心酸，但江京的心里痒痒的非常舒服，他决定把虐待升级。

江京指挥他那七八个人，用从邓家抄家出来的木箱子堆成一座高台，江京对围观的群众说："皇上有旨，邓骘罪大恶极，广大群众可以当场揭发批斗。"

围观的群众经过起初的犹豫，很快随着现场进入亢奋状态，接着转入癫狂，唯恐落人后，太监们的政治话语有一种魔力，让人们迅速释放内心深处潜藏的恶，同时迅速摆脱人类特有的羞耻感和善恶意识，人与禽兽好不容易分别开，太监们三下五除二，就让人尤其是年轻人恢复了兽性，重新变成了非人类。原始的兽有兽的规则，它们不无故咬杀猎物，不虐杀猎物，不吃同类。兽类的"三不"一向执行得很好，咬死猎物只是为了吃，吃完了就不再咬，咬的时候也尽快让猎物断气，所以它们的牙齿直接锁死猎物的咽喉。猫有时候虐待老鼠，抓了又放，放了又抓的，那是大猫在教小猫捕猎。可是，由人演变成兽的一群，彻底砸碎兽类的三不主义，挖空心思虐待虐杀同类，无所不用其极。

七八个青年一拥而上，把邓骘揪上高台，两个人各自架着邓骘的胳膊，第三个人向下按着他的头迫使邓骘低头，伸不上手的在旁边举着胳膊叫喊助威，已经这么威风了还助什么威？他们觉得不够，威风永远是不嫌多的。让邓骘低头是让他遥远地向皇上请罪，尽管皇上远在宫城。助威的人终于觉得光喊口号也不过瘾，飞起一脚踢在邓骘的腿弯处，邓骘立刻双膝跪倒在台上，但架住邓骘的两个人说跪着请罪太舒适，便宜这老东西，又把他拎起来，站着，头被按住向下，双手被扭住向后弯，不一会儿邓骘就大滴大滴汗珠滚下来，浑身都被汗湿透，头发像被水洗过一样，汗水往下滴，台下的人也摩拳擦掌，跃跃欲试，苦于找不到办法，江京启发道：“大将军的脖子硬得很哪，可以挂一点点东西的，可别挂多了啊，大将军年纪大，吃不住劲儿，嘿嘿！”那些没有机会上台揪住大将军的青年，找到一根细麻绳，一头捆住两块大砖，共四大块，有一石谷重量，挂在邓骘的脖子上，细麻绳深深勒进邓骘的脖子，绳子在邓骘的脖颈上像刀割一般深陷进去，邓骘很快就虚脱了，瘫在地上，青年立刻把他拎起来，骂他装死狗。邓骘原来身材就不高，经过几次三番的折腾，他的身体急剧萎缩，站在台上的邓骘显得极其卑弱可怜。

几个家奴再次忍不住，冲上去救老爷，但这次用不到士兵的大刀，周围的“群众”自动组成护卫队，护卫台上“折辱高贵者”的局面，家奴的冲击很快就被消解得无影无踪，那几个家奴淹没在人群中，再也见不到了，这就是群众的“伟大”力量。

邓骘的儿子邓凤跪在青年们的脚下，请求放过父亲，自己上台接受这些惩罚。江京在旁边说话了：“这不是邓大公子吗？刚才把你给忘了，邓公子，天下第一公子，京城四大公子之首，多么大的派头，怎么跪下人，多没身份，多掉价呀。”阴阳怪气的，突然声音提高八度：“起来！狗崽子，敢在本老爷面前放肆！拉他上去！”邓凤被拉上台子，跟父亲一起被群众折辱，向皇上请罪，一样的弯腰低头，一样的脖子挂砖块，一样的汗流如雨，一样的虚脱倒下再被拎起来。

不忍心看邓骘受罪的一位乡邻，躲在家里，以为这胡闹过一会儿就会收场，邓骘该杀该剐，给个痛快的，不要总这样没完没了地折磨人，叫人心里揪着难受，这样整人，也只有身体和心理双重不健全的人才干得出来。后来他知道来的人果然就是太监，心里咯噔一下，外边却闹得越发厉害，声音此起彼伏，犹如大海的波涛。他发现儿子不在家里，一定是在广场，不一定会干出什么伤风败俗的勾当，急急出门，来到广场，果然看见儿子正在揪住邓鹗，邓鹗就像一只垂死的公鸡，已经没有力气，任人拎来拎去。老人爬上台子，揪住儿子的衣领，回手一个耳刮子："混账王八蛋，干的好事！他跟你什么仇什么怨！你的名字还是邓大人给取的，你过'百岁儿'，邓夫人还派人送来一个三斤重的大馍，我跟你讲过多少回，日你妈的你忘了？"儿子捂住脸，不知所措，还没反应过来，就被老爷子拉起走掉了，场面有点尴尬。

江京看大好局面要被那个老人给搅了，当机立断，也爬上台子，亮开尖嗓子批驳那个逃窜的老人："各位乡亲，邓鹗夫妻，一向反对当今皇上，他自己想当皇上，就实行小恩小惠，他盘剥你们的财富多少，你们看见了吧，多少大车装不完，他们一家不种田不织布不做工，这些东西哪来的，还不都是盘剥你们的血汗哪！一个三斤重的馍，就被收买了？邓家的财富本来就是你们大家的，你们谁都有份儿。你们跟邓家，世世代代的血海深仇，消灭邓鹗这样的人，大家才有好日子过！刚才那个老人，糊涂啊，忘了自己的身份，大叛徒啊！"演讲的主题：消灭邓家，大家过好日子。江京的演讲激动人心，大家也不觉得他的尖嗓子有多么难听了。青年们的情绪重新被煽动起来，被拉走青年的位置立刻有人填充上。凌辱再次升级。人们不满足于两人架住胳膊一人按头这个呆板的公式，青年们放开手脚，对邓鹗父子拳打脚踢，邓凤被人一脚踢中肝部，疼得他弯腰倒在地上，被青年拎起来站着，青年怒骂："装死吗？今天正义的人民群众就是要审判你们这些狂吸民脂民膏的大恶霸大地主大官僚！"

广场上乱哄哄的，人们的注意力都集中在高台子邓鹗父子身上，连把守大将军府的士兵也被斗争的场面吸引去了。邓夫人悄悄回到邓府内院。府里一片狼藉，已经看不出原来的模样，邓夫人找到自己的卧室，卧室里自己最喜爱的一对玉香炉已经被摔得粉碎，那是结婚时邓鹗送给她的礼物，她爱如至宝。玉器本来是要被抄走的，可能是抄家人失手打碎，才留在邓府。邓夫人把玉石碎片包起来，揣在怀里。卧室连着书房，书房是明架，梁与檩都露在外边，邓骘说这样读书头顶开阔。夫人看着房梁，决定在丈夫读书的地方与尘世作别。她找到一条白绫子，虽然经过搜检，绫子居然清洁如新。夫人从胳膊上褪下玉镯，拴在绫子的一头，扔起它穿过房梁，仔细地打个结。夫人对自己，也是对夫君邓骘说："夫君，原谅我，我实在熬不下去了，我先走一步，对不起。来生，我们什么官也不当，我侍候你一辈子。"

四十五

灵台上的张衡一直忙忙碌碌，片刻不得闲。原来向太后许诺的，依旧遥遥无期，三年，五年，六年，七年，天地之间到底谁说了算，是天管地，还是地管天，或者天地之间各自为政互不干预，再或者人事影响甚至决定天地之事，张衡仍然茫无头绪。张衡还在探索，太后却已经仙逝。太后离世，一定有许多牵挂，抛舍不下的，张衡想，太后最想看到的，一定是关于地震的消息。但张衡也有一丝宽慰，当初启奏太后说十年完成任务，还有三年的时间，张衡一诺千金，三年时间，张衡肯定找到解天的钥匙。太后走得坦然，安详。还有三年，我真的能找到吗？没把握。张衡又想，要是再早一点，再早一点，在太后清醒的时候就找到解天的钥匙，那该多好！以后即使找到，也只能到太后的坟上报告了，还不知太后能不能听得到。

太后停灵九日，与先帝孝和皇帝合葬慎陵，入厝大礼既成，朝廷下圣旨，大将军邓骘加特进，赐爵上蔡侯。特进，是极高的荣誉，特别赏赐位居首席的大臣。太后新丧，朝廷内外都要仰赖大将军，所以皇上给邓骘这些实权加荣誉。皇帝初亲政，就给大将军如此礼遇，完全信赖大将军，英明睿智的好皇帝。张衡的"衙署"远在南郊，太史令的职责又太专业，不是特别召唤，张衡不参与朝会，但张衡很高兴听到这些消息，说明大汉及时解脱太后驾崩的伤痛，步入正轨。

风云突变，邓氏家族突然被大清洗，大清洗的规模远远超过对窦氏家族，邓家片甲不留，凡邓氏族人，不管是否祖籍南阳，一律就地解职、驱逐。大将军被免职，封爵被剥夺，整个洛阳城笼罩着愁云惨雾。张衡不知所措，事情转换得也太快了，怎么事前一点征兆也没有，大将军多么威风凛凛，就那么在朝廷被逮捕，被押解，被游街示众，被流氓无赖肆意凌辱。张衡不明白为什么会这样，他整天研究天上事，原来人间事的复杂程度远远超过天上事，天上事有发生发展的预设性，就是"剧本"，比如日食月食，可是地上，每天都在发生毫无征兆的地震，皇帝处置邓家这样的事情，就没有剧本。

大将军是好人，这是张衡认定的理，好人遭难，应该有人救助，因果总是循环的。但大将军被凌辱，朝会上没有人站出来，满朝文武可能被皇帝凌厉的攻势吓傻了。听当时朝会现场的小黄门说，将军被带走的时候，没有一个人说一句话，此前满朝文武都愿意颂扬大将军的仁德，大家都以自己是"大将军召我来的"为荣耀，眼看着大将军被打去冠冕，扒去鞋袜，大家一律噤若寒蝉。张衡想，设身处地，当时我如果在朝堂，会怎么样？仔细想想，这还真是个问题，我会怎么样，我会挺身而出保护大将军？好像不敢，圣旨是皇帝拟制的，也是皇帝亲自宣读的，敢违背圣旨回护大将军，那是忤旨，不但救不了大将军，还得把自己搭进去。更严重的，皇帝还会说大将军结党营私，罪加一等。这样一想，张衡也就理解了大臣们的行为，自保吧，也可以说间接保大将军，这时什么也不做，不加他的罪，等于保护他。再后来，听说大将军被赶出府邸，在大将军府的一座门房暂住，一家大小十几口，住在简陋狭窄的门房里，张衡决定要去拜访慰问大将军。

张衡放下量天器，走下灵台，骑马来到东观，找马融商议，想和马融一起拜问大将军。马融应大将军召，在东观校书，已近十年，早就成绩斐然，成了学问大家，门下的生徒数以千计。没有大将军的简拔，早就饿死填沟壑了吧。张衡在洛阳的市街上买了一些胡饼，让店家用盒子装起来，逶迤往东观而来。

马融听了张衡的来意，沉吟很久，迟迟不作答。张衡着急："去看看大将军，有那么难吗？"马融长舒一口气。时间就是一把刀，把人雕刻得奇异纷繁，张衡这样的行事风格，将来怎么在这世上熬过剩下的几十年？四十岁的张衡，就算不活到古稀，至少也还有二十年的光景吧。

马融对张衡"发表"了长篇演讲，这是太学辩论的续篇。太学辩论，讲天理，虽然主持人没有给出胜负的结论，但大家都知道张衡完胜马融，马融这次演讲，讲人情，他自己认为完全可以扳回一局。

"平子兄，当初辩论会，你是多么聪明睿智，现在看你迂腐到这个地步，我为你难过。我不知道是否真的能帮到你，即使帮不到吧，我也有这个义务。当年我们三个人你我崔子玉，曾经约定互相提携，也要互相帮衬。什么时候帮衬？有人遭受危险危机的时候。这项约定我时刻铭记着。你当下就处在危险之中，你知道吗，我当下就得帮衬你一回。

"你想，大将军是什么人，他是一万石，万石，你我工资的十五倍，还不算朝廷的各种补助，明补暗补。直说吧，我们和大将军，就不在一个等级，他是上等人，我们呢，平常小人物。阶级这个词你一定很陌生，这是我研究人们的社会地位，创造的一个词。上楼得有台阶吧，一个台阶，就是一个阶级，在这个台阶上的人，与高一个台阶上的人，分属两个阶级，思想与行为习惯，差别极大。我们跟大将军，差几个阶级，你想想。他万石，我们六百石。大将军需要我们去救助吗？你遭难，我去救，我遭难，你来救，因为我们同一个等级，救得着。大将军跟你我不在一个阶级，我们就是想去救援大将军，也没有途径。你想想，大将军府，我们进得去吗，门房就把我们打发掉了。

"还有，大将军邓家十几年的荣华富贵，高屋广厦，香车宝马，锦衣玉食，越女赵娃，我们可曾沾染一点光泽。现在他倒霉了，受罪了，那是他们那个等级内部的争斗，一个集团与另一集团的火拼厮杀，一方失败，一方得胜，这番争斗与你我无关，是他们之间的利益分配，分得均不均、平不平，人家心里有数，我们何必要去插一杠子呢，人家不觉我们愚蠢吗？人家分配自己的果实，路旁毫不相干的一个莽汉说：'分得不公平，我来分！'莽汉？明明是傻瓜！人们只可以干自己分内的事情，不可以越俎代庖，那样只会被人笑话，自己以为仗义，其实一腔热血洒在空白地，连见的人都没有几个，就风干掉了。

"你不要用那样的眼光看我，我知道你想说什么。你想说，大将军在我最困难之际简拔我出来的，我应该感恩，回报大将军一份温情。我想问问，你真的知道吗，你保证你的知道是真的知道吗？子非鱼，子不知大将军濠上之思。大将军简拔我，真的为了帮助我吗？大将军认识我马融何方神圣？我不愿意以狭隘之心推量大人物的心思，但我不能保证知道大将军不是为了培养自己的势力，形成邓氏集团，达到盘根错节、别人动他不得的程度。后来朝廷要动他而且动成了，可以理解为大将军的布局还没完成，或布局虽然完成了，但百密一疏，到最后还要归结为阶级内部纷争。

"回到我刚才的话题。朝廷要治大将军的罪，依我们局外人看，当然朝廷错了，大将军贤良方正，温文尔雅。但我们知道多少天下事，人家朝廷又知道多少。我们是局外人，虽说当局者迷，但当局者更掌握全局。我是说，朝廷知道的事情，是我们知道的无数倍。关于大将军，我们看见了贤良方正，温文尔雅，你要问朝廷的小黄门，可能就是另一个大将军，再问后宫太监，会得到第三个大将军，哪个大将军更真实？皇上的大局观，我们绝对达不到，因为我们的眼界不同，天下总有一些愤怒的青年，目光如炬，对朝廷的事情评头论足，指手画脚，口沫横飞。听他们的治国方略，个个都是当宰相的材料，不用说宰相了，当皇上都屈才，那是天才，管理天的才，可真要让他们当……不用说宰相了，就给他一个太守，一个县令，一个啬夫，恐怕他们也当不好，他们的目光如炬，原来鼠目寸光，鼠目再如炬，能如炬到哪里。一到实践就土崩，越夸夸其谈的家伙，越没有实际能力，干不来实事儿。帝国初年的萧何、曹参，文皇帝时期的张释之、冯唐，哪个对政治狂热？他们才是好的政治家。对那些愤怒青年，我从来都不和他们交谈，这些年我注经书，不关心天下政治，因此才能更仔细地观看那些青年人的荒诞不可理喻。多亏朝廷没有被他们左右，他们要控制了朝廷，控制了天下大政，天下就要彻底乱了套。哪个皇帝要是放开手，主动让这些无知无畏的青年夺去权力，这皇帝一定是疯掉了，好在从古到今还没出现过这样的疯狂皇帝。

"朝廷处置邓家，也许正是邓家谋反在先，安帝阻止了邓家的大阴谋。你别问我怎么知道的，我当然不知道，我从常理推论，皇帝还能有错吗？皇帝掌握的情报肯定比我们多，他的决策也肯定比我们英明，而我们，还有那些愤怒青年总以为自己比皇上还英明，说皇帝应该这样不应该那样，不觉得自己很可笑？平子，别误会，我不是说你很可笑，我说那些整天怀揣愤怒寻衅滋事的青年，你千万别被他们裹挟了。你也别和我争论，我知道当下看不到我说的'愤怒的青年'，青年们没有结伙反对朝廷处置大将军，可是大将军被羞辱，谁羞辱他的？是太监吗？不是他们，而是那些标榜公平正义满腔热血的年轻人！太监一句话，青年就去抓去打，罔顾伦理，形同野兽。你知道，这样的青年什么时候都有的，有机会就会从地底下冒出来，不可一世。

"我们小人物，不要参与大人物的事情，弄得好，成了大人物的工具；弄得不好，还会搭上个人的身家性命。现在大将军流落在街头，住一所自己的门房里，你去拜访他，安慰他，你能给他送去什么？除了这一盒胡饼，什么也送不去，你能给他带来什么？却什么都有可能。你想，大将军住的地方，肯定会有人监督看守，朝廷派来的，你的一举一动，都在朝廷的监视之下，你现在还去见他，这明明找死，皇帝不弄死你，那些监视的人也会弄死你，反正弄死一个与大将军有牵连的人不会有错，你去给他们找事，所以弄死你。而且还要加重大将军的罪过。你想，你不能给大将军带来一点好处，反而给大将军增添罪过，你这一趟，迂腐加不合时宜！

"抛开公义，大将军对我马融个人，《广成颂》一事，算我鲁莽，可那是无意之失，大将军应该知道我没有讥讽的意思，可是大将军不够雅量，我滞留东观，十年不得升迁，你来约我去看他。我，去，还是不去？"

张衡说："你去，还是不去？"马融也很干脆："我不去，而且我劝你也不要去。不是劝你，我是不要你去，没意义。没意义的事情，你何必去做？你去了，我就叫你蠢材。"张衡说："我想想吧，也许你有道理。

告辞。"马融送出门，一再叮嘱："千万记住我的话啊，千万别干傻事！"但是张衡态度坚决，离开东观，立即奔向大将军府。

四十六

张衡这是第一次来大将军府，大将军府坐落在铜驼巷，正开间的黑漆大门，五进院落，白墙灰瓦。大门不远不显眼的地方开一处小门，这就是门房出入的门了，张衡知道大将军就住在小门里，却也没有士兵把守，就一直走到门口，向里面问："通报，太史令张衡求见。"

里面没有动静，门是开着的，张衡想里面一定有人，就再问一声："门下请转告大将军，太史令张衡求见。"里面一阵窸窸窣窣，听见有人动作的声音，张衡知道，大将军与儿孙们在一个小间，女眷在另一个小间，朝廷对邓骘特殊宽宥，允许在家，邓府的所有男丁都已被逮捕，打入洛阳大牢。有人来访，大将军让孩子们到里间回避。片刻，张衡听见里面有人答应："请进。"

张衡走进小屋，屋子倒也明亮，张衡一眼就见到屋子的中央坐着一个五十多岁的老人，坐在一个麻布蒲团上，应该就是大将军邓骘。老人的头用一块绢包着，传言是实，邓骘确是遭受了剪发的侮辱。老人的身后有一个更小的便门，封着，估计原来通向院子的，两间小屋子也有一个小门连通。屋子基本没有什么陈设，几个蒲团散落在地上，说明刚才几个孩子也在这里陪着老人。屋里没有别的男人，刚才那一声"请进"，是邓骘自己说的。

张衡在屋子外边就脱了鞋子，进屋看见邓骘，以见大将军礼跪拜，邓骘站起来，扶起张衡："不要拜，不要拜，坐下说话。"坐定，邓骘问："先生是……令。很失礼了，刚才屋里嘈杂，我没听清楚名讳，请问先生贵姓？"张衡答道："卑职南阳张衡，现供职太史令。"邓骘从蒲团直起上身，肃然起敬："张太史！容我重新见礼。"执意要请张衡上座。张衡伏地叩头，坚辞不可。

邓骘极为兴奋，几乎忘了自己的悲惨处境，脸上的阴霾一扫而空："我曾经请你来洛阳，给你写过邀请函的，两次。你没来，也都没回我的信。"张衡跪伏谢罪："当时卑职学识微浅，实是不敢应召，恐怕污损大将军令名，只好逃避。没回大将军信，是卑职有罪。但卑职听说，不应召请，就不要回信，以减少反复，意在为大将军分劳。"邓骘竟然大笑起来："你听哪个'大明白'说的，这么明白？从没有这样一条规矩，明里暗里，都没有。上峰给你写信，你不回，这合适吗？上峰不回信，行，你小小年纪，刚在太学卒业的后生，这么傲慢？"张衡恍然大悟，那个传言果然是传言，哪个糊涂虫编造的呢，有那么大的漏洞，我怎么没看出来。大将军邓骘看张衡很尴尬，安慰他说，这都是小节，不值得说的，既然大家都这么认为，将来就由此成为一条新规矩，也不错，法不但不责众，法还从众呢。张衡想，大将军还挺风趣的，现在这个情景。想到这，张衡只能挤出一丝苦笑，表示同意大将军的设想。

使邓骘兴奋不已的，是他最关心的问题，时间可能已经不多，他想知道结果，今天来的张衡，就能给他最后的也是最权威的答案。

邓骘问："张先生，关于地震，进展如何？"

张衡大吃一惊。大将军怎么知道我在研究地震？一时张口结舌，竟一句话也说不出。

邓骘不但知道张衡在研究地震，而且叫张衡担任太史令，也是他和太后商量的。太史令是闲散官，时间基本都是自己的，等于让他专职研究地震。邓骘在写给张衡邀请信时，就特别留意这位乡亲，对他的底细清清楚楚，不但知道他的家世，还知道他善于绘画，文章写得最好，《二京赋》，是邓骘的手边书，工作辛苦时读几段，不知不觉间神游万仞，重新精神振奋。因为喜欢《二京赋》，张衡的别的诗赋也都搜集在书房里，《扇赋》《舞赋》《温泉赋》，珠玑满怀。邓骘还找到张衡的几篇铭和诔，这些公式化的文体，在张衡的笔下却神思灵动，神采飞扬，若非不世之才，绝不至此。相比天文，这些也都是小道了，邓骘尤为惊讶《灵宪》和《浑仪注》，他看完全书，只说了一句话："天人写天书！"废书不观，沉闷多日。

　　说到底邓骘是一个学者，当了大将军也还是个学者，学者都有一个通病，对他人的学问成就不以为然，粗俗点的，鼻孔里哼一声表示不屑，讲风度的，干脆避开，等于这人这事不存在。其实嫉妒。邓骘也嫉妒张衡的奇思妙想神采飞扬，可他是大将军，这嫉妒很顺当地转变为欣赏，可见要治疗文人的嫉妒症也不难，都给他们加官晋爵，从此天下无事。可都加官晋爵，大家又都在一个平面上了，嫉妒岂不依然？大将军说，我管不了那许多，我就不嫉妒张衡，我崇拜张衡，你们爱咋的就咋的吧！太后说，你一个大将军，怎么能轻易说崇拜这个那个？你这叫器重，叫知人善任。那个时期，天下平和，太后和大将军心情也舒畅。说起话来都平和风趣。

　　太后召见张衡，给他一项特殊的任务：研究地震、预报地震和报告地震。太后当初的想法是人力干预地震，彻底消除这个人间最大的祸患，但张衡直言不讳，说这不可能，天道自然，不用说人无力干预，神也无可奈何。古人都知道天不能干预，天道有常，不为尧存，不为桀亡。太后追问神既然"无可奈何"，跟神"无所不能"岂不矛盾？张衡斩钉截铁地说，本来就没有神。彻底断绝了太后的念想。太后舍而求其次，预报地震和报告地震。太后希望在最短时间内，比如三年五年，张衡能制作出报告地震的仪器，通天的仪器。大汉帝国不太平，年年闹地震，太后和天下人都疲于奔命，太后想休息，天下人都想休息，尽快把天下人从地震中解放出来。太后和大将军急切地盼望这件仪器制造出来。他们知道学者的工作需要时间，张衡接受太后的委托，一定会尽心尽力去做的，所以一次也没催促过他，甚至，没有询问过他，更甚至没有再跟其他人提过这件事！更叫张衡无地自容。他辜负了太后的委托，也对不起大将军。

　　邓骘解释道："我时日无多，我想知道，地震的仪器，进行到什么程度了？"接着补充说，"没有催促你的意思，我就是好奇，想了解一下进度。我要在位，你不来说，我绝不问，现在我这般模样，问你，不会给你造成压力。"张衡伏地，不敢说话，心如万箭穿刺，大将军，你不知道，现在你的询问更让我无地自容。张衡不想说假话，但他又不忍心说实话，伏地不起，不敢抬头，不敢看邓骘。

邓骘明白了。他宽容地说："不要紧，你做的事是向天帝提申请，这个申请关系到天的尊严，天帝不会轻易就放弃自己的尊严。人类每一次克服大难题，都是与大自然搏斗换取的。人破解天的密码，这等于虎口夺食——也不对，比虎口夺食严峻得多，明明就是与虎谋皮。请求、迫使天把自己的密码交出来，天是那么好说服的吗？所以你的事业进展不会很快，我明白的，我就是好奇，问一问而已，千万别在意，我不是催促你。用心做，别灰心，心里记着太后的嘱托，不放弃，就是忠臣。朝廷已经决定遣送我到封地去，可能这几天就得走。罗国路途遥远，我从来没有到过那地方，我对它一无所知，前途吉凶不可预卜，太后已经仙逝，我还是代表太后跟你说一句期望的话：太后想跟你说，无论你遇到什么困难，一定要把这件仪器做成，仪器成功，地下的太后才能心安。"

张衡安慰邓骘说："大将军洪福广大，一定能很快回到京城，重新到朝廷为皇上服务，我们等待大将军回来。"邓骘惨然一笑："感谢阁下的厚爱。我知道我的前面是什么，有什么。我老了，已经不在乎这些了，回不回京城遇不遇赦免，都无所谓了。你们正年轻，千万要保护好自己，张衡阁下，这些天我总在想，我落拓了，不再值得人们提起，但我在任上做的事，总是有些的，人们念我的辛劳，也该给我一个公道的评价吧。现在这形势，人们不能来，也不敢来，但有没有一个人能来而且敢来看我？有一个人来，我这一生就没有白过，为大汉的辛勤劳碌就值得了。自从遭难到现在，你是第一个来看我的，好像以后不会再有，其实我也不需要不希望再有，风险太大。张衡先生，谢谢你，受我一拜吧！"说完，在原地跪起，向张衡拜下去。张衡吓得六神无主，急忙跪下去，向邓骘哭求不要拜，会折杀张衡的。邓骘拜完，告诉张衡："我现在心情已经很好，你来的时间已经不短，也该回去了。"

张衡这才想起带来的胡饼，本来见面时就该进献大将军的，因为与大将军问话答话，就忘了。张衡直起身把胡饼盒子举过头顶，说："太史令张衡，谨以薄仪敬献大将军！"邓骘起身，接过盒子，放在一边，说："平子，我现在是罪臣，不可以结交朝臣，你今天来看我，都可能有危险。这份礼品，我断然不敢收，这叫罪臣与朝臣私相授受，罪在不小。平子先生把这份礼品带走，不要给人留下口实，你还年轻，要学会保护自己。"张衡争辩道："大将军此言或可商榷。卑职所献，不过市井售卖普通货品，并非礼物，即使为此获罪，卑职心甘情愿，为大将军，卑职万死不辞！"几番推辞，邓骘收下了，打开盒子，麦香飘溢满屋，邓骘拿起一块胡饼，咬了一口，感慨道："真香啊！烙的饼子撒上一些胡麻，味道就能登堂入室。张骞通西域，福泽平常百姓呢。"向里面的屋子说："孩子们，出来吃胡饼！"一群孩子从里屋拥出来，有七八个，邓骘给他们每人一只胡饼，孩子们很高兴，叽叽喳喳地说好吃好吃。张衡看见邓骘把手里咬了一口的胡饼放回盒子，眼眶湿润了，背过身去，用衣角擦了一下眼睛。

张衡正式告辞，邓骘起身道："平子，戴罪之人，形同囚禁，恕我不能远送。临别之际，我有一言相赠。是传达太后的话，太后的话本来也是给你的，所以我这不是转赠，你才是这句话的正头香主。太史令，你知道吗，太后临终前一夜，在你的书上批了十个字。《浑仪注》上面批的。"

张衡一愣，停住脚步，看着大将军。

"'地震预报十年为期张衡'。"

张衡仿佛听见自己的头顶轰然作响，全身的血液都往头上涌，就要冲破浑身筋脉，张衡觉得自己快要消失了。太后这十个字，是期盼？是批评？是指令？是预言？张衡相信太后写这几个字的时候，心里一定很焦急。《浑仪注》写成日子不久，太后看到这本小书，肯定极度失望，十年为期，七年蹉跎，就写成这本薄薄的小册子吗？而且书里通篇没有一个字提到地震，只是大而化之地谈天说地，怪力乱神一大堆。

也许是太后的期盼和指令？要求张衡在十年之内攻克难关，拿下整套工程，制造成功预测预报地震的仪器。太后知道自己时日无多，在书上记下这几个字，提示自己，提示相关人，比如张衡。太后当然知道地震预报困难不小，从前召见张衡，太后的心理准备很充分，所以给他的时间很宽泛，张衡自己说了个十年，太后虽然嫌长，但也没有刻意要求张衡改变。现在时间过半又过半，张衡的地动仪器还没有一点动静。太后正式提出要求，提醒张衡，时间紧迫。

或许是预言。太后高屋建瓴，高瞻远瞩，对事物的见解卓出于常人，也超出张衡，她预见对地震的预测预报和报告两三年内就可以完成，张衡有这个能力，他的《浑仪注》《灵宪》已然参透天地的奥秘，下边的步骤就相对简单得多，这就等于获得了破解天地的密码，按照这套密码逐渐开解就是了。地震可以预报，天下大喜。所以太后兴奋之余，在书上写了这十个字。

张衡百感交集，不能自已，临别再一拜，对太后，对大将军，也是对自己说："张衡记下了。"

张衡离开已不是大将军府的大将军府。正是万木葱茏的日子，但是大将军府前的夹竹桃、碧桃、凤尾竹等，枝条低垂，春天和夏天都把它们遗忘了。

四十七

几天后，皇上的圣旨规定遣送邓骘的日子，邓骘一家离开临时居住的邓府门房，长途跋涉罗国。

邓骘的封地罗国，距离洛阳五百里，邓骘一家没有车辆，没有马匹，大小十几口步行前往，大人抱着小孩，逶迤前行。一家人被扫地出门，除了一身衣服，别无长物，更没有钱粮携带，一路只能靠乞讨。好在大将军的名望在，在民间的口碑甚好，邓骘一家经过之处，总有人主动送来吃的，夜里请大将军一家住进民房，大将军让媳妇们和孩子们住进民居，自己露天宿营。经过十几天的奔波，终于到达罗国。

罗国名义上是邓骘的领地，罗侯国王邓骘是罗国的最高长官，但邓骘以囚徒的身份就任罗国国王，就完全不同了。邓骘在朝廷被贬，按祖制，被贬的国王没有就任仪式，国内一切事务都无权过问，全部由丞相处置。帝国治下各国的丞相一律由中央任命，丞相自己组织一套班子，这套班子也与国王没有丝毫关系，要说有关系，就是负责给国王发发钱粮。不过邓骘毕竟在罗国有一套住宅，一家人可以安顿下来。

安顿下来的邓骘很快就发现严峻的问题："王府"是一处民居临时改成的，民居只有简单的两进，前后院各三间房，房子年久失修，透风漏雨，雨季即将来到，这样的房子实在难以居住，叫丞相府派人来修，丞相府迟迟不动，一家人静等着大雨倾盆。这也还是小事，最严重的，王府无薪无柴，邓骘一家晚上到的，当晚的饭就没有着落，路上还可以讨要，到了王府，不能再出去要饭，可是没有米……邓骘就向接待的罗国官员说，怎么才能领到禄米。官员傲慢地说："禄米，要等到月底才能领到，你要亲自到丞相府衙去领，现在才是五月二十三，领禄米还得等七天。"当天晚上邓骘万般无计，安顿好家属，冷锅冷灶，全家人忍受饥饿昏昏睡去。

天还没亮，惊天动地地有人打门。邓骘自己打开门，对面一伙武装的地方军，显然是丞相府派来的。一个头目模样的向邓骘问话："丞相问你，为什么还不到丞相府报到？"邓骘答道："我是国王，丞相应当向我报到，怎么我向他？再说，就算要报到，也得卯时，现在刚刚寅时。"邓骘还没说完，一个响亮的耳光炸响在清晨的"罗国王府"，这个头目训练有素，扇起耳光力大无比，邓骘的耳朵和嘴巴立刻喷出血，站立不稳，跌倒在地。头目指着邓骘破口大骂："混吃等死的蠢猪！你好大的面子，要我们丞相来见你，你还知道自己是什么东西吧，你就不是个东西，不是东西的东西，还总想把自己当成个东西，那我问你，你是个什么东西！告诉你，以后你每天早晨这个时候，到丞相府报到，一天不到，就是谋逆！起来！"邓骘挣扎着爬起来，还没站稳，头目又一个大耳光，"馕糠的蠢货！磨磨蹭蹭等你到下半夜吗？老子没工夫陪你拖死狗！"这次更狠，邓骘原本就很衰弱，昨天晚饭又没的吃，昏了过去。头目看邓骘被打得够呛，也不管他的死活，甩着手走开，还小声嘀咕："老东西骨头这么硬，手疼死了。"老爷昏过去，邓家一家大小围着哭。一家人都是妇女儿童，无计可施。

忽然一伙人询问着来到这座寒酸简陋的"王府"，邓骘睁开眼睛，原来是邓家的仆人，有十几个。这些人前几天才知道老爷被遣返，昼夜不停地追赶，终于在今天大早赶到了。

仆人们把老爷扶起来，搀进屋里，又擦去耳朵里和脸上的血。邓骘呻吟着，看着这些奴仆，眼泪溢出眼眶，轻轻唤着每个人的名字，每个人就叫一声老爷。

仆人们预先探听到老爷的处境，可能很悲惨，饮食可能断绝，来时各自都背了一点米，合在一起，也有几斛，这段时间邓家吃饭没问题了，邓骘和仆人们都松了一口气。

第二天，邓骘勉强支撑起来，准时到丞相府报到，接受丞相的训诫。寅时到丞相府，等了整整一个时辰，丞相府的人才开门，门房看见邓骘站在门外，问在这里做什么。邓骘回答说是丞相召唤。门人说："就是丞相召唤吧，也不至于这么早，现在丞相还没起来呢，啥时候起来也说不定，你就等吧。"邓骘继续在门外等，又过了半个时辰，有人出来传话，命令邓骘进去听训。

邓骘小心翼翼地走进丞相府，丞相府甚是气派，雕梁画栋，楼宇飞鸿。邓骘被引导进入正堂，丞相端坐，见邓骘进来，昂然不为礼，眼角瞥向邓骘，开始一番演讲："你是国王，我是丞相，按常理，我应该向你跪拜迎接，但你现在是朝廷钦犯，大汉的罪人，我是朝廷命官，不可以跪拜犯官。还有，你头上的帛，不能就那么包着，不合礼数，除掉。"邓骘犹豫良久，人在矮檐下……除掉帛，邓骘被剪得乱七八糟的头发披散下来，不成模样，邓骘极为困窘，手脚都不知该怎么摆放。丞相要的就是这个效果，但他装作若无其事："这样就好多了。冠这个东西，有就有，没有就没有，你用那一片帕子包着头发，却是不应该的。"然后就是宣讲大道理，从大汉立国讲起，太祖高皇帝斩蛇起义，据汉中一隅之地，得天下诸侯之助，攻灭楚霸王项羽，奠定大汉一统江山，历经二百年风雨，被王莽篡夺，光武皇帝中兴，铲除篡逆，天下复归大汉，讲了一遍大汉光辉发展史。丞相坐着讲，邓骘光着头，站着听，历史主线上还钩挂许多八卦故事：韩信的脚上有三根毛，预示他要做三齐之王。王莽前世是高祖杀死的那条蛇，后来报复大汉，要不然为什么叫"莽"这个难听的名，莽就是蟒。蟒即蛇，许叔重的《说文解字》说得周全。邓骘不敢说话，就听丞相在座位后边有的没的胡说八道。就这样又讲了一个多时辰。邓骘累得腰也支不住，几次要倒下去，咬着牙坚持，豆大的汗珠滚滚而下。丞相看见，心里暗暗得意，讲得更起劲，又讲了一个多时辰。

第二天，邓骘接受昨天去早了被责备的教训，决定还是晚一点去接受丞相的训话。寅时刚过，啪啪啪打门，邓骘慌忙开门，还是那个头目，抬起巨手，啪啪两个耳光："混账蠢猪饛糠吃屎的家伙！还要老子亲自来请你！"飞起一脚，邓骘在地上翻滚，惨叫声震荡在田野上。邓骘一直努力忍住疼痛，保持自己的君子风度，可是这次殴打……他实在忍不住。奴仆们拥出来，抓住那个头目就要往死里打，邓骘站起来，护住头目，喝令仆人们住手。邓骘害怕丞相进一步报复，伤害这些忠实的仆人。从这天起，邓骘每天寅时就赶到丞相府，在府门外徘徊，或者靠在廊柱下闭目歇息，等待丞相无休无止的政治理论课。

领禄米的日子到了，现在的邓骘官秩降为二百石，月俸只有三十斛，邓骘借了车子，带着两个仆人早早地来到丞相府，丞相照例端坐高台，慢腾腾地指挥众人东西南北。一切分布停当，已经时近中午。丞相说："邓骘，跪下！"邓骘终于开口说话："我凭什么跪，你是我的丞相，我的下属，我跪你何来！"丞相反唇相讥："你以为是我要你跪吗，我不需要你下跪，你现在要跪的是当今皇上，皇上给你俸禄，食君之禄，焉能不感恩，跪！"邓骘忍着无边际的屈辱，向正堂跪下，正堂上首坐着丞相，没有皇上。

跪下领来俸禄，邓骘让仆人带着粮食先回，慢慢走回"王府"，一路上思考这些天一直设计安排的事情，这些事情反复掂量许多回，他想最后再仔细过一遍，一辈子谨慎小心，最后一件事一定要周全。

回到王府，邓骘把奴仆们都叫来，跟他们说："这里住房狭窄，这么多的人居住不下，早晚得搬家，你们谁家稍微宽敞一点，能不能各自带一个府上的小孩子回去抚养，抚养的时间可能很长，也许就得养到成人。你们看我现在这样子，明显无力养活他们，小孩子跟着我一定要受罪，还是跟着你们吧，好些。你们在我家已经大半辈子，祖上也在我家干活儿，交给你们我放心。"奴仆们争先恐后，都要领养小公子、小小姐，纷纷向老爷表示，领回家去，要给少爷小姐做下人。邓骘说："千万不要，你们领回去，就当你们的孩子，让他跟你们自己家的孩子在一起，平安长大，我就安心了。你们千万不要像对待主子那样对待他们，他们本来没有主子的环境，倒享受那种待遇，那就把孩子养坏了，不能成人的。记住啊，就算我邓骘求你们的。"众仆人唯唯称是。七八个孩子都有了着落。邓骘一个一个地抚摸着孩子，抱着他们，还亲亲他们的脸蛋，让他们每个人都叫声"爷爷"。小孩子"爷爷爷爷"地叫个不停，大一点的孩子知道这是要跟爷爷分别了，流泪抱着爷爷不放，说愿意跟着爷爷在这里受苦，没有饭吃他们少吃不吃，他们出去讨饭，去给人家干活儿，养活爷爷。邓骘抱着孙子孙女们，一时间老泪纵横，小小孩子看见大人都流泪，也哇地哭起来。

邓骘让奴仆们带着孩子们出去，招呼儿媳们进来，儿媳们向公爹见过礼，侍立一旁听候吩咐。邓骘向媳妇们道歉："嫁到我家，没有享受多少福，却遭受如此灾难，都是我邓骘害了你们，我这里给你们作个揖吧！"媳妇们慌忙跪倒，邓骘说："你们快点起来，我有话跟你们说。咱们这家眼看着是撑不下去了，我年纪大，养活自己都困难，这样一家人跟我不是病死就是饿死，我已经给孩子们找到收养的人家，就是咱家从前的老仆人，这些仆人忠心耿耿，咱们邓家的生死朋友，你们可以放心，孩子们一定不会受罪，能健康长大的。至于你们，还都年轻，你们考虑另嫁吧，现在你们先回娘家，等有了好人家，就及早地出嫁吧。邓家，没有保护好你们，我邓骘再次给你们赔个礼。还有，转告你们的爹娘，我邓某人对不起各位亲家，请他们原谅我。"

儿媳们异口同声："我们跟着孩子走！"听到这句话，邓骘再也忍不住眼泪，号啕大哭。媳妇们手足无措，紧张地看着公爹。邓骘在生死关头，家人不抛弃，子女不抛弃，老仆们也都不抛弃，几百里外赶过来侍候他。邓骘想，我这一辈子，当没当大将军真不是个事，亲近的人不离不弃，这才是我最欣慰的。

邓骘把老奴们叫进来，对儿媳妇们说："你们要跟着自己的孩子去，我邓骘也代表孩子们感谢他们的妈妈。我现在做主，媳妇们都跟着自己的孩子到各位老人家里去，就认老人做干爹吧，孩子就是你们的孙子孙女。"媳妇们各自奔向自己的子女，把牵着孩子的老奴称作父亲。

一切安排停当，比自己预先设想的还好，邓骘从贴身的衣袋里取出一个小瓶，鹤顶红。太后临终时，屏退众人，从随手的小匣子里取出这瓶鹤顶红，告诉他说："你位高权重，嫉恨的人一定很多；我临朝时间十几年，结怨也不会少。我现在平安落地，你还得撑起这座江山，前面的路怎么样，我和你都不知道。有的事本来是我的，最后可能记到你的账上，所以危机四伏。防备万一，我准备这瓶鹤顶红，我没用上，我希望你也用不上。"现在，邓骘用上了。

大家回头看老爷，老爷眼睛闭着，已经停止呼吸。

四十八

张衡在灵台听到大将军自杀的消息，既震惊，又在意料之中。他亲眼看到大将军被迫害的状态，知道大将军能够活下来的可能十分渺茫，大将军很冷静，当时他可能就已经做好了最后的准备。可是张衡没想到大将军这么快就付诸实施，他的头发还没长起来，当时张衡心里就有很不健康的想法，一旦头发长成正常模样，大将军可能就走到头了，大将军的头发已经被剪得露出头皮，长成模样至少一年，这一年，大将军是安全的，头发会决定大将军的寿命，所以张衡盼望大将军的头发长得再慢点。大将军到封国还不足一个月，就命丧黄泉，这一定是发生了叫大将军无法忍受的事变。

张衡再次来到东观，马融正在喝酒，张衡有点不高兴："大将军被冤枉致死，你还在喝酒！"马融已经有些醉意，看着张衡："大将军被冤枉死了，所以我喝酒。"张衡虽然理解马融的心思，但不能原谅马融不肯见大将军最后一面。张衡说："光武皇帝光复以来，有哪位执政像邓大将军这样重视读书人？没有，邓大将军是大汉开国以来最亲近文化、最重视文化人的大臣，我们读书人的保护人，竟然就这样被逼死了。你不肯去安慰大将军。"马融长叹一声道："我不是不想去，当年大将军征召我进京，我感激得不行，当时说为赏识自己的人肝脑涂地，立刻就叫我涂地，我马上就肝脑涂地。可我在东观这许多年，我做出什么了，结果我啥也没干成，就校对几本破书，还有帮你改了《浑仪注》，还不知道改得合适不合适，后来多次听人说过，你原来的说法更受欢迎，我以为帮助你做成的事也成了无用功。我十年东观，可以说蹉跎十年，对大将军的感激，就打了折扣。"张衡说："十年，啥也没干，可你领了十年六百石的俸禄！反过来说是不是更合理：大将军使你免于饥寒十年之久！这算不算大将军的仁德？"

马融默然，想想也是，人为财死，鸟为食亡，说到底不还是为一口吃的，重要的是给你饭吃，而不是让你用什么形式吃饭，大将军及早地让我脱贫，享受国士的待遇，也是很大的恩德。再想想因为上《广成颂》，滞留东观十年，这事本身就可能是虚构，大将军看没看过《广成颂》还是个问题，就是看了，也未必能看出里面有讽刺的意思，因为我本来就没有讽刺的意思。我很可能是自作多情，把自己一篇小文看得太重，为了这一件莫须有的事，拒绝去看望危难中的大将军，自己显得有点小心眼儿了。大将军在士林中超拔了马融，马融应该是大将军的门下弟子，弟子为自己猜想的事情记恨先生，马融心里泛起愧意。

但是马融说："大将军为国事呕心沥血，结果被逼自杀，勤劳国事，下场如此，人生皆虚幻，无事不荒唐。唯有饮酒，入我肚肠。入肚肠也没有啥好处，但喝酒这个时刻，我是快乐的，有限生涯，快乐事屈指可数，快乐时白驹过隙，谁说饮酒这一时的快乐不珍贵呢？平子，来好好地喝一杯吧，今天的酒明天就喝不到了，明天喝的就是明天的酒。你去看了大将军，看了又怎么样，大将军自杀了，从此世上无邓骘，可你我还得活。为了一个行将辞世的人愁肠百结，死者长已，何尝知道，活人倒受折磨，其实自我摧残。人生在世，不如意事常十之八九，什么不如意？自己认为不如意，就认定不如意，就以这不如意衡量一切事，会产生更多的不如意。其实哪有那么多不如意？刚才我说蹉跎东观，好像不如意，但你要转换一个角度，就会发现人生得意事才十之八九呢。"张衡看着喝得半醉的马融，已经没有话可以跟他辩论，早先辩论会的争辩，似乎把话说干净了，朋友哪天把话说完了，那么这朋友可能也就做完了。张衡看一眼马融，这还是当年偷跑出门找吃的东西的那个马融吗？仔细想想，还真就是当年那个试图私出太学的马季长，多少年的岁月，侵蚀不掉他的"实用主义"习性。

马融成为经学大师，这得力于他在东观的阅读，他看遍天下书，也记住了天下书，这番功夫不是一般人拥有的。大师马融设帐授徒，帐下动辄千人。这么多的弟子供奉，马融的饮食起居都十分讲究，讲书时酒杯不离口，喝一口酒，讲一句"曰若稽古"，酒香浓烈，溢室充堂，旁边还有妖姬舞蹈，轻音乐飘飘摇摇，恍恍惚惚，宛如仙境瑶台。马融就在这仙境中把学问传输给弟子，讲到得意处，马融慵慵状"胡坐"于席，示意一位"仙姬"坐在他的怀里。仙姬柔若无骨，轻如鸿毛，马融一手轻挽仙姬，一手慢捻玉盏，口吐经训注疏，对照古注今疏，居然一字不差，梦丝不乱。讲读间隙，马融将酒杯凑近仙姬"樱桃颗"，樱唇轻启，玉液微注，酡红满腮，不胜酒力，婉转在怀，所余半盏，兰麝馥郁，马融欣欣然一饮而尽。有两个妖姬，扶持醉酒美人而去，马融正衣冠，正襟危坐，接续讲学："时人不则有愆。无若殷王受之迷乱，酗于酒德！古注曰……今人疏曰……吾师云……"山东来的郑玄，见到先生这样教学，吓倒了，而马融讲学如故，失态的是学生，马融倒从容自然。

张衡与马融分别以后，再也没有见过面，两个人都不想再见面。

马融说得对，张衡去拜访故大将军府，对故大将军有什么后果不说了，张衡的确把自己置于十分危险的境地。

安帝上朝回到永乐宫，边走边叨咕，整天说难啊难，我这不也上朝了吗，也退朝了吗？这有啥呀，这有啥呀！也不坐辇，一路摇摇晃晃，东张西望，皇后和奶妈接着："今天怎么样啊？"安帝志得意满："今天嘛，痛快！"皇帝痛快，奶妈就放心了，"儿行千里母担忧，母行千里儿不愁"。她的一生就是为了让皇帝高兴的，今天皇帝不但高兴，还高兴得痛快。"蚂楞蚂楞你过河，东边打鼓西边打锣。"皇后想问题要多一些："说说？"安帝当然想说说："今天朝堂，所有大臣的所有奏章，我都在上面批了两个字。"皇后一惊，她知道皇帝丈夫的斤两，他做的事如果不叫人吃惊，那才叫人吃惊呢。"哪两个字？""'狗屁！'哈哈哈！"皇后暗暗叫了一声苦，皇帝指望不上了，难得太后好性子，忍了皇帝那么久，不过太后在的时候，皇帝也不敢这么胡闹吧？太后不给他机会。皇后姐姐告诫他说："不能凭意气，大臣的奏章还是要看的，人家辛辛苦苦点灯熬油写了好几天。"安帝说知道了。皇后比皇上还小一岁，但奶妈说，媳妇大一点有福，还长寿，让他叫皇后姐姐。皇后想，皇帝真的知道了吗，下次可别在奏章上都写上"精彩"两个字。要不要提醒他？转而一想觉得好笑，那不成了傻子了吗？下一次朝会，皇后奶妈早早地接着，安帝依然兴高采烈，像一只飞翔的鸟，跃进永乐宫，皇后急忙问："皇帝今天特别高兴？""别提多高兴了！朝堂皆大欢喜！皇后说得对，大臣写奏章，很不容易的，挺大的老头子，个顶个比我年龄大。我今天在所有的奏章上都批了一个字。"皇后哆哆嗦嗦，抖抖地说出一个字："——准？"皇帝拊掌大笑："皇后姐姐，冰雪聪明！"皇后几乎瘫下去：一句话不到，还是出了岔子！

皇后派到大将军府的间谍禀报，太史令张衡，前天下午到大将军住的门房，有半个时辰，还提着一个食品盒子，估计里边装的是胡饼。张衡出来的时候，深一脚浅一脚，失魂落魄的样子，大概是受了刺激。更可能和大将军订立了阴谋，他被阴谋压制得走不动路。侦察发现，张衡回到南郊灵台，一下子就睡过去，整整一天一夜才起来，起来就乒乒乓乓地做木工活儿，做了一天一夜还没停呢。

安帝大怒："张衡，从前让他轻松逃过去了，这么多年逍遥自在，这次又跟罪臣勾结，罪大恶极，皇后，怎么处置？等等，太后死的那天夜里，好像正在读张衡的书，我亲眼看到太后在他的书上写了字的，大概是……'地震十年'什么的，原来他是太后的人！皇后啊，他是太后的人哪，听见没，皇后姐姐，他是太后的人哪！"

皇后似乎没听见皇帝的叫嚷，她在想一个比较形而上的问题，丈夫皇帝执政能力明显不能指望了，以后的朝廷大事小情，都要我拿主意。扳倒大将军，强敌排除，现在人心不稳，不应该四面树敌，小小张衡，去看大将军，放过他不追究，也没啥。这张衡，跟太后跟得那么紧，看太后在他书上写的几个字，一定是留给张衡的遗嘱，让他研究地震什么的。地震地震，烦死人的地震，看见张衡就是地震，听见张衡也是地震，有完没完！开头皇后还是形而上，高端论证哪有那么容易，论着论着就回到地面，生起气来，骂一阵老太婆。老太婆临死还地震地震地念叨，叫我们不得安宁。按规矩，太后身边东西喜欢的，要殉葬，那本破书也一定随着老太婆去了，在地下还研究地震，不安好心！皇后在皇帝面前是女强人，善于指挥皇帝，在太后面前却是一个尖酸刻薄的女俗人，啥事都往歪了琢磨，太后地下研究地震，很可能是研究防止地震发生，太后研究成功了，得好处的是皇上皇后。可是皇后那颗久被压抑迫害的心，不走这条路，这颗心总走邪路。

张衡几天不合眼，在灵台他宽敞的失去理性的工作室里制作他那不知名的"仪器"，锛凿斧锯，忙得眼花缭乱，要做什么，他千真万确地不知道，他不工作，心里就堵得慌，只有挥舞那些木匠工具，他才能稍微安下心来。这样不眠不休瞎鼓捣，绝非智者所为，但张衡睡不着，一闭眼，眼前就出现太后手书的那十个字。对太后，对大将军，张衡连一句完整的话都说不出来，张衡知道，这叫"无言以对"，无言以对，的确，找到地震的因果关系也好，找到了因果关系，地震的钥匙不也就拿到手了吗？于是，乒乒乓乓。

朝廷发来一份通知，灵台上张衡所有物品，一律封存，包括他那些奇奇怪怪的模具。灵台掌管天文历法，皇上说，历法有书，有一本叫"万年历"，前汉时候的，那里明明白白，几百年后的日子都记着。太史就是记日子的嘛，现在日子都记得明白，太史可以撤销。有万年历在，四时八节误不了。太史令官职撤销，南郊的灵台关闭，所属各员转业，辅助人员无官职的辞退，陪伴张衡度过几千个漫漫长夜的灵台守门人阿三也遭辞退。至于张衡，就地免职。

守门人阿三虽然不像张衡一样每天晚上看星星，可他时常到台上看"看星星"的张衡，也算久经考验的生死搭档，尽管话也没说过几句。看守门人落寞无依，背着自己的小小行李卷离开灵台，张衡心里难过，隐约觉得守门人的失业与自己也有关联，能帮守门人的，也就是给他一笔补助费，让他回家过平常人的日子。因为守门人属于招聘，官家不给遣散费的。

皇后和皇帝处置了张衡，立即移师朝堂。他们有更重要的事情要做，而且极为紧迫。

第十三章

棋局

四十九

太后没了，皇帝……皇帝不算！阎皇后踌躇满志，邓太后，进宫就被她压制，八年哪！皇后对自己说："别提她了！"不提也得提，皇后阎姬，总算熬到头，呼风唤雨，号令天下。圣人有言，得天下易，坐天下难。阎姬想，得天下易？圣人也是没心肝，我苦熬八年，这叫易？圣人说，公子重耳，十九年，听好了，是流亡，居无定所，讨饭度日！其实没有什么圣人跟阎姬对话，这些话是她自己开导自己的，在她有限的历史知识里，只知道重耳流亡十九年。

知道坐江山难，也就够了。皇后阎姬知道皇帝指望不上，不添乱就是帮忙。她要独立支撑起这片天，她二十五岁，跟太后称制一个年纪。眼下最要紧的，是叫朝廷内外都安定下来。

皇后秀外慧中，聪明绝顶，分析当前形势——分析当前形势，根本用不着这么夸张的形容词，除了皇帝，谁看不出来？当前形势是，朝廷里面缺少自家人，再直接点说：老阎家，应该翻身啦！皇后自编自导自演，在永乐宫载歌载舞："是谁，带来幸福和安慰，是谁，拯救万民不伤悲，是那山间的云雾，是那云雾中的惊雷，啊，巴扎嘿！"这歌词有没有道理就不管它了，她把自己比作云雾，还是云雾中的惊雷，就匪夷所思，而且这云雾惊雷都是虚无缥缈的东西，怎么听着都不吉利。好在永乐宫里的人都纯朴可爱，不像那些读书人，总要给事物千般解读万般影射，永乐宫的宫女奶妈太监们听着好听，看着好看，就是好的，至于唱的是啥，不重要。

皇后唱歌舞蹈只是热身了，她要收拾山河，而且要再造这个山河，就从册封自家人开始：

长兄，阎显，大鸿胪兼长水校尉，食禄万石。袭北宜春侯，食邑五千户。改封长社侯，食邑一万三千五百户；

次兄，阎景，忠义将军，典禁军，比二千石；

三兄，阎耀，扬烈将军，典禁军，比二千石；

四兄，阎晏，怀集将军，典禁军，比二千石。

皇后安排自己的三个哥哥任卿校，掌管禁军，她想，我真是太聪明了！邓骘虽然是大将军，可他不掌管禁军，而宫廷的事，一队羽林禁军就轻松搞定。大将军在太后大葬之后解除戒严，放京城禁卫军回归驻地，留下一段真空，宫里的中常侍才得以以皇帝的名义召禁军入宫，逮捕大将军。虽然一小队宫中主管仪仗的卫队就可以做到，但是禁军全面接管皇宫，卫队才得以上下其手。四个哥哥，三个典禁军，京都的军事完全可以放心，保证阎家安全，邓家人居然不知道这层道理。皇后想，邓家太大意，判断形势错误，哪里是判断错误，邓骘根本就没什么判断，我们阎家不会犯这样的错误。蹈邓家的覆辙？多丢人，蹈覆辙也换一家蹈……皇后思想大跑马收不住，赶紧吁吁吁，接着跑……接着想。哥哥们还不够，那时候邓家一大家子，弟兄子侄都当官，我们也不能屈居人后，阎家最大的官二代是大哥家的，十岁，大哥的二儿子才八岁，二哥的儿子也只有八岁。怎么办？皇后想，还能怎么办，当然授官，大侄子、二侄子、三侄子，一律官拜黄门郎！这叫一个萝卜一个坑，先占着，再说以后。

母家的事情安排妥帖，架子也就搭好，皇后不忘论功行赏，除掉邓家，江京、李闰功劳最大，樊丰也是功臣。高皇帝有诏，战时积功，大臣军功最著者可称王，平时功臣封赏，最高的就是侯。侯爵的封赏也有讲究，文能提笔安天下，武能上马定乾坤，总之能得到封爵的，不是文臣就是武将。至于宦官……皇后马上自我批判一下：宦官怎么了？宦官就不许立功受奖了吗？他们对皇帝对皇后对皇家的忠诚，哪个大臣可比？有吗，有吗，站出来让我看看！没有人应答。因为皇后在自己的屋子里，对着镜子说话的，宫女们也没一个。皇后说最忠诚的肯定是宦官，最忠诚的却得不到最高的封赏，我要把被颠倒的历史再颠倒过来，给宦官以结结实实的历史证明。李闰突然闯进来说："皇后殿下，宦官封侯，有先例的，第一个鄩乡侯郑众，第二个龙亭侯蔡伦。"皇后问他为什么这么巧，能接上话呢，李闰说在外边听见殿下叫"站出来"，就来了。李闰还告诉皇后，宦官不但可以封侯，还能世袭封爵，皇后笑笑说："世袭，宦官怎么世袭？"李闰很谦卑地告诉皇后，宦官也可以有儿子的，比如养子。

皇后决定，封江京为都乡侯，封李闰为雍乡侯，有子可以世袭。李闰忙不迭去找江京，这样的好事必须尽快让江京知道，带来好消息的一定是好人，李闰想。江京照例在喂他的巨蜥，巨蜥张着大嘴等着江京手里的羊肉，李闰跑来叫道："快去，皇后叫你呢，大好事！"江京放下手里的羊肉，随着李闰奔永乐宫，一路上江京问啥事啥事，李闰不说。巨蜥眼看着肉要到口，被一个家伙横空夺走了，不是夺走了肉，是夺走了人，人走了，肉就没了。巨蜥的智力实在可怜，它到现在还分不清哪是人哪是肉。

到永乐宫，皇后已经写好了两张纸，一张"都乡侯"，一张"雍乡侯"，迎面见到江京，把"都乡侯"送给江京，把"雍乡侯"送给李闰，脸上很欢喜："我跟皇上商议过，封你们两人为乡侯，荣华富贵，世代不绝！"两个人尤其是江京喜出望外，大汉朝廷三百年，宦官得以封侯的，四人而已，我们就在其间，亘古以来的大事！立刻跪倒，向皇后谢恩，然后又向勤政殿的方向对皇上谢恩，口里叨念着，眼睛里闪着泪花。

奶妈王圣从外边进来，看见李闰江京撅着腚给皇后磕头，抬头看见两个家伙兴奋得脑门子都闪闪发光，知道这是遇上好事，忙问啥好事。皇后说他俩有功，皇上给他们封侯了，王圣叫起来："皇上没道理！要封侯也得先封我，哪里就到了他们，封我为侯的文书早就递上去了，老妖婆扣着不批，皇上不应该先批我的吗？"皇后说："奶妈你是女人，不能封侯，皇帝要封你的也应该是君。虽然叫君，但那意思跟侯一样，你是皇上的奶妈，你的什么君，要等到皇上亲自封给你。奶妈听了这些话，才渐渐安定下来："肉烂在锅里，都是一家人。"

安帝上朝回来，皇后说，皇上，今天我把你给李闰、江京封侯的事跟他们说了，我想就封江京都乡侯，李闰雍乡侯吧，也好听。安帝迷惑又吃惊，我什么时候说封他们的，皇后作张作势，显得十分惊讶："怎么，昨天商量好的事，你就忘了？"安帝仔细想，想不起来，但既然皇后记得，那就不会错的："好，都乡，雍乡，等到朝会的日子让他们写个圣旨。"皇后点头，说皇帝真是个好人。

好人皇帝的朝廷，却有一个不很好、很不好的大臣，他叫杨震。杨震出身不好，他是邓骘的朝廷来的，邓骘是坏人，他这一派的人还能有好人吗？安帝决定大清洗，把邓骘一伙的全部关起来或赶出去，尤其是杨震，他已经做到了司徒。皇后说："司徒杨震，你打算怎么处置呢，他是邓骘线上的人。"安帝听这语气，这用词，这神态，指向一目了然，与我想的一致，于是自信满满："贬。"皇后沉吟道："不可。"然后给他说不能贬杨震的原因。这杨震人称"关西孔子"，贬黜一个杨震，失去朝臣和万民的拥戴，陛下刚亲政，民心不可失，留着他，如果不给陛下为难，留着也无妨。

杨震就留着。有一个人不能留，大长秋蔡伦。蔡伦在两届太后身边都受到重用，不仅仅因为蔡侯纸，更因为这位龙亭侯为人谨慎听话，皇后使用着非常省心。这样小心谨慎也有马失前蹄的时候，那次在宫里遇到奶妈，手里捧着重物，一只釜上头还放着一盘子，无法施礼，只好点头示意，就过去了，谁知奶妈王圣记恨在心，但蔡伦是太后的红人，邓太后一去，奶妈挑唆皇帝，要治蔡伦的罪。奶妈说起蔡伦，突然引起皇帝的心思，想当年，孝章皇帝妃宋贵人被蔡伦诬陷，说宋贵人狐媚子，在宫里使用邪术谋害皇帝，宋贵人被逼迫自杀，生的儿子刘庆本来可以立为太子的，结果被贬为清河王，这清河王就是安帝的老爸，孝章皇帝宋贵人，就是安帝的亲祖母。蔡伦这人心思沉重，不与人交往，休假的日子，就把自己关起来，谢绝一切宾客，虽然贵为侯爷，二千石的高官，仍然清净自守，除了伺候太后，不干预朝廷上的事情，审理宋贵人的案件，蔡伦被置于两难的境地，听命于窦皇后，就得违心处置宋贵人，保护宋贵人，就会得罪窦皇后。蔡伦这一违心，就提心吊胆四十多年。邓太后在的时候，蔡伦知道自己安全，虽然皇帝是宋贵人的嫡孙。太后一死，蔡伦知道自己的末日到了。

安帝就问皇后怎么处置蔡伦，皇后说："他不就一个宦官嘛，又那么大的岁数，还能活几年？"安帝想，皇后说得有道理，那就让他活几年？"可是，做了坏事，即使活到八十岁，该死还得死。"安帝对这两番完全抵触的话产生了严重的质疑："那么，那蔡伦是该死呢，还是不该死？"皇后忍住不耐烦，说："这蔡伦，皇上就别管了，有人处置他就是了。"皇帝不免愤愤不平："你到底是什么意思，说话别那么曲折好不好，弄得我紧张得跟不上你的思路。"

皇后却也不再理会，换个话题："王妈妈的封爵，陛下有什么打算？"安帝一拍大腿："哎呀我给忘得干净！应该，应该，可是封王妈妈什么爵位好呢？费琢磨。"王圣突然就冒出来——王圣在宫里总是突然冒出来，久而久之，大家早就习惯了。冒出来的王圣眼泪扑簌，拉住安帝诉苦："皇帝吃我的奶水长大，现在用不着吃，就狠心不要我，卸了磨就杀驴！"皇后劝住王圣说："这不正在商量着吗，没说不封王妈妈的，只是还没选好封号。"王圣尖着嗓子叫道："这还用商量吗？那年皇上说封我一个野王君，那老太婆不让。说亲妈妈妈啥的。"皇后忙说："行行行，就封王妈妈野王君吧，皇上你看行不行？"安帝说好好好。

奶妈高高兴兴带着封号走了，第二天带来了自己的女儿，叫伯荣，进宫见了安帝就卜跪，跪下就叫哥哥，安帝急忙问这是咋回事呢，王圣理直气壮："我的女儿啦！她吃我的奶，你也吃我的奶，你们都吃我的奶，都该叫我妈，论大小，她该管你叫哥！"皇后说那不行，皇帝没有这许多哥，就算亲哥，也不能叫哥，必须叫皇上陛下。伯荣扭扭捏捏不肯叫，野王君见多识广，跟女儿说，你还是叫你哥皇上陛下吧，一会儿他封你一个大官！伯荣向皇上跪着磕头，说陛下万岁，皇帝果然封她为潢川郡主。安帝仔细看看潢川郡主，比她妈妈瘦点也有限，嗓子也尖厉，面貌跟她一样够瞧的。

潢川郡主因王圣的关系，经常出入王族的门第，参加皇族的豪华聚会，不知不觉就和公子刘瑰关关雎鸠起来。这刘瑰是朝阳侯刘护的远房堂兄，生得一表人才，可偏偏就爱上了其貌不扬的伯荣，令人纳闷，当时人们普遍认为这刘瑰的审美细胞发生了错乱。这话比较可信，他们刘家男人对女人的看法异乎常人。王圣见了刘瑰，立刻不顾礼仪，抱住不放，嘴上不住嚷嚷："这真是俺的好女婿呀！"

付出总有回报的，王圣既然喜欢这个好女婿，就要千方百计地为女婿设计前途。刘瑰不是王爷，只是一个王族的普通公子，他家没有爵位可以继承，王圣说，我家是君侯，嫁娶应该门当户对，怎么办呢？王圣心机一动：他的堂弟就是朝阳侯啊！丫头，等着，我跟你哥说说。"朝阳侯刘护刚死，他没有儿子，没人继承这爵位，皇上把爵位收走了也可惜了的，就让你继承这个侯吧！"安帝听了奶妈的请求，也说好好好。

安帝说好好好，就是批准了的意思，可太尉杨震却认为这事大大的不好，因为这刘护还有更亲近的人在家里，眼巴巴地等着这爵位。他向安帝上书说："爵位继承是大事，自古以来都是父死子继，兄终弟及，以防别人篡夺爵位。朝阳侯刘护薨，他没有儿子，按照祖制，就应该他的弟弟继承，现在他亲弟弟刘威健在，依祖制是当然的继承人，刘瑰只是刘护的堂兄，堂兄刘瑰继承堂弟刘护的爵位，有违祖制，陛下一定要刘瑰继承，臣期期不奉诏。"涉及自己奶妈的利益，这回安帝不需要回到永乐宫向皇后讨主意，当场回复太尉："这刘瑰不是别人啦，他是我阿母——你们叫奶妈的那个啥啦，我阿母奶妈的女儿的丈夫，我阿母是侯爵，她女儿的身份是郡主，她女儿的丈夫怎能是平民百姓？龙生龙，凤生凤，我吃了我阿母的奶，我阿母的奶又滋养了郡主，郡主又和刘瑰有了肌肤之亲，这层关系你说有多么深厚？太尉，给个面子吧。"为了奶妈一家，安帝第一次说了这么完整这么漫长的一席话，令人敬佩。

　　杨震却越听越糊涂，怎么的，稀里糊涂一论证，刘瑰就成了皇帝的近亲了？难道血统不但能传承，还能传染？太尉知道安帝这方面的知识不行，仔细向他解释皇家血统不能传染的道理，总之，刘瑰不能继承堂兄的朝阳侯。安帝急了，引经据典为伯荣找理由，说高皇帝规定，有功之臣不需要从前辈继承爵位，可以自己争得爵位，太尉看伯荣……杨震启奏道："陛下不说伯荣的事迹倒也罢了，说到这位郡主，臣正要向陛下汇报哪！这位郡主，生活奢侈，贪污受贿，出入宫廷，干预政事，而且做事一点不知道收敛。去年到甘陵走亲戚，一路上前呼后拥，鸣锣开道，彩旗飘摇，郡县官员夹道迎送。有的郡守不要尊严，竟然迎着伯荣的车子跪在地上磕头，跪下磕头的还有王侯，这成何体统？奶妈野王君王圣在洛阳城大建府第，合两坊为一坊，占了两条街，亭台楼阁高入云端，雕刻装饰极其精致。动用大量人力、财力、物力，开山取石，洛阳城都被她搅动了。至于刘瑰，一个无德无才也无能的浮浪子弟，就因为娶了皇帝奶妈的女儿，直接就得到侍中的职位，六百石，这个职级，常人需要十年的打拼。现在还要让他继承朝阳侯。臣期期不奉诏！"安帝在奶妈家的事情上出奇地坚强："你不奉诏，我也不诏你，我叫大将军大鸿胪去办！"现在的大将军耿宝，是皇帝的舅舅，大鸿胪阎显，是皇帝的妻舅，两个人联署，刘瑰顺利成了朝阳侯，倒霉的刘威在家继续接着倒霉着。

　　杨震为皇帝奶妈的女儿的老公的事得罪了皇帝，还不是大问题，这么复杂拗口的人事关系，恐怕皇帝本人也说不清楚，尽管这事与他相关。既然说不清，他也就容易遗忘。杨震后来还得罪了太监，这问题就非常严重。李闰想把自己的哥哥举荐到朝廷任职，杨震说，想也别想！李闰鼓动耿宝等人，弹劾杨震，皇帝下诏将杨震遣送回原籍。帝国官员最怕遣送回籍，那是生不如死，遣送回籍的官员没有能熬过一个月的，那地方官……"关西孔子"杨震，在被遣送的路上服毒自杀了。

　　安帝亲政以来，蔡伦就做好了打算，什么时候不能确定，但要来的事总是要来的。这一天终于来了，蔡伦心里居然平静如水。中黄门传达皇上的旨意，要蔡伦到廷尉处接受审判。蔡伦说："回禀皇上，微臣即刻前往。"中黄门回去复命，蔡伦从腰间取下腰带，搭上房梁，就在他值守四十年的居所上吊自杀了。关于死的方式，他研究了许久。他原想服毒自杀的，那样死后的尸体好看些，听说上吊死，舌头会伸出唇外很长，一辈子谨慎，死时倒那么放肆，太不该。再有一件事更难以启齿，听人说上吊死时，大小便失禁的，这一辈子身体已经残缺，最后一刻，残缺的身体形象还不能整整齐齐，挺丢人的。服毒自杀，应该没有这些损害。他最后放弃了，他想起大将军服毒而死，我一个小小的太监，怎好跟大将军一样？上吊吧。蔡伦在自己的居所沐浴更衣，一切收拾停当，从容上路。

五十

安帝延光四年（125），皇帝亲政已经五年。

一切都在局中，包括布局者，而当局者浑然不觉。然而，焉知布局者不是局中人？

朝廷里的事情有舅舅张罗，有时皇后的意见舅舅不同意，不同意也就是不同意，还得照着皇后的意思做。宫里有勤奋机敏的宦官江京李闰樊丰，还有忠心耿耿的奶妈王圣，这些人也都有自己的团队，几股力量合在一起，显得相当的庞大，都是皇帝的队伍。安帝因此乐陶陶，一切事情，大将军皇后宦官和奶妈都替他办好，清闲自在乐逍遥。同样不用干事做挂名皇帝，太后那时候，安帝怎么不乐陶陶乐逍遥？安帝说，那不一样，太后临朝，我是傀儡，只有特别重要的文书，才用一下我的玉玺，拿我的玉玺盖一下，就完了。现在我当家，舅舅老婆大舅哥阿母还有身边人替我干活儿，这就是亲政的好处啊，都是自己人啊，想干什么就干什么啊，不想干什么也没人管啊。一连串的"啊"，不需掩饰的兴奋。安帝这是彻底没救了啊，连"傀儡"两个字都认不全啊。邓太后真是太过虑，太后读儒家书太多，被儒家教条拘管住放不开手脚。刘祜不成器，还要观察十多年吗？还要忍耐十多年吗？太后毕竟太荏弱，拿出收拾杜根和邓康魄力的一个边角，邓家就不会被人做了局。

安帝想出去走走了，老在宫里待着，也烦闷。去年东巡登一回泰山，今年想往南走走。皇帝出行需要理由，祖上的规矩，不能破的。有的皇帝不安分，搞一些冒险勾当，乔装出宫，自由自在地旅游一番，被人发现了，就说是"微服私访"，给讨饭的几个小钱，就算办成了泼天也似大案，除暴安良了。当今皇上不行，他身子太弱，整天病恹恹，心里想着偷偷地潇洒一回，却不敢微服去"私访"，怕把自己折腾坏了。往南走，冠冕堂皇的理由是到南阳祭祖陵。

但安帝突然在南阳发病，病势凶险，随行的太医也看不出什么病，也就不敢用药，逼问到最后，太医只好用"带病延年"搪塞，安帝正年轻，三十二岁，怎么就说这话，带病延年，不就是放弃治疗吗？其实这也怪不得太医，大汉帝国皇帝们患的是家族病，不能长寿，自光武帝之后，皇帝们全都寿命短促，二三十岁就龙驭宾天。眼见得病势沉重，銮驾紧急返京，紧赶慢赶，赶不过死神的脚步，奔驰到叶县，被死神追上了。驾崩。庙号恭宗，谥孝安。

善于做局的阎皇后此前已经将太子做成了谋反罪，成功废黜，现在迎立济北王小王子刘懿，阎皇后成了阎太后，刘懿年少，太后临朝称制，这年她三十一岁，仿佛前朝故事重现，局面依然很好。

阎姬在宫里十几年，心底里着实羡慕邓太后，那风度，那做派，那权威，叫人五体投地。阎姬悄悄地模仿邓太后的种种，走路姿势，说话声调，但自己也觉得学不来。邓太后的风度在骨子里，不用说模仿得不像，再像，也是皮毛。机缘巧合，阎姬现在成了太后，临朝称制了，阶级上与邓太后平等了，管她像不像邓太后！现在手里的小皇帝比孝安皇帝当年还小些，阎太后暗暗有些得意：等到皇帝亲政，还有很多年呢，这期间……邓太后是个教训，万万不让它重演，这个局是阎皇后做的，当然知道怎么维护这个局。好在时间很充裕。

但朝廷的问题必须立即解决。皇帝驾崩，权力就要重组，重组权力就得清洗。清洗得不多，那叫清洗；清洗得很多，就是大清洗。皇后决定来一场大清洗，清洗的对象嘛，昨天的盟友今天的对手——大将军！

与大将军耿宝，合作还算愉快，处置邓骘家族，耿宝位居首功。可耿宝毕竟是皇上家里的人，从前皇上在的时候，还算一家，现在天下是阎家，跟耿家怎么说都不再是一家，不是一家就会离心离德，离心离德就会争执不休，与其将来那样……不如现在就这样……

阎景、阎耀、阎晏，分别掌管禁卫军之一部，大将军名义上统领全军。全军是什么，全军只是个概念，实际他统领着概念，阎家军手里抓的才是"军"。有一天，耿宝忽然发现自己已经不能统率军队了，与当年大将军邓骘的情况一模一样，吓出一身冷汗。不过他很快把这身汗擦掉了：我为皇帝皇后立下偌大功绩，三家都是至亲，不应该以小人之心度君子之腹。按理说，耿宝应该确定阎姬阎皇后阎太后不太像君子，至少，不能肯定她就是君子，哪里这么费劲，他肯定知道阎姬就是一个大大的小人。可是小人心里，都希望他人是君子的，耿宝恰恰就是这样的小人。

这天朝会，有人奏称：大将军图谋不轨，证据确凿，无可抵赖。大将军不知道这是一个阴谋，愤怒至极，不等那个坏蛋说完，扑过去就掐住他的脖子，堂堂大将军居然如此不顾礼仪，咆哮朝会，御座上的太后当场发布命令，逮捕大将军耿宝，那个揭发者也不用再说话，把奏疏递上太后，太后对着奏疏的名单，叫一个，逮捕一个：中常侍樊丰——逮捕！虎贲中郎将谢恽——逮捕！侍中谢笃——逮捕！大将军长史谢宓——逮捕！侍中周广——逮捕！

孝安皇帝的阿母野王君王圣，逮捕！王圣的女儿、女婿等，一律逮捕！

这些人的罪状是结党成派，凌驾于朝廷之上，内廷外朝勾结，刺探情报，互相呼应造势。奏疏对上述这一干人给出最后结论和罪名：大逆不道。根据奏疏，太后指示廷尉，将樊丰、谢恽、周广下狱，经审理后处死；谢宓等罪犯去发束项，罚做苦役；褫夺王圣野王君爵，全家驱逐至雁门塞以外。

阎太后清理皇帝的奶妈野王君王圣家族，朝野上下目瞪口呆，人们终于领教了阎太后的非常手段，邓太后再世，也绝对不是她的对手。入宫当天，阎姬就见到了奶妈王圣，这王圣挓煞着双手，大熊猫一般的身材冲过来给年轻貌美的阎姬一个热烈的熊抱，一开口更举座皆惊，尖厉的嗓音简直划破皇宫的苍穹，阎姬一直不明白那么肥胖的婆娘怎么有那么尖而细的嗓子，生理结构上也说不过去呀。王圣开口说话的内容，更吓得阎姬几乎仰面跌倒，"你说这话，站着拉屎，没劲""我呀，背着手尿尿，不服（扶）你"。富丽堂皇庄严神圣的皇宫，被她屎啊尿地整了一地！这些话，就是在乡下，也只有男人才可以说，一个娘儿们，谁尿尿扶那个东西了，她就是想扶，她有吗？

但年纪轻轻的阎姬立刻从眼神判断出皇帝对奶妈的感情不一般，其实也没那么复杂，这样一个粗俗不堪的奶妈，大老远地从清河国带过来，傻子也知道这是皇上舍不得奶妈，离不开奶妈。皇上显然还没长大，虽然是大小伙子了，心理年龄还是个儿童。再往下，就不是一般人会做得出来，做得好，做得天衣无缝的，一代女中圣杰邓太后也被阎姬迷惑了：阎姬不但接受奶妈的熊抱，还亲亲热热地叫……叫妈妈！

接着就是一大堆精彩的言语轰炸，把奶妈王圣炸得晕头转向："老早就听说您老的大名，我是个小人物啦，知道您是最晚的，高官大亨，都把您挂在嘴边上，这顿饭要是没有提起您，那就等于没吃，得重新吃才行，说您德高望重，养育了当今皇上这么伟大的天才，有一件事可能没人好意思跟您说，他们那是不敢说，我也不太敢说呢……他们说，您的奶养育了皇上，那就是圣水，有人要一两银子一滴，买您老的奶水呢。"阎姬说着就羞红了脸。王圣说："真的吗？奶水，有啥稀奇，普通的奶水嘛，来，挤出一碗来给你们看看。"说着就解衣服，众人来不及劝阻，奶妈自己倒停下手："唉，眼下没有孩子吃奶，哪来的什么奶水呀！"大家才松了一口气。

现在，皇帝死了，我就是太后，一手就可以遮天，就再不需要王圣的那一只，王圣的手不但没用，还是祸害，就算她没啥危险，这么多年小心翼翼讨好她们母女，我也受够了！

大将军在朝堂上被摘取印绶，打去冠冕，一小队士兵押送他回大将军府。就在押送的途中，朝廷已下令抄检耿宝的家，一家大小都被驱逐出府，在大门外如热锅上的蚂蚁，急切地等老爷回府拯救水火。老远看见大将军回来，正待上前诉苦告状，却发现大将军是被士兵押送回来的，再看大将军的冠冕已经面目全非，口鼻有鲜血在流。耿宝看见一家人守在门口，张皇失措，耿夫人哭着问他："老爷，这可怎么办哪？"小孩子更紧张，围着他"爷爷，爷爷"地叫，仿佛爷爷还能有办法可想。耿宝这一时刻才明白，天理报应循环，不爽毫厘，有的债，来生还，有的债，子孙还，有的债，转身还。

耿宝冷静下来，举目四顾，看见周围看热闹的人，幸灾乐祸的不少，但更多的人是同情，尽管耿宝秉承皇后的旨意迫害邓骘，阴狠毒辣，但眼下他自己也经受同样的悲惨遭遇，毕竟令人心酸。围在左右的是自己的家人，还有府里没有逃散的仆人们。耿宝对仆人们说："你们也都走吧，我家这就算是散了，我不能保护你们，你们也别再惦记着我，你们看咱家里还有可以拿走的东西，自己选了拿走，算这个月的工钱，也算留个纪念。我从前对你们有不周到不厚道的地方，我也是将死的人了，别再怪我，我给你们作个揖，算是告别礼吧！"耿宝对仆人们作揖，仆人们哭起来。他们看府里乱糟糟一团，也不忍心从府里再拿东西，都默默地走了。

耿宝向来抄家的一伙人哀求："能不能留下门房，让我们一家人暂住几天？"刚说完这几句话，一刹那，耿宝如被雷击，命运弄人，耿宝大将军的将军府，就是当年邓骘的将军府，邓骘被驱逐，大将军府为耿宝占据，后来朝廷正式赏赐给耿宝。说"当年"，也没有多久，前后不过四五年光景，短短四五年，就是一个轮回吗？当年大将军邓骘抬头向前来抄家的耿宝，也发出了这个请求："能不能留下门房，让我们一家人暂住几天？"同样的请求，轮到当年被请求者来说了。耿宝心里通透，仰天大叫："报应啊，邓大将军，我欠你的，全都还上了，我和你，这辈子两清啦！两清啦！"

耿宝把一家人安置在门房，门房分里外两处，他住外间，里间住家眷，都是妇女和儿童。成年男丁不管是不是有官职，或被逮捕下狱，或被驱逐永不许回京，耿家彻底败落了。几天后太后以皇帝的名义下诏，大将军革职，遣送封地则亭国。彻底觉悟的耿宝对则亭国地方官加给他的折辱不以为意，让做什么就做什么，不管多么艰难多么不人道，他都照做，心里平静如止水，不起些微的波澜。虽然身体尚在尘世，他的精神早就解脱于茫茫太空，太空中的耿宝俯瞰自己和折辱他的地方官，无限悲悯，对自己，对加害者。几天后，耿宝服毒自杀。

现在的阎太后终于可以放手又放心整理朝廷。

大哥阎显为车骑将军，大鸿胪，万石。

次兄，阎景，卫尉，典禁军，二千石；

三兄，阎耀，城门校尉，典禁军，二千石；

四兄，阎晏，执金吾，典禁军，二千石。

阎家军以绝对势力统治着朝廷。

可是，新皇帝册立不到七个月，一病不起，薨殁了。这个小孩子还没来得及正式登基，不改元，连皇帝的名分都没有，根据制度，这个小皇帝不起陵，不上谥号，徒为北乡侯，以诸侯之礼下葬。

现在最着急的是阎太后，她已经把朝廷内外都布置妥当，就等着从容十几年当太后，可是事情猝然，一向从容镇定的阎姬有点惊慌，惊慌来自心里，她心里没底。紧急时刻，怎么找到合适的即位人选。江京分析形势说："现在京城有现成的继承人选，废太子济阴王刘保，刘保继承帝位不是不可以，但他即位，有可能对太后不利，所以这个选项排除。济阴王既然不可取，目前皇帝本支最近的是济北王、河间王，从速征召两王的王子进京，再作商议。"这回轮到太后说好。

济北王、河间王分别派出王子，星夜兼程，赶赴洛阳。

太后和宫里的太监江京、李闰焦急地等待外地王子来京，但此时宫里还有一伙人在做相反的工作，中黄门孙程召集十八名太监，全都是中黄门，宫中资历最浅品级最低的太监，决定做一番大事。孙程带着这十八个人在德阳殿西钟亭下撕破了衣袖宣誓，铲除江京、阎显，拥立济阴王。孙程的举事方略是立即拥立济阴王称帝，以皇帝的诏书号令朝野，虽然有点冒险，但孙程判断成功的面很大。要举大事就需要武装，好在孙程的政变部队总共才十八个人，又不是十八个师团，几把大刀就是"大杀器"。

孙程率领十八勇士，直奔章台门。这里正在准备迎立新皇帝，太后亲近的太监们在李闰的指导下安排仪式，准备披红挂彩，鼓乐庭燎，预备一应材料。孙程等人上来不由分说立刻全部斩杀，只留下李闰，因为李闰领有侯爵，权位最高，可以借用他号令宫里的太监。孙程逼问李闰："跟我们一起干，不然杀了你！"李闰问："跟你们干什么？""除掉江京、阎显！"除掉这两个家伙，也没什么不好，樊丰没封侯，总跟我找别扭，封侯皇上说了算，怎么怪我，好在这家伙已经被干掉，但是江京封了侯，也怪我，认为我的侯比他的高，根据是食邑比我少一百户。一百户，他就不想想我的封地很穷，每年的赋税根本就收不上来，我这个侯，纯粹摆样子给人看的。至于阎显……顾不上了，保命要紧，点头同意。孙程问江京在哪，李闰说江京一定在喂巨蜥。孙程命令几个人去巨蜥池，务必除掉江京。

江京果然正在喂他的巨蜥，手举一块羊肉，正待往巨蜥的池子里扔，巨蜥张着大嘴，眼巴巴地看着那肥硕的大羊腿。三四个人喊着"江京"冲过来，手里拎着刀，刀刃和刀柄都是红红的，滴着血，明显刚杀过人。江京霎时明白，大势已去，与其被人折磨十次死，不如自己痛快死一次！他把羊腿朝来人扔过去，来人一愣神，他纵身跃入巨蜥池子。巨蜥看见即将到口的羊腿又一次失之交臂，非常愤怒，刚要发作嘶吼，忽然半空掉下好大一块肉，好像还是活的，因为这块肉还在叫。巨蜥到最后也不认识现在掉下来的就是每天喂它的主人，它一口咬住江京的胳膊，兴奋得要死：吃了多年凉肉冷肉冻肉，今天吃的肉，竟然是热乎的！精灵古怪的江京长期喂养一只愚不可及的巨蜥，这事很有讽刺意味。

除掉江京团伙，孙程请出了济阴王刘保。济阴王虽然被废，但他还是济阴王，因为未成年，仍然居住在宫中，由他的谒者长兴渠带着读书。孙程既除江京等太后亲信，立刻团拜在济阴王刘保周围，拥立他登上皇帝座位，算正式登基，史称顺帝。李闰等人准备的仪式正好为顺帝登基所用。

顺帝在皇位上发布第一道诏令，命令各尚书捉拿阎显兄弟及其党羽，命令通过在朝的郎中迅速发布到各个尚书府。阎显当时正在宫里，惊慌不知所措，小黄门樊登提议阎显以太后的名义调兵进宫，平定叛乱，现在所谓皇帝的诏令不合法，太后的诏令更有效。事急从权，阎显来不及找太后商议，立刻自己发布太后诏令，命令越骑校尉冯诗、虎贲中郎将阎崇，迅速占据平朔门，与阎景合兵一处，进宫平叛。卫尉阎景奉诏，火速从宫中回到外府，带兵直奔盛德门，两座宫门关闭，孙程等人只能坐以待毙。此时皇帝的诏令也在发布，接到皇帝的诏令，尚书郭镇不顾卧病在床，立即率领值夜的羽林军赶往盛德门，与阎景在止车门遭遇。阎景拔剑大叫"让开"，郭镇下车，向他宣布皇帝的诏令，阎景骂道："皇帝正在来京的路上，宫里哪来的狗屁皇帝！"挥剑刺向郭镇。郭镇拔剑击中阎景，阎景被羽林军擒获，被押送到廷尉狱中，当晚伤重而死。郭镇冲进宫门，彻底清理阎党。

阎显发了太后诏令，急忙来见太后妹妹阎姬，车骑将军和太后四目相对。这兄妹俩都想从对方的眼睛里找到解决目前危机的办法。但是，他们彼此失望了。阎显默默地回到家里，等待厄运降临。第二天早晨，侍御史捉拿阎显等人，押送入狱，经过审判，阎显、阎耀、阎晏处斩，诸阎的家属流放比景县。比景远在交趾郡，这些妇女小孩能不能挨到比景，就看他们的造化了。

太后保留名号，但要迁出永乐宫，被安置在皇宫偏远处一座废旧的房子里。房子四处透风，屋子里无水无食。太后呼叫来人，百无一应，太后想自己出去找吃的，院门口的看守不准她离开半步，她事实上已经被囚禁。半年后，阎太后薨殁，无谥，与孝安皇帝合葬恭陵。

顺帝论功行赏，孙程功劳最著，升任中常侍，比二千石，封万户侯。随同举事的十八个中黄门一律超越十个等级，直接升至小黄门，由百石跃进到六百石，封侯，食邑三百户到千户不等。

新皇帝要做一件别人看来很小、但皇帝认为很大的事，关于张衡。

第十四章

惊雷

五十一

顺帝幼小时，跟太后在一起的时候多，夜里经常跟着太后到室外看皇宫头顶上的星星。太后给他讲关于天上星星的故事，很美丽，他总觉得天上人的生活跟地上的人差不多，喜怒哀乐。不过那些美丽的故事现在已记不得，他记得太后很严肃地告诉他："太史令张衡，正在研究地震，他要报告、预报、防范地震，你知道这三件事的差别吗？"小皇子当年只有七岁，他很明白地告诉太后：报告，是告诉人们一件已经发生的事；预报，是在事情发生前就告诉人家；防范，是不让事情发生。太后乐得白头发都闪闪发光：大人也未必说得这么清楚！这更坚定了太后等待小皇子长大直接传位的心思，越级传位，得找个合适的理由。可是这一天终于没有等到。

太后告诉小皇子，张衡是专门研究天上事情的，天上的事他全都知道，但眼下呢，他要研究报告地震，这一步完成了，就要预报地震了。能预报地震，想一想都高兴，人们不再受地震的生离死别之苦，哪里若要发生地震，提前就动员人们搬出来，等地震过后再盖房子，房子保不住，只能保人。地震死人，九成多都是房子压死砸死的，提前预报，房子就不再是可怕的东西了。太后告诉他，地震预报，一个要准确，不能三心二意，二是要可靠，从前地震预报都是鸡叫狗咬井水翻浆变浑浊野鸭子夜里乱飞，等等，那是民间预报法，按照它们的预报，人们每天都得往外跑，不管人们受得了受不了，国家首先就受不了。张衡的报告和预报，一定要有切实可靠的数据支持，每次预报都万无一失，这样的预报才有价值。"奶奶这一辈子啊，总受地震的苦，希望张衡帮助你解脱这个魔咒。那时候，你要告诉我啊。""嗯，我就来告诉奶奶。"太后没法解释"告诉"的含义，便说，好啊好啊奶奶等着。

现在，顺帝仿佛懂得了太后说"告诉"的意思，他要让太后的希望继续，也给自己一个新的希望。即位之初，顺帝决定起用张衡。

顺帝永建元年（126），张衡恢复太史令职。

灵台已经关闭了五年，太史令在洛阳城办公，从不来灵台，这些年天文历法沿用旧历，也没出什么问题，太史令这个职位更显得可有可无。张衡重新担任太史令，朝廷大规模扩大太史令的编制，以便太史令更好地做他的研究，配员达到四十三人，"太史丞"是太史令的副手，总掌全台工作，尚有十四人候星，二人候日，三人候风，十二人候气，三人候晷景，七人候钟律，另有一人为舍人。天文观测台如此规模庞大、人员如此众多、分工如此明确的，亘古未有。

灵台关闭太久，院内和台上杂草蓬生，张衡走进工作室，里面已经被尘土封盖得模样全无，模型等只显出大致的轮廓。张衡拂去模型上面的灰尘，擦拭工作平台，清扫地面，遮挡窗户的帛被风吹雨打，已经破败不堪，张衡试着用蔡侯纸糊窗户，出人意料地发现效果非常好，屋里比用帛遮挡亮堂多了，岂止"亮堂多了"，简直判若两个世界。张衡很高兴，觉得这个发现可以天下推广。龙亭侯如果知道自己的"蔡侯纸"给人们带来更多的光明，也一定非常开心。

张衡仔细查看他那些模型，经过反复清理擦拭，模型完好如初。因为时间久远，运转的轴干涩了，张衡为它们涂抹一些润滑油，逐个转动它们，工作室出现一派繁忙的景象。张衡的心，终于踏实了。

　　灵台刚开门，就来了一位求职者，要当守门人。张衡不想雇用这个人，他希望原来的守门人阿三能回来，这个念头也就转一转而已了，阿三不会再回来了，五年多的时光，他当然找到了自己谋食的饭碗。眼前这位中年汉子个头不高，倒也显得精明能干，他是成都人，一口绵软的成都话，在满城中州口音中显得十分别致。看他的路引，原来他叫隗三，张衡又惊又喜，他也叫"三"。"我就叫你阿三吧！"阿三高兴，知道这是被录用了。他家人口多，土地少，劳动力富余，他离开家到外地找一口饭吃，倒也不指望挣得多少米粮，一个人带出一张嘴，就行了。

　　这个成都人"阿三"跟上次那个阿三完全相反，他的话特别多，还挺风趣，张衡也愿意和他聊天。虽然成都距离遥远，说话居然都能互相听懂，用词略有差别，也在可以接受的范围内：中州人说"干什么"，成都人说"做啥子"；中州人说"就这么办"，成都人说"搞起"；中州人说"瞎扯淡"，成都人说"锤子"。都挺好玩。

　　张衡琢磨怎么把地震这件事用直观的形象的东西表现出来，而且还得准确，不要虚报谎报。灵台的院子里有一方荷花池，还是当年张衡任职太史令时组织人开挖的，挖出的土堆成一座山，山上栽了杨柳，池子种满了荷花，杨柳已经粗壮合抱，因为是深秋，荷枯藕败，几片枯黄的荷叶无助地漂在水面上。张衡想，这一年很快就要过去，时间总是那么匆匆，它为什么比我还要忙？张衡茫然地久久地望着池面，其实漫无所见，如果他的眼睛不那么处于发散状态，到处聚焦，就会发现就在他坐的不远处，三四尺的光景，有一只青蛙正聚精会神地盯着站在荷叶茎上的一只蜻蜓，蜻蜓在夕阳下闪耀着五彩斑斓的光。如果张衡回到少年，看到如此美丽的蜻蜓，一定要唱歌赞美它："晚霞中的红蜻蜓啊，请你告诉我，童年时代遇到你，那是哪一天？"现在他的眼睛里没有青蛙，也没有蜻蜓，它们散光着呢。正好，青蛙的眼中也没有张衡，它的眼中只有蜻蜓，蜻蜓眼中既没有张衡，也没有青蛙，淡绿色翅膀优雅地一扇一扇。青蛙也只能看见活动的物体，所以张衡虽然是庞然大物，可张衡坐在池子边上一动不动，青蛙就不把他当作危险品。

"张太史——"一声吆喝，伴随着急匆匆咚咚咚的脚步，阿三来了。但就是那一声吆喝，惊吓了青蛙，惊慌了蜻蜓，惊醒了散光的张衡。青蛙扑通一声跳下水池，蜻蜓忽悠一下飞离荷叶茎，张衡咯噔一下让眼睛重新回到聚焦，这一聚焦，聚在青蛙跳下去的地方，焦点！张衡说："别动，别说话！"焦点死死地焦在那里不动，好像要把那里烤焦。

青蛙入水，在平静的水中砸出一个比青蛙身体略大的凹陷，但这个凹陷立刻向上凸起，形成一个圆丘，圆丘刹那间平复，但在圆丘的外缘，出现一圈与圆丘几乎等高的环形隆起，环形隆起的外沿继续发生环形隆起，接着第三个、第四个、第五个、无数个。片刻，无数个水的波峰几乎在一瞬间生成，环形丘布满了池面。

张衡还没想到要计算这些水波的波长，也没怎么考虑深水波和浅水波，说没怎么考虑，就是说他也考虑了一点：青蛙制造出的波，包括青蛙入水那一刻制造的波，以及青蛙入水一段时间才制造出的波，这不就是"浅波"和"深波"吗？这一点也是一闪而过，张衡这时想，水动能产生波，地动地震呢？

张衡相信，地震时强大的地动力量也和水一样产生波，大地静止时，蕴藏着巨大的能量，能量的量度无法计算。它产生于自身的运动，能量在大地中聚集，大地总在运动，产生的能量需要释放，这是地震发生的根本原因。所以地震不可防范，没法抑制大地，不让它爆发地震，释放的能量产生力量，力量要通过介质传递，在传递中被消耗，于是完成一次地震过程。青蛙跳进水里，青蛙身体冲击水面，这种力向外释放，传递释放的介质是水。地震产生的力量向外传递的介质当然就是大地，大地在传递力量的同时也耗散力量，终于在遥远的地方感觉不到地震了，地震产生的力量耗散完毕。

既如此，地震时，肯定以震中为圆心，形成强大的发散波，这个波的形态与水波相同。张衡的推断在一千多年后得到了证实，原子核裂变产生的能量在瞬间爆发，从高速摄影可以清楚地看到张衡设想的画面：平整的大地形成强大的地震波，地震波以同心圆的方式迅速扩散，速度与水波扩散相同甚至更快。

利用地震波，检测地震！

"发明"这宗事情，实在奇妙，你设想各种方案，心里不踏实，不知道是否可行，但是有一种方案出现，它立刻叫人眼前一亮，心胸开阔，那么肯定就是它了，原来事物间都有自身的节律，找到这个节律，就水到渠成。这就像丝竹调谐，乐器上几根丝发出的声音，仔细调谐，忽然，就在一个节点上，相互关系符合宫商，出现乐音，才能演奏乐曲，不在这个节点，就都是噪音。利用地震波检测地震，找到了事情的节律。张衡久久沉郁的心情云开雾散。

张衡是木匠，他动手制作地动仪。按惯例，先制造模型，模型木质，几天工夫，"地动仪"模型造完了，一座可以称得上庞大的大圆筒矗立在灵台的庭院里，因为张衡以前制造的圆球球都没有这个大。为防备下雨，张衡还临时搭了一个顶棚，顶棚下一个明晃晃的大圆筒，熠熠地放着光辉，木材没有涂漆。白亮亮煞是好看，但看上去也有点奇怪。守门人阿三实在忍不住，悄悄来看张衡。阿三爱岗敬业，这份职业他打算干到退休，所以对谁的态度都很谦恭，对张衡尤其如此，因为他是这里的头儿。阿三围着圆筒左三圈右三圈，六圈之后站在筒前若有所思，一副学者的派头。这也难怪，张衡是大学者，跟张衡在一起工作，耳濡目染也沾了学者气，但阿三"若有所思"的学者做派让人有点忍俊不禁。张衡也笑了："老先生有何见教啊？"阿三问："头儿，啥子名堂？"

"地动仪。"张衡做好了模型，成就感洋溢，平时少言寡语，高兴时也能口若悬河，跟一个外行谈专业，也别有趣味，"就是哪里发生地震，我用这个仪器就能测量到。""就这傻搓搓的？里头啥子莫得。""这不是模型吗，翻砂之后铜铸，里面装精密仪器，精密仪器手工打造。怎么精密呢，这么说吧，几千里外发生了地震，我这架地动仪也能知道，当日、当时就知道。比如陇西地震，陇西，知道吗？""陇西哟，那是外国嘞！""离外国不远了，挨着外国。陇西地震之后，煮熟一个鸡蛋的工夫，我就能测量到，陇西地震了！"守门人不信："说得轻巧，吃根灯草！莫得那么快哟，地震不好耍子，土地老爷摇摇晃晃的嘛，能摇到嘟个屋头，莫得那么快。""地震是一种波动，这种波动就像风一样，比风快多了，特别快，霎时就到。""风也莫得那么快，年轻那哈我有把子力气，跟风打比赛，我还跑在风的前头，啥子风，煮熟鸡蛋的工夫从陇西跑到你这哈，这架什么，地动仪儿，告诉你哈，陇西地震了。这不可能。""不是告诉我，是地里传导一种波，比风快得多，我叫它风，等候着风来，我的这架机器也叫候风地动仪，风其实是一种波，就像水的波纹，地震这是一个点，由这一个点向四周扩散，快得很。整个大地都在波动，这架机器就是根据这个道理，测量波动的。"阿三反倒开心大笑："头儿，这东西，你搞屎不成！""为啥呢？你这么斩钉截铁？""我脚这么跺一哈，有没得波？东边大楼塌了，西边大坝垮了，有莫得波？大石头从山坡坡滚到起，拉个有莫得波？这些波乌七八糟跑到地动仪这头，告诉它老汉儿：我地震喽，我地震喽！你赖个瓜兮兮的地动仪，还不得忙惨喽哇！"张衡就给他作"科普"："地震的波是延长波，从地下很深的地方发生，地下几里那是浅的，一般十几里几十里，这么深的地下发生地层错位，地震波传到地面上来，可见这样的波有多么巨大。持续的时间更长，传播远。你跺一跺脚，山上滚巨石，这声音，地动仪分辨得出来，你那波是单一波，地动仪不反应的。地震是横波和纵波同时传导，到达地动仪时，纵波和横波先后刺激地动仪，就是地面先跳一下，然后再推一下，先跳一下，地动仪获得初始力，再推一下，对地动仪来说就是第二次推动，它就可以通过'机关'做出反应，人们就知道地震了。"

守门人听得兴致勃勃，原来这张衡讲起玄妙的事情，也能说得明明白白。"我往高起跳一下，再往前头跳一下，把你哪个一推，你就说：'地震了。'对不对？"张衡喜欢这个比喻，很形象，以后向别人介绍地动仪怎么测地震，地动仪工作原理，就么说。从这以后，张衡地动仪的每个关键步骤，都请阿三来，给他讲这个步骤的原理，阿三不识字，但领悟能力强，他能理解张衡的思路，顺这个思路，总能把张衡学院式的原理解说修改得通俗易懂，他的语言天赋，张衡觉得自己望尘莫及。

地动仪模型呈圆形，圆形体的内径没有相交的直线，没有棱角，外界的影响可以降到最低，地震波可以不受干扰到达，并穿过地动仪，使中间地动仪做出反应。圆筒直径八尺，地动仪做得这么大，是为了维持稳定度，如果做得太小，那可真就一跺脚就会"地震"："你说呢阿三？"守门人连说："对头，对头！"直径八尺，通高，按照合适的比例，应该一丈二尺。张衡就依照这个比例做成了地动仪的模型，八个方向预留了八个孔，黑洞洞的好像八只眼睛。就是守门人看着怪怪的那个庞然大物。张衡掀开一块作为临时出入口的木板，对守门人说："看。"守门人看一眼说："看什么？"里面空空如也，张衡笑道："现在啥也没有。让你看看变戏法。我的戏法，得慢慢变。"灵台上一直都摆放着各种各样稀奇古怪的仪器，守门人从来没有上过灵台，看见这些仪器，他仿佛进入另外的世界，世界上还有这么不讲理的仪器吗？最不可思议的是这些仪器主掌国家历法，鬼头鬼脑圆滚滚的家伙，跟国家历法有啥关系，这世道不可理喻，不过他不很关心这些，主要是管不过来，太多啦，现在他只关心地动仪的进展。地动仪的模型摆在灵台，远远望去犹如一匹八只眼睛的大木马。

五十二

张衡要制造地动仪，要监测地震，这事被守门人阿三传得雪片一样飞扬，整个洛阳城都知道张衡要跟天老爷打一场架，天老爷要干坏事，必须先告诉张衡，张衡再告诉大家肃静回避。做坏事还预先告诉受害人，一般人智力没啥缺陷，这般傻事也不干，但张衡说，我要让天老爷开尊口，所以在阿三的眼中，那张衡就是圣人。张衡心里暗暗叫苦："多亏我对他说话还有所保留，我还没告诉他，地动仪只是仪器的一种，地动仪的下一步，是预测仪，提前知道什么时候什么地方会发生地震，人们预先撤退，这样的话，可以保证每次地震不死一个人。他要知道这些，洛阳人不把洛阳城给烧了才怪——兴奋的。"

张衡忽然发现自己高兴得有点早，守门人完全误会了张衡的意思，他传播的那一套话，千真万确在说张衡在做一种预先知道地震的仪器！张衡想，谣言害死人，谁那么厉害，别人有没有我不知道，反正我没有，谁要想有，就找阿三算了。阿三倒也不是长舌妇，他从张衡这里得到的消息极具爆炸性，不快点告诉别人，就会在自己的肚子里爆炸掉。

消息传到朝廷，皇帝也高兴，他也跟大家一样急切想知道张衡的工作进展，经常闹地震，天下疲惫不堪，如果预先得知地震，至少可以避免生离死别，家毁了，人在，就好办。于是皇帝派人捎来口信，要他快点做出地动仪。

地动仪，要专门测量地震的地动，不是所有的地动。阿三的疑问，是张衡最早解决的问题。他心里清楚，这其实不是个问题，普通的地动，动因来自地面，是地面向下发动攻势，引发地面震动，但大地那么厚，厚得几乎没边际，一个微小的外部动力，就算一座大楼倒塌，一座山滚下巨石，那也是在大地的外头搞点小动作。一个睡着的人，你用一根牙签拨弄他胳膊上一根汗毛，他绝对感觉不到，不知道就不会醒过来，不醒过来，也就不会给你一拳，就算他发觉了，醒过来了，也不会给你一拳，那么轻微的"伤害"，不至于打人。地震在地下深处，里面变动巨大，地震的震中地区，几十里的山陵崩塌，河水倒流，地面上巨大的裂缝，幽深得可以直接到地狱，掉下去的人现在可能还没到底，太可怕了，这个力度，世上的人无论如何也制造不出来。地震两种波，纵波和横波，我的地动仪测量两种波的交叉波，所以地面上的地动对我的地动仪没有影响。不过等地动仪完成，要经过实验才能宣布我的结论。但张衡相信，他的想法正确。

最难的，是地动仪怎么感知地震，张衡想说"捕捉"，但这个词太前卫，怕人们听不懂，还是说"感知"。地震虽然力量强大，但它衰减迅速，帝国境内接连发生地震，每次地震波及的范围，少的几个郡国，最多十几个，地震波的传导也迅速衰减，比如陇西地震，如果中等级别的，地震波传导到洛阳，可能就衰减得感知不到了，人感知不到，地动仪也感知不到。可张衡觉得自己的地动仪应该全天候，任何地方的任何微弱地震，只要发生地震，地动仪都能感知。这就要求地动仪极为灵敏。一方面，地动仪要对那些不是地震的震动不予理会；另一方面，地动仪要对所有地震都有反应，这就叫选择性反应，也叫智能判断。地动仪，实际是一架智能机器。

地动仪自身感知问题之后，是地动仪对外显示这种感知，也就是报告地震发生。你不能一天十二个时辰守在地动仪身边，得找到简便的告知途径。张衡又请教阿三。阿三兴冲冲来见张衡，张衡问他："你说地震发生，地动仪可以怎么告诉我？"阿三说："那好办啊，让它告诉你老人家就是了。"张衡说："我就是说它怎么告诉我。"阿三："它要告诉你，有两种办法：一种呢，是跟你说到；另一呢，是让你看到；第三种嘛，听到。"张衡："你先说的是两种。""两种三种，没得啥子关系的嘛。说到嘛不算咯，哪个东西哈搓搓的拉个说话。看到嘛，也不容易，整天守到起，累死个先人板板。那就听到了噻，就听到！地震来到，鸣锣开道，敲一下铜锣好啦！"阿三说"鸣锣开道"，这个词是官话，成都话里没有，阿三用官话说这个词，挺滑稽的样子。鸣锣开道？张衡觉得这个主意也很好，至于怎么敲铜锣，研制过程中自会解决。

接下来的问题是地动仪的核心部件：模拟地震过程，制造发生装置。地震时，立着的物体很容易倾倒，越细长的物体越容易倾倒。在地震灾区，一个特别现象引起张衡的注意，地震时细而小的物体首先倾倒，而且倒的方向一致——倒向地震发生的地方：地震来自东方，细长的杆子就倒向东方；来自西方，细长杆就倒向西方。对此，张衡做了仔细的研究，他认为这是地震风的关系。常见的风，杆子顺风倒；地震风正相反，杆子逆着地震风倾倒。张衡探究地震风与常风相反的原因，这非常复杂，初步结论：地震波袭来时，最先到达的是波谷，这就等于使地面向下发生一次凹陷，这个凹陷很微弱，也很短暂，但它不可逆，地震波到达，轻量级的物体比如垂直竖立的竹竿倒向地震波造成的凹陷方向，向地震方向倾倒。重量级的物体比如房屋等等，第一波的波峰和波谷对它不起作用，需要连续的波动才能瓦解它们的结构，发生倒塌，倒塌在哪个时间点，是在波峰倒塌，还是在波谷倒塌，不能肯定，所以房屋的倒塌没有规律。

第一次倾倒，倒向地震方向，这对张衡是一个很有震撼性的结论，他的地动仪的核心部件就可以依照这个原理制作。他要做的，是让人们及早知道哪里发生了地震，知道的时间是在地震发生片刻之后，这个"片刻"，根据地震波的行进速度和距震中的距离，在一刻钟之内。

张衡设想用一根直立的木杆作为验震的工具，这根木杆要足够轻，也足够灵敏。但这根木杆怎么排除干扰，那就需要它很稳定，既要稳定，又要灵敏，这是张衡地动仪的两项指标，这两项指标都要排他，但这两项指标本身又发生了抵触：要稳定就不能灵敏，要灵敏就不可能稳定。

张衡在灵台上做实验，取一根立柱，直立在地上，这项实验没开始就失败了，两项指标，一项也不能保证：柱子太小，不能对地震风做出反应；柱子太大，地震风的波谷又不足以使它做出反应，等到反应发生，地震风已经大面积覆盖，没法辨别地震方向。怎样才不"太大"也不"太小"，这个度无法控制。张衡经过复杂严密的计算，得出的结果是，要想达到这个标准值，这个柱子应该有八尺高，而柱子与地面接触的点则只有粟米大小，粟米大小的一根木质的柱子，这样的柱子张衡做不出来，不但他做不出来，任何木匠也望洋兴叹，金属类的材料，倒可以做成，但金属做成的细柱子就像一根细面条，根本就立不起来。

张衡转变思路，地面不行，地上怎么样，比如用悬垂摆的方式，可以解决立地不稳的问题，大小随意。经过试验，张衡放弃了悬垂摆，因为悬垂摆不可能灵敏，需要地面上的反应延展到地上，再由地上的悬挂重物指示地震，这就经过了三个过程，准确度会大大降低。

张衡为既要灵敏又要稳定困扰苦恼。但这困扰并没有多久，因为张衡从困扰中找到了办法。既然立在地上不行，悬垂在空中也不行，张衡的思路在这时突然爆发：那就既竖在地上，又悬在空中！

满足这两个条件，就需要让立柱处于临界状态，极度灵敏却又坚持不倒，当地震波袭来时，最微弱的地震波凹陷也能造成立柱的倾斜并倒向地震波的波谷地段，设想在立柱的上头有一种牵引的非实体力量，这个非实体力量只能来自磁石。张衡设想用一根径寸的木质立柱，底端尖圆，立在自然地面上，顶端镶铁箍，在正对立柱的上端——地动仪顶部装一块磁石，磁石吸引立柱让立柱保持不倒，但又不会造成立柱对磁石的依赖，以计算和实验的途径找到这个临界点，磁石和铁箍的大小，使它们达到最佳组合，成为稳定的动态结构。

张衡现在的问题就比较简单了，纯粹是技术性的问题，就是让木柱倒的时候撞击一件东西，这个东西发出声音。虽然是技术的问题，也同样费思量。说撞击，其实撞击的力度极为微弱，实际也仅仅稍稍地摆动一下，摆动的幅度在一两度之间，一两度的幅度延伸到六尺的臂长，摆动的相对距离不会超过一寸，来自径寸立柱一寸之外的撞击，对被撞击的物体产生的冲击力，几乎可以忽略不计，这就需要这架机器有能量放大功能。

张衡根据力学原理，设计一个横向的臂，利用臂长放大撞击的能量。这个臂应该是倾斜的，倾斜的坡度产生势能，势能的传递方式最好是球体，正圆的球体顺着斜坡向下滚动，产生足够的动能，撞击发声的物体——张衡为自己这项考虑兴奋，能量的放大原来可以这样简单，一个机器里面，自身就存在奇妙的机关，一份微小的能量，最终可以放到巨大。

地动仪的核心部件是立柱，一切都因立柱而起，对立柱要加以重点保护。张衡把立柱用一套组织包裹起来，造成封闭的独立的环境，杜绝外界的干扰。立柱如果裸露，不但地震风，任何一种风都会吹得立柱动摇，造成立柱对周边机关的撞击，隔绝与封闭是立柱的首要条件。隔绝封闭就是把它"都柱"——全都包括在里面，这个部件就叫"都柱"了，因为核心部件都在这里面了。都柱的外边是地动仪的壳，聚拢地震风，现在都柱就有了两层保护。可做成什么样子？张衡想，地动仪测量天事，天事都圆，但要做成浑天仪的模样，好像也不行，浑天仪与地面接触只有一个点，一个点的方向感不行，没有辨别的效果，这个仪器与地面接触应该有一个面，这个面最后还要集中到一个点上，但在从面到点的过程中，区分开方向，这才能起到报告的作用。

张衡来访问阿三。阿三正坐在草席上喝酒，一小碟蚕豆，一小壶米酒，正喝得兴高采烈。看见张衡来到，阿三慌忙站起来，向张衡作揖。

敬过礼的阿三就随便些，指指酒杯："大人来一杯？"张衡盯着阿三的酒杯，眼睛都直了："这，这是什么？"阿三莫名其妙："这是地动仪。"张衡更兴奋了："对呀，这就是地动仪啊，地动仪！"捧起酒杯，又看又摸，手舞足蹈。这回阿三有点蒙，不至于一杯酒就这样了，而且这杯酒还没喝呢。张衡折腾够了，终于放下酒杯。阿三小心翼翼接过，悄悄藏好，不敢叫他再看见。张衡安静了一会儿，起身又找酒杯，阿三说："没了。"张衡当然不信，阿三咋这么小气："看看嘛，又看不坏！"阿三想，看又看不坏，就这般疯癫的样子，连人带杯摔在地上，你大人摔坏了，六百石的工资挣着，治病还有补贴，我一个杯子，好多钱呢，谁给我买？抵死不给他，张衡也不再坚持，从长衫的口袋里掏出一支储墨笔，对照酒杯，仔细临摹。酒杯叫"酒杯"并不准确，它没柄，应该叫"酒碗"，但它比碗深得多，底和口的大小区别也不大，还应该叫酒杯。酒杯通圆，口略大于底，稍微敞开，大致像倒置的铜钟，但口沿更整齐。张衡比照阿三的酒杯，很快就写生完成，拿给阿三看。阿三兴奋得直咂舌头："硬是要得！看不出来哟，大人还是个画家嗉！"张衡猛然发现今天居然动笔画画，虽然不是画笔，但毕竟画了一幅标准的写生画，自从关中那次地震，玉珊在震中遇难，张衡就没有触摸过画笔，今天这是怎么回事？张衡自己也理不清思绪。

回到自己的工作室，张衡仔细研究阿三的酒杯。倒置了，就是一个理想的地动仪模型：圆形广口，有利于收拢地震波；顶部开口，实际是工作通道，用以检查内部构件，调试各机构运行，不用掀开整个地动仪的外壳。外壳永久固定，地面用细沙夯实，这样的细沙可以把地震波放大几倍甚至十几倍，传导到都柱里面的机巧构造，使构造产生敏感的选择性反应。

这口"酒杯"做地动仪的外壳，它是地动仪的一个部分，参与监测地震，它负责收集地震波，同时过滤掉那些不是地震的各种"波"和"风"。候风候风，专门等候地震直接造成的风波，有滤波效果的地动仪外壳，面向地震波的每个承接部位都是流线型，这就要求整个造型为圆，化解过滤那些与地震无关的风与波。流线型要求消灭一切夹角，地动仪的钟形外壳符合这项要求。风波沿着地动仪以地面形成的缓面向上爬行，与正面冲击地动仪的波交叉，产生抵消，正面冲击波已经被流线型接触面分解掉大部分。这样一来，震外波对地动仪的干扰大部分就被过滤掉了。地震波从地下传导，这是规律的强波，可以准确定向地传到都柱，与都柱垂直相交，都柱的核心部件立柱沿地震波的垂直面倾倒，触发报警装置，地震消息报告完成。地动仪埋入地下，能直接受到地震波的冲击，正如战国时就有的"地听"技术，既减少了地面干扰，又增加了敏感度。地坑铺上沙子细土筑紧，能放大地震波振幅三到四倍，与牙机相连的推力板和一级放大杠杆通过调整，能将地震波振幅放大甚至百倍。

外壳的材质，首选铜，铜的密度大，传导性能优良，稳定性高，铸造时增加一些其他金属铝金锡铅等，以避免生锈，古代人铸造的鼎鬲簠爵等生锈，是缺少合适金属配方比例的缘故，张衡时代的青铜和黄铜，都能像金一样永久性不生锈。

地震报告必须唯一，报警必须一次性完成，还有，报警后仪器装置自动恢复，不用拆卸重新组合，下次地震，它又能报警。立柱立在那里，它碰一下边沿，触发木球，报警。由于那根立柱是磁铁吸引着的，触发木球装置后，它自动回归原来的位置，这个环节设计原理固然很好，但张衡想到另一个问题：立柱撞击启动装置，触发木球，这一撞击，回归过程会产生反作用力，立柱会把其他方向的木球也撞掉，如果计算精密，第一次撞击准确无误，返回的路径也完全符合弹道原理，那么第二次撞击一定是第一次撞击的相反方向，两个木球落下来，那地震是东北方向呢，还是西南方向？白天有人值守，也还好，地震晚上发生的话，早上发现两个木球落地，这就失去地动仪报警的作用了。所以，现在首先要解决地震报告唯一性问题。地动仪没有安排人专门值守的道理，所以这两个要件的实现非常重要。

张衡决定先做一个实验。实验结果出乎张衡的预料，他的担心属于过虑。立柱撞击木球，触发机关，木球滚落，立柱在磁石的吸引下重新回到直立状态，只是稍稍向反方向偏移一点，这一点不足以触发反方向的木球，可以忽略。原来立柱触发木球，没有获得反作用力，恰恰消耗了自身因地震波袭来导致倾斜而产生的动能，在磁石的辅助作用下得以恢复原位。既然不存在地震报告唯一性问题，也就是地震报告每次都是唯一的，那么第二个问题也就不存在了，困扰张衡很久的问题，通过一次简单的模拟实验，居然安全解决了，张衡极为兴奋，地动仪进入实质制造阶段。

地动仪的制造分三个单元。

第一单元，外壳。樽体外形，有底，顶口有锥形盖子。在樽体的上部位置有八个开口，为龙口；下部相应位置也有八个开口，为安放声音接收器的插孔，又是安装和调试的入口。张衡在工作室已经按一比一的比例做成了外壳。

第二单元，甬道。由隔板和都柱分隔而成的空间，是安设机关的地方。八条甬道对着外边的八个孔洞，八个孔的外观是八条龙，龙中空，里面是直行管道，上端与孔洞相接，下端安设八个发音装置，起通知的作用，发音装置的材料用铜。铜的音响效果最佳，所以乐器八音之一的"金"，一定是铜。八个木质的圆球对应击打八面铜锣，模仿祭祀仪式上的击锣，这是最常见的通告方式，比如高级别官员出行时的鸣锣开道。八面锣摆在周边，缺乏想象力，这不符合张衡的性格，他在细节上也要精彩，在地震报告上融入故事情节。报告地震是通灵的事，世上通灵的神物有"四灵"，麟、凤、龟、龙，通告者选四灵之一的龙，因为龙最为公众所接受，一眼看去就是龙，其他三灵就没有这样的效果，比如凤，就可能有人说成孔雀，或者说成山鸡。八条龙衔着八个木球，发布信息的是龙，接收信息的也应该不是俗物，四灵中龟可以承担这个任务，但是龟一向慢腾腾，对地动仪这种要求反应高度灵敏的机器来说有点不合适。蟾蜍虽不属四灵，但它名声远扬，而且蟾蜍跟随嫦娥上了月宫，也算半个神仙，就请它担任地震信号接收的使者：八龙对八蟾。

第三单元，都柱。都柱的上部通过八根横梁与龙口固定连接，使樽体内部牢固、稳定。这是整个地动仪的核心部件，这个装置分几个部分：第一，中心固定的立柱，竖立在樽底中央，与樽底固定连接，顶端有磁石吸附，使之保持直立。第二，感震机关装置，是一道推力板机关，与陵墓的防盗机关类似，平时处于静止状态，地震发生，地震波传到地动仪，这个机关会放大地震波，加速加大立柱的反应，触动发力。第三，报震装置。从都柱辐射状引出八个甬道，甬道呈向下的倾斜角度，出口分别连接外壳上八条龙的尾端即龙体通道的上出口。立柱触发牙机，牙机释放木球，木球顺着甬道的槽形斜面，再通过龙体内部的直行通道自然下落，撞击蟾蜍，完成一次地震发生的报告过程。

经过翻砂、铸模、抛光、组装及灵敏度的初步调试，然后半埋入地下。汉顺帝阳嘉三年（134），张衡五十五岁这年，地动仪制作完成。

汉末社会大动乱，政治颓败，生灵涂炭，都城洛阳几度易手，也几度被焚烧，张衡制作的稀世宝物很难重复的地动仪消失得无影无踪，它没有浑天仪的幸运，浑天仪被蛮族劫掠到长安，中原光复后，浑天仪也回到朝廷，但地动仪从此悄然消失。今人根据《后汉书》的记载，参照古今研究地动仪学者的意见，对张衡地动仪做出如下论断：

地动仪的历史资料，最著名的是《后汉书·张衡传》中的记载，虽然只有一百九十六个字。早期的复原工作都是据此开展的。冯锐的课题组把资料的考证和利用扩大到《续汉书》《后汉纪》等古代文献，但相关文献的总字数也不过二百三十一个。据学者们考证，张衡在当时已经利用了力学上的惯性原理，"都柱"实际上起到的正是惯性摆的作用。同时张衡对地震波的传播和方向性也一定有所了解，这些成就在当时来说是十分了不起的，而欧洲直到一八八〇年，才制成与此类似的仪器，比起张衡的发明足足晚了一千七百多年。关于地动仪的结构，流行的有两个版本：王振铎模型（1951），即"都柱"是一个类似倒置酒瓶状的圆柱体，控制龙口的机关在"都柱"周围。这一种模型最近已被基本否定。另一种模型由地震局冯锐（2005）提出，即"都柱"是悬垂摆，摆下方有一个小球，球位于"米"形滑道交会处（即《后汉书》本传中所说的"关"），地震时，"都柱"拨动小球，小球击发控制龙口的机关，使龙口张开。另外，冯锐模型还把蛤蟆由面向樽体改为背向樽体并充当仪器的脚。该模型经模拟测试，结果与历史记载吻合。那么，地动仪的内部结构究竟什么样子呢？有不少学者对此做过探讨。早在南北朝时，北齐信都芳撰《器准图》，隋初临孝恭作《地动铜仪经》，都对之有所记述，并传有它的图式和制作方法。可惜的是唐代以后，二书均失传。今人的研究则以王振铎之说影响最大。王振铎根据前人的猜测，讨论了地动仪内部可能有的各种结构，最后推断都柱的工作原理与近代地动仪中倒立式震摆相仿。具体说来，都柱就是倒立于仪体中央的一根铜柱，八道围绕都柱架设。都柱竖直站立，重心高，一有地动，就失去平衡，倒入八道中的一道。八道中装有杠杆，叫作牙机。杠杆穿过仪体，连接龙头上颌。都柱倾入道中以后，推动杠杆，使龙头上颌抬起，将铜丸吐出，起到报警作用。地动仪用精铜制成，圆径八尺，合盖隆起，形似酒樽。表面作金黄色，上部铸有八条金龙，分别伏在东、西、南、北及东北、东南、西北、西南八个方向。龙倒伏，龙首向下，龙嘴各衔一颗小铜球，与地上仰蹲张嘴的蟾蜍相对。地动仪空腔中央，立一根铜柱，上粗下细。铜柱周围有八根横杆，称为"八道"，各与一龙头相连。铜柱是震摆装置，八道用来控制和传导铜柱运动的方向。在地动仪受到地震波冲击时，铜柱就倒向发生地震的方向，推动同一方向的横杆和龙头，使龙嘴张开，铜球下落到蟾蜍嘴中，并发出响声，以提示人们注意发生了地震及地震的时间和方向。一颗珠子放在平台上，如果将哪方稍微往下一按，珠子就向哪方滚动。又如我们点亮一支蜡烛，将它放在一张不平的桌子上，它总会向低的一方倒。地动仪就是根据这些简单的原理设计的。地动可以传到很远的地方，只不过太远了人就感觉不到了，但地动仪能准确地测到。但是中国科学家认定地动仪的工作原理应该是"悬垂摆原理"，即地动仪是利用了一根悬挂柱体的惯性来验震的，而非当今历史教科书所说的在仪器底部简单地竖立一根直立杆。

五胡乱华期间，东都残破，国之瑰宝地动仪，也静悄悄地不见了，而且后世许多年许多年，再也没有人研制成功，科技向称发达的明代，也没有制造出第二架地动仪。地动仪与浑天仪不同，浑天仪有二次发明的幸运，与水车也不同，水车失传，只在一个地区失传，这个地区失传是因为这里河流枯竭，它普及在民间，所以曾经三次被发明。地动仪一劳永"逸"：成功地报告几次地震后，永远地消失了。所以上文的地动仪原理和制作部件，以及它们的组合安装，尽为推测之词，其间还不可避免地掺杂着门户之见。研究地动仪形成门户，这从侧面证明地动仪的影响力之深之远。

地动仪竣工，距太后召见张衡，张衡接受太后交给的任务已经十九年了，这期间张衡被撤职，研究工作停顿了五年，除去这五年，张衡许诺太后十年时间完成地震预报的时限，还是推后了四年。是以张衡心里惴惴。但这些年，张衡几时心里不曾惴惴？他不是担心责罚，当时太后并没有给他期限，还宽慰他说不必着急。他心里忐忑不安，是因为自己已经向太后承诺十年完成这项研究工作，一言既出，岂可打折扣。太后仙逝之后，张衡心里的沉重更增添了几分：任务完成得再好，太后也无从知道了。但有负重托的负罪感，却沉甸甸地压着他。

太史令通过太常卿上奏朝廷。顺帝派太常卿亲自来灵台验收。庞大的地动仪着实把太常卿吓了一跳，朝廷还没有制造过这么大的仪器，青铜铸造工艺就是问题，朝廷祭祀使用的礼器也没有这么巨大的，得知是分体铸造然后拼接，太常卿更加感慨，居然看不出有拼接的痕迹。他问为什么要这么大的仪器，小一点不行吗？张衡说，报告地震是大事，要做到准确，不能漏报误报，仪器就得庞大。太常卿对地动仪的设计样式、制造工艺赞不绝口，至于它的功能性能，太常卿闭口不谈。张衡想，他不谈，我自己都不能确定它的功能表现。

太常卿向顺帝汇报说，地动仪制造得不好。顺帝很不高兴，这张衡，不办事啊，朕即位之初就让他专职制造地动仪，这下可好，怎么向太皇太后交代？顺帝还很年轻，喜怒形于色，脸子一沉，问怎么不好。太常卿说："陛下，这地动仪呀，它不是好，是不一般的好啊！"说得得意，不免有点手舞足蹈的意思，顺帝却也不怪罪他，但对他的吹嘘不以为然："你说了许多，说地动仪漂亮啊美观啊，制作工艺天下第一等等，地动仪再好，它也是个仪器，功能好才是真的好，你考察过它的功能吗？""这倒没有。我去的那天没地震。"

没地震？好彩头！顺帝很兴奋，太常卿不知道皇帝为什么突然这么高兴，顺帝说："张衡是通天的人物，不是凡间客，实际上他果然就是一位凡间'客'——到凡间做客来了。他制造的这架地动仪，很可能是对天警告也说不定。你说这仪器非常庞大是吧，正常的仪器，人间的仪器，用不着做那么大，这是一种威慑力的展示吧，请求和警告不要让大地发生地震。我想，有了这件东西，天下就不再发生地震啦！"

太常卿看着皇帝，心想："哦，皇帝的心思跟我们就是不一样哦，我们等着地震发生，检验张衡地动仪是否准确灵敏，皇帝却希望它永远没有检验的机会。"

太常卿想，我们也可以向皇上学习：忘掉这架地动仪！

第十五章

天启

五十三

顺帝问少府："张衡任太史令，已经多少年？"少府立即检查百官序列表，这份表很好查询，就在少府的身边，因为这是官员们最关心的事情，经常要查询。少府答："张衡，安皇帝永初五年（111）来朝廷任郎中，元初二年（115）由尚书侍郎升太史令，建光元年（121）之变，张衡被解职，今上永建元年（126）复职太史令，至今已经七年，实际供职时间十七年。"皇帝感叹道："张衡天才不世出，六百石蹉跎太久。"诏令太尉，即时升张衡为侍中，叫作"侍卫禁中，随时咨询"。

侍中是皇帝的近臣，近臣，一般也是心腹，皇帝的日常生活也在侍中的职责范围以内，皇帝在侍中这里恢复成个平常人，所以他们是皇帝的心腹。同是心腹近臣，位置也有区别，张衡年龄偏大，资历又高，在侍中们中间也是贵族。张衡这个侍中，实际是皇帝给他的名誉职位，也包括提高他的薪俸待遇，由六百石跃进到一千石，帝国到处传唱一首童谣："学问做到董仲舒，做官做到执金吾。"侍中，为皇帝服务小事；执金吾，为皇帝服务大事，安全方面的，所以执金吾的薪俸二千石，"做官做到执金吾"。张衡当然不知道，当年太后对他的期许，也是二千石的执金吾。二千石不一定就是执金吾，执金吾是二千石的代名词，所以，做一任诸侯相、一任太守、一任光禄大夫，都是二千石，也就是"执金吾"了。顺帝让张衡任侍中，也是个过渡，顺帝也认定张衡应该位居二千石。

侍中张衡等于投放闲散，但不一定坏事才投放闲散，对张衡，这是皇帝的特别恩宠：朝廷无事，张衡经常去南郊的灵台；朝廷有事，也不影响张衡去南郊灵台。新太史令照例不在灵台上班，他在洛阳城里有公署，他在那里推演历算，算算今年哪天过新年，冬至在哪个时刻，日食月食。这些事项在历书中条陈序列，太史令为什么还要算？还要算，表示他很慎重，表现太史令工作孜孜不倦，所以太史令看上去工作很勤奋。御史大夫考评官员，太史令以勤奋位列第一。因为每次来检查，都看见太史令在那里算啊算。

太史令不去南郊，张衡经常去，每次来灵台，阿三都热情接待，现在阿三很忙，他跟老阿三一样，把张衡的工作室辟为展览室，出售门票。灵台虽然远在南郊，来参观的人却也不少，年轻人居多，还有夫妻带小孩子一起来参观的。展品就是张衡制作的模型，经过翻砂后的模型一般都废弃不用，但张衡的模型实在太精致，精致得如同工艺品，可以摆放在家里让茅草屋熠熠生辉的。一般家庭哪有那么广大的客厅和居室，建立展览室，也是物尽其用的意思，不然也太可惜了。

阿三把模型奉为至宝，张衡对那些大大小小的球球倒不怎么在意，那只是他木工活儿的副产品，做得精细些，但再精细也还是副产品，他不觉得有多了不起。做物件，不仅要做得像，更应该做得对。做得对，跟它本来一致。本来一所房子，你得把它做成一所房子，这所房子不是石头泥土堆起来，而是用岩石和泥土为材料让它们"长出来"。他的木工活儿，全都从他手里"长"出来的。张衡最在意的，还是从他手里"长"成的地动仪。

地动仪被埋在地下半个身子，安静地等待，等待着可能发生的事情——地震。里面的各个部件，它们安安静静地各司其职，因为它们的唯一职责，是安静。张衡忽然对它们产生了敬意，这样静地等待，也是一种精神，与勤奋与奔忙，同样令人亲近甚至钦敬。地动仪几年来安静地"蹲守"，由于屋子密闭良好，几乎无尘，仪器光亮如新，张衡想，又是平安的一年，一年又一年，年年平平安安，地动仪安安稳稳，说明天下黎庶安居乐业。

五十四

自从制成地动仪，几年没有发生地震，地动仪几年间悄无声息。张衡忍不住又闪过一个念头：我的地动仪发挥的警示作用吧。然后张衡自己都觉得脸红，骂了一句"无耻"，算给自己一个不小的惩罚。当年跟太后讨论天神有无，张衡很果断地说天上无神，现在似乎想证明天上有神，究竟有神无神，不该这么实用主义没节操。何况，就算有神统领天上事，我一个张衡，何德何能，武断天情？

崔瑗来访，知道他做成了地动仪，极为兴奋。他以为地动仪是一种预报地震的仪器，批量制作，安放在各个郡国，就像天竺的寺庙，遍布全国。地动仪监测本郡本国，一有地震，立刻发通报，全郡国人民拖家带口，四处逃难。张衡说："我的地动仪，没有这个功能。它只在地震发生后，检测地震，在京师，就能知道哪里发生了地震。实际是一座监测仪，不能批量生产，只有一座。"

"这么说，它只报告地震，不预报地震，它是一架报告仪，不是预测仪？"张衡有点急了："我从来没有说它可以预报地震！"崔瑗不服气："你从年轻时候，就信誓旦旦要预报地震的，现在却说只报告不预报，言而无信。"张衡仔细跟他说这件事的过程，还是从朝廷专对讲起，再远就要说到太学辩论会了。张衡向太后承诺两件事：第一件事报告地震，为了朝廷很好地组织救灾，这种报告给朝廷提供确切情报，使救灾有的放矢，减少财产损失；第二件，预报地震，在地震发生前撤离地震区或离开房屋躲开地震，避免人的生命损失。张衡肯定地说，要完成第二件任务，必先完成第一件，先完成第一件，才有可能完成第二件。总之，地震预报是比较长时期的目标，他张衡有生之年也未必能完成。

崔瑗想想，可能真是这么回事，张衡专对回来，是这么说的，他还说太后听了他的话，也有点失望的，但也没有一定要他承诺更多。崔瑗问："那么现在地震……地动仪的报告，准不准呢？"张衡说："惭愧……"

度辽将军邓遵在建光之变中被杀，崔瑗因在将军府幕府任职，也遭受牵连被免。车骑将军阎显再度征召崔瑗，任幕府掌书记，掌书记没当几天，车骑将军阎显因罪伏诛，崔瑗受牵连再度失业。崔瑗的门生觉得老师太委屈，崔瑗早就规劝阎显改弦更张，还请长史陈禅当面劝告阎显，拥立济阴王刘保登基，陈禅不敢说这些话，所以崔瑗的意见被埋没，还受牵连。老师应该向皇上申诉，您是冤枉的，我要替您上书，挽回局面。长史陈禅也赞成上书，说可以为这件事做证。崔瑗说："你们说这些话，皇上信吗？就算真有这事，当时我可有片言只字存留？既然没有，陈先生做证又有什么意义呢？皇上会这样说：'哼，小孩子玩过家家的勾当！'你我情何以堪？"掌书记被免，崔瑗不再求职，在京城卖字画为生，张衡马融窦章等好友纷纷施以援手，资助他的生计，崔瑗收起一向放荡不羁的做派，对朋友们说："救得了一时，救不得一世，今天得诸位帮助，渡过难关，以后的日子还长，怎么好再求助诸兄？我们都是道义交。道义交，最好不涉及银钱往来。多少至爱亲朋，皆因散碎银两恩断义绝。我相信诸兄的高贵品格，但我对自己的定力缺少自信。我们要保持知心朋友，大家从此不再提钱的事——如果我崔瑗穷困而死，家人即将流散，诸兄如看在我崔瑗的面上，施以援手，那崔瑗会感激不尽的。"

崔瑗在洛阳市街人烟辐辏处，摆一个大大的案板，光滑的案板上铺上厚厚一沓蔡侯纸，旁边一方砚台，自己操笔以待，按尺幅论价，作画写字。洛阳人崇尚文化，也爱字画，购得一幅崔瑗字或者画，悬挂于庭，以装门面。所以崔瑗的生意还挺好，他的草书在洛阳只此一家。写画之余，崔瑗还为草书的书法写了一篇启示性的文章，千百年后，人们看到这篇论文还崇拜得五体投地，因为那里面的意见从前没有谁说起过，而一旦崔瑗提出，就颠扑不破。比如，他说由于"官事荒芜"，出现了比大小篆还简略的隶书，而"草书之法，盖又简略，应时谕指，用于卒迫，兼功并用，爱曰省力"。草书就是更省力省时间的写字方式，情况紧急，没有时间精雕细刻，也是草书产生的原因，比如会议记录，用草书就很方便。

崔瑗根据自己的亲身经历，撰写一篇《座右铭》：

> 无道人之短，无说己之长。施人慎勿念，受施慎勿忘。世誉不足慕，惟仁为纪纲。隐心而后动，谤议庸何伤。无使名过实，守愚圣所臧。在涅贵不缁，暧暧内含光。柔弱生之徒，老氏诫刚强。行行鄙夫志，悠悠故难量。慎言节饮食，知足胜不祥。行之苟有恒，久久自芬芳。

崔瑗要求张衡带他到灵台看看地动仪，张衡欣然应允。两个人驱车南行，一路北风凛冽，白杨萧萧，所见古墓犁为田，松柏摧为薪。张衡说："改换一下时序，一年作一天，这些松柏，刚栽种不久，这些古墓中的死人，也刚刚下葬，百天的光景，别人却已经把坟墓犁平，把松柏砍倒，因为它们都已经是无主坟了。"崔瑗听了，心里比车外更冷，世道变迁，沧海桑田，人间冷暖，须臾之间。人们总说，天上一日，地下一年，假如张衡在天上俯瞰人世间，百天之中，人出生，长大，娶妻生子，衰老，死亡。全过程在张衡的面前完成，迅疾如光影幻象。埋葬他们的墓地，前一刻青草离离，再一刻衰草萋萋，再一刻白雪皑皑，墓地的松柏树今天明天长高了，转眼间砍倒做薪柴；高耸的坟堆今天明天踏平，第三天第四天犁铧已在坟头上走过。想到这，崔瑗猛醒道："何必换算一天一年，我们这一生，何尝不是刹那之一天。白驹过隙，倏忽一生。"崔瑗嗒然若丧，参观灵台的兴致索然，大半天默默无语。

张衡说："思考局中事，必是局外人。既是局外人，奈何局中事？

京都传一首诗，不知谁人所作，作者似乎也是局外人，或者试图成为局外人：'回车驾言迈，悠悠涉长道。四顾何茫茫，东风摇百草。所遇无故物，焉得不速老。盛衰各有时，立身苦不早。人生非金石，岂能长寿考。奄忽随物化，荣名以为宝。'子玉点评一二？"崔瑗说："点评却不敢，我也听到一首：'驱车上东门，遥望郭北墓。白杨何萧萧，松柏夹广路。下有陈死人，杳杳即长暮。潜寐黄泉下，千载永不寤。浩浩阴阳移，年命如朝露。人生忽如寄，寿无金石固。万岁更相送，圣贤莫能度。服食求神仙，多为药所误。不如饮美酒，被服纨与素。'情景切合当下。原来思量这些问题的，不止于你我，人生人死，物存物灭，如日月循环，自有规律，参透规律，化入自然，又外化自然，回视自己，了然识所在。"崔瑗说完，张衡也陷入沉默，伴随一路萧瑟的秋风，车子来到南郊灵台。

为了观测天象，灵台孤悬于原野之中，四望无际的麦田，秋收已过，麦地一片萧索。灵台始建于东汉光武帝建武中元元年（56），院落宽阔，四门，皆通向灵台，灵台台基方十四丈，高六丈，台顶也有十丈见方，灵台上下两层，下层平台环绕一周，筑有回廊，其北面正中有坡道上通二层平台。上层平台四方，台北侧一字排开五间瓦房，每间面阔三步半。台上安设天文仪器共五架，五间房屋对应五架仪器，以记录观测数据。五架仪器崔瑗都不熟悉，恍惚记得有一架是黄道经纬仪，还有一架是地平经纬仪。铜铸，表面包裹一层暗黑的物质，不知什么材料，应该是防止仪器生锈，这些仪器将永久露天摆放，风吹日晒雨淋，仪器的抗伤损条件要十分严格。台正中一个较大的半球形建筑，就应该是他最重要的观测设备漏水转浑天仪。

灵台在张衡第二次出任太史令时建造，张衡设计监督施工，建造时间长达两年，有些材料需要经过长时间的"沉睡"，才正式成为建筑材料，这样的建筑才有灵性，建筑的各个部分就能像自然生长一样成为有机的整体。中国建筑核心理念是天人合一，建筑来自大自然，最后回归大自然，悄然再无声息，没有谁知道它们的曾经。许多人只以为天人合一，却不知天人合一要经过漫长的过程，首先需要把它们从自然中独立出来，独立得彻底，有分然后才有合，他们对工程漫不经心，说反正也会回归自然，何必刻意让它们割裂自然，垒一段墙也摇摇晃晃，轻轻一推，立刻"回归自然"。这是对回归自然理论的严重误解。张衡建筑灵台，对每一份建筑材料都存有感恩和敬畏之心，对它们的安置处分务求妥帖，它们本来就有自己的位置和作用，施工者帮助它们找到自己的位置，这样每一块砖瓦都被赋予灵性，张衡把自己的理念注入这些建筑，这些建筑也就有了恒久性。

张衡领着崔瑗登上观象台的第二层，这里除了崔瑗不很熟悉的天文仪器，核心部分是浑天仪。浑天仪也叫漏水转浑天仪，这个中空的庞大建筑设计建造得十分精密，说它庞大，倒不是说它真的硕大无朋，只是说它概括了宇宙，宇宙天象尽收于这所穹顶小房子。这里能够复制宇宙天象，简单说，这里就是"小宇宙"。董子说人是小宇宙，只是理论上的推导论证，找不出实证，因为人们无法再现大宇宙，所以无法证实或不能证实人就是小宇宙。而灵台漏水转浑天仪不然，它能够完整无误地证实复现再现天象，这在从前不可想象。张衡请崔瑗留下来看看浑天仪的实际工作状况，崔瑗说平子如能取得如许成就，崔瑗愿意拜门墙。张衡说："时间还早，如果子玉感兴趣，请你看看地动仪。"

地动仪安放在一座独立的房子里，房子是张衡亲自选料，确定配方，亲自督工建造。墙体和房顶全部用粗沙细沙石灰，用糯米浆和鸡蛋清将沙石搅拌成混凝土，墙体和房顶均厚五尺，地基深五尺，房间内陷二尺，实际地基深三尺。为减轻房顶压力，采用四面攒尖顶。房间不很大，除了地动仪的地上部分，房间里没有任何设施。房间南面有窗，起采光作用。为了隔音，窗户安装来自西方价格昂贵的玻璃，玻璃三层，固定在墙体中，外层玻璃为防止冰雹和其他外力损伤，收进半尺，最外则安装木板窗户，保护玻璃，因为玻璃过于珍贵，而且嵌于墙体，一旦破碎就难以更换，在检查仪器时才打开木窗户。因为玻璃昂贵，这面窗户也不大，略微透过光线而已。大门和门框是张衡自己动手制作的，使用隔音效果最佳的楠木，安装时还采取很严密的隔音措施，进入这个房间，静如真空，一根针掉在地上，听上去像一颗炸弹爆炸，弹起，落下，又是一声爆炸。张衡听见自己呼吸如百尺瀑布冲击岩石，爆发着炸裂般的脆响。

张衡和崔瑗脱了鞋走进屋子，一步步仍然如惊雷轰天巨响。张衡打开地动仪顶上的盖子，岂止雷霆万钧。崔瑗看到都柱里面精密的结构，都柱外边精巧的连接通道，再看外边精美的铸造装饰工艺，感慨道："我制造的太学进门牌，那是仿造，再像，也是仿造。你这架地动仪却是创造，而且创造了一架通天的仪器。平子，古人三不朽，我不知道你几个不朽。"张衡说："房屋再坚固也会倒塌，机器再精致也会失灵，这里没有什么不朽，子玉不要说笑话。再说，以后人们能创造出更精妙的机器仪器，能预测预报地震，那时候这个仪器自然寿终正寝了。"崔瑗说："即使如此，这样精密的检测设备也还有用。平子功德无量。平子，我们可以有个约定。""墓志铭。"崔瑗爽朗大笑："平子知我心哉！假设平子先我而去，我给你作铭，一定用上这两句话：数术穷天地，制作侔造化。"张衡谦逊道："子玉夸奖太过，张衡实不敢当。如果时令相反，我要把这两句话送给子玉：'书成仓李，德配颜曾。'"二人鼓掌大笑。

张衡说今天子玉大驾光临，天空也作美，今夜晚天气晴朗，星星都要来上班呢。阿三自从有了门票收入，出手很大方，特别是张衡来到这里，阿三想表达感恩，忙前忙后地张罗，他也帮不上什么忙，最后决定在晚饭上下功夫，到附近的村户买来两只大鹅，还准备了好几种配菜，两个食案流光溢彩，摆得满满当当。酒是自己酿的，味道相当醇厚，远胜洛阳龙门酒家。

晚饭过后，早已繁星满天，它们是张衡和崔瑗的老朋友，张衡心里早就把它们看作"他们"，因为"他们"都有蓬勃的生命，在太空中的遐想虽然近乎"瞎想"，但美丽的瞎想久久不能忘怀，就是现在，张衡的思绪还时常被遐想牵动，遨游于浩渺的天上人间。张衡和崔瑗仰观天空，黄道一带，二十八个星官一如既往，忠于各自的职守。张衡和崔瑗在灵台上仰望天空，辨认着天上的"老朋友"：东方苍龙：角木蛟、亢金龙、氐土貉、房日兔、心月狐、尾火虎、箕水豹；南方朱雀：井木犴、鬼金羊、柳土獐、星日马、张月鹿、翼火蛇、轸水蚓；西方白虎：奎木狼、娄金狗、胃土雉、昴日鸡、毕月乌、觜火猴、参水猿；北方玄武：斗木獬、牛金牛、女土蝠、虚日鼠、危月燕、室火猪、壁水貐。天上被这些神兽统领着，满天的龙腾虎跃，蛇走鸢飞。

张衡说："这是大天球，再看看里面的小天球。"从一个小门进入穹顶的内部，一所直径三丈的半圆穹顶，周边有五盏灯，每盏灯的正上方一个圆形管道，通往室外，为了避免烟火熏染，设置的排烟道，穹顶表密密麻麻的星星，星星都由线条相联系，成为一个个的星官。星星都是水晶镶嵌在壁上的，在灯光的照耀下闪烁不止。张衡说，这是夏季的天空。崔瑗问："冬季的天空呢？""在脚下边。"崔瑗跺一跺脚，脚下地面坚实无反应，张衡笑道："这面画只是一个示意图，只有半个圆，半个天球，原来设计的整个天球，但如何让天球转动起来，颇费周章。这不是重点，这个屋子的重点是这个，全部灵台的重点——浑天仪。"

张衡指着屋子中间的一架仪器。这架仪器铜制，圆径四尺的铜球，球上刻有二十八宿、中外星官以及黄赤道、南北极、二十四节气、恒显圈、恒隐圈等，呈一浑象。水平一个圆圈，把圆球分割为上下两半，其实这个铜球就是人们经常说到的"天球"，人们看到的天空反过来，刻录在球上，看的时候想象你在球的里面。水平圈相当于地面，地面为界，地面上为北半球，地面下为南半球。漏水转浑天仪的主体，是一个代表天球的球体模型。球里面有一根铁轴贯穿球心，轴的方向就是天球的方向，也是地球自转轴的方向。轴和球有两个交点，一个北天极，一个南天极。可以通过浑天仪观测到日月星辰运行的情况。这就是"漏水转浑天仪"，它与一座三级刻漏连接，刻漏滴出的水，再通过放大齿轮，使刻漏的细小水流的能量增强，推动浑天仪运转，使它与真的天球同步，天上什么景象，浑天仪也是什么景象。张衡说："子玉，你到台上去，看着东方，听我的报告。"崔瑗果然来到台上，张衡告诉他："看着东边天空，看看哪颗重要的星星出现，现在戌时，火星即将出现，听我报告。"

张衡重新回到穹顶之内，果然不一会儿，张衡在屋里大声说"火星出"的同一时刻，崔瑗也看见火星缓慢地从地下钻出来，在离开地面时仿佛还调皮地跳了一下。看火星快乐地跃出地面的样子，崔瑗想人与天象的情感原来是双向的，平常人对天的感情淡漠，那是他们从来没有仔细地观察过天，更没有研究过天。

"火星东南方，一颗二等星出现，是张良星。"崔瑗看见"张良星"缓缓地钻出地面，张衡把这颗星命名为"张良"十分贴切，它很低调，也不那么耀眼，它守卫着的火星就应该是高皇帝。张衡继续报告天象："火星东北方，水平三十度角，二等星，萧何星。"崔瑗也同时看到了萧何星，萧何星稍稍亮于张良星，与张良星成犄角之势，屏卫着火星沛公刘邦。"萧何星正东，二等星，萧何的伴星，韩信星。"崔瑗看到韩信星光芒四射，就像韩信一样才气逼人，连萧何星的光芒都被它掩去不少。"火星东北，四十度，韩信星东南三度，彭越星，也是二等星。"崔瑗看到了彭越星，虽是二等星，但掩掩藏藏的倒像个小偷，跟彭越的出身极为吻合，崔瑗都笑出声来。两个人，一个屋里说，一个屋外看，屋外看的偶尔应答一两句，因为崔瑗没有多少机会说话，星星出来的速度远比人们想象的快，张衡几乎不停地在说，崔瑗不停地在找，根据张衡的提示，立刻就能找到本星，崔瑗可以把一个词送给张衡：验如合契。屋里屋外，严丝合缝。

最后，零等星启明星露出慈祥的笑脸，好像一个老人早上睡不着觉，早早起床看看路上可有行人，忽然就看见张衡崔瑗两个调皮的家伙在看星星，这就等于窥见了宇宙的秘密了吧，你以为一个屋里一个屋外，我就不知道有两个家伙在偷偷地研究我们了吗？启明星有点不高兴，出来出来，别在屋里藏着！看见张衡出来了，启明星把半边黑脸给这两个人看。但它也不是真的不高兴，天上星，怎么会跟小小人儿计较，不一会儿启明星就把笑意洒向满太空，也笑眯眯地看着张衡崔瑗。张衡告诉崔瑗，金星即启明星有两张脸的，一黑一白，人们只看见它白白亮亮的笑脸，从来看不见它的黑脸，除非你用一片磨薄的玛瑙片看它。用水晶片也可以，可水晶片太亮，跟玻璃一样透明，从金星射过来的光线不能折射过滤，效果不好。

张衡看金星态度平和，恢复成一个好老头好好先生的本来面貌，就礼貌地对金星说:"太白先生,启明老圣人,早晨好!"金星似乎很高兴,笑脸绽开,光辉普照,刹那间满宇宙都充溢了金星释放的光辉。

五十五

张衡和崔瑗这次造访以后,地动仪实际上已经被尘封,人们几乎把它忘记了,只有阿三每天来这座房子看一看,作为例行公事,围着房子走几圈,隔着门房听听动静。里面照例没有动静,这座房子距离阿三的值守住处不远,直线距离不过三丈。尽管房子的密封良好,隔热隔音在当时建筑中无出其右者,铜蟾蜍夸张扩大的声音效果也足以抵消它的隔绝功能,龙口吐出木球的位置与铜蟾蜍的高程有三尺,木球用苍梧所产鸡翅木制作,鸡翅木俗称铁力木,沉重似铁,铜蟾蜍鼓起的腹部恰为大共鸣箱,这么高的地方坠下一个比重近似于铁的木球,击在铜蟾蜍上,发出的轰鸣声音一定震耳欲聋。

阿三感怀张太史给他的恩惠,兢兢业业守在灵台,经营着他的第二职业——售卖门票。

这天深夜,阿三突然被一阵轰鸣惊醒,金属铜的声音响亮而悠长,梦中惊醒过来的阿三耳中还回荡着袅袅的乐音,他当然知道声音源自何方,他披衣起身,带着钥匙,手拿马灯,急匆匆来到那座特制的房子,打开铜锁。

房屋依旧空旷如昨,地动仪光亮如新,几乎一尘不染。从前的静谧却被一丝悠长的乐音打破,乐音来自正西方的一只金蟾,阿三摸一摸金蟾,还感到它轻微的震动,再看它的嘴里,正有一个圆圆的木球,木球很有质感,看上去极似金属球。由于阿三的手触碰过金蟾,金蟾的震动停止,室内重新恢复了静谧,阿三又听见自己粗重的呼吸声。

地动仪报警的消息,第二天就由太史令奏报朝廷,朝廷震动,立刻举行临时朝会,商讨对策。虽然多年没发生地震,但大家对地震的应对方案轻车熟路,朝廷议决之后,主管部门负责落实。根据地动仪指示的方位，地震应该发生在西方，再进一步根据张衡留下的大量地震数据数值，比照地动仪的方位，大致可以确定地震发生在陇西一带，陇西与内地交通比较便利，抢险救灾车辆和物资运输也会很顺利，朝廷对此有相应的预案，在临近灾区的地方筹集物资，就近救灾，其后以外地运送来的物资补偿这些地区，比如由关中郡救助陇西郡，朝廷的救灾物资运输就可以从容些。朝廷决定诏令关中郡启动救灾程序，迅速驰援陇西郡。这样可以缩短一天的时间。

就在朝臣们讨论地震及救灾时，有几位大臣默不作声，直到最后也不开口，脸上阴云不散。顺帝坐在高处，看每个大臣都清清楚楚，就问他们怎么如此冷漠，地震爆发，生灵涂炭，前几年的事情就忘了？顺帝不问，他才不说，没他啥事，才不愿意多口舌，弄得不好还会惹火上身。皇帝问了，正好说一说："臣昧死禀告陛下，启奏陛下，陇西发生地震，消息来自何方？"顺帝听说地震地震，居然忘了消息来源，现在被大臣揭了短，有点不好意思："地动仪吧。"大臣脸上居然露出一丝不易觉察的鄙视的笑："臣昧死敢问陛下，陛下身边大小臣工，有谁发觉昨天晚上地震了？"这一问，竟然问倒了所有人，大家不约而同，恍然大悟：地震的消息，来自地动仪。地动仪是什么东西？

邓太后在世时，因为太后熟悉天文，大臣也乐于附庸风雅，纷纷读天文书，天文书最艰涩的是张衡的《灵宪》，还有一本《浑仪注》，多年以后，天文学早就恢复了冷门本色，张衡和他的地动仪知之者甚少，太常对此略知一二，今天奏报地震的，也是太常卿。太常卿请示了皇帝，跟大家解释消息来源的起始缘由，这就提到了张衡。太常卿现在很后悔，不应该听了风就是雨，太史令就那么一句话，我就贸然上奏朝廷，今天这脸面……太常卿自然迁怒于太史令，太史令太鲁莽，这么大的事情，总应该反复核实的吧，至少得有一两件旁证材料吧……太史令是这个假消息的始作俑者，他没有可以迁怒的，他只埋怨阿三：阿三这老东西，虽是斗食小吏，每天门票收入也很可观呢，我这个六百石也未必有他的高，钱多得不耐烦了吗？不好好待着，帮倒忙，明天我就把他开除。大臣们交头接耳，互相询问，也为了掩饰刚才抗震救灾议程中的发言，发言越精彩，感情越激越，现在就越灰溜溜。

"张衡吗，这个人有点怪，有点狂，有点不通世故，对人倒还和气，说话却极少，见面拱一拱手，就算打招呼了。也说话，说起天上的事情就滔滔不绝，眉飞色舞的像中了大奖。他当太史令许多年，很少在朝廷上班，常年住在灵台数星星，他说夜里上班，等于别人白天上班。听说他给每一颗星星都取了名字，张良星，韩信星，霍光星、李广星、苏武星……"朝廷与市井一样，不缺少八卦人才，一些人窃窃私语，朝堂上有点乱糟糟的感觉，皇帝嗯哼咳嗽一声，朝堂立刻安静下来。

听到张衡两个字，顺帝想起了这位另类"大人物"，这是太皇太后尊信的天文学家，太皇太后交给他一项特殊任务，研究地震，预报地震。由于太皇太后的关系，皇帝给他特殊的恩宠，擢升他任宫中侍中，三年后，外放为河间相，官秩二千石。转眼间任河间相已经三年，三年间没有关于河间的任何消息，可见张衡治理河间很成功，国泰民安，才能悄无声息。现在忽然出现了张衡，这位张衡的影响力不可低估，正所谓桃李不言下自成蹊吧。可是张衡以这种形象出现，顺帝很是不快，因为张衡叫皇帝在众大臣面前出了丑。

顺帝被大臣质问得哑口无言。实话实说，顺帝昨天夜里睡得踏实，没有一点地震的感觉，结果今天一大早，被太史令一个汇报，满朝廷都"被地震"，闹得鸡犬不宁。皇帝心里想，这诏令多亏还没发出，要是已经发出了，结果不就闹了个大笑话吗，想想都后怕。再想想张衡，似乎也不那么神奇，这个大失误绝非他故意要我难堪，无心之失，但失误不可原谅，处分不可少，皇帝在思量该给他张衡怎样一个处分。处分的事可以再研究，眼前的事情，就是立刻停止各项安排，之前说的一切统统作废。可半个上午净讨论地震，做出的决议忽然又都不作数，这事就不好看。京都没感觉，不等于没地震，这地震距离京都遥远，京都自然感受不到。我们刚做出的决议被废，岂不又增加朝廷的一项过失和罪过，所以，最好先等等，等个三两天。顺帝希望有人来劝止一下，自己顺坡下驴，还获得从容纳谏的好名声。举目四看，大臣们热烈支持的脸色，洋溢着对皇上英明伟大的赞许，就有点失望，这失望的眼神在顺帝只是一闪而过。

但这一闪而过的眼神被司徒刘寿捕捉到了，他立刻判断出皇上的真实意思："陛下，臣斗胆请求说几句话？"皇帝像饥饿人遇到一锅汤饼一样眼睛闪闪亮："司徒快讲！""臣以为，张衡地动仪是否应验，需要一点时间，京都没有地震的感觉，也许地震距离京都十分遥远，比如陇西天水金城一带，距京都一千多里。假设这次地震的衰减乂特别迅速，所以到京都，只有灵敏的地动仪能感应，人不能发现已经地震了。对于张衡，我以前也有耳闻，他著作过专门讨论地震的书，说一年之中，大地发生的地震有几万起，其中绝大多数地震人们感受不到。如果人们感受不到的地震，地动仪测到了，那不就更说明张衡的地动仪很精准很神奇吗？臣天生愚钝，昧死以闻。"一番话都是皇帝想说的，皇帝听了真开心，但是还要作作姿态："虽然也有些道理，但是给他几天时间合适呢？"司徒说："四天时间足够快马从天水跑到京都，四天时间，再宽限一天，五天，足够验证地动仪。"皇帝立刻"龙颜大悦"："准了，退朝！"

第二天，京都熙熙攘攘，坐商行贩，秩序井然。街市官衙……

第三天，街市官衙……

第四天……

第五天，皇帝下旨，以张衡妖言惑众，革河间相职，召回京听候发落。

五十六

张衡在河间国任丞相已经三年。当初皇帝诏令张衡为河间相，在朝廷的波动议论，无异于掀动了一次"地震"，朝臣觉得皇帝为了让张衡成为二千石，有些不择手段，无论从哪个角度看，张衡都不像是个独当一面的太守材料：他不威严，不威严倒也罢了，他还不讲话，不讲话倒也不是大毛病，关键是他在人群中永远落落寡合，不该说的话固然不说，该说的话，他也不说。野王君奶妈王圣说，好马出在腿上，好人还出在嘴上。王圣的好人坏人判别标准绝对没有道德什么事，她的标准只有会不会收拾人，会收拾人的人，好人；收拾的人恰好又是她不喜欢的，更是好人。收拾的人是我喜欢的人，或者收拾的就是我，那他是好人还是坏人？这倒是个问题，不过在她也不是问题，因为王圣从没有遇到这样的情况，在清河国，还有敢不喜欢她的人吗？在朝廷在洛阳还有敢不喜欢她的人吗？所以，好马在腿，好人在嘴。张衡拙嘴笨腮，怎么可能当好官？不是当好当不好，他根本就当不了官。张衡撅着一撮山羊胡子，车马驺从，夸张地一路鼓吹奔河间，然后就悄无声息，大家很失望：张衡总要闹出点事情来吧，好让人们单调粗糙的生活增加一点细腻感。可是一直没有。

河间王是个喜欢幽默的人，张衡却对幽默冷漠荒凉，王和相应该毫无共同语言，话不投机半句多。帝国几乎所有的相和王都是死对头，是皇帝让他们成为死对头的。原来相是中央派来监管王的，王在国内除了领工资，没别的事情好做，没事就谋一谋反玩玩，而这谋反大多是丞相设的局。丞相和国王无冤无仇，这个局当来自皇帝的授意，皇帝想废除哪个国，就把一个亲信叫过来耳语一番。但张衡在河间完全是另一个样子。国王觉得这"国王"当着也怪没意思，中央要废就废，恭谨侍奉中央，中央一句"酎金不足"，就废掉了，什么不足，重量和成色，还不是中央说了算。其实不废也跟废了差不多，张衡觉得世间事说到底都一样，匆匆忙忙奔向永生，详细追究这段匆忙的时间，何如关怀无尽的永生的时间，而永生这事，人自己又管不了。张衡当时与帝国的多数知识人一样，处在神学的恐慌之中，对人事普遍超然。既然对人事无所谓，两个达观的学者自然成了好朋友，河间王负责制造幽默，丞相张衡负责点评幽默，两个人经常在一起表演轻喜剧，就像后代人的说相声。

说相声还不够，他俩还要演出相声剧。河间王懒惰不管事，国内的豪强聚集得不少，作奸犯科的也很多。河间王每天起来都问："今天有什么事啊？"回："回王爷殿下千千岁，倒也没什么事发生，只是昨天，有一伙子人似乎仿佛可能像是强盗，把都城的店铺都砸了一遍。"王爷说："那不是昨天的事情了吗，我问你今天。"回："今天这刚开门，将要发生的事情还没来得及发生呢。"王爷说:"那就是没有什么事情,今天无事,不要再打扰我了啊!"王爷一天天地看书,因为没事嘛,不看书还能干什么。一天无事,于是每天都无事。国王无事,河间国的事情之多可想而知。张衡上任之前,就通过可靠的手段掌握了河间国豪强和盗贼的全部情况,上任第二天,雪片一般发出拘捕令,当天牢狱装满了囚犯,第二天审讯,第三天牢狱空了一半,第四天牢狱空无一人。从此河间国路不拾遗,夜不闭户,称为大治。

张衡看了剧本,不满意:把我写成这个样子,这还是张衡吗,我怎么不认识他了呢,越看越像前朝的酷吏王温舒。这剧本果然是以王温舒为原型写成的。王温舒任河内太守,预先探知河内郡的豪强之家,无一遗漏。王温舒九月到任,先在河内通往长安的路上设置自己的私人驿站,预备好马五十匹,随时准备着。王温舒招聘一些流氓无赖组成自己的行动队,这些人天生的唯恐事情太小,雷霆万钧之势搜捕郡中的豪强,包括连坐的一千多家。奏报朝廷,罪行严重的灭族,罪行不很严重的也都要处死,他们的家产都被没收,偿还被侵害人之后,还余山积一般的财富,用来支援官府财政、改善民生、修桥铺路发放养老金之类,行"德政"。因为驿站顺畅,快马再加鞭,上奏的文书不超过两三天,就都拿到了朝廷的批文,然后立即执行,刑场流血十余里,没过脚踝,血腥气上达太空,河内郡再不见天日。到十二月,郡中彻底安静了,连鸡叫狗咬都听不到,吓得。张衡想,把我比作王温舒,什么心肠!可是看王爷编的剧本,我比王温舒还厉害,他四个月才叫河内郡悄无声息,鸡犬都知道乱叫要丧命,我三天就把豪强都处理完了。这么杀人如草芥,我哪里还是一个人,我简直就是一个魔王!王爷哈哈笑:"演戏嘛,总要夸张些,你看街市上杂耍百戏,嗖嗖嗖飞盘子,头顶霎时一大摞,他顶着盘子跳舞翻跟头。顶盘子有啥看头,他整得这么惊险,就好看,是不是?剧本把我编成昏庸无能醉生梦死的老混蛋,我都不说啥。"这剧本不但演出,还流传下来,两百年后范晔把它当作信史,写进《后汉书》:

永和初，（衡）出为河间相。时国王骄奢，不遵典宪；又多豪右，共为不轨。衡下车，治威严，整法度，阴知奸党名姓，一时收禽，上下肃然，称为政理。

不和国王说相声的时候，张衡就在丞相府办公，其实跟国王说相声的时候也不很多：一来相国本来就是忙差事，一个国家，千头万绪都要丞相定夺；二来要说相声也不是总有很好的本子。

张衡办公，基本照搬鲍德在南阳的风格，"南阳太守好作风，自带干粮去办公"，到田间地头亲自劝农耕桑，大家都去忙耕桑之事，诉讼事件也就大大减少了。河间地处冀州中部，一马平川，张衡在农忙季节，带领自己的工作班子，自己带着干粮到各乡村视察春种秋收。丞相懂得什么春种秋收，像张衡这样能知道春天播种秋天收获就是好太守，大多数太守总以为每个月都割麦子呢。即使张衡，对农田上的事情也不甚了了，所谓劝农，也就作个姿态罢了，表示官家很重视。官民共苦，官民同乐。

劝农耕桑，总有些官员做得太过，过犹不及，张衡觉得很搞笑。河内郡太守到农田，手把手教农民怎么插稻秧，怎么赶水牛下田拉犁，把农夫弄得手足无措，要发疯：我们世世代代务农，这些事还不会做吗，需要他指手画脚？河内太守还总结出农田劳作"九字诀"，让农夫农妇背诵记忆，要人们按照这九字诀种田。九字诀是："田地水，种肥管，密防具"。看人们瞪着迷惑的大眼睛，太守解释道："种地首先要有土，土分两种，一种有水的田，一种无水的地，就是水田旱田啦！"群众中切切嘈嘈，一个人说："切，废话！"好在太守没听见，太守继续开导民众："无论水田旱田都需要水啦，不过旱田的水来自天上的雨，水田的水来自地上的河。播种需要种子，种子这事也很重要，宁可饿死爹和娘，不吃梁上种子粮。嗯，肥料，要给土地上肥，肥是文雅的说法，就是你们大家都知道的粪啦！猪粪，狗粪，人粪，驴马、牛粪，庄稼一枝花，全靠粪当家。庄稼的行距株距不能稀疏，要充分利用土地面积，合理密植。这期间不可放松田间管理，就像管理人民那样管理庄稼。庄稼长大了，要防灾抗灾，虫虫啊，鸡鸡啊，要让鸡鸡捉虫虫，生物防灾，大秦国的人们用农药杀虫，那无异于自杀，最后吃了农药的还是人们自己，农药这东西人体是不能排除的。鸡鸡们忙不过来的话呢，一家男女老少下地，用手捏死那该死的虫虫。所有这一切，除了捏死虫虫，都离不开农具啦！"他每讲一句，那个农民都跟着一句："切，这不废话吗？！"终于被他听到了，打三十大板，枷号示众三天。张衡听到农业"九字诀"，也是这么说的："这不废话吗？"张衡运气好，他不是河内郡的农夫，他是河间国丞相，没人敢把他枷号示众。

张衡丞相带领自己的工作班子下乡劝农耕桑，一直"劝"到日落西山，回到国都，众人自动解散，各自回家吃自己家的饭。几个官员要陪同张衡回丞相府，张衡说："谢谢，你们都回家去吧，你们送我到家，我还得管你们吃饭。"众人哈哈一笑，各自散去。

国都的傍晚静谧安详，家家飘出饭菜的清香，引逗得狗儿们都吸鼻子，颠开小碎步奔家而去，走过一家，闻到浓烈的炖排骨的香味，不由自主停下来，向门里张望，但强烈的"爱家"心思促使它们收起"贰臣"之志，更加快回家的步子，一路上还检讨自己见异思迁的卑劣心思，走进家门，对着家人呜呜几声，表示道歉。家人哪里懂得狗儿们回家路上的"活思想"呢，舀出一大舀子的饭和菜，盛在盆里给它们，它们吃一口，嗯，清香，排骨，那是美香，清香当然不如美香美啦，可这清香的饭菜可是自己家的啊！吃几口，看看家里人，大毛二毛在，三毛四毛也在，五毛呢？五毛刚回来呀，怎么比我回来得还晚？都回来啦，都回来了就好，狗儿放心地吃起饭来。

张衡走过闹市区，各家店铺都已经打烊，有几家在上门板，收拾门前的垃圾，整个闹市区显得慵懒，这正是一天忙乱后的自然状态吧，街市跟人一样，也要休息。

拐过一个街角，张衡看到一个人，这人坐在路边的一块大石头上，双腿自然下垂，两只手扶着一根竹竿，正若有所思。

是他。尽管经过这许多年，张衡依然能够清楚地认出他来，这人的特征太明显了，也不是这人的特征明显，是他的衣服，蓝色粗麻布长衫，袖口处一个圆洞，应该是烧过的，用一块颜色近似的布补上去的，针线功夫不很好，这块补丁在衣服上显得突兀。

张衡惊讶不已，怎么能在河间见到他呢？转而一想，也就释然：他们这一行俗称走江湖，天南地北到处走，哪有个准头。张衡赶忙上前打招呼："老先生，还认得我吗？"

老先生并不抬头，缓缓地说："王孙成了老太爷，岁月催人老啊！"

张衡很高兴，果然认得我，我还欠老先生一份卦资，这么多年，终于有机会补偿了。"老先生，我还欠您老一份算卦的钱，这么多年，一直搁在心里，成了负担，越久，负担越重，今天能见到老先生，真是太好了。"

"卦资只是小事，不足挂齿，银钱只是用来吃饭，吃饭之后，我不知道它还有什么用处，如果自己有地耕种，那钱就更没用处了。我行走江湖，无牵无挂，看得多了，听得多了，说得却越来越少，因为我终于发现，看得多听得多经得多，我的所知反倒越少，从前的所知，其实大多虚妄，剔除虚妄，剩余真知。剔除的虚妄越来越多，剩余的真知就越来越少喽，我不知道到最后，我还有多少'真知'。根据虚妄剔除的速度，我知道已经来日无多，也许就在我的虚妄被完全剔除之时，所谓'真知'也会彻底归零了吧，到那时，我的生命只剩一片白茫茫。其实再想一想，谁人到最后，生命不都是一片白茫茫呢？即使他有千千万万的牵挂，他的身后几多乱麻，对于他本人来说，依旧白茫茫。"

天色已经完全暗下来，临街的住户点上了灯，灯光透过窗户纸，照得张衡和算卦老人影影绰绰，但这时他们已经不用看见对方了。

"王孙——我还是叫你王孙比较顺口，叫你老爷还真不习惯。王孙官至二千石，文章冠绝当世，发明技巧无数，泽被天下苍生，推演数理，详参天象，著书立说，启迪百代之后，王孙这样的成就，我大汉三百余年，罕有比肩。可我看王孙眉宇间凝结着重重心事，言语也颇有滞留……王孙且莫否认，我知道王孙的郁结所由何来。太后明说，大将军暗助，而太后已然驾鹤，大将军沉冤海底，王孙总觉得没让他们在有生之年看到托付有效，而深自愧疚。世人多为情所劫，人在情在，人亡情亡。亡者长已，鬼物何知？所谓完成嘱托，不过存世者一个借口，借以激励自己，若真以为有知者遍布天上地下，世上人将举步维艰。所幸人死烛灭，世上再无屈平原。更所幸，王孙已经完成地动仪，地动仪永久安放灵台，成天子重器，社稷之福，足以福报太后大将军。"

老先生对张衡的功业成就十分熟悉。张衡想，我默默无闻小事，世人视我为大人，除了惭愧，再无他语。"可是，地动仪只能检测地震，还不能预测地震，太后……"

"唉，我说了这许久，你的心结依然哪。监测地震，预测地震，预防地震，控制地震，这是你的理论框架吧？框架结构庞大，构想瑰丽，可它总要开始于第一端。地震监测看似简单，发现原理却石破天惊，当代人不会理解这件事情的奇妙，其实妙不可言。这第一个环节，已是集百代人智慧而成，第二个环节，仍然要百代人的智慧，而且，更要窥知天意。天可有意志？天可无意志？既然不能判定天无意志，只能暂时认为天有意志。天有意志，它不会轻易让人们窥知它的心思。焉知王孙制成地动仪，不是天帝的一时疏忽？"

"老先生，你是说，我这辈子是造不出预测地震的仪器了，向太后的禀告也将遥遥无期？"

"王孙青年时期的俊秀聪明、一点就透的灵秀，一去不复返啦！"

老先生不再说话，他撑着竹竿站起来，颤巍巍地不知走向何方，张衡急忙忙叫住他："老人家，卦资。"手伸进衣袖，才发现今天带的铜钱只够一副卦的，三十年前的卦资仍然无法偿还："真是不巧，只有一副卦的钱，上次那副卦……"

老先生接过铜钱，说："不妨事，不妨事。我垂垂将老，恐怕很难有机会与王孙再见面，就此别过吧。愿王孙长寿健康。"

张衡目送老先生蹒跚而去，消失在暗夜之中。

五十七

由于最近事情特别繁多，连续几天朝会，顺帝被连续的朝会搅得筋疲力尽，听大臣们讨论一些事情，对枝枝节节争斤掰两地吵，实在有点心烦，这些大臣为了社稷江山尽心竭力，顺帝也不好批评哪一个，就只好自己生闷气。大臣们争吵起来不管皇帝在不在，眼睛紧盯着对方，全不管皇帝在座位上皱额蹙眉。

忽然大门报："陇西郡特使紧急求见皇上！"陇西郡，特使，紧急。这几个词就像霹雳炸响在朝堂，顺帝和他的大臣们立刻明白：陇西郡出大事了！

陇西郡的特使跌跌撞撞进殿来，半趴半跪在皇帝座位前不说话，好半天也没动静，殿前司仪走过来看看是怎么回事，第一次见这般威仪棣棣的朝堂，吓死过去了吗？司仪一碰特使，特使散了架子倒在地上，倒把司仪吓了一跳：还真死了？太尉王龚有经验，指示殿前郎中："他是累的，先按人中，灌几口水，吩咐御膳厨备粥！"吃了几口热粥，特使缓过气来，重新跪在顺帝面前大哭不止，殿前侍御史要喝止他的失态，顺帝急忙制止侍御史，意思是让他哭一会儿。特使好不容易刹住车，一开口就又哭，侍御史终于有机会开口说话了："慢慢讲话，不要总哭！"特使忍住哭，一副哭腔把事情讲了一遍，他的哭腔很有感染力，把许多大臣都带动得热泪盈眶，鼻子一抽一抽：陇西郡五天前深夜大地震，伤者无算，死人无数。现在整个陇西郡陷入大混乱，饮食、居住、医疗、治安都已崩溃，急切盼望朝廷前往救援。

太尉问："五天前地震，你怎么走了这么久？"这一问，特使又哇一声大哭起来："我险些到不了长安哪！"原来他是陇西郡的郡丞，郡太守和都尉在地震中遇难，郡丞和长史临时支撑起郡衙门，门外不时有暴民争抢吃穿可用的东西，郡丞和长史无一兵卒，不敢出门制止，下一步暴民很可能会聚集起来打砸郡衙门。长史对他说："你比我年轻，经得住折腾，你马上去报告朝廷，请朝廷火速救援。"两个人在郡守的住处翻找出大印，简单写了几行字，重要的是上面盖着大印，还简单制作了一面象征特急的三角红旗。郡治驿站的马匹几乎全部砸死，郡丞乘着唯一还能走的马东进长安，没走出多远，就被流窜的暴民截住，要把他的马杀了吃肉。他说："我要去长安报告皇上，请皇上来救援你们大家，你们不能杀了这马。暴徒说，远水难救近火，等皇上的人来，我们早就饿死了！郡丞苦苦哀求放了这马，为首的暴徒说：'再啰唆，连你也杀了吃肉！'暴徒们就在他眼前把驿马杀了。没有马，郡丞步行向东，奔下一个驿站，结果下一个驿站已经被暴徒洗劫一空，直到百里外的第四个驿站，才找到一匹马，再往东，驿站逐渐完好，郡丞手里举着一面象征事情极端紧急的红色三角旗，下一个驿站远远望见，备好马匹和干粮等待，郡丞飞到眼前来不及搭话，下马上马，飞奔而去，三天三夜，赶到长安，此时距地震发生已经四天多到五天了。

听了郡丞的介绍，朝廷鸦雀无声，顺帝和大臣面面相觑，许久不说话，终于有人叹息一声："唉！张衡的地动仪，测得还真准呢！"

太尉指示郎中令，安排陇西郡丞到偏殿歇息，等他醒来，送到客舍休整几天。可是郡丞说，他就在这里休息一会儿就好，不去客舍了，他要求跟着朝廷的救援人马回天水，天水郡现在只有一位长史支撑局面，还不知他的死活。太尉告诉他，朝廷的救援人马不在洛阳，要在天水扶风二郡征集。郡丞说，那他就随人去扶风天水，从那里再回陇西郡，他一个人闲在京都，心里不安。陇西救灾，方案却是完整的，就依照几天前讨论的意见，指定各部门落实。当前最要紧的，是指令扶风天水二郡军政官员，紧急出动，镇抚陇西。朝廷的使臣半个时辰后启程，陇西郡丞要随行，嘴里说着随行，眼睛却闭上了，立刻鼾声如雷。

安置了郡丞，朝堂再次集中讨论张衡的事，处分当然不再提，幸亏刚刚的决议没有正式制成诏旨下发。

既然张衡有功，就说他的功绩，这时有人说张衡是能吏，下车伊始，就大刀阔斧惩治豪强，河间国人民拍手称快。这通说辞肯定来自河间国王创造的抹黑自己的剧本，这样的剧本最好写，都是惩治豪强，为民除害，老百姓拍手称快，大老爷您来啦天才放晴啊。千篇一律，但是卖相好，卖点也多，看见有权势的大人物倒霉，人们总要高兴的。但也有人获得更准确的情报："你们看那张衡，能是惩治豪强的酷吏吗？我倒听说，他在河间，整天跟国王说相声。相声是一种很诡异的表演艺术，两个人站在一起嘚啵嘚，笑得人前仰后合。"顺帝说："有这么好玩的艺术？我也想听听相声！"司空郭虔忙说："相声庸俗，不登大雅，天子不得与闻！"顺帝有点尴尬，干咳了两声。

改诏令。诏曰：永和三年（138）二月初十日，帝命，河间国丞相张衡及河间王政。丞相张衡，在公秉直，夙夜匪懈，克勤克兢，吏民安堵，国称大治。征拜尚书，以彰其功。

五十八

张衡回到京都，最先去灵台访问。守门人还是阿三，六七年没见，阿三也老了许多，阿三说："张太史，您老了。"张衡从河间带来一些特产，也有阿三的一份。阿三见当今朝廷的尚书居然送给他礼物，紧张得不行，抵死不敢要。张衡笑着说："人世间何来那么多的尊卑等级？你我在此刻，老友重逢，只是老友。"阿三收下礼物，抹一把眼泪，回屋取钥匙，他知道张衡要去看台上的仪器，尤其是地动仪。

台上的天文仪器仍然是五件：圭表、日晷、浑仪（璇玑玉衡）、漏壶、地动仪。各个仪器保护完善，运行良好。台正中的房子是漏水转浑天仪，张衡想让小球和大"天球"同步运行的愿望的实现看来还很遥远。隔着房门，听见滴漏的水还在流淌。整座灵台整理得干净简约，看得出继任太史令尽职尽责。

阿三打开地动仪房门的铜锁，推开厚重的楠木门。张衡走进屋子，早春的阳光洒进房间，整座房子立刻暖洋洋。张衡对阿三说："你下去吧，关上门。"阿三唯唯而去，楠木门厚重地关上了，阳光从小窗户照进来，屋里依然温暖，依然光亮，阳光经过五尺长的窄小孔道进入，几次折射，倒显得柔和亲切。张衡在地动仪前落座，向地动仪说地震——这个特定的场合，特别适合向太后大将军报告地震的事情，这里安静平和，虽是人间，却也宛如灵界，如果人死后有灵，灵魂可以在这里落脚，因为灵魂不喜欢杂乱喧闹，如果人神可以交流，这里最合适，因为这里关乎地震，太后最关心的事情。

张衡面对地动仪，恭恭敬敬席地而坐，他现在把地动仪当作皇太后，地动仪也寄托着大将军的心思。张衡要向太后做全面的汇报，报告自己这十几年的地震研究。张衡事无巨细，既是报告，又像是老朋友聊天，汇报中还有许多细节，比如实验过程中的挫折，还有解决问题后轻松愉悦的心情。虽然"太后"无言，但是张衡能感受到太后和大将军的关切，他的心思与太后和大将军同步。

张衡汇报完成，向太后做最后的辞别，跪拜道："臣愚钝，地动仪虽然报告地震，但不能预报地震，太后陛下的托付无效，臣有罪。"

久久的安静，安静得一根针掉在地下就是巨响，张衡呼吸的声音就是惊雷。张衡在等待一个声音。张衡听到这个声音了：

地震，天地间第一大事，委曲难知，欲知天情，不知其期。仪器虽然粗陋，亦可使用千年。

张衡不能确定，这声音是太后的、大将军的，还是那位算卦先生的，抑或是他自己的所思所想，对自己的宽宥和开脱。

他打开地动仪的盖子，仔细看里面的每一个部件，它们的产生都有自己的故事，单单那八条甬道，它们的故事就够张衡回忆很久。张衡看着它们，从工程的角度，它还有很多缺陷，但是在情感上，张衡已经与地动仪合二而一、不分彼此了，他有时觉得自己可能就是为地动仪而生。

张衡走下灵台，告诉阿三，去锁门吧。

五十九

扶风斑竹园。

斑竹园小镇风景不殊往昔，而人物面目全非，当年的大画家，如今再访斑竹园，镇中没有一个认识他，他也不认识镇里的人。当年地震的痕迹一点也看不到了，张衡钦佩人们除旧布新的力量，这种力量借助岁月的帮助，能够抹去一切痕迹，如今的斑竹园，街巷依旧，只是多了些二三层的小楼，整座小镇的格局没变，少小离家老大归，他能根据儿时的记忆找到自己的家门口，甚至找到他经常爬上去看看喜鹊的小孩儿长得什么样的大槐树。不但地震的破坏早就不见踪迹，小镇上人们对当年的那场地震也印象模糊，时光流逝不过四十年而已。

女娲庙也在，地震之后几经重建，规模形制虽略有变化，但依稀可见从前。娲皇画像位置还在正厅的中央，应该在镇上找的"模特"吧，虽然也还美丽，洋溢着更多小镇上的气息，亲切自然，可以把她崇拜为神圣，但也不妨把她当作邻家小妹。黄玉珊的女娲，高贵而不失平和，冷艳又中和亲切。她生来就是一尊神。

张衡走过熟悉的小巷，来到黄家。黄家依旧三进院落，黄员外思念女儿，重修的院落完全依照从前，白墙灰瓦，东北角一座虚拟的岗楼，方方正正的条石院墙，用石灰勾缝，最后一进原是黄玉珊的绣房，如今居住的一定是黄家的小孙女儿了，也应该是黄玉珊的年龄了吧。

敲门。"谁呀？"一个中年男人的声音。张衡不知道该怎么回答这个询问，他没打算到黄家拜访，实际他还不是黄家的亲戚，所以也没想到要敲门，走到眼前，不由自主。"我是张衡，南阳张衡。"张衡有点胆怯，他还没想好怎么跟黄家人说话，说什么，此时他忽然想到，时光已经四十年，他此时思想还停留在四十年前。但什么都不在了，包括张衡，也已是垂暮之年，只有玉珊还在，在墓地等着张衡来践约。张衡报了家门，已经没有勇气再等下去，这一刻他想逃离，可是里面的搭话使他惊讶："张衡？我家没有南阳的亲戚。"虽然这么说，门还是开了，一个中年男人出门来，与张衡问讯，不是当年的黄家少爷。张衡明白了："请问贵府是？""小姓杨，请问寒舍与阁下是什么亲戚？十分抱歉，交通不便，亲戚多年不走动，已是生疏了。"张衡问："原来住在这里的黄家……"中年人立刻释然的样子："哦，你说原来这家人啊，搬走了，几时搬走的呢，那可早了，三四十年前吧，那时我还小，刚记事，我父母带着我们从老远的太原搬过来的，我也没见过这家人，只知道他家姓黄，听说他家的姑娘在地震中亡殁，夫人伤心，没多久也死了，老员外没心情经营生意，搬回老家铜陵去了。好像他家开着挺大的绸缎庄。他把这所住宅半卖半送，给了我父亲。我们全家一直觉得亏欠老员外太多，你是他家的亲戚，正好来了，请进来吧，让我们好好尽地主之谊。"

听到这儿，张衡心里有了主意："不敢搅扰贵府了，只是尚有一事相求。宝镇的女娲庙，画像年久失真，外乡人斗胆，想在画像上增添一两笔，烦请阁下与镇上乡老商洽。"杨先生拍手道："好事啊！画神像，也是敬神的大礼。很惭愧，小民因处事还算公道，虽然年龄还不大，却被推举为乡掾，就是乡老的头啦，这件事我说了就算，所有材料我找人去筹办。张先生可有下榻处，可否在寒舍屈尊几日？"张衡谢过，说还是住在镇上的客栈，彼此方便些。至于画像的材料，随身就带着的，不劳格外张罗了。

情景一如四十年前，小镇上忙人闲人都来看张衡作画，这仿佛又是个节日。几个年老的摆老资格："想当年，你们那是没福得见哪，从京城来一个画家，就在这，在这娲神庙作画，那年轻的画家站在台子上，一边舞蹈一边作画，舞蹈的姿势谁都没见过，眼花缭乱的，手里的画笔嗖嗖嗖，就跟射箭似的往墙上喷颜料，娲神就那么画成啦！现在这个画家嘛，他这么老，跟那个画家没法比。"这个老者肯定见过当年张衡的第一次作画，可是他绝对想不到面前这位老画家，就是当年那位英姿飒爽舞蹈作画的年轻人，而且他还忘记了台上还有一位做本真的姑娘，这样的记忆真是荒诞了，也许人老了都是如此？张衡不愿意再做无谓的联想，作画。

另一个老者说："你也真是老了，这七八年总听你胡说八道。舞蹈作画？有那么干的吗？当年那个画家画女娲娘娘，还有一个本真呢，就在台上坐着，一动不动，把姑娘累得啊，眼泪扑簌簌地掉，做本真可真不容易，一坐就一个上午。画完了，画家领着那个姑娘，一前一后，就走了。当时我想，这两个人可真是一对呢。"第一位老者不服气："还本真！你说本真，本真在哪？你看台上，本真呢？"

张衡全神贯注，他听不见身边的吵吵嚷嚷，他全部心思都在他的画笔上，在画笔上倾注他的思绪，把它传达到图画中。几十年蓄积心中的情感，此时此刻在他的心中奔涌，如江河春水流，如大海洪波起，如熏风徐徐来，如丝，如蔓，如花蕊，如春藤，牧笛悠扬，彩蝶翩翩，冬雷震震，冷雨敲窗。张衡思接千载，视通万里，诗情画意凝结于画笔，奔腾于墙面，他的思绪变化腾挪，神与物游，岂止那位老者说的舞蹈作画，张衡现在是用意志作画，他的意志天地六合，弥漫何止于九霄。他不用搜索，不用回忆，玉珊在他的画笔中复活了，施施然走到墙上，刹那定格。最后一笔，张衡在她的额头轻轻掠过一根弯弯的发丝，立刻，她的眼神似乎在动，一"丝"传神，竟如此奇妙。

两个老者同时闭了嘴，又张开了嘴。闭了嘴，是他们突然不争论了；张开嘴，是他们的嘴巴合不上，惊讶得魂魄尽失。最后，他们的嘴巴还必须得合上，因为他们要说话。两个人不约而同："太像了！"四十年前那位女娲神，在墙上复活了！

六十

深秋季节，白杨萧萧，野菊花漫山遍野，细弱的枝叶在寒秋的冷雨中摇摆，一阵风过，行人裹紧了衣衫。

玉珊的坟墓，躲在荒郊，全家人都走了，把她留在这里，孤零零，玉珊生前最不堪深秋的冷雨打梧桐，现而今，无人陪伴的玉珊，在这荒郊野外，已经历四十多个凄凉的秋分日之夜，孤寂阴冷的地下，不辨昼夜，没有春夏秋冬。张衡想，地下的玉珊，也应该是满头飞雪。这飞雪，不是年命的增减，只因为对他的思念，青丝染作麦花。

玉珊坟头荒草披离，张衡仔细地一株一株地拔去野草。玉珊爱整洁，妈妈说她的居室一尘不染，她自己打扫清洁，不劳他人，可惜这坟上荒草，没有谁帮助她清扫拔除，张衡现在就为她清扫院落吧。

那年，安葬了玉珊之后，张衡在门房的引导下，找到了玉珊房间的位置，玉珊在走廊遇难，她当时可能是要往前庭看望黄夫人。房间已经完全解体，靠着一段残墙，有一个柜子，柜子居然完好无损，门房打开柜子，里面满满都是做好的鞋，张衡脚的尺码。这些鞋静静地躺在玉珊的柜子里，它们是玉珊姑娘准备与张衡结婚的礼物，张衡送她一颗太学的金印，玉珊送他一柜子她亲手做的鞋。这些鞋细针密线，极为精致，就像玉珊姑娘一样意态天成，每一双鞋都是精良的工艺品，专供人赞叹。如此大家闺秀，如此心灵手巧。

黄员外和黄夫人说，这些礼品既然都是玉珊姑娘为张衡做的，那就送给张先生吧，做个念想。张衡从扶风回洛阳，一路抱着玉珊的鞋，仿佛觉得玉珊就在他的怀抱。

玉珊要他作一首诗，读给她听，"玉珊，你要我作诗，我作好了，我现在就读给你听：'我所思兮在太山，欲往从之梁父艰……美人赠我锦绣段……路远莫致倚增叹……'"

> 我所思兮在太山，欲往从之梁父艰，侧身东望涕沾翰。美人赠我金错刀，何以报之英琼瑶，路远莫致倚逍遥，何为怀忧心烦劳。
>
> 我所思兮在桂林，欲往从之湘水深，侧身南望涕沾襟。美人赠我金琅玕，何以报之双玉盘，路远莫致倚惆怅，何为怀忧心烦伤。
>
> 我所思兮在汉阳，欲往从之陇阪长，侧身西望涕沾裳。美人赠我貂襜褕，何以报之明月珠，路远莫致倚踟蹰，何为怀忧心烦纡。

我所思兮在雁门，欲往从之雪雾雾，侧身北望涕沾巾。美人赠我锦绣段，何以报之青玉案，路远莫致倚增叹，何为怀忧心烦恼。

这首感恩回报以及寻找的诗，张衡写了几十年，一生写的诗，一生"做"的诗，已经不限于对玉珊的刻骨思念。玉珊带他进入诗意生活，他把诗意回馈给人生、大千世界，贡献给爱他的人和他爱的人。张衡读诗给玉珊听，她说过，她能听见。

夕阳西下，北风起，张衡也要准备"回家"了。

结篇

一

汤若木：书稿完成，三堂会审，我首先做陈述吧。

人物传记，首先是"人物"，然后是"传记"。传记，就是历史文献记载的人物本事。所以，要征诸信史，再有合理的材料延伸。《后汉书》是信史，《东观汉记》是信史，还有《后汉纪》，除此直接材料就很少了，只有碑帖铭诔以及张衡的文集，而文集与史实还有不小的差距。所以古代人物传记间接材料和延伸就很重要。史传史传，有史有传。传是什么，就是在史的基础上演绎。韩信执陈豨手，一番长谈，鼓励陈豨造反，《史记》言之凿凿，韩信未经审判被斩于长乐宫钟室，陈豨死于军中，当然也没留下口供，两个人的密谈，"屏去众人"，绝没有第三者听到，司马迁怎么知道得那么详细？《史记》就是这样记着，竟成信史。历史人物的事迹，可以根据史料展开，合乎情理，就可以列为传记。回到张衡，比如《家风》这一章，主要材料取自《后汉书·张堪传》。张堪从蜀郡任上调任骑都尉，而后才是渔阳太守，《家风》却让张堪回家一次，史书没有记载。但从成都调任洛阳或渔阳，路上一定经过家门，他也不是大禹，天下也没有发大洪水的紧急情况，两个任期之间，回家看看才是正理。至于他雇一头驴，的确是我的主意，依据是《后汉书·张堪传》的一个细节，说他离任时乘"折辕车"，一辆破车子载着他离开成都，没说他骑驴。张堪出蜀应该走水路出三峡，不乘车，何况还是折辕的散架子车，他的折辕车也只从官衙到府河码头这一段，那么从荆州到南阳这一段，我安排张堪雇一头毛驴，为了突出他清廉的为官作风，以及亲和宽厚的性格，为张衡的出现奠定一个基调。

有的学者考证，蜀郡太守和渔阳太守张堪不一定就是张衡的祖父张堪，张堪殁于渔阳太守任上是公元三十九年，而张衡出生在公元八十二年，据此推算，张衡的父亲最早六十岁上才生张衡。可能东汉初有两个张堪，比如西汉初有两个韩信。所以《后汉书》为堪、衡分别列传，而不是按照惯例孙附于祖传之后。对此我没有犹豫。《后汉书》"堪传"和"衡传"有明确记载：张衡"祖父堪，蜀郡太守"。而蜀郡太守张堪"在郡二年，征拜骑都尉，后领骠骑将军杜茂营，击破匈奴于高柳，拜渔阳太守"。有两个张堪，先后都任蜀郡太守和渔阳太守，中间都客串过一回骑都尉，汉史无征。说者谓有先例，李陵苏武，附于《李广苏建传》之后，都不单独立传。张堪张衡既为祖孙，"衡传"应附于"堪传"之后。史书人物列传讲究官品尊卑，苏武再伟大，他的官职只是典属国，而其父苏建却是封侯的，所以附于苏建之后。至于李陵，降于匈奴，更不会单独列传。张衡官至尚书，张堪官仅太守，但孙不抗祖，于是祖孙分别列传。

史料说张衡性格孤傲，跟人交往不多。即使如此，交往也一定会有，史料说他与崔瑗、马融、窦章、王符等人是好朋友。一个官位并不显赫的人，有如此知名人士为友，这朋友实在不算少。另外，张衡与同时代的其他人，也一定有交集，比如亦师亦友的鲍德，曾为文字交的刘珍。有交集就会发生影响，直接的，间接的，从人物交集到交际成果即影响之间，现在的史料对此大片空白，但它们肯定不是空白，因为这里有强烈的因果关系，对此，我做了比较个性化的演绎，前提是他们交往的事件细节符合人物性格，也有相应的史料支持，比如崔瑗与张衡的几通书信。

范锐先：《游学》一章，天圣出场，两次会议，第一次听贾逵讲学，第二次与马融辩论。按照汤先生的说法，这两场会都是无遮大会，我很不自信地问一句：有根据吗？贾逵讲学，还说得过去，贾逵是当时儒林元首，太学开讲，贾逵发表论文，也是正理。他在太学公开批判今文，推崇古文，也属合理。但张衡通过走后门的方式进太学听演讲，有点过于"现代化"。第二次出场参加辩论会，更玄之又玄。第一，史料，东汉太学没有辩论会的记载；第二，即使有辩论会，也未必就是张衡和马融；第三，辩论会的程序设计，怎么看都像"舌战狮城"。狮城辩论的形式固然很好，可是毕竟太新鲜，两千年前的东汉帝国时期，举行二十世纪的大专辩论会。古人形容这个桥段，叫"喷饭"，倒也贴切。

汤若木：张衡走后门听贾逵讲学，这件事历史上的确没有记载，不过我想，走后门既然是中国的顽固陋习，张衡外省人到京都，未免战战兢兢，对于太学这样的高门槛，张衡也会认为钱可能最管用。结果行贿被拒绝，这里想表现的不是行贿本身，而是借这个故事做铺垫说张衡的性格养成，想赋予它象征的意义，因为这是他的人生第一课，这个护丁的清廉自守，也预示张衡的一世清廉。而且这个段子无伤大雅，对张衡小调侃一下，也算他的人情味吧。太学讲学在史料中有多处记载，皇帝往往亲自来太学讲学，《文献通考·学校》说："天子始冠通天，衣日月，备法物之驾，盛清道之仪，坐明堂而朝群后，登灵台以望云物，祖割辟雍之上，尊养三老、五更。飨射礼毕，帝正坐自讲，诸儒执经问难于前，冠带缙绅之人，圜桥门而观听者盖亿万计。"硕学大儒是讲学的主力，"自安帝览政，薄于艺文，博士倚席不讲，朋徒相视怠散，学舍颓敝"。博士，本学科的学术权威，他不来讲学，学校就开不下去。贾逵是东汉大儒，他来讲学顺理成章，而贾逵主张古文经学，为此上书皇帝，皇帝采用了贾逵的主张，现在就是让贾逵在太学大讲堂把自己的古文经学主张做一点介绍。至于太学的学习方式，辩论会确是没有记载，可是史书记载了别的学习读书方式了吗？也没有，那么太学总得有学习读书的方式的，既然它没有，那我就可以有，而且我觉得辩论是学习的好方式，就像藏传佛教的辩经。据《后汉书》本传，马融与张衡同时代人，但两人一个官员子弟，一个官员后裔，身份同中有异，两个人发生辩论的概率应该很高。不过史书没有记载马融是否在太学就读，马融家世显赫，父祖都是朝廷重臣，入太学顺理成章，但他是否与张衡同时就读，却是疑问。但后来马融成为东汉大儒，贾逵之后，首推马融，他的个性鲜明，而且张衡传记载张马相识而且交游颇深，这两个人在一起，会富有戏剧性。张马辩论这一场，我的用意同样不在辩论，而是通过这种方式介绍张衡的著作《灵宪》。《灵宪》内容以鱼化龙，虽然不见全貌，但他的残篇也足以惊世骇俗，所以本书有两章从不同角度以不同方式说解《灵宪》，希望体察良苦用心。

李君实：几个细节。关于太学的伙食，我没查过资料，但三个问题要讲明白。第一，太学生们自己做饭；第二，太学尚食处贪墨伙食费；第三，汉末太学生议论引起党锢之祸是由于伙食问题。太学生自己做饭，最好说明一下出处，我想你是有根据的，太学生伙食费被贪墨，恐怕你就要费点劲，这件事我敢肯定，没有任何史料支持。党锢的事最严重，这是中国历史上第一次知识分子大规模抗议事件，现在你把这件大事漫不经心一笔带过。我觉得，这样还不如不提起这个事件为好。

汤若木：第一件事，确如阁下所说，我还真有根有据。东汉制度，一些官宦子弟可享受国家补助金，而贫寒子弟没有这样的待遇，不仅衣、食自理，连照明的蜡烛也得自己买。《后汉书·梁鸿传》载，梁鸿少年到太学读书，他性情孤独，同屋的学生做饭后，招呼梁鸿乘灶下还有火赶紧做饭，梁鸿不肯，他要把灶里的火弄灭，用自己的柴重新点燃再做饭。可见太学没有集体食堂，只在宿舍外设有公用锅灶，学生们自己做饭，而且单独每个人轮流做饭。《后汉书·鲁恭传》载，鲁恭与弟弟带着母亲住在太学，母亲负责给他俩做饭，原来也是为解决生活问题。太学集体食堂发生事变，导致事件升级，用的"今典"。二十世纪八十年代我上大学，食堂卖出的米饭，四两饭，童叟无欺，足斤足两地给四两，知道我说的意思吗？我们出四两米的粮票和钱，食堂卖给我们四两饭，是四两"饭"，不是用四两米做成的四两米饭……你们两位一向远庖厨，跟你说清楚这些还真不容易：四两米加水蒸或煮，做成米饭应该是八两。我们学校一万人，等于每天掠夺我们大米五千斤，大学"尚食处"的官员包括厨师、卖饭的、打扫厨房的，每个月分大米，一袋一袋往家搬，我们看着这些蚂蚁搬家式的运米大军，朗诵《诗经》："不稼不穑，胡取禾三百廛兮！"管理员不懂《诗经》，不知道我们在讽喻剥削，那几句诗太晦涩，讽喻也太温柔，就算懂了，人家也不怕，敢那么大摇大摆成群结队地搬运贪墨来的大米，就说明人家不怕。以今例古，汉代太学也克扣粮食。太学没有别的东西可以贪墨，能动心思施展手脚的，也只有食堂这一角落。关于汉末太学生议论朝政导致党锢之祸，这件事关系到皇上，就很敏感。对皇上我们必须尊敬，说到他老人家，必须用曲笔。韩信被杀，高祖且喜且愕。他怎么会"愕"呢？这一切都是皇上安排好的，借用皇后和相国两双手而已，但是司马迁这么说了，我们就必须相信：且喜且愕。党锢之祸，中国历史上第一次知识分子企图集体参与朝政，遭到残酷镇压。中国知识分子先天就不幸，出场就不利，我想把它解构掉，减少历史的沉重感，冲淡党锢事件的悲剧气氛，就说他们只是争取吃饱饭。管理员不要贪墨太学生的口中粮，就是贪墨吧，但也不必那么嚣张，浩浩荡荡地往家里搬大米。我想，李元礼、郭林宗诸位"党人"天堂有知，也会对我的无奈之举报以苦笑。

范锐先：太学的一般情况，马端临《文献通考》有记载，这里写的大体有个参照，三个人各自的经历，也有《后汉书》本传为证据，可是再往后，问题就多了，张衡到洛阳游学是哪一年？本传没说，孙文青《张衡年谱》说是永元八年（96），不妨采取年谱说，马融到京师是哪一年？年谱记载是永元九年（97），也约略可行，接下来的问题是，马融也在太学读书吗？本传说马融就学在关中，师从挚恂，那么，马融到没到太学，可能都是问题。崔瑗也有同样问题。看《崔瑗传》，似乎他在洛阳的时间很短。我们甚至看不出崔张二人交集的时间，我们知道的，就是张衡给崔瑗写了信，从信的行文语气推断，他们之间的通信不少，常态化了。这里把他们三个安排在太学，总得给个理由吧。

汤若木：马融和崔瑗到洛阳的时间不能确定，但是他们三个人相遇结识肯定是在永元九年（97），至于他们来京都干什么，可以通过间接考证求得。这三个人，崔张同年出生，马融晚一年。永元九年，三个十八九岁的青年，来到洛阳，除了读书求学，不能做别的，除非他们为人佣工，大家想想，这三个人，哪一个会去做佣工的？马融和张衡，都曾经拒绝大将军邓骘的征召，都是有社会身份的人。他们来到首都，一定是在求学，而求学，在故乡已经拜过本地顶尖大学者，最后到京都洛阳，寻求大师解惑。顶尖的学者，全部在太学担任博士。至于他们在籍还是走读生，倒不重要。他们在一起的时间也是这样，也许三年，也许三个月，但他们的交集，这就完成了三贤聚会，中国文化史上的重要节点，而且这三个人对天文学都很感兴趣，他们的学问也都有天文学的渊源。三贤讨论的事情当然很多，不过这本书撰写张衡，就选取他们关于天文学的讨论。

二

李君实：《约定》这一章，两个主题，地震主题和爱情主题，两个主题由一条暗线贯穿，这条暗线将在以后转为明线——地震预报预测。

汤若木：从张衡的求学经历和其他材料分析，张衡较早有志于天文。古代天文学的学问追求有两种，一是制定修订历法，一是参透天的奥秘。张衡向称神童，制定历法这种事用不到穷毕生精力，他的目标是研究天的本质，也就是屈原说的"问天"。张衡时代，天的神秘面纱已经被揭开一角，王充对天就不再战战兢兢，他说天是天人是人，所谓天人感应纯属虚妄。《论衡》说天地万物包括人在内都是由气构成，"气"是一种统一的物质元素。有"阴气"和"阳气"、"有形"和"无形"之分。人、物之生都是"元气"的凝结，死灭则复归元气，是自然发生的过程。由"气"这个物质性的元素出发，《论衡》指出："天乃玉石之类"的无知的东西，万物的生长是自然之化。天地、万物和人，由同一的充塞于宇宙中的气形成，而且在运动的过程中形成，所以，"外若有为，内实自然"。而人与天地、万物不同的是"知饥知寒"，"见五谷可食之，取而食之；见丝麻可衣，取而衣之"。所以，人和五谷不是上天有意创造出来的，而是气的自然之化。

至于地震这一条线。早在公元前两千年之前，中国古人就开始了对地震的记载。《竹书纪年》记载："夏帝发七年（前1831）泰山震。"这是世界上最早的地震记载，距今三千八百多年。周幽王二年（前780），我国已开始详细描述地震。当年陕西发生一次大地震，《诗经·十月之交》有文学化的描述："烨烨震电，不宁不令。百川沸腾，山冢崒崩。高岸为谷，深谷为陵。哀今之人，胡憯莫惩。"《春秋》《国语》和《左传》等先秦古籍中都有关于地震的记述，保存了大量的古老地震记录，因为中国历史上地震高发。从汉代开始，地震作为灾异记入《五行志》。宋元以后地方志发达，地震也被作为灾异记入志中。除了这些官修的正史、方志外，许多私人写的笔记、杂录、小说和诗文集中也有地震的记载。历代的一些"类书"如宋代《太平御览》、清代《古今图书集成》等，分类收集地震资料。历代碑刻也有地震的记载。

在一千三百多年的历史记述中，记载的地震近万次，其中破坏性地震约三千次，推算八级以上特大地震约十八次。两汉时期在中国历史上又是自然灾害的群发期，有学者称之为"两汉宇宙期"。其重要表征就是地震频率高。邓云特在《中国救荒史》中说："秦汉四百四十年中，灾害发生了三百七十五次之多。计旱灾八十一次，水灾七十六次，地震六十八次。"邓云特所统计的六十八次地震有六十六次发生在两汉时期。另据王会安、闻黎明主编的《中国地震历史资料汇编》第一卷中的统计数字，两汉时期共发生地震一百一十八次，平均不到四年就发生一次灾害性地震，足见两汉时期地震之频繁。

两汉时期的地震发生特点，首先地震的次数东汉较西汉大为增加，区域以长江以北为主。在六十八次地震中，东汉五十一次。尤其张衡生活的和帝、安帝，以及后来的顺帝和桓帝时期，地震更为频繁。从地震发生的区域范围来看，绝大多数是在以黄河中下游为中心的北方地区。

长安、洛阳作为两汉的都城，是政治、经济和文化中心，人口比较集中，地震造成的危害较大，对地震的记载自然就十分详细。在六十八次地震中，其中京师地区就达四十二次。

假设张衡是亲历地震的，那么关于地震亲历，这方面的材料极多，刚刚经过汶川地震，它的破坏尤其对人心的摧残历历在目，但是本书不使用那些材料，为汶川的死难者回避。康熙十八年（1679）的地震材料，时代久远，可以比较安心地引用，所以这里写的张衡遇到的地震，基本是康熙十八年的情况。康熙十八年地震，发生在一六七九年九月二日，农历七月二十八，与唐山地震是"同"一天。

康熙十八年北京大地震的震级为八级，震中烈度为十一度，震中在今北京市区、平谷、河北三河一带，地震波及面也非常广，与唐山地震相似。高僧释大汕所著《离六堂集》记："东至辽东之沈阳，西至河南之安阳，凡数千里，而三河、平谷最惨。"地震所及范围至河北、山西、陕西、辽宁、山东、河南等省，共计二百多个县市。七月二十八日庚申巳时，从京城东方的地下发出响声，顷刻之间，尘沙飞扬，黑雾弥漫，不见天日。而地面上的人们也被震得东倒西歪，如同坐在船上一般。随后，巨声响起，地面上所有的东西都在震动，动物到处乱窜，人们无头脑地乱跑，这场爆发力极强的地震给京师及周围的州县带来深重劫难。蓟州地区，根据史料记载，"地内声响如奔车，如急雷，天昏地暗，房屋倒塌无数，压死人畜甚多，地裂深沟，缝涌黑水甚臭，日夜之间频震，人不敢家居"。宛平县城"一响摧塌五城门，城中裂碎万间屋。万七千人屋下死，骨肉泥糊知是谁？"良乡县街道震裂，水涌高三四尺。二十九日、三十日复大震，良乡、通县等城俱陷，裂地成渠，黄黑水溢出，黑气蔽天。作为震中的三河县的惨状更是无法描述，县令对此做了详细的记录，"四远有声，俨如数十万军马飒沓而至""有骑驴道中者，随裂而堕，了无形影"，"扶伤出抚循，茫然不得街巷故道，但见土砾成丘，尸骸枕藉，号哭呻吟，耳不忍闻，目不忍睹。"

至于爱情主线……

范锐先、李君实：不过"模特儿"……

汤若木："模特儿"是一部香港电影的台词，那部电影还特别强调"儿"的发音，有点戏谑了。因为这一章比较沉重，想用"模特儿"这个域外词中和一下，一次小型的"穿越"吧，见笑见笑。

范锐先：接下来这一章是张衡的发明，阁下把东汉重要发明都集中在张衡的名下了，怕是有偏爱的嫌疑，这也是常态，人们对自己的传主格外钟爱。

汤若木：技术上的，东汉时期的科技发明呈现井喷势头，中国的发明有两个特点，一个是发明者无主名，一个是反复"发明"。一件奇巧物品发明制造出来，往往没有规模化生产，造成"孤品"，一旦损毁，就是失传，比如指南车。有的已经使用广泛的农具也会被人"第二次发明"，比如水车。晋傅玄《马钧传》说水车是马钧发明的，马钧三国时期魏国人，发明的水车称为"翻车"。傅玄还称赞马钧的发明技巧"虽古公输般、墨翟、王尔，近汉世张平子，不能过也"。但《后汉书·宦者列传》说东汉掖庭令毕岚发明"翻车渴乌"，毕岚是东汉灵帝时人。这就是毕岚发明一次，到三国时马钧再发明一次。诸葛亮发明"木牛流马"，用来运送粮草，学界和民间普遍认为就是独轮手推车，魏兵缴获却不会使用，只好放弃。蜀国普通的日常工具，在魏国叹为神器，可见当时全国科技信息多么闭塞，科技交流几乎不发生。这种机械西汉就有，叫"鹿车"。西汉晚期四川渠县、新都县画像石，独轮车与今天的独轮车相差无几。与张衡约略同时的许慎，所著《说文解字》，也提到"一轮车"。据此，张衡在东汉"发明"独轮车，也是可能的。就算西汉人已经发明过了，张衡再发明一次，在历史上也有佐证，所以在张衡之后，三国时诸葛亮又一次"发明"了独轮手推车，还给它取了个很玄怪的名称："木牛流马"。今人说起这个名称是有点怪，但是换成两个，木牛、流马，就很好听，也形象。木牛、流马，形制差不多的两种独轮手推车。

风车，各地叫法不同，风车、扇车、扇风车、风扇车，等等。风车的发明非常重要，是一项结合各种机械原理的综合发明，可是这样一项发明，历史上的记载却很模糊，几部农业科技史方面的论著，都认为风车的发明最迟在宋代，但一九六九年至二〇〇三年，河南洛阳、禹城、济源，山西芮城，山东临沂等地相继出土陶制的风车随葬品，大都是东汉时期的，其中一件是西汉晚期。西汉这件风车，形制巨大，结构笨拙，东汉时期的风车就精巧许多。直到二十世纪七十年代，中国农村地区的风车基本还是东汉形制。我的家乡场院上就摆着这样的风车，摇风车，曾经是我最喜欢的娱乐。一九八八年发表在《农业考古》上的《中国风扇车小考》一文，说风车的发明来自扇子的启发，我觉得这说法挺有意思，就有了晒谷场一节。几个妇女用大蒲葵扇扇风，帮助农夫扬场，却是我的突发奇想，其实汉代一家一户，哪里有这许多妇女上场院？我的"奇想"其实不奇，人民公社时期，大批妇女聚集在打谷场，嬉笑打闹，也是一个景观。鲍德试验风车的场面，也源自人民公社的群众聚会。

我想，一项发明，找不到准确的主名，就把它归于某人的名下，也不失为一种办法。比如，我们总是把一些发明归于鲁班，把幽默滑稽故事归于东方朔或阿凡提，就因为鲁班、阿凡提的名气大。而张衡，名气也不小。

范锐先：《馈赠》一章的一个细节，很小的了，张衡在街头遇到一个算卦的，三言两语，把张衡搞得五迷三道。这个情节我是最有意见，明明一个大预言家啊，当时我就肯定他以后还会出来炫耀一下，果然，他又在河间出现了。这是一部很严肃的纯学术著作，阁下却凭空捏出一些怪力乱神群魔乱舞，"臣期期不奉诏！"

李君实：我看挺好的呀，悬念嘛。

范锐先："我看挺好的呀"，黄菡在说话吧？

李君实：东汉光武以来，大兴图谶，民间也以此相尚，所谓预言。张衡与崔瑗书："吾观《太玄》，方知子云妙极道数，乃与《五经》相拟，非徒传记之属，使人难论阴阳之事，汉家得天下二百岁之书也。复二百岁，殆将终乎？"论阴阳，就是算卦，东汉灭亡前百年，张衡居然算出汉帝国有四百年的寿命。预言有验有不验，张衡遇到的这位先生正好应验了，证明人生戏剧性。亦无不可。

三

李君实:《专对》,专对是张衡在朝廷的一次重要活动,也是令人羡慕的大事件。专对说的什么,这不重要,重要的是张衡专对哪一位大人物。汤兄以为专对太后,可是《后汉书》本传说:"安帝雅闻衡善术学,公车特征拜郎中,再迁为太史令。"公车特征,有可能享受接见的待遇,但召见张衡的皇帝,史书明文是安帝,不是邓太后。

汤若木:公车特征时,安帝只有十五岁,朝廷实际当政的是邓太后,如果有专对,也是与太后对话,安帝一生无所作为,对于这样纯学术的事,他也未必关心。《后汉书》"论曰",说安帝"令自房帷,威不逮远,始失根统,归成陵敝",可证。

张衡是否享有"专对"的荣誉,我并不能确定,这里借助专对这个事件,阐释张衡的天地人关系的观点。张衡不相信天命,也不信有鬼神,但在《灵宪》和《浑仪注》中却显得犹疑。其实这一点在其他学者的书里也有表现。东汉帝国神学"发达",即使号称唯物主义大师的王充,也时时装神弄鬼,但这不妨碍他是唯物主义大师。

这一章的第三十二节,我用了点纯文学的手段,其实很笨拙了,张衡在一次观察天象时入梦,借助梦境,张衡游走于星际。我的目的是介绍天文学的几种主要学说和几个代表人物,这个情节当然是在向安托万·圣埃克苏佩里和他的《小王子》致敬,希望不至于太唐突。

张衡用玛瑙片观看夜空,是我设计的情节,但我坚决相信这是事实。其实张衡还有更简单的办法:玻璃片磨制成的凸透镜。中国在西周时期发明了玻璃,汉代玻璃已经成为常见的工艺品,王充《论衡》详细介绍了玻璃的制作方法。不过用玻璃透镜观测天文,我还没有掌握相关的历史材料,而且玻璃镜片的磨制,也是一项很复杂的工艺。用玛瑙片这种常见物,人们比较容易接受。张衡一个天文学家,仅仅用肉眼观测天象,这当然不可想象。我在很小的时候,就用玻璃片观察过日食,方法是把玻璃片涂黑。当时我仅仅是一个普通的少年天文爱好者而已。

李君实：《天启》这一章，阁下独出心裁，对张衡在河间的任职做了虚化处理，完全推翻了《后汉书》的记述，令人耳目一新，"耳目一新"未必是褒奖词了，你可以理解为这是批评你信口开河。

汤若木：设计之初，我准备把张衡河间相的事业做一番展演，我的提纲把张衡一生事业分为天文发现、科技发明、文学创作、政治建树四个部分，以天文为第一。但在查找河间相的材料时，发生了比较严重的问题：我找不到张衡担任河间相的时间坐标了。根据河间王世系和张衡年表，张衡任河间相，在顺帝永和元年（136），时河间王为惠王刘政，《后汉书》说：河间惠王刘政"傲很，不奉法宪，顺帝以侍御史（沈）景因捕诸奸人上案其罪，杀戮尤恶者数十人，出冤狱百余人。政遂为改节，悔过自修"。刘政在位十年，沈景任河间相，不知在张衡前还是后，但无论前后，一个河间王刘政，跟两个丞相演同一出戏，也不合情理，再说，刘政已经"改节，悔过自修"。张衡来了，他又故态复萌，让张衡把沈景重复一遍，那就是他并没有悔过自新。很明显，史家把两个人搞混了，张衡的故事要存疑，他是否一个政绩突出的政治家，也要存疑，所以这里笔墨就轻省了。

范锐先：细枝末节，我们暂且不论吧，现在要说说地动仪。地动仪，不少人质疑它的存在，他们不但从常识角度嘲笑地动仪，更从科学角度证伪地动仪，这些人里面包括方舟子。方舟子说，没有任何记载能够证明在张衡之后，他发明的地动仪起过作用。"我们不必怀疑张衡曾经建造出一台叫'候风地动仪'的仪器，但也没有证据能够证明，让人信服地动仪曾经发挥过验震的功能，它很可能和今人复原的那些模型一样，仅仅是个摆设。"人们的怀疑，当然有充分的理由，因为现在复原的地动仪并不能测量地震，它仅仅是个复制的文物，确为事实。东汉张衡制造的地动仪，应该是实用的仪器，我们怎么才能证明这一点呢？

汤若木：复制的地动仪有好几个，据我所知，就有王振铎版、萩原尊礼版、今村明恒版、冯锐版等好几种。但他们都是"复制"，不是"复原"，截至目前，还没有与张衡版地动仪一致的作品出现，以后也绝对不会再有。复原之所以难，是因为《后汉书》的记载过于简略，中国古代书籍拒绝图示，包括一些讲营造的书，宁可大篇幅地讲，也不画一张图。比如《齐民要术》，讲植物和农具，结果它讲的植物和农具今天读来一头雾水。张衡《算罔》有各种图示，那是我的技术加工，当时张衡未必给书加这许多插图，像《本草纲目》这样的书，完成得比较晚了。记载地动仪，《后汉书》是唯一的材料，史书当然更不能加插图。更要命的是，《后汉书》记载非常简单，一百四十三字，笼统的描述性语言，"中有都柱""旁行八道""牙关巧制"，最关键的部件"牙关"，它只说一个"巧制"就轻轻带过了。所以后人不管怎么努力，制成的总是仿制品。方舟子等以挑剔的眼光看待这些仿制品，也有他的道理。

核心问题是地动仪的关键部件"直立柱"的安排。如果常规安排直立柱，肯定不行，王振铎版的地动仪采用悬垂摆设计，但我认为悬垂摆的灵敏度不高，因为它要经过震动力的二传甚至三传，这就影响了地震仪测定指向的准确性。于是我为地动仪设计的直立柱是用磁石吸引，平时处于临界状态，震动时直立柱倾斜，撞开八个甬道中的一个，释放小球，小球利用斜面和落差，滚下并击中铜蟾蜍。我坚持认为，磁石控制的原理可能更接近张衡地动仪的工作原理。

范锐先：对这个设计，我不做评价。因为，确实，我无法肯定张衡是怎么做到的，而且我更无法否定哪一种办法。作为科学的态度，我只能保持缄默。

李君实：我也"缄默"。

汤若木：为什么呀？这书可是咱们三个人合著的呢。

范锐先：对公众来说，张衡发明了地动仪，这是科技奇迹，至于这地动仪的工作原理，很重要吗？就算你发现了完全符合原作的原理，也原原本本写在这里了，公众也还是很难搞清楚这个所谓"原理"是怎么一个理。我觉得汤兄焚膏继晷矻矻穷年地研究地动仪的构造还有工作原理，有点虚掷时光。

李君实：我同意。

汤若木：虽然不是我想的意思，但至少您二位认为，这不是个问题？

李君实：本来就不是问题。机械设计不是阁下所长，地动仪已经复制仿制那么多，许多专家在绞尽脑汁，我们大可不必去分他们一杯羹。

汤若木：方其搦翰，气倍辞前，暨乎成篇，半折心始。《问天者——张衡传》既成，总算得心香一瓣，敬献尊前。二位仁兄，该赴南阳张衡博物馆鸡黍之约了吧？

范锐先、李君实：敬受命！

附录一

张衡年表

张衡，字平子，世为南阳著姓。祖父堪，字君游，光武时，为蜀郡太守，拜骑都尉，后拜渔阳太守。衡父无闻。

东汉章帝建初三年（78） 一岁

张衡生于南阳西鄂（今河南省南阳市卧龙区石桥镇夏村）。

和帝永元六年（94） 十七岁

在三辅求学。

和帝永元七年（95） 十八岁

游三辅，作《温泉赋》。入京师，观大学，通《五经》，贯《六艺》。举孝廉，不行；辟，公府不就。

和帝永元八年（96） 十九岁

当在京师二年。结识马融、王符、窦章、崔瑗。作《七辩》。

和帝永元九年（97） 二十岁

在京师三年。

和帝永元十年（98） 二十一岁

在京师四年。

和帝永元十一年（99） 二十二岁

在京师五年。作《定情赋》。

和帝永元十二年（100） 二十三岁

鲍德任南阳太守，衡为鲍德主簿。作《同声歌》。

和帝永元十三年（101） 二十四岁

为鲍德主簿二年。作《扇赋》。

和帝永元十四年（102） 二十五岁

为鲍德主簿三年。作《司徒吕公诔》。

和帝永元十五年（103） 二十六岁

为鲍德主簿四年。作《绶笥铭》。

和帝永元十六年（104） 二十七岁

为鲍德主簿五年。

和帝元兴元年（105） 二十八岁

为鲍德主簿六年。

殇帝延平元年（106） 二十九岁

为鲍德主簿七年。作《司空陈公诔》。

安帝永初元年（107） 三十岁

为鲍德主簿八年。作《二京赋》《南阳文学儒林书赞》。

安帝永初二年（108） 三十一岁

为鲍德主簿九年。南阳太守鲍德拜大司农，衡回籍读书。

安帝永初三年（109） 三十二岁

在家读书二年。大将军邓骘累召，不应。

安帝永初四年（110） 三十三岁

刘珍请参论东观，不果。作《南都赋》。

安帝永初五年（111） 三十四岁

在家读书末年。拜郎中。研究《太玄》。有《与崔瑗书》。作《太玄注》《玄图》《大司农鲍德诔》。

安帝永初六年（112） 三十五岁

居郎中二年。

安帝永初七年（113） 三十六岁

居郎中三年。

安帝元初元年（114） 三十七岁

奉孝廉，迁尚书侍郎。作《黄帝飞鸟历》。

安帝元初二年（115） 三十八岁

再迁太史令。作地形图。

安帝元初三年（116） 三十九岁

居太史令二年。作小浑。

安帝元初四年（117） 四十岁

居太史令三年。造浑天仪。以漏水转之于室内，与天相应，若合符。作《浑天仪图注》《漏水转浑天仪注》。

安帝元初五年（118） 四十一岁

居太史令四年。著《灵宪》，作《灵宪图》。

安帝元初六年（119） 四十二岁

居太史令五年。著《算罔论》。

安帝永宁元年（120） 四十三岁

居太史令六年。

安帝建光元年（121） 四十四岁

解职太史令，或以为转公车司马令。有《与特进书》。

安帝延光元年（122） 四十五岁

或居公车司马令二年。

安帝延光二年（123） 四十六岁

或居公车司马令三年。

安帝延光三年（124） 四十七岁

或居公车司马令四年。从安帝东巡狩。作《东巡诰》。作《舞赋》。

安帝延光四年（125） 四十八岁

或居公车司马令五年。

顺帝永建元年（126） 四十九岁

或居公车司马令末年。复转为太史令。为去冬大疫上顺帝封事。作《应间》。

顺帝永建二年（127） 五十岁

复居太史令二年。作《鸿赋》。

顺帝永建三年（128） 五十一岁

复居太史令三年。

顺帝永建四年（129） 五十二岁

复居太史令四年。作《羽猎赋》。

顺帝永建五年（130） 五十三岁

复居太史令五年。《上陈事疏》。

顺帝永建六年（131） 五十四岁

复居太史令六年。

顺帝阳嘉元年（132） 五十五岁

复居太史令七年。造候风地动仪。作《候风地动仪图注》。上《论举贡疏》。

顺帝阳嘉二年（133） 五十六岁

复居太史令八年。《阳嘉二年京师地震对策》。上《请禁绝图谶疏》。迁侍中。上《论贡举疏》。

顺帝阳嘉三年（134） 五十七岁

居侍中二年。上疏请专事东观，收检遗文。条上司马迁、班固所叙与典籍不合者十余事。

顺帝阳嘉四年（135） 五十八岁

居侍中三年。作《思玄赋》。著《周官训诂》。

顺帝永和元年（136） 五十九岁

居侍中末年，出为河间相。作《怨篇》。

顺帝永和二年（137） 六十岁

居河间相二年。作《四愁诗》《髑髅赋》《冢赋》。

顺帝永和三年（138） 六十一岁

居河间相三年。作《归田赋》。上书乞骸骨。徵拜尚书。候风地动仪尝一龙机发，而地不觉动，京师学者咸怪其无徵，后数日驿至，果地震陇西，于是皆服其妙。

顺帝永和四年（139） 六十二岁

居尚书卒，葬于西鄂。

附录二　参考文献

1.《灵宪》,（汉）张衡著,载《后汉书·天文志》,中华书局。

2.《灵宪注》,（汉）张衡著,浙江古籍出版社。

3.《浑天仪图注》,（汉）张衡著,刘昭注《后汉书·律历志》引,中华书局。

4.《张河间集》,（汉）张衡著,扫叶山房明刻本。

5.《张河间集》,（汉）张衡著,信述堂光绪刻本。

6.《张平子集》,（汉）张衡著、（明）张运泰评,四库影印本。

7.《张衡年谱》,孙文青著,商务印书馆。

8.《后汉书》,（南朝·宋）范晔著,中华书局。

9.《后汉纪》,（晋）袁宏著,天津古籍出版社。

10.《东观汉记》,（汉）班固等著,中州古籍出版社。

11.《资治通鉴》,（宋）司马光著,中华书局。

12.《文献通考》,（元）马端临著,中华书局。

13.《张衡》,王兆彤著,江苏人民出版社。

14.《张衡》，赖家度编著，上海人民出版社。

15.《张衡》，曹增祥编著，中华书局。

16.《张衡》，司徒冬、张娅娅著，新蕾出版社。

17.《张衡》，陈成军著，中国和平出版社。

18.《张衡》，李哲峰著，北京科学技术出版社。

19.《张衡评传》，许结著，南京大学出版社。

20.《张衡评传》，王志尧、刘太祥著，河南大学出版社。

21.《科圣张衡》，刘永平著，河南人民出版社。

22.《科圣张衡》，李学斌著，吉林文史出版社。

23.《科学巨星：世界著名科学家评传丛书》，孙小淳著，陕西人民教育出版社。

24.《张衡：举世罕见的全能科学家》，张涛、张亮著，团结出版社。

25.《古代科学巨子：张衡全传》，刘希俊著，长春出版社。

26.《张衡诗文集校注》，（汉）张衡著，张震泽校注，上海古籍出版社。

27.《张衡，科学与宗教》，（奥）雷立柏（Leopold Leeb）著，社会科学文献出版社。

28.《科圣张衡》，马云泰、马长敏著，中国言实出版社。

29.《中国古代科学家》，赵镇琬主编，新世界出版社。

30.《我国古代伟大科学家张衡》，邓文宽著，中国书目文献出版社。

31.《历史上敢想敢做的人》，上海人民出版社编，该社出。

32.《张衡造物艺术思想研究》[博士论文]，朱洁撰，术源期刊网。

    33.《张衡诗文研究》［博士论文］，王渭清撰，术源期刊网。

    34.《张衡诗文研究》［硕士论文］，刘扬撰，术源期刊网。

    35.《汉末士人心态与汉赋创作流变研究》［硕士论文］，李路撰，术源期刊网。

    36.《张衡诗赋研究》［硕士论文］，宗亚玲撰，术源期刊网。

    37.《论张衡诗赋创作之承变》［硕士论文］，杨艳君撰，术源期刊网。

    38.《论张衡对儒道诗骚传统的继承和发展》［硕士论文］，张梦石撰，术源期刊网。

图书在版编目（CIP）数据

问天者：张衡传 / 王清淮 著. -- 北京：作家出版社，2016.10
（中国历史文化名人传丛书）
ISBN 978-7-5063-9170-2

Ⅰ.①问… Ⅱ.①王… Ⅲ.①张衡（78～139）- 传记
Ⅳ.①K826.14

中国版本图书馆CIP数据核字（2016）第228539号

问天者——张衡传

作　　者：	王清淮
传主画像：	高　莽
责任编辑：	史佳丽
书籍设计：	刘晓翔+韩湛宁
责任印制：	李卫东　李大庆
出版发行：	作家出版社

社　　址：北京农展馆南里10号　　　　　邮　　编：100125
电话传真：86-10-65930756（出版发行部）
　　　　　86-10-65004079（总编室）
　　　　　86-10-65015116（邮购部）

E-mail:zuojia@zuojia.net.cn

http://www.haozuojia.com（作家在线）

印　　刷：北京汇林印务有限公司
成品尺寸：152×230
字　　数：445千
印　　张：28.25
版　　次：2016年10月第1版
印　　次：2016年10月第1次印刷
ISBN 978-7-5063-9170-2
定　　价：70.00元（精）